城市现代有轨电车工程基础

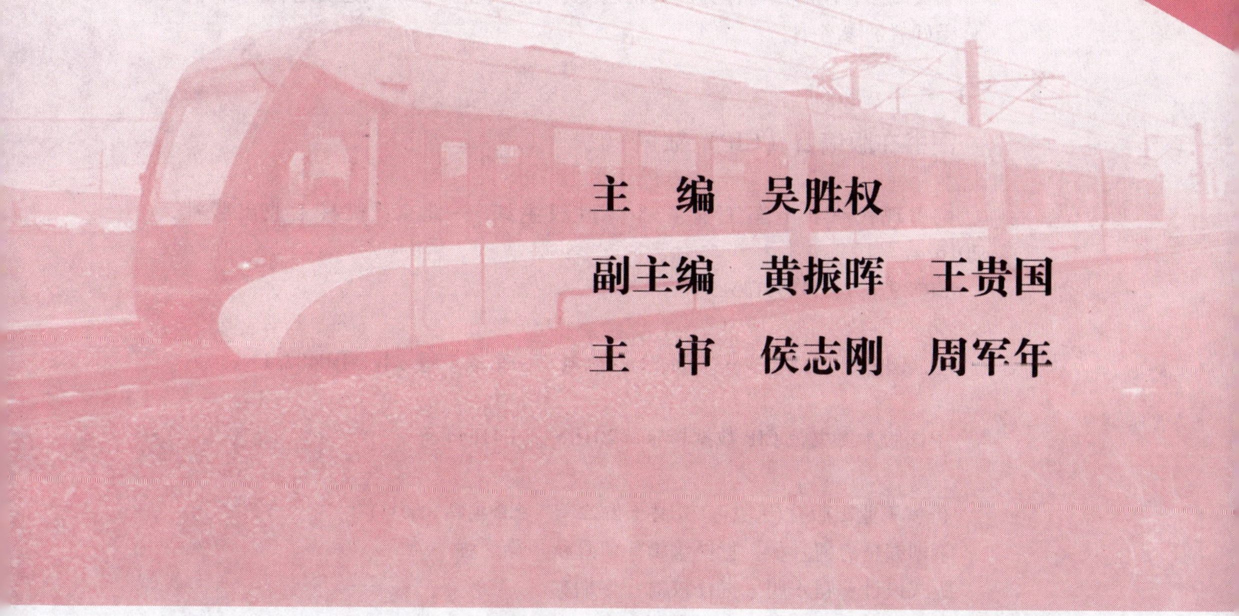

主　编　吴胜权

副主编　黄振晖　王贵国

主　审　侯志刚　周军年

机械工业出版社

为加快经济发展，缓解城市交通现状，提高人们的出行效率，国家正在大力有序地推进轻轨、地铁、有轨电车等城市快速交通网络的建设，大多数城市跃跃欲试，我国城市轨道交通迎来了大规模快速发展的好时期；然而现代有轨电车在我国刚刚兴起，还缺少相关的建设实施标准，存在缺乏规划建设统筹、功能定位界定不清等问题。因此各地的城市规划管理部门以及轨道交通工程设计，施工以及运营管理等专业的工程技术人员，都急需完整总结轨道交通工程实施流程的图书。

本书把脉了读者需求的痛点，以现代有轨电车交通系统为切入点，对城市现代有轨电车系统进行了界定，并针对其建设情况，提出了一套建设现代有轨电车工程的理论体系和流程，包括前期规划设计、商务合作模式选定，中期建设实施过程中通信信号系统、机电工程、车辆制造，后期运营管理等，并配以工程应用案例对该套理论进行阐释。非常适合各地城市规划管理部门、业主以及现代有轨电车工程规划、设计、施工和市场推广人员阅读，同时还可作为高校轨道交通相关专业师生和轨道交通行业研究爱好者的参考书。

图书在版编目（CIP）数据

城市现代有轨电车工程基础/吴胜权主编. —北京：机械工业出版社，2016.4

ISBN 978-7-111-53155-5

Ⅰ.①城… Ⅱ.①吴… Ⅲ.①有轨电车—车辆工程 Ⅳ.①U482.1

中国版本图书馆 CIP 数据核字（2016）第 041644 号

机械工业出版社（北京市百万庄大街 22 号 邮政编码 100037）
策划编辑：何月秋 责任编辑：何月秋 徐 强
版式设计：霍永明 责任校对：佟瑞鑫
封面设计：马精明 责任印制：李 洋
三河市宏达印刷有限公司印刷
2016 年 4 月第 1 版第 1 次印刷
184mm × 260mm · 18 印张 · 443 千字
0001—3000 册
标准书号：ISBN 978-7-111-53155-5
定价 79.00 元

凡购本书，如有缺页、倒页、脱页，由本社发行部调换

电话服务	网络服务
服务咨询热线：010-88361066	机 工 官 网：www.cmpbook.com
读者购书热线：010-68326294	机 工 官 博：weibo.com/cmp1952
010-88379203	金 书 网：www.golden-book.com
封面无防伪标均为盗版	教育服务网：www.cmpedu.com

编委会名单（排名不分先后）

序

随着人口膨胀和城市化进程的加快，交通拥堵、环境污染等“城市病”已然成为了制约城市进一步发展的瓶颈。世界各国经验表明，发展大容量轨道交通是解决城市交通问题的重要方向。20 世纪七八十年代以来，有轨电车新技术取得突破性进展，现代有轨电车在世界范围内掀起了复兴建设热潮，成为重要的轨道交通制式之一。我国城市轨道交通正处于大规模快速发展时期，这从根本上为现代有轨电车的发展提供了长效需求。国家“十二五”规划《纲要》指出：“科学制定城市轨道交通技术路线，规范建设标准，有序推进轻轨、地铁、有轨电车等城市交通网络建设。”国家发改委依据其课题研究成果向国务院上报发展政策建议，支持中等城市发展现代有轨电车。截至 2014 年年底，有 25 个省（区、市）的 72 座城市提出了建设有轨电车线路的意向或规划，超过 40 座城市开展了有轨电车的路网规划工作，规划线路达到 50 条以上，规划里程高达 1300 多公里，总投资将超过 3000 亿元。可以预见的是，未来二三十年，现代有轨电车在我国将迎来重要的发展机遇期。

但总体上讲，现代有轨电车系统工程尚处于初步阶段：一方面，现代有轨电车建设是一个复杂的系统工程，覆盖了线网规划、工程设计、工程施工、车辆制造、运营管理、投融资模式等多个方面；另一方面，现代有轨电车刚刚兴起，目前国内缺少相关建设实施标准，大多数城市跃跃欲试，但存在缺乏规划建设统筹、功能定位界定不清等问题。

根据目前国内现代有轨电车的发展形势，本书对现代有轨电车系统进行了界定，并针对其建设情况，提出了一套建设现代有轨电车工程的理论体系，包括前期规划设计、商务合作模式选定，中期建设实施过程中通信信号系统、机电工程、车辆制造，后期运营管理等，并配以工程实例对该套理论进行阐释。本书内容翔实，对人们全面系统的了解现代有轨电车系统及其配套工程具有较高的参考价值，促进了国内现代有轨电车理论体系的丰富和完善。作为现代有轨电车系统工程领域理论的先行者，本书开辟了现代有轨电车系统工程研究的新纪元，积极探索并系统总结在规划设计、工程建设、运营管理和技术装备等各个领域的经验和不足，不断完善和改进，提高其经济技术合理性，同时为制定我国现代有轨电车的标准规范和管理政策提供借鉴。本书力求促进整个工程范围内各行业的共同发展，为现代有轨电车的健康有序发展提供规范和参考。

前言

1881 年 5 月，德国人西门子在柏林附近开通了世界上第一条有轨电车线路。在城市发展过程中，受到城市建设和汽车工业的冲击，世界上大部分有轨电车线路逐步拆除。20 世纪末以来，随着城市交通拥堵、环境污染、能源短缺等问题日益突出，为了提高公共交通服务质量，减少对私家车交通模式的过度依赖，对有轨电车系统技术进行全面提升：使用现代化、大容量的铰接车辆，修建分离的有轨电车通路，使用特殊信号控制，修建与地铁、公共汽车的换乘枢纽等。这种提升后的模式在速度、可靠性、舒适度和安全性等方面更加类似于快速轨道交通，为与传统有轨电车有所区别，该系统称之为现代有轨电车。

现代有轨电车灵活性强、建设周期短、造价低，既可以作为城市的骨干交通，又可以作为地铁等大运量交通的延伸线补充，同时还可以打造特色旅游专线项目。现代有轨电车应用广泛，在欧洲、美国、澳大利亚等多个国家和地区，约 500 个系统正在运营，我国天津、沈阳、苏州、上海、南京等地也已经通车运营，有轨电车在国内外掀起建设热潮。

现代有轨电车建设是一项复杂的系统工程，本书从线网规划、线路设计与施工、通信信号、供电、车辆、运营、投融资模式等多个方面进行阐述，为现代有轨电车系统建设提供相应的规范和指导。

本书由吴胜权任主编并统稿，黄振晖、王贵国任副主编并协助组织统稿。全书共 9 章，第 1 章主要介绍现代有轨电车的概念、特点及发展情况（王贵国、金富达、任俊利编写）；第 2 章阐述现代有轨电车线网规划方法（张建华、赫宏联、王贵国、任艳阳编写）；第 3 章对现代有轨电车线路设计、工程技术及土建工程管理进行重点介绍，其中工程技术部分包括车站工程、轨道工程、路基工程、桥梁工程、隧道工程、给排水系统、通风空调系统、动力与照明配电系统、车辆基地（王冬卫、赵云、王琦等编写）；第 4 章主要介绍现代有轨电车通信系统、信号系统、相关弱电系统及通信信号工程技术选择（张天白、杨雪峰编写）；第 5 章主要介绍了现代有轨电车牵引供电系统、接触网系统、无接触网供电技术、供电系统节能设计等内容（李虎、杲晓锋、胡旭编写）；第 6 章对现代有轨电车运营管理进行介绍，包括现代有轨电车运营管理模式及方案体系，车辆选型、编组方式及定员标准，车辆运行计划与运用、配置及检修计划，系统人员组织架构及运营收益和成本估算方法（张华、王艳荣、黄德敏编写）；第 7 章着重对现代有轨电车车辆进行介绍，涵盖了车辆分类、车辆系统组成及国内外现代有轨电车车辆类型及发展趋势等内容（张艳、董伟力、罗星、胡旭编写）；第 8 章主要介绍了城市现代有轨电车投融资模式，包括 BT 与 PPP 模式研究与实践，以及“轨道 + 物业”综合开发模式研究与实践（常胜利、赵峰、赵力编写）；第 9 章对国内现代有轨电车工程实践的案例进行阐述，包括沈阳浑南有轨电车一期工程项目、上海张江有轨电车一期工程项目、武夷新区有轨电车一期工程系统项目（杨小凤、刘霞、吕高腾编写）。

在编写本书时参考了国内外发表的部分文章、资料和书籍，编者在此对有关作者表示诚挚的谢意。同时，对所有给予本书指导、支持和帮助的同志们表示感谢！

由于编者水平所限，遗漏、不足之处在所难免，欢迎广大读者批评指正，谨表谢意。

编　者

目录

contents

第1章

背景、术语及概念

1.1　现代有轨电车的概念及特点

现代有轨电车系统采用现代有轨电车车辆，与路面交通工具（汽车、非机动车等）混行或半隔离，以平面交叉口为主，是融合轨道交通和市政道路两种特质的，主要承担公交职能的一种中低运量轨道交通系统，具有安全、可靠、环保、舒适、快捷、成本低等优点。其系统采用电力牵引，是绿色交通方式；相对于地铁、轻轨等其他城市轨道交通而言，其运量小；相应的基础设施建设工程量小，能大大节省投资，还可节省大量运营成本、维护成本。

根据运行系统的不同，现代有轨电车主要分为钢轮钢轨和胶轮+导轨两种制式。钢轮钢轨式现代有轨电车以钢轮形式在地面的两条钢轨上运行，钢轨既承担车辆的重量，又对钢轮起导向限制作用，一般情况下钢轨顶面与城市道路路面平齐。胶轮+导轨式现代有轨电车轨道由类似道路的行车道和一条引导车辆运行的特殊导轨组成，车辆走行系统与汽车一样为橡胶轮胎，导向轮在导轨的限制下引导车辆运行。

1.1.1　现代有轨电车与公交、地铁的比较优势

现代有轨电车与其他公共交通方式的比较见表1-1。

表1-1　现代有轨电车与其他公共交通方式的比较

指标	常规公交	快速公交	现代有轨电车	轻轨	地铁
运营速度/（km/h）	12~15	20~30	18~25	25~40	25~40
运能/（万人/h）	<0.5	0.8~1.2	0.8~1.5	1~3	3~6
造价/（亿元/km）	<0.5	0.5~1.0	0.8~1.0/3.5	3.0~5.0	5.0~8.0
相对建设周期	短	较短	较短	较长	长
车辆折旧率	高	较高	低	低	低
能耗	高	较高	较低	低	低
环境污染	高	较高	低	低	低
路权	共享	部分或专有路权	部分或专有路权	专有路权	专有路权

1. 与公交系统比较

服务水平达到地铁标准，运力更大、速度更快、使用寿命更长、低碳环保、乘坐舒适、准点率有保证；虽然现代有轨电车系统一次性投资较大，但以30年为一个周期，同等条件下，总体投资与公交相近。

2. 与地铁交通系统比较

工程投资省，建设周期短，公交化运营，运行效率高、费用低，维修方便，审批流程简单；一条地铁的投资就可使有轨电车建成网，建设周期只有地铁的1/3左右，且施工工艺简单；运营速度、能耗、环保等方面与地铁相近。

1.1.2 现代有轨电车的主要特点

现代有轨电车是一种中等运能、设计新颖、环境友好、资源节约的交通运输工具，是在传统有轨电车的基础上全面改造升级的一种先进的公共交通方式。

（1）**投资节约、建设周期短** 现代有轨电车造价为0.8亿~2.0亿元/km，为地铁的1/5左右；建设周期1~2年，为地铁的1/3左右。

（2）**客运能力大** 传统有轨电车车厢长度一般不足20m，按定额标准4人/m^2计算，列车载客量一般不到100人。现代有轨电车的主流产品，车厢长度一般为20~40m，列车载客量达150~300人，单向设计客运能力为0.5万~0.8万人次/h；如果将两列列车串联起来，单向客运能力可达1.0万~1.2万人次/h。

（3）**速度高** 传统有轨电车最高设计速度一般为30km/h左右，实际运行速度为10km/h左右。而现代有轨电车的设计速度可达70~80km/h，在城市中心地区的运行速度一般为20km/h左右，在郊区的运行速度可达30km/h。如果在城际铁路上运行，运行速度则可达到70km/h。

（4）**设计弹性灵活，城市走行适应性强** 列车采用低地板、弹性车轮、模块化设计，转弯半径达25m，最大爬坡能力达60‰以上，并可合理设置路权、供电方式及通行优先度。

（5）**环保、舒适、美观** 电力驱动，零排放，能耗约0.07kW·h/（乘客/km），仅为快速公交系统（BRT）的1/4，节能环保；有轨电车（60km/h时速）的车内外噪声分别为70dB和72dB，低于BRT的车内外噪声；采用低地板、流线型车身、大窗、对开门等设计，外观美观大方，可与城市景观文化相契合，打造成一道流动风景线。

1.2 现代有轨电车系统的发展

在人类交通发展过程中，有轨电车技术的发展大致可分为三个时期。

第一时期：源自1881年德国柏林城第一条传统老式有轨电车的兴建，因为其大运量的运输能力和以轨道为导向的车辆牵引模式深受欢迎，而得以大规模的发展。到1920年左右，有轨电车在美国得到迅速发展，仅美国的线路总长就达到了25000km。中国的有轨电车发展直到1908年才得以开始，在当时的上海英租界静安寺至外滩修建的第一条有轨电车线路，具有里程碑意义。1909年以后在北京、天津、沈阳、哈尔滨、长春、大连等城市都陆续出现了有轨电车项目，到20世纪30年代，欧洲、日本、印度和我国的有轨电车都有了较大的发展，成为当时城市公共交通的主要工具。

第二时期：20世纪六七十年代，随着汽车、公交车及其他地面交通的逐步普及，大量的有轨电车在20世纪中叶被陆续拆除。有轨电车网在美国、英国、法国和西班牙等国家相继消失。但是德国、波兰、奥地利、意大利、比利时、荷兰和瑞士等欧洲国家的有轨电车路网仍然存在并进行了技术更新改造。汽车数量的膨胀，造成的交通拥堵和城市环境污染，逐步成为城市发展不可回避的问题。为了解决城市拥堵和环境污染，各国纷纷致力于地铁的建设。但地铁造价高、建设周期长、风险高等问题为城市公共交通发展带来了新的难题。

第三时期：从20世纪80年代至今，现代有轨电车相继在一些大城市中建设运营，其技术含量较高，例如：拥有45万人口的法国南特市，在1984年建成了贯穿市区的现代有轨电车，成为法国建成的第一条现代有轨电车线路，平均时速可以达到24km/h；拥有92万人口的美国萨克拉门托市，在1987年建成了贯穿城市的现代有轨电车线路，全程29.4km；我国香港于1997年在屯门至元朗修建了一条现代有轨电车线路，全线长23km，平均时速达到了25km/h，推动了香港新界西部经济的发展。

1.2.1 国外现代有轨电车系统的发展现状

目前，据不完全统计全球已有60多个国家的300多个城市都在建设运营有轨电车，伦敦、巴黎、雅典、日内瓦、苏黎世、伯尔尼、巴塞尔、洛桑等城市的有轨电车纷纷重新运营。截至到2012年年底，全球前20个国家的城市轨道交通总里程达23394km。其中，地铁运营里程为8739km，占比37%。轻轨与有轨电车运营里程为14655km，占比63%（见表1-2）。

表1-2　全球轨道交通情况统计

序号	国家	总里程/km	地铁/km	占比	轻轨、有轨电车/km	占比
1	俄罗斯	3853	496	13%	3357	87%
2	德国	3795	919	24%	2876	76%
3	美国	2607	1216	47%	1391	53%
4	中国	2078	1740	84%	338	16%
5	日本	1557	748	48%	809	52%
6	西班牙	1398	663	47%	735	53%
7	英国	1051	524	50%	527	50%
8	法国	956	353	37%	603	63%
9	波兰	949	23	2.5%	926	97.5%
10	意大利	939	189	20%	750	80%
11	韩国	832	768	92%	64	8%
12	罗马尼亚	574	69	12%	505	88%
13	奥地利	558	75	15%	483	85%
14	荷兰	482	111	23%	371	77%
15	加拿大	373	138	37%	235	63%
16	巴西	359	298	83%	61	17%
17	印度	311	244	88%	67	12%
18	澳大利亚	278	0	0	278	100%
19	土耳其	245	119	48%	126	52%
20	葡萄牙	199	46	23%	153	77%
总计		23394	8739	37%	14655	63%

很多国家，特别是西方一些较发达的国家，由于现代有轨电车有着成熟的交通运输模式，并且造价相对低廉，节能环保，因而将有轨电车作为公共交通的主要运载模式。在伦敦和巴黎等地铁系统发达的大城市，有轨电车线路主要承接郊区与市中心的地面交通，一般不进入市中心；在法兰克福、苏黎世、墨尔本、波特兰等城市，有轨电车线路多穿过城市的中心区。欧洲西方国家的公共交通概念从有轨电车开始，经历了漫长的发展，而现代有轨电车的车辆技术日趋成熟，线路设置日益完整合理，伴随着城市化进程不断发展而逐步完善。欧洲部分城市有轨电车线路运营情况见表1-3。

表1-3　欧洲部分城市有轨电车线路运营情况

城市	国家	里程/km	车辆/列	线路/条	运营公司
格拉茨	奥地利	32	69	6	Gvb
维也纳	奥地利	181	526	28	Wiener Linien
赫尔辛基	芬兰	105	131	8	Hkl
波尔多	法国	44	74	3	Tbb
里昂	法国	49	73	4	Tel
巴黎	法国	38	97	4	RATP
斯特拉斯堡	法国	37	94	5	Cts
柏林	德国	189	542	22	Bvg
杜塞尔多夫	德国	85	173	10	Rheinbahn
法兰克福	德国	64	112	9	Vgf
汉诺威	德国	120	290	12	Ustra
莱比锡	德国	148	256	14	Lvb
慕尼黑	德国	71	92	10	Mvg
米兰	意大利	145	527	18	Atm
罗马	意大利	44	170	6	Trambus
都灵	意大利	91	220	8	Gtt
华沙	波兰	140	861	28	Tramwaje Warszawskie
莫斯科	俄罗斯	185	860	37	Mosgortrans
圣彼得堡	俄罗斯	220	950	38	Gorelek-trotrams
哥德堡	瑞典	117	230	12	Göteborgs Spårvägar
苏黎世	瑞士	112	317	13	Vbz

1. 法国巴黎的现代有轨电车（见图1-1）

巴黎城市轨道交通系统由地铁、区域快速铁路（RER）、市郊铁路和现代有轨电车组成，运营总里程2100km，承担着巴黎70%的公交运量。

20世纪80年代末，巴黎市政府着手发展有轨电车，线路由巴黎大众运输公司（RATP）和法国国家铁路公司（SNCF）经营。从1992年T1线通车至今，在巴黎市区环城和法兰西岛近郊建成了4条有轨电车线路，较好地优化了当地交通路网。T3东线和T5、T6、T7、T8号新线已着手规划和建设，远期将建成有轨电车环城线。

图 1-1　法国巴黎的现代有轨电车

2. 澳大利亚墨尔本的现代有轨电车（见图 1-2）

图 1-2　澳大利亚墨尔本的现代有轨电车

墨尔本有轨电车线路总长 230km，42 条线路，车辆超过 500 辆，服务城市中心和内环郊区，日运送 37 万人次，由维多利亚州政府拥有，授权 Yarra 电车公司运营。

有轨电车线路覆盖中央商务区及市中心主要商业、旅游景区。为了缓解城市交通，墨尔本市政府鼓励市民乘坐有轨电车以减少私家车的使用。市民每天早上 7 点前乘车免费。同时，市民和游客还可免费乘坐市中心的一条旅游专线，领略墨尔本的市区景色。

3. 德国柏林的现代有轨电车（见图 1-3）

柏林位于德国东北部，现有居民约 340 万。共有 10 条地铁线，5 条城铁线，22 条有轨电车线路。现代有轨电车线路总长约 190km，共有 382 座车站。

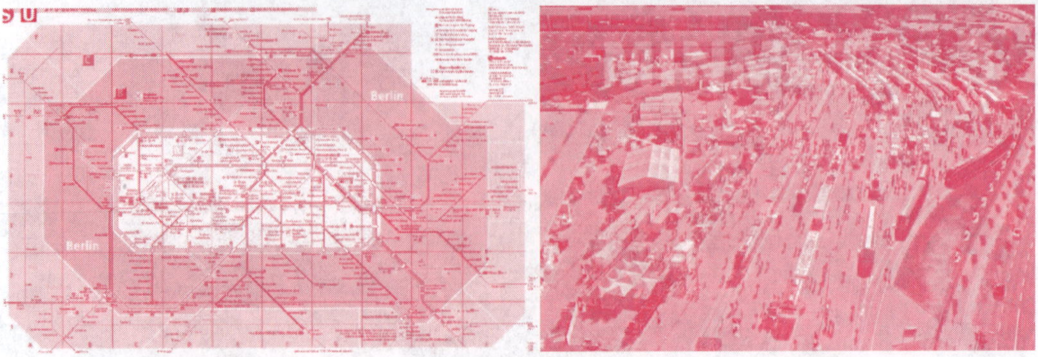

图 1-3　德国柏林的现代有轨电车

4. 法国波尔多的现代有轨电车（见图 1-4）

图 1-4　法国波尔多的现代有轨电车

波尔多有轨电车系统有 A、B、C 三条线，全长 43. 7km。A 线全长 15. 3km，设 27 座车站，每天运输 14 万乘客；B 线全长 9. 3km，设 20 座车站，每天运输 19 万乘客；C 线全长 2. 8km，设 7 座车站，每天运输 6. 5 万乘客；车辆为 70 列阿尔斯通 Citadis 302 型有轨电车。

5. 法国斯特拉斯堡的现代有轨电车（见图 1-5）

1989 年斯特拉斯堡开始建设第一条现代有轨电车线路，并于 1994 年交付运营，这条有轨电车线路称为 A 线，该线路设置为全天 24h 营运线路，白天高峰时段发车间隔约 3min，夜间发车间隔约 10min，目前 A 线的日均客流量在 6 万人次以上，超出预期的客流量，说明 A 线已逐渐成为居民的主要出行工具。随着 A 线得到广泛认可，斯特拉斯堡相继建设了 B、

图 1-5　法国斯特拉斯堡的现代有轨电车

C、D 三条线，分别于 2000 年交付运营，它们将中心城区与周边城区紧密联合，形成了以有轨电车为主要连接线的城市轨道网络。

有轨电车在斯特拉斯堡主要为地面线路，拥有独立的路权。部分区段则与行人共用路权，不允许机动车通行，从而为有轨电车快速运行提供了保障。斯特拉斯堡的有轨电车采用低地板方式，同时应用大量的设计理念，深受广大乘客的好评。现代有轨电车采用新型牵引方式，重新调校的悬挂系统，大幅提高了车辆的乘坐舒适度，有效降低了噪声污染。

6. 德国卡尔斯鲁厄的现代有轨电车（见图 1-6）

卡尔斯鲁厄市第一条运营的现代有轨电车是卡尔斯鲁厄至布雷滕的 G6lhausen 线，全长 30km，于 1992 年开通运营。它是欧洲最早的双流制有轨电车系统。双流制系统可以采用两种不同的电压制式供电，将变压器和整流器安装在机车上，能将铁路干线上的交流电转化为有轨电车适用的低电压直流电，从而使有轨电车在铁路线路上行驶。目前卡尔斯鲁厄市的有轨电车网全长 130. 8km，其中与铁路共线的有轨电车 18. 2km，客运量逐年增加，已经成为卡尔斯鲁厄市公共交通网络的重要组成部分。

7. 德国杜塞尔多夫的现代有轨电车（见图 1-7）

杜塞尔多夫有 13 条有轨电车线路，由 Rheinbahn 公司运营。在郊区的一些路段，有轨电车可与轻轨共享轨道。有轨电车线路总长 145km。

2000 年，杜塞尔多夫开始引进西门子 100% 低地板有轨电车 Combino。2006 年，Rheinbahn 公司向西门子公司和 Vossloh Kiepe 公司购买了 26 辆低地板有轨电车，其中有 15 辆已经在 2007 年投入使用。新的续订合同中又购买了 76 辆低地板有轨电车，2012 年车辆全部到位。

图 1-6　德国卡尔斯鲁厄的现代有轨电车

图 1-7　德国杜塞尔多夫的现代有轨电车

8. 葡萄牙里斯本的现代有轨电车（见图 1-8）

1995 年 4 月，CARRIS 公交公司开辟了从 Praça da Figueira 到 Algés 的沿海边运行的 15 号线，使用 10 辆西门子 3 节铰链式有轨电车。

Line1-Line 3 一期工程为 13km，设一个维修基地，2008 年 12 月一期工程竣工。远期规划建设 20km 延长线。除车辆外，西门子负责了轨道、信号和列控、通信、牵引供电等系统

图 1-8　葡萄牙里斯本的现代有轨电车

的建设，并承担车辆及系统维护、建设维修基地。

目前，国外钢轮钢轨式现代有轨电车制造厂家主要有阿尔斯通、德国西门子（Siemens）、加拿大庞巴迪（Bombardier）等公司；胶轮 + 导轨式现代有轨电车主要生产厂家是法国劳尔公司，庞巴迪公司也曾设计、生产胶轮 + 导轨式现代有轨电车。从两种制式的现代有轨电车在市场上的表现来看，钢轮钢轨式现代有轨电车因其推出更早、性能更稳定等原因，目前占据了主要市场，但两种制式的现代有轨电车均发展较快。

1.2.2　国内现代有轨电车系统的发展现状

我国远期规划有轨电车线路长度已累计超过 4700km，2020 年前需要建设的规划线路长度已逾 2600km，还有很多省市正在进行现代有轨电车的线网规划。目前，我国大连、长春、天津、上海、沈阳、南京、苏州、淮安、广州、珠海、青岛等城市陆续开通运营（或改造运营）现代有轨电车，还有许多城市正在进行现代有轨电车的规划建设与建设筹备工作。

1. 长春现代有轨电车（见图 1-9）

长春 54 路有轨电车，是全国两个保留有轨电车的线路之一，2004 年进行了改造并更换了新车。线路从红旗街出发至和平大路终止，沿途经过长春电影制片场、电影城（长春汽车博物馆）等重要旅游景点。线路全长 7.46km，均为隔离线路，采用湘潭牵引机车厂有限公司生产的高地板车辆，车长 14.6m，车宽 2.5m，车高 3.1m，最高运行速度 60km/h。

单程运行时间 27min，线路配车 29 台，日运营车次 183 车次，日运营里程 1365.18km；行车间隔高峰 4min，平峰 5min，双程 32 个站点，平均站距 0.46km，日客运量 3.5 万人次。

54 路有轨电车延长线工程从既有的南阳路站引出，引入长春西站综合交通枢纽公交停车场，线路长约 5km，目前项目正在建设中。长春市有轨电车规划线网由 4 条线路组成，为一横三纵的棋盘式线网，线网全长 38. 16km。

图 1-9　长春 54 路有轨电车

2. 大连现代有轨电车（见图 1-10）

图 1-10　大连 202 路有轨电车

大连市有轨电车始建于 1908 年，至 1999 年保存并运营的有轨电车线路包括 201 路、202 路、203 路电车线，即 201 路沙河口至火车站 4. 9km、202 路黑石礁至兴工街 6. 1km、

203 路火车站至寺儿沟 4. 1km 三条线路，其中 202 路的黑石礁至解放广场段 4. 6km 为隔离路段，其他路段与机动车混行。

2002 年，202 路黑石礁至兴工街段作为试验线一期工程改造完成；2005 年，黑石礁至河口延伸段作为试验线二期工程改造完成建成通车。河口至兴工街段经过改造，运营设施及行车条件得到了很大的改善，运营长度 12. 6km，其中 10. 45km 为隔离线路，2. 15km 为混行线路。

2007 年完成了沙河口至寺儿沟段 201 路、203 路有轨电车技术改造并将线路延伸至东海园，线路运营长度 11. 6km，均为隔离线路。车辆采用由大连市公共电车公司电车工厂与大连机车研究所联合研制的 DL6W 型 70% 低地板车。

大连市有民主车场、五一路车场（与河口北停车场合并后改建）各 1 处，车辆检修包括小修、例保、一保、二保、架修，后葛电车工厂负责有轨电车的大修任务。

高峰小时最高断面流量为：近期 1 万人次，远期 1. 5 万人次，行车间隔为 2. 5min。平均运营速度 25km/h。有轨电车线路运营车辆 73 辆。

201 路、203 路发车间隔高峰 5min，平峰 6min，列车满载率 40%，日客运量 3 万人；202 路发车间隔高峰 3min，平峰 5min，列车满载率 75%，日客运量 6. 8 万人。

大连市有轨电车线路占公交线路总长的 2. 6%，担负了总客运量的 12. 3%。

3. 天津现代有轨电车（见图 1-11）

图 1-11　天津导轨 1 号线

天津滨海新区泰达有轨电车项目，2006 年年底开通运营。全线长 8km，均为地面线，设站 14 座，运营速度约 15km/h，是一条纵贯天津开发区西部南北方向的轨道交通线，主要服务于沿线的企事业单位。设一座车辆段与综合基地，用地总面积 32118m^2，工程投资 2. 4 亿元。

该项目由天津开发区、天津滨海快速交通发展有限公司、法国劳尔公司、日本三井物产株式会社、美国柏诚公司、美泰国际咨询有限公司合资建设合作运营，使用法国技术，合资建（组装）厂，并负责线路的建设和运营，中铁十八局承建了土建施工任务，是国内第一个使用胶轮导向电车的项目，采用法国劳尔公司的 Translohr 胶轮导轨系统，为 100% 低地板、轨道导向、胶轮承重和驱动，3 节车厢编组，车长 25m，宽 2. 2m，高 2. 95m，总载客量 167 人/列，最高时速可达 70km/h，旅行速度约为 20km/h。全线配属 8 辆车，每天投入 5 辆车运营，发车间隔最短为 10min，日客运量 3000 ~ 4000 人。目前，天津滨海新区已启动第二条有轨电车线路的前期工作。

4. 上海现代有轨电车（见图 1-12）

图 1-12　上海张江现代有轨电车

上海张江有轨电车项目一期工程于 2007 年 12 月底正式开工，2009 年 3 月底完成轨道、接触网的铺设，2010 年 1 月 1 日投入运营。

该线路正线长约 10km，进出场线长度 0. 76km，实际运行速度不到 20km/h，沿线设车辆段 1 个，占地 57. 3 亩（1 亩 = 666. 67m^2），设牵引变电所 5 座。全线配置 8 辆运营车辆，与天津有轨电车车辆型号相同。一期工程投资约 6 亿元，全线共设 15 个站点，平均站距约 600m，沿途串起张江高科技园区内主要产业、科研、大学和生活区，项目还将延伸至唐镇、合庆镇等地区。上海浦东唐城投资发展有限公司、上海浦东发展（集团）有限公司分别投资 70% 和 30% 组建了上海浦东现代有轨交通有限公司，负责项目的建设与运营，运营初期票价主要由浦东公交发展基金提供贴补。

上海和天津采用的都是法国劳尔公司 Translohr 技术的胶轮 + 导轨现代有轨电车，车辆技术参数和技术性能相同。

5. 沈阳现代有轨电车（见图1-13）

图1-13　沈阳浑南新区现代有轨电车

沈阳市浑南新区现代有轨电车项目作为沈阳未来新行政中心——浑南新城的主干公共交通，是第十二届全运会的配套工程，由北车建工以BT方式承建。一期工程共设4条线路，一次成网，线路总长约60km，设车站67座，车辆段1座，停车站1座。工程总投资额约50亿元（不含扩路等配套工程约10亿元）。该项目于2011年10月初启动，2012年4月28日正式动工，将于2013年8月15日开始载客试运营。采用原中国北车长客股份公司生产的70%低地板（20列）和100%低地板（10列）两种钢轮钢轨式有轨电车。

项目建成后，沈阳市会展中心、高铁新南站、全运中心、桃仙机场、奥体中心、沈抚新城、浑南新城、航高基地等城市组团和核心功能区将被有轨电车连成一片，并通过奥体中心、21世纪广场等综合交通枢纽，与地铁、公交线路无缝对接，并与沈阳母城相接驳。大浑南地区共规划了9条线路，全长138km。

6. 苏州现代有轨电车（见图1-14）

图1-14　苏州高新区现代有轨电车

苏州高新区从2010年9月开始研究规划有轨电车项目，并于2010年12月完成规划。经苏州市政府批准，共规划8条线路，总长116km。总体定位为高新区内部公交骨干系统，是苏州地铁的延伸、过渡和补充，是满足客流需求，适应并引导城市发展，展示高新区特色风貌的生态公交系统。

苏州高新有轨电车1号线于2012年9月11日开工，2015年1月18日正式通车试运营，线路贯穿苏州高新区，在终点站苏州乐园站与轨道交通1号线和3号线相互换乘，线路全长18.19km，全线设车辆段1座，控制中心1座，最高运行速度为70km/h，总投资为31.49亿元，平均造价1.73亿元/km。

7. 南京现代有轨电车（见图1-15）

南京河西新城现代有轨电车于2013年1月动工，2014年8月1日开通运营。线路全长7.76km，全部为地面线路，设车站13座，设置1个地下车辆段。其中，秦新路站与保双街东站为侧式站台，其余11座站点皆为岛式站台。车站平均间隔为638m，其中与地铁换乘站4座。

车辆停车时在车站使用接触网瞬间充电，站与站之间无接触网，无接触网区域采用车载储能装置供电。

图1-15　南京河西现代有轨电车

8. 青岛城阳现代有轨电车（见图1-16）

图1-16　青岛城阳现代有轨电车

2014年12月28日，城阳有轨电车全线实现轨通电通，完成试验运行，进入试运行阶段。整条线路长8.77km，西起和阳路与锦城路交叉口，沿和阳路、华城路、春阳路，一路敷设至前旺疃终点站，全部为地面线，设站12座，在前旺疃终点站东侧地块内设车辆场一座，将投入现代有轨电车 7 辆。青岛也成为继大连、长春、沈阳、苏州、南京、广州之后又一开通现代有轨电车的城市。

9. 珠海现代有轨电车（见图 1-17）

珠海现代有轨电车 1 号线工程线路全长约 19km，其中首期工程线路全长约 8.9km（尚未正式运营通车），均为地面线，车站 14 座，车辆基地 1 处，同步改造沿线道路长度约 8.433km；二期工程线路全长约 10.2km，车站 13 痤，停车场 1 处。

图 1-17　珠海现代有轨电车

目前即将建成的是 1 号线首期工程，总投资 26.2 亿元，其中道路改造部分约 11.3 亿元，有轨电车线路部分约 11.1 亿元，车辆基地部分 3.8 亿元。现代有轨电车 1 号线首期工程平均造价约为 1.6 亿元/km。

10. 广州海珠区现代有轨电车（见图 1-18）

广州海珠区有轨电车（工程名为海珠区环岛新型有轨电车试验段线路）是广州市地下铁道总公司下属全资子公司广州有轨电车有限责任公司投资、融资、建设、运营的路线之一，将是广州市第一条有轨电车线路，2013 年 11 月动工，已于 2014 年 12 月 31 日 10 点开通试乘，线路全长 7.7km，均为地面线，车站 10 座，总投资 7.99 亿元，平均造价 1.04 亿元/km。

图 1-18　广州海珠区现代有轨电车

11. 淮安现代有轨电车（见图 1-19）

淮安有轨电车一期工程线路西起市体育馆，沿交通路至大运河广场北侧，经和平路至水渡口广场，向南沿翔宇大道、楚州大道至淮安区商贸城，全长 20.3km，共设车站 23 座。工程概算总投资 364869.76 万元，经济指标 18180 万元/正线公里；有轨电车工程总投资 322850.69 万元，经济指标 16086.23 万元/正线公里；配套道路工程 42019.07 万元。

目前，国内现代有轨电车制造厂家主要有中国中车集团的唐车公司、长客股份公司、大

图 1-19　淮安现代有轨电车

连机辆公司、浦镇车辆公司和株洲电力机车公司。各厂商主要生产钢轮钢轨式现代有轨电车，近年发展较快。

1.3　现代有轨电车工程概况

1.3.1　现代有轨电车项目建设周期

现代有轨电车项目包括土建、机电、运输管理和投资经济四大系统，下有 20 多个子系统、30 多个专业，有多个单独的分项分部工程，各系统、专业接口复杂。由于上述特点，有必要对现代有轨电车建设项目进行科学管理，以确保工程质量和投资效益。

城市轨道交通项目是重大的基础设施项目，按照我国目前基本的建设程序规定，需要国家有关部门（发改委和建设部）进行审批，主要的审批程序有：轨道线网的审批、项目建议书（预可行性研究报告）的审批、可行性报告的审批和初步设计的审批。

一个项目从提出设想、开发、建设、施工到开始生产活动这个过程，一般称为项目建设周期。该周期可以分为四个阶段：项目决策阶段、项目设计阶段、项目施工阶段和项目运营阶段，如图 1-20 所示。

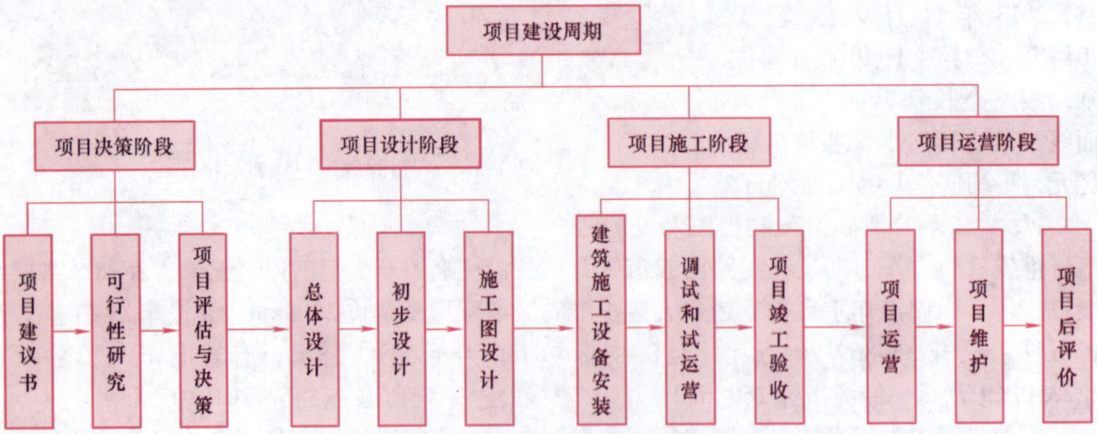

图 1-20　现代有轨电车项目建设周期

1. 项目决策阶段

本阶段包括确立项目目标、可行性研究、项目立项决策、项目总体规划以及概念设计。在项目决策阶段，通过投资机会的选择、可行性研究、项目评估和业主决策，对项目投资的必要性、可行性以及何时投资、如何实施等重大问题进行科学论证和多方案比较，做出投资的决策和项目立项的决策。然后，进行项目的总体规划工作，并开始着手准备项目设计方的选择工作。本阶段属于项目的战略决策阶段，这一阶段的工作十分重要，对于项目的实施产生决定性影响。

2. 项目设计阶段

本阶段包括概念设计、设计方选择、总体设计、初步设计、施工图设计、施工合同准备和承包商选择等内容。主要工作是完成项目设计、项目计划的制定和项目征地及建设条件的准备、项目招标及承包商的选定、签订项目承包合同。本阶段是战略决策的具体化，它在很大程度上决定了项目实施的成败及能否高效率地达到预期目标。

3. 项目施工阶段

本阶段包括项目施工承包商的选择、制订施工实施计划、基础建筑工程施工、设备安装和试运行与竣工验收等。主要任务是将“项目蓝图”变成项目实体，实现投资决策意图。在这一阶段，通过施工，在规定的时间、质量、费用范围内，按设计要求高效率地实现项目目标。本阶段在项目建设周期中工作量最大，投入的人力、物力、财力最多，项目管理的难度也最大。

4. 项目运营阶段

本阶段应完成项目的竣工验收与试运行、项目运营、项目维护、项目后评价和项目拆除。虽然项目试生产正常并经业主认可后，项目实施即告结束。但从项目管理的角度来说，在项目维修期内，仍要进行项目管理。而且对于业主来说，运营阶段是项目的使用阶段，在这个阶段仍然需要进行相应的投资活动。

1.3.2　现代有轨电车工程的主要组成部分

现代有轨电车工程是一个复杂的技术系统，其专业涵盖土建、机械、电气、电子信息、环境控制、运输管理等领域。轨道交通系统由一系列的设施、设备组成，包括：车辆、车辆段、轨道、车站建筑、结构工程、供电系统、通信系统、信号系统、环控系统和给水排水系统等。

1. 车辆与车辆段

城市轨道交通车辆主要是指地铁车辆和轻轨车辆，它们是城市轨道交通工程最重要的设备，也是技术含量较高的机电设备。城市轨道交通车辆应具有先进性、可靠性和实用性，以满足容量大、安全、快速、舒适、美观和节能的要求。

车辆段是车辆的维修保养基地，也是车辆停放、运用、检查、整备和修理的管理单位。

2. 轨道交通限界

限界是指列车沿固定的轨道安全运行时所需要的空间尺寸。为保证列车运行安全，各种建筑及设备均不得进入限界范围。轨道交通工程地下隧道的断面尺寸及高架桥梁宽度的设计都是根据限界确定的。限界越大，安全度越高，但工程量及工程投资也随之增加。因此，合理界限的确定既要考虑对列车运行安全的保证，又要考虑系统建设成本。

3. 轨道与车站建筑及结构工程

轨道是列车运行的基础，它直接受列车荷载，并引导列车运行。轨道结构是城市轨道交通系统的重要组成部分，一般由钢轨、扣件、轨枕、道床、道岔及其他附属设备组成。轨道结构应具有足够的强度和稳定性、耐久性、绝缘性及适量弹性，且养护维修量小，以确保列车安全运行和乘客舒适。

轨道交通系统中，车站是乘客乘降的场所，也是系统运营过程不可缺少的组成部分。轨道交通系统车站的选址、布置、规模等对运营效果具有决定性的意义。

城市轨道交通结构主要有地面、地下、高架等形式；车站按结构也可分为地面站、高架站和地下站。

4. 供电、通信与信号系统

电力是保证城市轨道交通列车正常运行及各种设备系统不间断工作的能源，一般取自城市电网，且大部分为一级负荷，要求比较高。通常引入双路独立电源，保证不间断供电。

轨道交通的通信系统是指挥列车运行、组织运输生产及进行公务联络的重要手段，其主要任务是及时传递轨道交通运营各系统、各部门和指挥中心间及其相互间的信息，以便及时采取行动确保整个系统正常运营。在工程中应优先考虑数字通信，为逐步建成能传输语言、文字、数据、图像等信息的综合数字通信网创造条件。

信号系统的作用是确保行车安全，提高运输效率，改善行车有关人员的劳动条件。信号系统与行车密度有着密切的关系。不同的行车密度应选择不同的信号系统，以保证工程设计技术经济合理，满足运营要求。目前，国内轨道交通系统的信号设备可分为两大类：传统信号系统和现代信号系统。

5. 环控系统与给水排水系统

城市轨道交通的地下车站和地下区间隧道除车站出入口和通风道口等极少部分与外界相连通外，可以认为基本上与外界隔绝。由于列车运行、乘客交换等会散发大量热量，空气湿度大，且产生有害气体，若不及时排除，乘客将无法忍受，所以只有用人工气候技术，才能给乘客创造一个舒适的环境。环控系统主要包括：通风与空调系统和防排烟与环境监控系统。

城市轨道交通宜采用生产、生活和消防共用的给水系统，这样不仅可以节省给水管道，降低工程造价，而且使用管理也比较方便。轨道交通系统的排水主要处理系统的结构渗漏水、消防及冲洗废水、粪便及生活污水、车站露天出入口及隧道洞口的雨水等。一般包括主排水泵站、辅助排水泵站、污水泵房、局部排水泵房和临时排水泵房。排水方式应优先利用城市排水系统。

1.4 现代有轨电车的术语及其概念

（1）**客流预测** 是指在一定的社会经济发展条件下科学预测各目标年度交通线路的断面流量、站点乘降量以及站间 OD、平均运距等反映交通客流需求特征的指标。

（2）**OD 调查** 即交通现状起讫点（Origin-Destination）调查，又称 OD 交通量调查，OD 交通量就是指起、终点间的交通出行量。“O”来源于英文 ORIGIN，指出行的出发地点，“D”来源于英文 DESTINATION，指出行的目的地。

（3）**换乘枢纽** 是一种以上对外交通方式和两种及以上城市交通方式的交汇点，是具有运输组织与管理、中转换乘、信息流通和辅助服务等功能的综合性设施，是城市内外交通的衔接点，是实现不同交通方式和同种交通方式内部转换、交通性质变换的场所，对控制旅客市内出行时耗，优化城市布局，发挥综合运输网络功能和效率，促进城市对外交流和社会经济发展具有重大意义。

（4）**运营规划** 通过研究每条线路的运量等级、运行方式与运行路线，并形成不同运量等级的运行系统和规模。主要包括：各线客运量等级划分、研究各线路的功能定位及运营组织方式；确定系统主要设备（车辆制式）选型；论证并规划不同等级的运营方式及特殊运营模式。

（5）**无砟轨道** 是采用混凝土、沥青混合料等整体基础取代散粒碎石道床的轨道结构。

（6）**有砟轨道** 用散粒碎石作为道床的轨道结构。

（7）**轨道** 由钢轨、轨枕、道床、连接零件、道岔等部件组成。

（8）**道岔** 从一条线路转向另一条线路时所用的设备。

（9）**轨距** 是两股钢轨头部内侧与轨道中线相垂直的距离。

（10）**路基** 由填筑或开挖而形成的直接支承轨道的结构。

（11）**路堤** 全部用岩土填筑而成的路基。

（12）**现代有轨电车通信信号系统** 依据线路的实际情况，在铁路通信信号系统的基础之上进行了适当的删减和调整，并且不同有轨电车线路之间由于路权、优先级、布置和运营方式的不同，又有细微的差别。

（13）**车地通信技术** 就车地双向信息传输方式而言，车地通信系统又可分为基于感应电缆环线传输方式和基于无线通信传输方式。其中，基于无线通信传输方式又具体为：按无线通信的调制方式可分为跳频扩频（FHSS）、直接序列扩频（DSSS）和正交频分复用（OFDM）；按数据传输媒介的传输方式可分为无线电台、裂缝波导管、漏缆和 GSM-R（铁路专用数字移动通信系统）等方式。

（14）**移动闭塞技术** 使用信号或凭证，遵循一定的规律，来保证列车按照空间间隔制运行的技术方法，以“列车不能进入同一个闭塞区间”的规则来保证安全性。当有列车驶入闭塞区间时，电流改行经列车车轴，并不会流经继电器，继电器因失去电流而失磁，接点接通红灯电路，信号机显示红灯，禁止后续列车进入。

（15）**全数字 IP 网络广播技术** 基于 IP 数据网络，所有设备直接通过以太网连接，采用数字化网络传输，系统基于以太网，可实现跨线路控制、监控和多用户管理，并且可以与防灾系统、信号系统等外部系统进行联动控制管理。

（16）**时钟系统** 为生产人员、乘客提供统一的标准时间信息，为其他通信和自动化系统提供统一的标准时间校时信号。

（17）**乘客信息系统** 运用现代网络技术与多媒体技术进行信息的多样化显示，实现对所需信息的实时编辑、制作、传递，同时在车站通过等离子或液晶显示器进行信息显示，向乘客发布更直观、更形象的各种有用信息。

（18）**视频监控系统** 调度员和车站值班员监视列车运行、掌握客流大小和流向、提高行车指挥透明度的辅助通信工具，是列车驾驶员在车站停车后监视旅客上下车、掌握开关车门时间的重要手段。

（19）**商用无线网覆盖系统** 由各运营商负责在地下停车场的商用通信机房设置信号源设备，主要考虑地下停车场的无线覆盖分布式系统。

（20）**火灾自动报警系统**（FAS） 应用于车辆段、运营控制中心和封闭式车站、枢纽等。主要由车辆段消防控制室设备（火灾报警控制器、图形工作站等）、各区域火灾报警控制器、现场各类探测器、输入输出模块、手动火灾报警按钮等、消防专用电话系统以及全线报警信息传输网络等组成。

（21）**环境与设备监控系统**（BAS） 应用于车辆段、运营控制中心和封闭式车站、枢纽等，由车辆段级监控系统、就地级监控设备（包括现场控制器、智能远程输入输出模块、各类传感器、执行器等）等组成。监控建筑中各种电力设备的工作状态，将异常情况提交给控制中心。BAS 在车辆段设操作员工作站，在车辆段控制中心机房内 PLC 机柜（配维护工作站），维护工作站作为车辆段级的设备维修、维护及设备调试时使用。

（22）**门禁系统** 应用于办公楼或车外检票式的车站。门禁系统由中央管理工作站、中央授权工作站、工业交换机、门禁控制器、门锁、读卡器、门磁开关、出门按钮、紧急开门按钮、蜂鸣器、感应式门禁卡、接口模块等构成。系统采用分布式控制和集中监控管理的运行方式，在网络发生故障时，分布在各处的智能门禁控制器仍能继续按照预先设定的程序对出入口进行管理。

（23）**运营控制中心** 是有轨电车的管理枢纽，应对全线所有运行车辆、区间、电力供给、环境与设备监控、火灾报警等实施集中的调度、监视、协调和管理等工作。

（24）**MSTP 即多业务传输平台技术** 为建立承载 TDM 电路、分组数据和信元的统一平台而发展的。MSTP 技术的基本思路是将多种不同业务通过 VC 级联等方式映射进不同的 SDH 时隙，而 SDH 设备与二层、三层分组设备在物理上集成为一个实体。即将传送节点与各种业务节点融合在一起，构成业务层和传送层一体化的下一代 SDH 节点。

（25）**千兆以太网** 被广泛使用的计算机网络标准，随着数据业务的增加，语音、视频等业务的 IP 化，千兆以太网的应用范围不断增加，由计算机局域网逐步拓展到工业控制、电信接入网、城域网等领域。随着 802.1p（流量优先权控制）、802.1q（VLAN 标准）、802.1s（多生成树协议）、802.1w（快速生成树协议）等技术的应用，千兆以太网已经发展成为一种可管理、高可靠性、满足多种应用需要的技术，在性能指标上能够满足城市轨道交通数据业务传输的要求，非常适用于数据业务的传输。

（26）**PTN**（分组传送网） 一种光传送分组网络架构和技术，它在 IP 业务和底层光传输媒质之间设置了一个层面，针对分组业务流量的突发性和统计复用传送的要求而设计，以分组业务为核心并支持多业务传输。

（27）**牵引供电系统** 由牵引变电所和牵引网组成，负责向电动车辆供电。

（28）**动力照明系统** 由降压变电所和动力照明配电线路组成，负责向通信、信号设备，各种动力机械设备，车站和区间各类照明设备等供电。

（29）**单边供电** 接触网通常在相邻两牵引变电所间的中央断开，将两牵引变电所之间两供电臂的接触网分为两个供电分区，每一供电分区的接触网只从一端牵引变电所获得电流。

（30）**双边供电** 中央断开处设置开关设备，可将两供电分区连通，此处称为分区亭（SP），将分区亭的开关闭合，则相邻牵引变电所间的两个接触网供电分区均可同时从两个变电所获得电流。

（31）**开闭所**　连接城市电网和牵引变电所/降压变电所，进行电源分配的开关设备。

（32）**牵引变电所**　（以城市轨道交通线路为例）把城市轨道交通供电系统内的中压经降压整流变成1500V或750V直流牵引电压，供给电动车辆。主要设备有：中压开关柜、整流机组（包括整流变压器和整流器）、直流快速断路器、直流刀闸等。供给地铁一定区段内直流牵引电能的变电所。

（33）**降压变电所**　（以城市轨道交通线路为例）把城市轨道交通供电系统内的10kV中压经变压器降压变成380V配电电压，供给通信信号设施、沿线及车站的动力照明等。主要设备有：中压开关柜、动力变压器、信号变压器、低压断路器等。

（34）**中压网络**　连接供电系统内部各个牵引变电所和降压变电所的电缆或架空线路。

（35）**高压电源系统**　由城市高压电网获得电能，通过系统内部中压线路向各牵引、降压、混合变电所供电。

（36）**牵引网**　包括了接触网、钢轨回路（包括大地）、馈电线和回流线的一个大范畴，它是轨道交通供电系统中向电动车组供电的直接环节。

（37）**接触网**　是一种轨道敷设的和铁路轨顶保持一定距离的输电网。通过电动车组的受电弓（或受流器）和接触网的滑动接触，牵引电能就由接触网进入电动车组，驱动牵引电动机使列车运行。

（38）**接触轨**　用金属轨条制成的向电动客车供给电能的刚性导电体，其标高通常与走行轨的标高相近。

（39）**渡线**　指用以连接两条平行铁轨的一种道岔，使行驶于某路线的列车可以换轨至另外一条路线。

（40）**满载率**　实际载客量与设计载客容量之比，它反映着系统的服务水平，一般满载率可取0.75~0.9。

（41）**路权**　指交通参与者根据交通法规的规定，在一定的空间和时间内使用道路，进行交通活动的权利。

（42）**车辆模块**　根据低地板有轨电车车辆配置及长度的需求而实现不同组合基本单元。

（43）**空车载荷(AWO)**　整备状态下的车辆自重与驾驶员重量之和。

（44）**满座载荷**　固定座席满员的载重与空车载荷之和。

（45）**额定载荷**　可站面积按6人/m^2（含固定座席满员）的载荷与空车载荷之和。

（46）**超员载荷**　可站面积按9人/m^2（含固定座席满员）的载荷与空车载荷之和。

（47）**BT（build-transfer）模式**　BT模式，即建设－移交模式，是指由BT项目发起人（一般为政府或政府授权机构）通过法定程序选择拟建的基础设施或公用事业项目的BT项目主办人，并由该BT项目主办人在项目建设期内组建BT项目公司进行投资、融资和建设，项目建成竣工验收合格后由BT项目发起人回购，并向BT项目主办人支付回购价款的一种项目投融资建设模式。一般，BT项目主办人也称为BT项目投资方，其为了融资、建设和管理承建的BT项目而在BT项目所在地成立的公司就是BT项目公司。

（48）**PPP模式**　PPP是英文Public-Private-Partnerships的简写，中文直译“公私合伙制”。它是指公共部门通过与社会资本建立伙伴关系来提供准公共产品或服务的一种方式，是公共基础设施建设中发展起来的一种优化的项目融资与实施模式，是一种以各参与方的“双赢”或“多赢”为合作理念的现代融资模式，通过这种伙伴关系，合作各方可以达到比预期单独行动更有利的结果。

（49）**前补偿模式** 它是把整个基础设施项目分成A、B两个部分，A部分是指项目建设期基础设施投资建议，由政府出资完成；B部分包括设备的投资、运营和维护，由社会资本投资组建的PPP公司来完成。这种模式的优点是把项目的投资分为公益性和营利性两部分，公益性部分由政府投资，营利性部分吸引社会资本，从而扩大资金来源，提高资金使用率，降低投资风险，有效地建立了基础设施项目市场化运作的收益机制。

（50）**后补偿模式** 它是按照目前国内固定资产投资项目的资本金制度，政府部门与社会资本共同出资组建项目公司，负责项目的投资、建设和运营。政府部门预先核定项目公司的运营成本和收入，对产生的运营亏损给予相应的补贴。特许期结束后，企业同样要无偿将项目全部资产移交给政府。

（51）**BOT模式** BOT模式是政府将一个项目的特许权授予由社会资本组成的项目公司，在特许权内负责项目设计、融资、建设和运营，并收回投资，偿还债务，赚取利润，特许期结束后将项目无偿交给政府。

（52）**“轨道+土地”综合开发模式** “轨道+土地”综合开发模式指政府将拟建轨道交通项目的建设权、运营权与轨道交通周边的土地使用权同时授予轨道交通公司，由轨道交通公司将轨道交通与物业同步规划，同步建设。通过轨道交通建设使物业实现快速增值；通过物业发展为轨道交通带来新的客流，实现“1+1>2”的协同效应。以出售或出租优质物业所创造的资本收益弥补轨道交通建设和运营成本，并取得合理的投资、运营回报。

（53）**资产证券化模式** 资产证券化模式（Asset Backed Securitization 以下简称ABS）作为一种资产收入导向型融资方式，是近二三十年来发展起来的重要的金融创新方式之一。ABS是集合一系列用途、质量、偿还期限相同或相近，并可产生规模稳定现金流的资产。通过一定的结构安排，对其组合包装后，以其为标的资产发行证券进行融资的方式。简言之，就是创立以收益性资产为担保的可转让性证券的融资过程。

（54）**产业投资基金模式** 产业投资基金模式是指通过发行基金受益凭证来募集轨道交通建设所需的资金，然后由轨道交通公司将轨道交通与物业同步规划、同步建设，通过轨道交通建设使物业实现快速增值，以出售或出租优质物业所创造的资本收益专项用于基金的收益分配。

（55）**车辆段** 具有配属车辆以及承担车辆的运用管理、整备保养、检查工作和承担较高级别的车辆检修任务的基本生产单位。

第2章

规划设计

2.1 现代有轨电车的特征及系统技术特征

2.1.1 现代有轨电车的特征

本书中，现代有轨电车定义为：采用低地板模块化的轨道车辆，通过轨道承重和导向，主要敷设在地面，依靠驾驶员瞭望行驶，按公交化模式组织运营的城市公共客运系统。

在该定义下，突出了现代有轨电车的三点特征：

1）现代有轨电车仍属于轨道交通系统。现代有轨电车是采用轨道车辆，具有轨道交通系统所具有的较大容量、节能环保等特点，通过轨道导向，将固定行驶轨迹等特点；同时要求采用低地板模块化的车辆，这与地铁/轻轨等高地板车辆，以及传统有轨电车都具有显著差异性。相对于传统有轨电车，车辆性能有所改变，即提高速度和载客容量，降低地板高度，增强舒适性。

2）现代有轨电车主要是敷设在地面的，这必然会要求与道路交通之间存在较多的混合行驶状况，即对于路权的要求将成为现代有轨电车运行特征的重要基础。在车辆能够承载较大容量后，现代有轨电车要争取专用车道，这是保障运行速度和可靠性的重要基础；同时采用路口优先，通过设置交叉口信号优先，甚至采用局部立交的形式。这些使得现代有轨电车能够开始发挥中运量的公交特征。

3）现代有轨电车是依靠驾驶员驾驶，能够公交化运营的系统。这是区别于地铁和轻轨等专用路权下大容量轨道交通的重要特征之一。一方面，这使得现代有轨电车的投资和运营成本降低，同时也使得现代有轨电车的运营速度不可能很快；另一方面，现代有轨电车最好能够网络化运营，发挥公交化运营优势，这将很好地降低建设运营成本。

2.1.2 现代有轨电车系统的技术特征

现代有轨电车系统的技术特征：

1）节能环保：现代有轨电车采用电力牵引，不产生燃烧废气，零排放、低污染，符合当前节能减排、生态城市的建设需求；同时人均耗能约为0.07kW/座席乘客，仅相当于公交车的1/4；噪声较汽车低5～10dB，是一种节约能源的清洁交通工具。

2）中等运能：当前对于现代有轨电车系统的合理运能，大家的认识也相差较大，但总体上是认为界于地铁、轻轨和常规公交之间的系统。从国内外的经验来看，现代有轨电车的高峰单向断面合理运能在0.6万～1.5万人次/h，是一种中等运能的公交系统。

3）舒适人性化：现代有轨电车一般使用100%低地板车辆，地板高出轨道面约30cm，婴儿车、残疾车可以自由乘降；现代有轨电车在固定轨道上运行，在采用较长车辆增大运能时，仍能保证较好的运营稳定性和乘坐舒适性，是一种舒适、人性化的交通工具。

4）环境适应性强：主要体现在现代有轨电车采用流畅、美观的车辆造型，配以一体化触网、支柱、照明与网格状草坪设计，能够与旅游、文化保护等景点具有更好的适应性；而现代有轨电车转弯半径小，最小为10.5～25m，能够很好地在道路上敷设；同时现代有轨电车的轨道制式，交通形象更为突出，具有更强的交通引导性。

5）建设灵活度高：现代有轨电车系统投资相当于地铁的1/6～1/4，具有较为合理的运量投资比；同时建设形式相对灵活，能够与道路交通在道路上混行，建设周期较短，建设时间为2～3年。

2.2 现代有轨电车的应用模式

从国内有轨电车的发展来看，除了已经建成和正在建设的几条有轨电车线路，同时很多城市正在开展有轨电车的前期研究。对国内的应用情况来看，其应用模式可以总结为下面几种类型。

2.2.1 骨干型

骨干型：作为特大城市新城内部或中小城市的骨干公交系统。

1. 特大城市新城骨干公交系统

在特大城市郊区新城，快速轨道交通线路的客流覆盖不强，同时在快速轨道交通线路的选择上，往往从建设的条件和引导开发功能考虑，如上海的轨道交通9号线、11号线北段都是位于松江或嘉定新城区的边缘，未贯通新城中心或老城区中心。因此，对于郊区城区，快速轨道交通线路主要是承担新城区对外的客流功能，而在新城区内部可应用有轨电车，作为新城区内部的骨干公交系统。

该应用模式需要注意以下几点：

1）至少有一条有轨电车线路与快速轨道交通车站衔接，并强调与快速轨道交通车站之间良好的换乘功能，从而形成新城内外的一体化公交网络体系。

2）新城内部要形成有轨电车网络，发挥有轨电车的网络效益，同时线路长度和布设要基本符合客流的出行特征。

3）有轨电车线路要衔接新城地区中心区以及原郊区老城区，起到客流服务功能。

4）要注重有轨电车与常规公交、非机动车等交通方式之间的衔接。

2. 中小城市骨干交通系统

对于人口为50万～100万人的中等规模的城市，现代有轨电车系统作为城市公共交通的骨架，也可以形成网络，由常规公交车提供补充。这种情况在欧洲城市比较常见，如法国的波尔多，有3条有轨电车的骨干线，线路总长43.9km。

该模式下，应用现代有轨电车时，应主要注意以下几点：

1）发挥现代有轨电车的网络规模效益：线路应形成网络，各条线路之间能够良好换乘。

2）保障现代有轨电车的技术特征优势：在运能和速度上能够体现主骨干公交系统的优势，尤其是作为主骨干系统，需要布设进入城市老城区等建设约束条件较多的区域，可以考虑采用部分高架或地下等工程措施，提高现代有轨电车的适应性。

3）适度控制好现代有轨电车的线网规模：作为中等规模城市，应充分考虑到建设投资与客流需求之间的关系，从实际财政支撑和主骨干定位出发，应优先考虑提升主要骨干走廊的客运能力，对于客流覆盖面，采用公共汽车等方式来满足。

4）处理好现代有轨电车线路交叉点：有轨电车的线路交叉点是多条有轨电车线路交汇的地方，尤其是十字交叉位置，往往是客流需求规模较大的点，而地面敷设时，有轨电车的运营直接受交叉口影响，可以考虑采用局部分离的方式来提升节点通过能力。

5）加强常规公交与现代有轨电车之间的换乘：根据有轨电车线路沿线站点周边用地及交通组织条件等，形成与公交的换乘枢纽，集聚客流。

2.2.2 补充型

补充型：作为轨道交通客流的补充线路。

随着部分城市轨道交通网络在城市公交出行中承担了越来越重要的作用，但同时高客流也给轨道交通带来了压力，尤其是在早晚高峰时段；另一方面，尽管中心城区轨道交通线网密度已经较高，仍有多条通道存在多条公交走廊，要再加密轨道交通线路存在难度较大，可以采用有轨电车系统，在中心城区作为轨道交通系统的骨干补充功能。

该应用模式需要注意以下几点：

1）有轨电车线路布设和长度要与乘客的出行方向和起讫点基本一致，才能较好地发挥公交客运功能。

2）作为骨干补充功能，要加强与常规公交的换乘衔接。

3）要尽量与补充的轨道交通线路之间有衔接，能够方便乘客的选择，以及起到在发生线路运行故障时，另一条线路起到疏散功能。

2.2.3 特色型

特色型：作为旅游或特色区域公交线路。

有轨电车具有节能环保、形象突出、舒适性好等特点，在一些旅游景点，或者是大型的活动场馆，可以采用有轨电车作为客流集散方式，融入景点，作为整个环境的交通线和风景线。

该应用模式需要注意以下几点：

1）这种模式重要体现现代有轨电车的形象特征和客流服务，因此对于运营速度并不是非常的强调，可以考虑采用混合路权等不同的形式，提高现代有轨电车的适用范围。

2）充分利用现代有轨电车建设的灵活性，结合景观要求，在敷设方式和断面布置上，采用多样化的布置形式，加强现代有轨电车系统与周边环境的融合设计。

3）对于有轨电车线路的长度和敷设方式，可以结合实际情况来确定，如可以采用单线敷设，可以在步行街上敷设与行人共享街道等方式。

2.3 现代有轨电车适应性条件

2.3.1 城市规模

梳理分析国内相关城市有轨电车规划案例，从这些应用情况分析有轨电车规划建设的城市规模条件。

1. 现状常住人口规模为 50 万~150 万人

根据研究现代有轨电车，并有较为实质性线网规划阶段的城市现状人口分析，现状常住人口规模在 50 万~150 万人。有以下两种情况：

1）整个城市的范围，比如泰州、湖州、台州、广东、淮安等地。这种情况下，现代有轨电车线网规划研究范围包括整个城区，在这些城市的现代有轨电车线网方案都是整体性的。

2）城市某个地区的范围，比如上海松江、苏州高新区、武汉大汉阳等地区。这种情况下，现代有轨电车的线网规划范围是在该区域，一般与外部区域之间的联系相对不强。

2. 规划常住人口规模基本超过 100 万人

各城市或地区规划常住人口规模基本超过 100 万人，部分超过 300 万人。从规划年发展趋势来看，总体是在 100 万~200 万人。

分析其原因有以下两点：

1）作为城市来说，现状人口在 100 万人左右的，部分达到 150 万人的城市，近期内要发展快速轨道交通的难度比较大，本身的客流需求难以支撑发展快速轨道交通，转而寻求建设现代有轨电车。同样的，对于这些城市，在总体规划确定人口规模时，远期的发展规模一般在 200 万人左右，两者之间形成了相互支撑的关系。

2）对于城市的地区来说，作为片区研究现代有轨电车的城市一般都已建设轨道交通系统，比如上海的松江、奉贤南桥、苏州高新区等。这些地区的人口规模主要是控制在 100 万~200 万人范围内。其中主要原因一方面是随着轨道交通的建设和运营，轨道交通实际客流与预期效益，建设与运营成本的切身认识更为直接，一些外围地区发展时，开始转向投资较为经济的现代有轨电车；另一方面规划人口规模不大是基础，如人口规模较大，会规划建设轨道交通系统，而不是单独采用现代有轨电车。

3. 与城市经济规模相关性不显著

从各城市的 GDP 和人均 GDP 的分布来看，差异很大；也说明在某种程度上，反映了在不同城市，当人口规模达到一定量时，都有要发展快速公共交通系统的想法。

2.3.2 交通需求

1. 单向高峰断面客流约 0.7 万人次/h

单向高峰断面是进行工程设施规划控制的重要基础，也是判断现代有轨电车适应性的关键依据参数。分析国内案例统计，单向高峰小时断面客流平均值在 0.69 万人次/h。

从分布看，在 0.4 万~0.8 万人次/h 的单向高峰断面客流最大，也说明各地较为适应有轨电车建设的断面需求。

2. 线路负荷强度约 0.7 万~0.8 万人次/km·日

线路的负荷强度，也是线网规划中非常重要的参数。一般匡算线网合理规模时，采用客流需求规模的方法，往往需要参照线路负荷强度进行计算。国内案例线路中的负荷强度进行计算后，平均值为 0.76 万人次/km·日。

从线路负荷强度的分布来看，总体分布较为均衡。比例最高的是 0.4 万~0.6 万人次/km·日。其次为 0.6 万~0.8 万人次/km·日。

2.3.3 线路长度

现代有轨电车的合理线路长度是进行线网规划时的重要内容，统计各城市规划的现代有轨电车的线路长度，单线平均长度为16.7km。

从线路分布情况来看，规划线路长度主要集中在15~20km，之后是10~15km。两者约占总比例的50%。总体来看，现代有轨电车的线路长度在10~20km也是较为合理的长度。

2.4 现代有轨电车线网规划技术方法

2.4.1 规划设计原则

根据现代有轨电车的技术特征和功能定位，总体上应遵循以下基本原则。

1. 与城市用地的关系

1）现代有轨电车线网规划应与城市发展、空间结构、用地布局紧密结合，支撑城市总体规划，引导城市发展，实现交通与城市发展的互动。

2）现代有轨电车系统功能定位应与地区特征相协调。根据城市不同区域规划情况和发展特征，制定不同的功能定位和发展目标。

3）现代有轨电车规划应与城市用地性质协调，高效、便捷地串联地区主要人流集散点、商业活动发达地区和主要居住区。线路沿线用地布局应兼顾客流发生和吸引源，保障线路运营效率。

4）为保障现代有轨电车的实施，应对规划线路沿线和场站设施周边用地进行严格的控制。

5）为充分发掘现代有轨电车对城市发展的推动作用，实现交通与城市一体化发展，应制定现代有轨电车与土地协调发展策略，优化完善站点周边用地规划和交通设施规划，提高交通设施利用率，促进沿线土地的集约利用。

2. 与其他交通方式的衔接

1）现代有轨电车系统应与城市对外交通、城市常规公交、大运量轨道交通、机动车、自行车和步行等系统合理衔接，形成多层次、复合、高效的综合交通系统。

2）现代有轨电车系统依托交通枢纽与其他交通方式衔接，应根据交通功能将枢纽划分等级，不同等级的枢纽形成与之相适应的用地布局特征和配套交通服务。

①与大型对外交通枢纽或轨道交通换乘的站点作为一级枢纽。

②与3条以上常规公交线路换乘的站点作为二级枢纽。

③其他站点作为三级枢纽。

3）现代有轨电车与大运量轨道交通换乘的，换乘距离宜小于150m。

4）站点周边应加强慢行交通设施布局规划，提高有轨电车服务范围。

3. 与道路系统的关系

1）现代有轨电车作为主要布设于城市道路上的地面公共交通方式，应强化道路敷设方式和断面布置形式规划设计，实现有轨电车与道路交通间的协调。

2）现代有轨电车原则上不布设于快速路和交通性主干道上，适宜布设于一般主干道或次干道上，以实现道路交通功能和公共交通功能在通道上的分流，有利于交通组织，减少相互干扰。对于布设于支路或绿化带内的有轨电车线路，应结合线路两侧用地规划和交通特征，采取特殊交通组织方式。

3）在线路选线专项规划阶段，应对现代有轨电车沿线道路交通组织方案进行专题研究，并采取相应的交通管理措施，以实现全线列车旅行速度目标。

4. 与常规公交系统的关系

1）现代有轨电车网络依托于常规公交网络进行规划，是对常规公交系统的整合与提升。

2）与有轨电车线路复线较长的常规公交线路，应对线路进行优化调整，强化换乘衔接。

5. 选线布局和运营组织原则

1）线路走向和车站布设应与城市用地布局和交通需求紧密衔接，支撑地区发展，引导城市拓展。

2）有轨电车规划应首先形成网络，各条线路间宜预留网络化运营条件，为适应有轨电车线路的灵活运营组织提供基础。

3）线路走向应与城市主要客流走向一致。

4）线路规划应与城市轨道交通建设、城市道路建设紧密结合。

6. 网络设施资源共享

1）资源共享是集约利用土地、高效发挥设备效益、节省投资的主要措施。

2）资源共享要求每一条单独的线路连成整体的网络，让每条线路的设备成为网络中的公共资源。资源共享的线路之间设置联络通道是资源共享的必备条件之一。

3）按照不同类型车辆分类，一般同类型车辆资源共享。

4）运营管理趋向于集中、统一，体现出运营管理的先进性、整体性、网络化。一般情况，一个新城设置一处车辆段、一处控制中心。

5）现代有轨电车车辆基地，应充分考虑与其他设施的结合，以集约化利用土地。建议重点考虑与常规公交站场、社会公共停车场、公建设施等结合，预留合建的条件。

7. 环境景观

1）有轨电车环境保护设计应遵循统一规划、合理布局、综合治理、防治结合的原则。

2）有轨电车车型选择应优先考虑成熟、安全、经济、可靠、环保等车型。

3）有轨电车外形设计应综合考虑地区形象、周边环境等影响。

4）有轨电车运行时产生的振动、噪声等问题应满足国家或行业现行相关设计规范的要求。

5）有轨电车在选线阶段应充分考虑沿线既有、潜在的环境影响源，并在实施阶段采用适当措施，以满足环评要求。

2.4.2 线网布局方法

1. 线网规模计算方法

线网规模宏观上反映了现代有轨电车设施的服务水平，关系到客流强度和建设投资规模，关系到规划建设用地的长远控制。通过对线网总体规模的控制，现代有轨电车可以与城市交通需求、经济发展水平相协调。

线网规模论证首先对影响线网规模的一系列因素进行分析，确定影响总体规模的主要参数，研究确定现代有轨电车线网的适宜规模。

（1）**线网规模的影响因素**

1）城市规模。城市规模包括城市人口规模和用地规模。人口规模决定了交通出行的总量，用地影响居民出行时间和空间分布，城市规模决定了城市交通需求的特性。

2）城市空间结构。城市空间结构可以呈现组团式、圈层发展式和带状等不同的布局形态。城市空间结构形态决定了现代有轨电车线网的形态，不同的城市空间结构形态要求不同结构的线网与之相适应。在城市人口规模相同的条件下，不同城市空间结构形态会形成不同规模的线网。

3）城市经济社会发展水平。城市经济社会发展水平对一个城市交通系统的影响是多方面的。一方面，伴随着城市经济社会发展水平的提高，居民对交通设施服务水平的要求提高，对能提供更高服务水平的现代有轨电车公交方式服务的需求增加；另一方面，现代有轨电车建设运营的投资，较地铁和轻轨有较明显的优势，但还是需要一定的城市经济实力支撑。总之，现代有轨电车线网的规模应与城市经济社会发展水平相适应。

4）居民出行特征。居民出行特征包括出行强度、出行时间分布、出行空间分布以及出行方式等，现代有轨电车规模应与城市居民出行特征相匹配，同时引导城市交通向更可持续的方向发展。

5）城市交通发展目标与策略。城市交通发展目标与策略是影响整个城市交通系统发展路径的重要因素，尤其是交通方式分担目标的确定将极大地左右城市交通的演变轨迹，从而对现代有轨电车系统的规模产生重要影响。

（2）**技术参数与规模测算** 提出现代有轨电车线网规模的计算方法，并以某市为例进行分析。

现代有轨电车系统在某城市交通中，作为第一层次的骨干公交系统，在测算其线网规模时，参照轨道交通线网规模的测算方法，分别按照交通需求、万人拥有率和线网密度等算法来匡算。由于城市总体规划到2020年，而现代有轨电车的发展年限较长，因此，结合城市发展分析远景2030年的线网规模。

1）客流负荷强度法。客流负荷强度法是在交通需求总量预测的基础上，结合城市交通发展目标和战略，确定现代有轨电车承担的客运量，参照现代有轨电车的合理线网负荷强度，最终确定线网的合理规模。测算公式如下：

$$L = Q\alpha\beta/\gamma \tag{2-1}$$

式中 L——线网长度（km）；

Q——预测年公交出行总量（万人次/日）；

α——轨道交通出行占公交出行的比例；

β——现代有轨电车换乘系数；

γ——现代有轨电车线网负荷强度（万人次/km·日）。

2）万人拥有率法。城市的人口总数反映了交通需求趋势以及对现代有轨电车的需求程度，由此来计算确定现代有轨电车的线网规模。测算公式如下：

$$L = M\delta_1 \tag{2-2}$$

式中 L——线网长度（km）；

M——城区总人口（万人）；

δ_1——人口线网密度（km/万人）。

3）线网密度法。按照城市建设用地面积来计算现代有轨电车线网规模，实质上表示了现代有轨电车线网的覆盖面。测算公式如下：

$$L = A\delta_2 \tag{2-3}$$

式中 L——线网长度（km）；

A——预测年的城市建设用地面积（km^2）；

δ_2——面积线网密度（km/km^2）。

2. 面、点、线线网规划方法

面、点、线分析与控制点优化法，是以对大城市空间结构的认识和大城市中长距离机动车交通需求的把握为基础，对城市空间结构布局中的重要节点、主要的中长距离机动车交通需求流径期望线的分布、大城市与区域干线公路网的衔接以及快速路系统线网的整体结构形态等进行分层次的分析研究，并考虑快速线路走向的主要控制点对线路走向进行优化。充分考虑定性分析与定量分析相结合，近期与远期相结合。

由于土地、人口和基础设施投资的压力，现阶段我国大部分大城市的基本形态是高密度的单中心同心圆发展模式，城市空间结构以单核点状、十字星状为主，少数大城市是线形带状的空间结构形态。随着我国经济社会的发展，城市化进程的推进，多中心、有机分散应该是我国大城市未来合理的发展方向，大城市呈“章鱼状”形态发展，城市空间结构以多核网状为主。

大城市快速路系统线网规划是一个庞大而复杂的系统工程，线网的构建需分类分层进行。“面”“点”“线”既是三个不同的要素也是三个不同的层次。

“面”代表整体、全局性的问题，即快速交通系统的线网结构、快速交通系统规模、与区域系统的衔接等；“点”代表局部、个体性要素，即城市空间结构布局的重要节点，如城市各分区域组团、卫星城镇、开发区、机场、港口、车站等；“线”代表方向性要素，即快速线路走向或城市交通走廊的分布、城市中长距离交通出行期望线等。

（1）**“面”的分析** “面”的分析考虑快速交通系统整体、全局性的问题。主要考虑快速交通系统线网结构。快速交通线网要与城市空间结构相协调。多中心、有机分散应该是我国大城市未来合理的发展方向，大城市呈“章鱼状”形态发展，所不同的是大城市主体——章鱼体的大小、结构以及伸展轴——章鱼触角的强弱、多少的差异。与我国大城市现状的高密度的单中心同心圆发展模式和大城市未来“章鱼状”模式这两种城市发展模式相适应的快速交通系统线网结构较普遍观点认为是环射状结构。

需要指出的一点是：并不是说所有的大城市都要照顾环射状快速交通系统，部分大城市空间结构呈线形带状、历史名城保护、利用原有路网格局、自然条件限制等原因，可能会根据实际情况选择线形带状、棋盘状、自由式、混合式快速路系统，如城市空间结构呈线形带状的兰州市可能选择线形带状快速交通系统，武汉市由于其特殊的自然地理条件可能会选择自由式或混合式快速交通系统，西安市出于历史名城等原因可能会选择棋盘式或混合式快速交通系统等。

（2）**“点”的分析** “点”即城市空间结构布局中的重要节点，包括城市中心区、各功能分区或组团、卫星城镇、经济技术开发区、大型文体活动中心、机场、港口、火车站、长途汽车客运站等，它们是城市所有重要活动实现的“场所”。随着城市化进程的推进，大城市不断地通过向外拓展和内部重组来实现城市空间结构的优化调整，大城市规模进一步扩大，大城市不再追求高度集中的密集型布局，转而向分散的功能组团的方向发展。生活居住、工业、商业、开发区、对外交通枢纽站场等不同的城市功能，将分散到城市各个合理的方位，地域的分隔愈加明显，空间距离逐渐加大。为了保证城市功能的正常发挥，提高城市活动运转效率，促进与支持空间结构的合理调整，必须通过快速路系统连通这些城市功能分区，使大城市各个重要节点之间的空间距离从时间上加以缩短，各个重要节点建立便捷的联系。

（3）**“线”的分析**　“线”的分析主要研究快速交通系统线路走向，分析大城市内部中长距离交通出行期望线，大城市主要对外交通走廊。“线”要素的研究重点就是寻求大城市内部中长距离交通流径线路和大城市对外交通走廊。快速交通走向尽可能地与大城市内部中长距离交通出行期望线、对外交通走廊保持一致，并合理地将大城市空间结构布局中的重要节点“串珍珠”般的串联起来。大城市内部中长距离交通流径期望线和大城市对外交通走廊的寻求可从交通需求预测结构分析中得出。

另外，快速交通系统的建设是以新建和改建相结合的办法进行的。大城市快速交通系统构架示意图如图2-1所示。

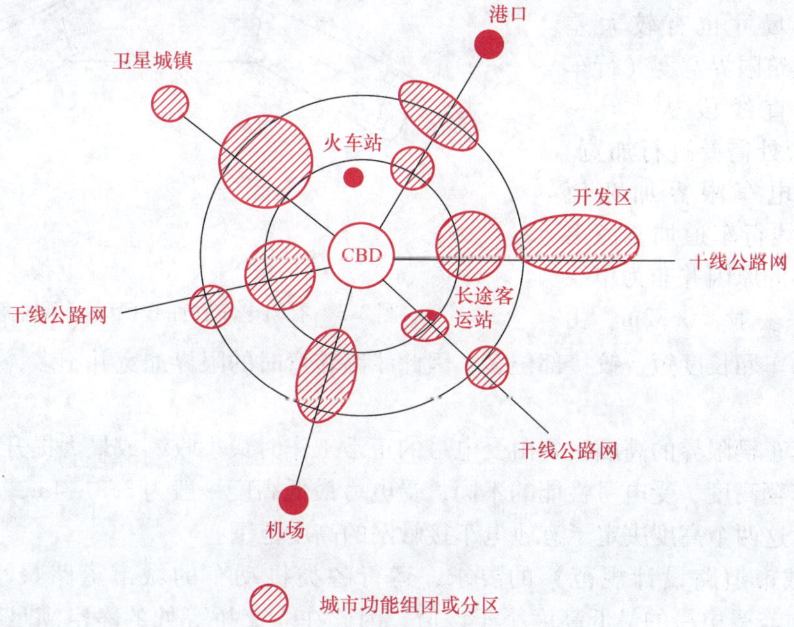

图2-1　大城市快速交通系统构架示意图

2.5　现代有轨电车站线规划设计方法

2.5.1　线路的规划设计

1. 车辆限界

有轨电车直线段的限界分为宽度和高度两方面。通过限界宽度可以分析系统占用的城市道路资源状况，通过限界高度可以分析城市道路净空与有轨电车的相互制约关系。

由于有轨电车基本上在地面上运行，沿线的主要设备就是供电系统。对于采用受电弓供电的有轨电车而言，建筑限界宽度主要考虑安装电杆的需求（见图2-2）以及车辆转弯时的通行加宽要求（见图2-3）。采用无受电弓供电的有轨电车，无电杆，限界可以进一步缩小。

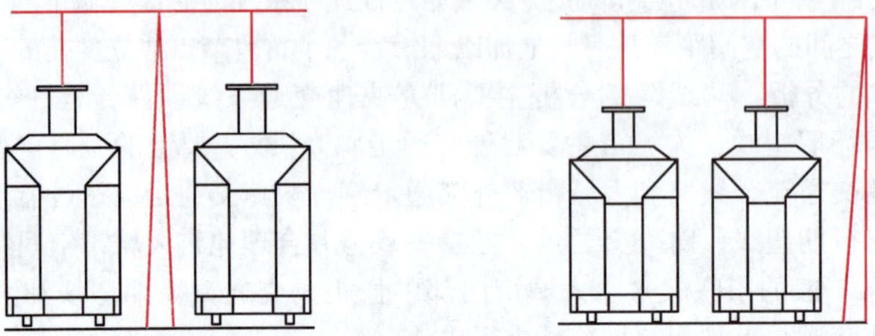

图2-2　电线杆的不同布置方式

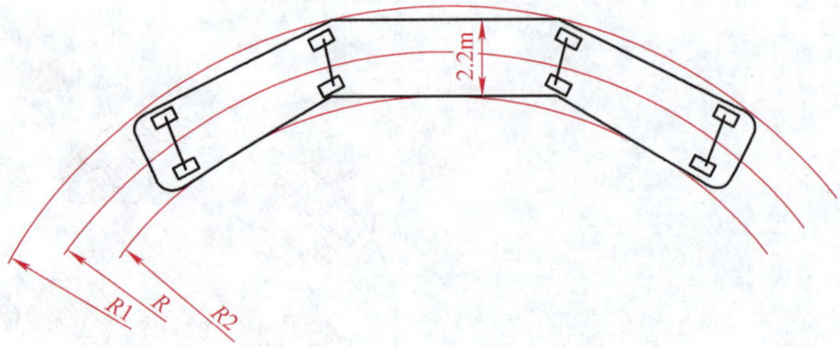

图2-3　有轨电车在曲线段的限界加宽

有轨电车车辆宽度从2.2～2.65m，限界尺寸也有较大差异；双线下建筑限界宽度（行车道宽度）的直线段从6.6～7.6m，在转弯处需要进行加宽。单线的有轨电车限界加宽值<0.45m，双线行车道加宽值由于线间距减小的原因并非为单线加宽的两倍，一般<0.82m。由于有轨电车的车厢长度短，铰接部位多，因此线路转弯时的限界加宽并不多，对其他交通的干扰较少。

有轨电车车辆限界的高度主要由受电弓的正常工作时最小收缩或最大提升高度决定。根据各种车型车辆高度、受电弓性能的不同，受电弓最低高度一般为3.3～4m，最大高度一般为6.5～7m，这两个高度决定了有轨电车接触网的高度范围。

根据《城市道路设计规范》的要求，运行各类机动车的城市道路最小净高标准为4.5m，有轨电车受电弓的最低高度小于该值，因此在立交桥等处的净空满足有轨电车运行的条件；而有轨电车接触网下的净空也满足城市道路交通通行的要求。

2. 线路长度

有轨电车单条线路长度受很多因素影响。不同交通制式有不同的最佳服务长度，应根据有轨电车的适用特性，确定最佳的线路长度，防止因线路过长所增加的旅行时间。过长的乘坐时间会造成疲劳，一般乘客乘车时间为10～50min，线路的设计需要考虑到乘客乘坐的舒适性要求。同时，过长的驾车时间也会使驾驶员疲劳，从而降低驾车注意力，造成交通事故发生率提高。因此，选择合理的线路长度起着至关重要的作用。

作为交通骨干的有轨电车，线路长度取决于城市覆盖范围，长度一般为10～20km，连接市区郊区以及城市外围组团之间的线路长度由两地区之间的距离决定，一般在15～25km，特色功能线路的长度主要取决于具体功能。

因此，对于承担了骨干公交的有轨电车线路长度应控制在10~20km；而对于承担线路集聚和特色功能的线路，长度取决于其具体功能。

3. 敷设形式

有轨电车线路敷设方式有地面、高架和地道三种形式。

国外有轨电车基本采用全线地面敷设，如法国斯特拉斯堡、波尔多等。法国巴黎1997年开通的第二条线路，由原来的一条工业铁路改造建成，因此路权等级较高，基本为有隔离设施的独立路权，仅有少数交叉口采用平交方式。

国内上海、天津等城市均采用全线地面敷设方式，长春、大连等部分城市有轨电车采用地面敷设，局部高架的敷设方式。上海浦东张江有轨电车项目一期工程，线路全长8.96km，共设置了15个站点，全部采用地面敷设方式。大连有轨电车202路建自20世纪初，21世纪初大连市有关部门投资改造了该线路。线路全长12.6km，共设置了19个站点，其中1.9km的高架段。从有轨电车的车辆技术特征来看，其相对于地铁或轻轨等快速轨道交通方式，较大的不同点是通过对车辆的改建，以适应地面的低地板运行，如果采用长距离的高架或地道布置，将无法发挥该改进优势。

而采用长距离的高架或地道等敷设方式，完全可以采用技术和经济性更好的高地板车辆；但同时，土建费用以及由于完全封闭路权带来速度提升后，为了保障车辆安全，而使得通信系统费用的增加，也将失去有轨电车经济性的优势。

因此，有轨电车的敷设方式应以地面敷设为主，在局部跨越高速公路、快速路、交叉口，结合地块开发或道路条件不足时，可以采用地道或高架等形式，充分发挥和适应有轨电车的技术特征。

4. 断面布置

（1）不同断面布置形式的特征

1）中央布局形式：有轨电车双线集中敷设于道路中央，机动车及非机动车道布设于有轨电车两侧（见图2-4）。

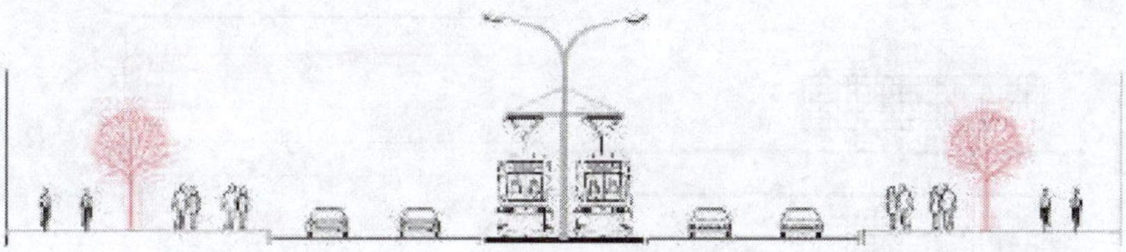

图2-4 中央布置断面方案示意图

2）两侧布局形式：有轨电车双线分设于道路两侧的非机动车道上，站台设置于人行道上，非机动车道设在道路最外侧（见图2-5）。

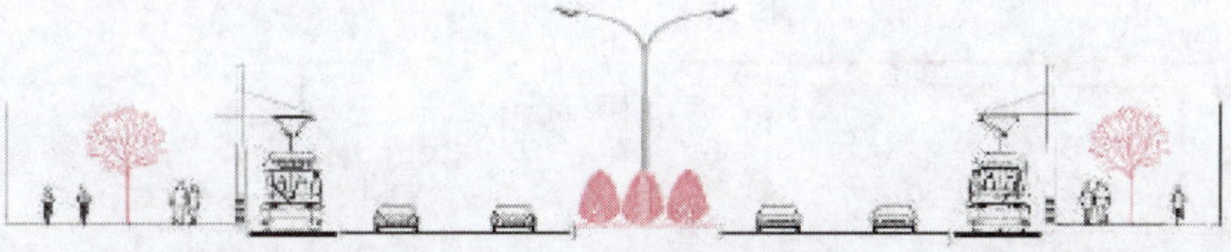

图2-5 两侧布置断面方案示意图

3）一侧布局形式：有轨电车双线集中布设于道路一侧的非机动车道上，站台设置于人行道上和机非分隔带上，非机动车道设在道路最外侧（见图 2-6）。

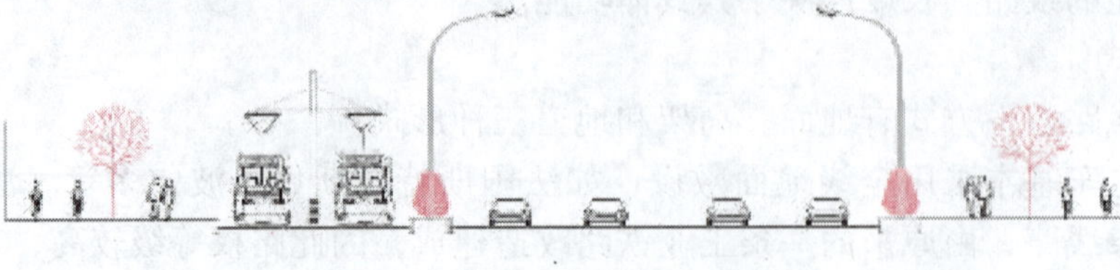

图 2-6 一侧布置断面方案示意图

一侧布局方案中，双向轨道集中在道路一侧布置，减弱对道路分割的影响，行人过街较易处理，但是需要对现有道路断面进行较大的改造。有轨电车布置在道路一侧，对沿线该侧单位的出入以及公交停靠和路边停车影响很大，该方案适合于道路一侧开发建设趋于成形，而另一侧开发强度不大的道路，不适合两侧开发强度都很大的道路。中央布局和两侧布局方案，对运营配线、有轨电车升级、站台设置和工程量等方面影响的比较见表 2-1 和图 2-7 ~ 图 2-11。

表 2-1 中央、两侧布局方案比较表

比较列项	中央布局	两侧布局
配线	车辆折返不影响交通	车辆折返需要中断交通
有轨电车系统升级	对道路分隔作用小，易升级	对道路分隔作用大，与非机动车干扰，需设护栏
站台	形式灵活	形式单一
工程量	车站处需增设过街辅助设施	可不设过街设施
对出入口交通影响	影响沿线出入口左转交通	影响沿线出入口左、右转交通
对路口交通的影响	沿线左转交通量小，对沿线道路通行能力影响小	沿线右转交通量较大，对沿线道路通行能力影响较大
对路段交通影响	无影响	车辆停靠存在冲突
行人影响	影响小	有影响，需设置护栏

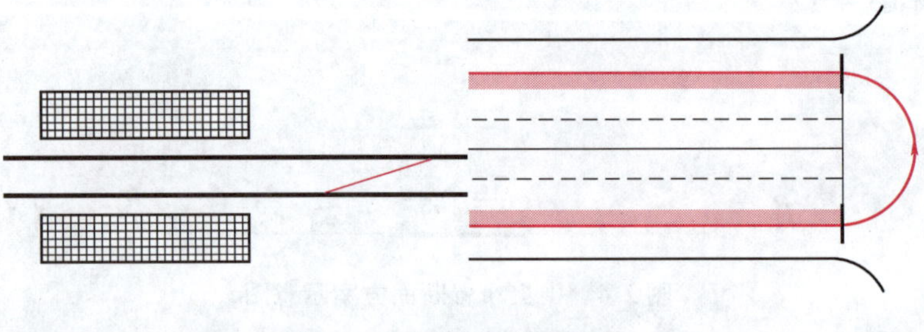

图 2-7 两侧布局的折返线

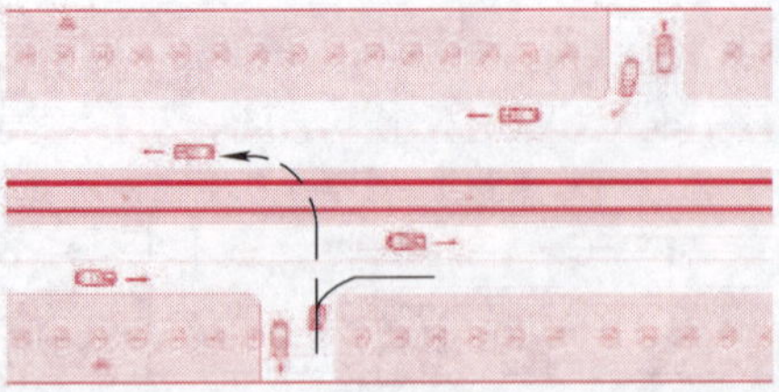

图 2-8 中央布局路段出入口交通影响

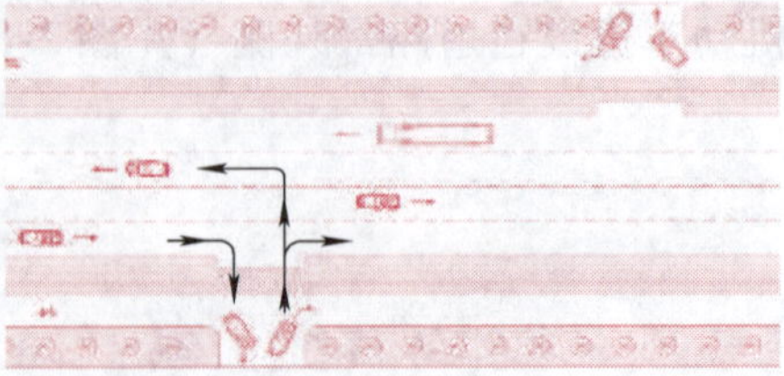

图 2-9 两侧布局路段出入口交通影响

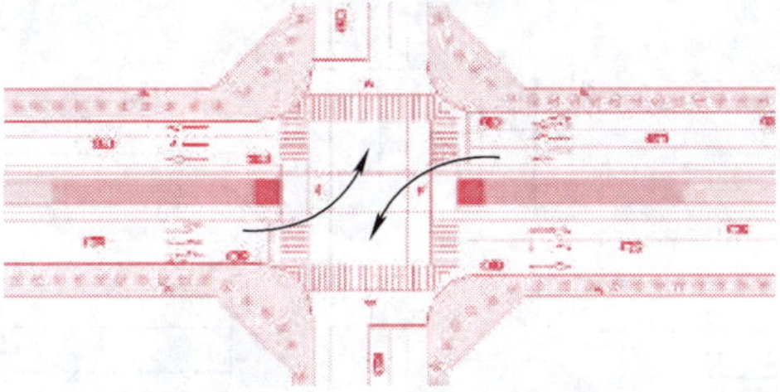

图2-10　中央布局交叉口交通影响

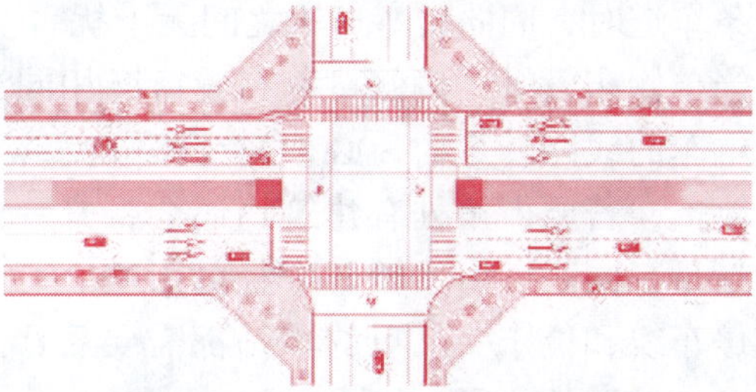

图2-11　中央布局行人交通组织

因此，进行有轨电车车道横断面布置时，不同布置方式的适用情况见表2-2。

表2-2　有轨电车车道布置方式的适用情况

布置方式	适用情况
中央式布置	道路资源比较充足，道路有可供改造的中央分隔带或侧分带 线路沿线交叉口较多，或线路两侧出入口较多 线路需要较宽的运营速度时
单侧式布置	线路一侧的出入口较少，一般为沿河流或公园的线路 沿线交叉口少 机动车单行道上，靠近机动车道一侧线路方向应与机动车同向
两侧式布置	一般用于既有道路不能做较大改造，只能在两侧拓展或在非机动车道上敷设的线路

（2）**不同断面形式对道路平面线形影响**　有轨电车多采用独立轮对的转向架结构，且运行速度较地铁系统低，其通过最小平面曲线半径与地铁车辆相比大为减小，由此也使得对道路平面线形的适应性大为加强。

根据《城市道路设计规范》，一般十字形交叉口路缘石的最小半径建议为：主干道20～25m，次干道10～15m，支路为6～9m。现假设路缘石半径为10m，有轨电车平面最小曲线半径为25m，对有轨电车在交叉口转弯情况进行分析，如图2-12和图2-13所示。

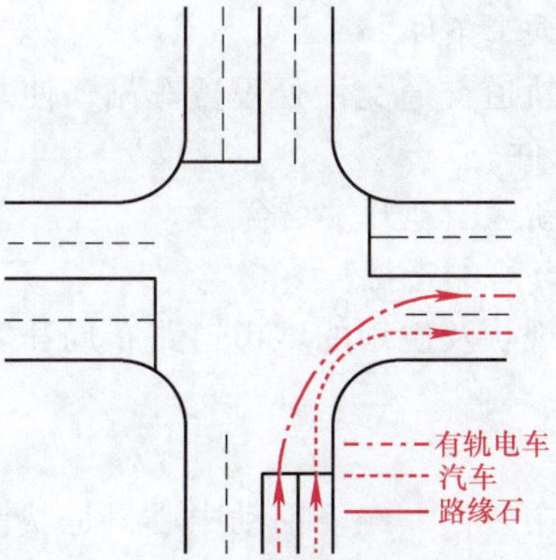

图2-12　路中布置（右侧一条车道）

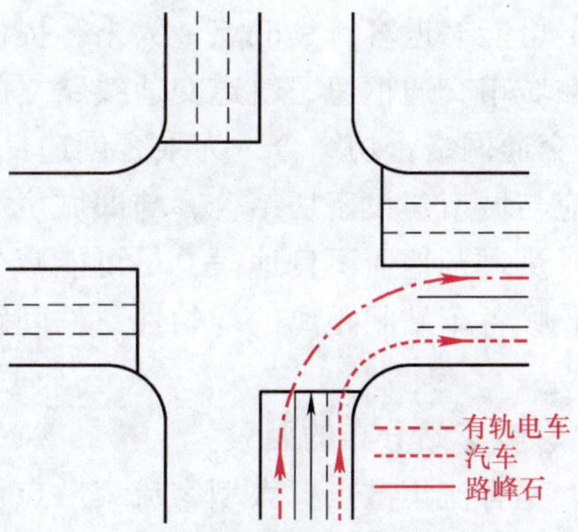

图2-13　路中布置（右侧二条车道）

从图2-12和图2-13中可以看出，有轨电车中央布置时，在交叉口转弯处，无须对内侧路缘石进行翻挖改造。线路内侧只有一条车道时，有轨电车与社会车的转弯轨迹较为接近，机动车会侵入有轨电车的限界范围，需要通过信号控制保证转弯处的行车安全；而线路内侧有两条车道时，同向转弯车辆之间无干扰。

当单侧布设时（两侧对称布置情况相同），有轨电车的线路转弯时，必须对交叉口路缘石进行改造，若原街角处有建筑物还会带来一定的拆迁量。同时，由于转弯半径的影响，有轨电车停车线和位于交叉口的车站都需要后移至距交叉口较远的位置，如图2-14所示。

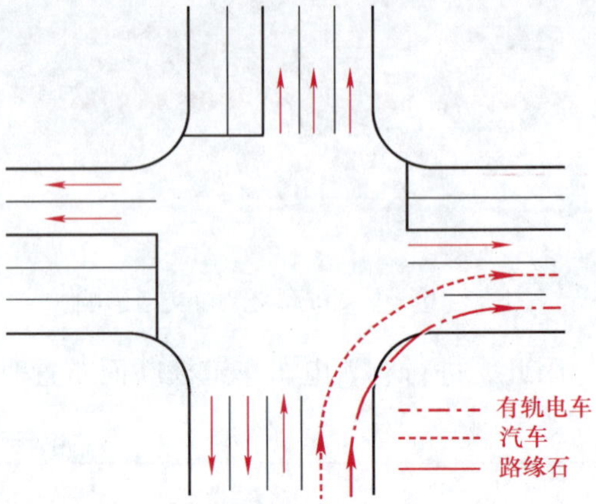

图2-14　单侧布置

因此，从不同布设形式转弯时对于平面线形的影响上，采用路中布置的影响较小，而采用路侧布置时，在转弯时需要有较大的转弯空间，对转弯一侧的用地影响较大，适合该转弯处用地较为宽裕的情况；在老城区，交叉口周边用地紧张的路段，则适应性较差；或者只能采用转弯半径小的胶轮导轨车辆。

5. 纵断面条件

城市道路对于有轨电车的影响主要是纵坡的制约。由于钢轮钢轨间的摩阻系数与胶轮和路面间相比较小，因此钢轮钢轨有轨电车的爬坡能力与汽车相比稍有不足，但其单位自重下的牵引功率以及分散的动力，使得有轨电车通过纵坡的能力较传统轮轨系统车辆相比有较大提升。在城市道路中计算行车速度在30km/h以上的道路，其推荐纵坡值均小于7%。根据此标准，即城市次干路Ⅰ、Ⅱ级，城市支路Ⅰ级以上道路都可以运行各种有轨电车。对于更大纵坡的道路，通过合理的车辆制式选择同样可满足要求。因此可以得出结论，有轨电车通过纵坡的能力可以满足城市道路的要求。

2.5.2　车站的规划设计

（1）**车站设置的原则**　车站直接服务于旅客，一般有以下原则：

1）尽可能靠近客流集散点，为乘客提供方便的乘车条件。

2）在城市交通枢纽、轨道交通线路之间与其他轨道交通交汇处设置车站，使之与道路网及公共交通网络密切结合，为乘客创造良好乘车条件。

3）应与城市建设密切结合，与旧城房屋改造和新区土地开发结合。

4）尽量避开地质不良地段，尽可能减少对周围环境的干扰。

5）兼顾各车站间距离的均匀性，站间距应根据现状及规划的城市道路布局和客流的实际需要确定。

（2）**影响车站分布的因素**

1）大型客流集散点：大型客流集散点往往是城市政治、经济活动中心，是城市的窗口地段。这样的地段不但客流数量大，而且集中，对地面交通压力很大。

2）城市规模的大小：城市规模大小包括城市建成区和规划区域的面积及人口。当地区面积大，人口多，密度大，线路客流大，线路长，乘距长时，车站分布宜稀疏一些，反之，车站分布宜密集一些。

3）城市地貌及建筑布局：城市中的江、河、湖、山和仓库区等，人口密度低，线路穿过这些区域是可以考虑不设站，若有开发公园条件，可考虑。

（3）**车站分布对市民出行时间的影响** 车站数目的多少，直接影响居民乘坐轨道交通的出行时间。车站多，市民步行到车站距离短，节省步行时间，可以增加短程乘客的吸引量；车站少，则相反，提高了交通速度，减少了乘客在车内的时间，可以增加线路两端乘客的吸引量。

（4）**车站分布的比选** 由于车站造价高，车站数量对整个城市轨道交通系统的工程造价影响较大，在进行线路规划时，一般要做2～3座车站数量与分布方案的比选，比选时要分析乘客使用条件、运营条件、周围环境以及工程难度和造价等几个方面，通过全面、综合的评价，确定推荐方案。

2.5.3 车辆基地的规划

1. 车辆段的概况

有轨电车需要有一定规模的车辆段满足车辆停放、修保等要求。但是随着城市的快速发展，城市用地非常紧张。

有轨电车车辆段的设置规模和总平面布置应符合整体规划要求，在满足工程地质水文条件、供电供水条件的情况下，应尽量结合周边规划要求、道路规划要求，合理地进行总平面布置，在遵循工艺优先原则的前提下，尽量减少工艺占地规模。

2. 车辆基地用地控制的重要性

车辆基地是轨道交通工程里最主要的组成部分之一，对于现代有轨电车来说，也同样如此。

（1）**车辆基地是有轨电车系统工程的重要组成部分** 首先，车辆基地对于一条完整的有轨电车线路来说，从结构上是必不可少的，没有车辆基地，一条线路就无法进行运营。

（2）**车辆基地是保证有轨电车系统安全运行的总后勤部** 保障一条线路的正常运营需要一个完善的管理中心，负责控制、调度、应急处理等事务。而这个管理中心需要布置在车辆基地中，所以从配套运营的角度来说，车辆基地同样也是不可或缺的。

（3）**车辆基地占地大、投资多，对有轨电车工程建设的影响大** 车辆基地一般占地都较大，同时投资也是有轨电车工程中最主要的部分之一。而其对于一条有轨电车线路能否成功运行又是最为重要的环节。所以在线网规划阶段就应该着重考虑车辆基地的用地控制，确保规划线路的可实施性。

3. 车辆基地的分类

车辆基地一般分为三级：甲级基地、乙级基地以及丙级基地。从规模上来说，甲级最大，功能最全。乙级和丙级依次递减。

甲级基地主要为车辆段，其中需包含厂架修段或定修段、综合维修中心、物资总库等。

4. 车辆段的建设经验

车辆段内设车辆运用整备、检修维护设施及必要的配备办公、生活房屋。考虑到有轨电车线路的特点，在有轨电车线网下，可将部分线路的车辆段进行归并，节约土地资源，同时整合检修维护设施。

在停放同等车辆的情况下，由于车辆转弯半径和检修工艺的不同，钢轮钢轨车辆段较胶轮轨道车辆段需要占用更多的地块，如图2-15所示。

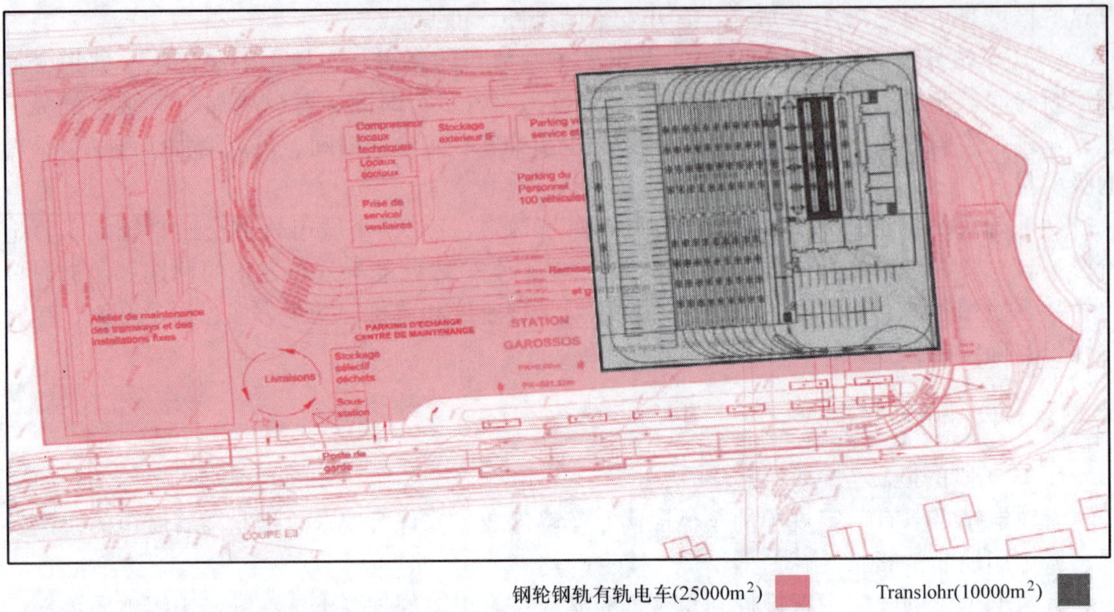

图 2-15　胶轮导轨与钢轮钢轨车辆段的占地面积比较

国内已有的天津和上海有轨电车车辆段的占地面积为 3 ~ 4hm²；而规划的苏州高新区有轨电车车辆段为 8 ~ 9hm²。根据国外钢轮钢轨有轨电车车辆基地的分析，配置相对完整的钢轮钢轨的有轨电车每条线路的车辆段占地面积一般为 6.0 ~ 10hm²。

2.5.4　车辆段的建设模式

1. 平面建设模式

在用地价值相对低的位置，选取专门用地，平面布置建设，该模式建筑结构简单，组织方便，但对土地资源的占用大，适用于土地价值较低的地块，如图 2-16 所示。

2. 综合开发模式

如图 2-17 所示，借鉴轨道交通车辆基地综合开发的建设模式，车辆段布设在地面层，上层通过结构转换，与有轨电车车站形成一体，并进行综合开发。

图 2-16　车辆段平面建设模式

图 2-17　车辆段综合开发模式

车辆段的综合开发能够协调交通设施与用地开发之间的关系，大大提升土地的利用价值，但综合开发需要结构转换，将增加车辆基地初期建设费用，并需要处理好噪声、消防等关系。影响有轨电车车辆基地规模的因素较多，要根据其在整个线网中的功能，所服务线路的长度，车辆配给数等综合判断。同时，车辆基地的用地规模与所规划的用地形态也有很大的关系。如果地块形态不合适，占地面积的损耗率会较大。正因为以上的这些因素，造成车辆基地用地规模面积浮动范围较大，很难用一个定量指标进行衡量，每条线路都存在不同的情况，需要根据实际情况进行测算。

2.6 线网规划设计技术程序

根据现代有轨电车的技术特征、功能定位与规划原则，提出规划流程与内容如图2-18所示。

在规划流程中，突出强调现代有轨电车是在城市总体发展和城市综合交通体系下的，其发展目标的确定和规划方案的制定，均需在这种综合要素下开展。

根据这个技术流程，对于现代有轨电车线网规划，总体上应分为四个层次的研究工作。

1. 规划背景分析

需要对城市与交通发展现状和规划有清晰的认识，尤其是在当前多个城市公共交通发展并不理想的背景下，如何去正确认识公共交通发展存在的症结，以及针对这些症结找到相适应的方式是需要明确的内容。在这个工作背景下，作为现代有轨电车系统，对城市空间格局将产生重大的影响，这就需要分析现代有轨电车的技术特征，与城市空间格局的适应性。

2. 规划目标确定

一是确定城市交通发展目标和模式。对于不同规模的城市和不同空间格局的城市，城市规模是不同的，这就首先应确定如何平衡好综合交通体系中的发展模式。当然这种模式一般是在综合交通规划层面确定，但在现代有轨电车线网规划时，应首先进行梳理和确认。二是确定公共交通的发展目标。尤其是在当前公交优先政策提得很高的背景下，对于部分城市，不能过分地拔高公共交通的目标，否则对城市公交的适应性将带来很大的影响。三是确定现代有轨电车在公共交通中的目标。因此，这些目标确定的基础是公共交通发展模式，而结论是现代有轨电车的功能定位及发展规模的研判。

3. 线网布局规划

在这个阶段，需要结合城市发展模式、城市空间结构，首先分析现代有轨电车网络结构，尤其是在规划有轨道交通系统的城市，与轨道交通网络结构之间的关系，对于落实现代有轨电车的功能定位和目标，就显得尤为重要。在线网布局的结果上，主要是要确认线路布局、换乘枢纽布局和站场布局方案。而其中以换乘枢纽布局显得比较重要，也是大家需要特别关注的问题。

4. 建设实施规划

在轨道交通线网中，建设实施规划是在线网规划后下一层面的规划内容，更加具体，也是上报国家层面批复的技术文件和依据。但是现代有轨电车系统相对简单，同时造价也更低，且在今后的实施中，线路走向的调整性也更加灵活。单独编制建设规划不是很有必要。因此，在线网规划阶段，应落实建设规划的内容。由于现代有轨电车也多为道路红线内布设，完全有条件对近中期线路做到控制性规划的深度，同时对远期线路提出控制性的技术要求。

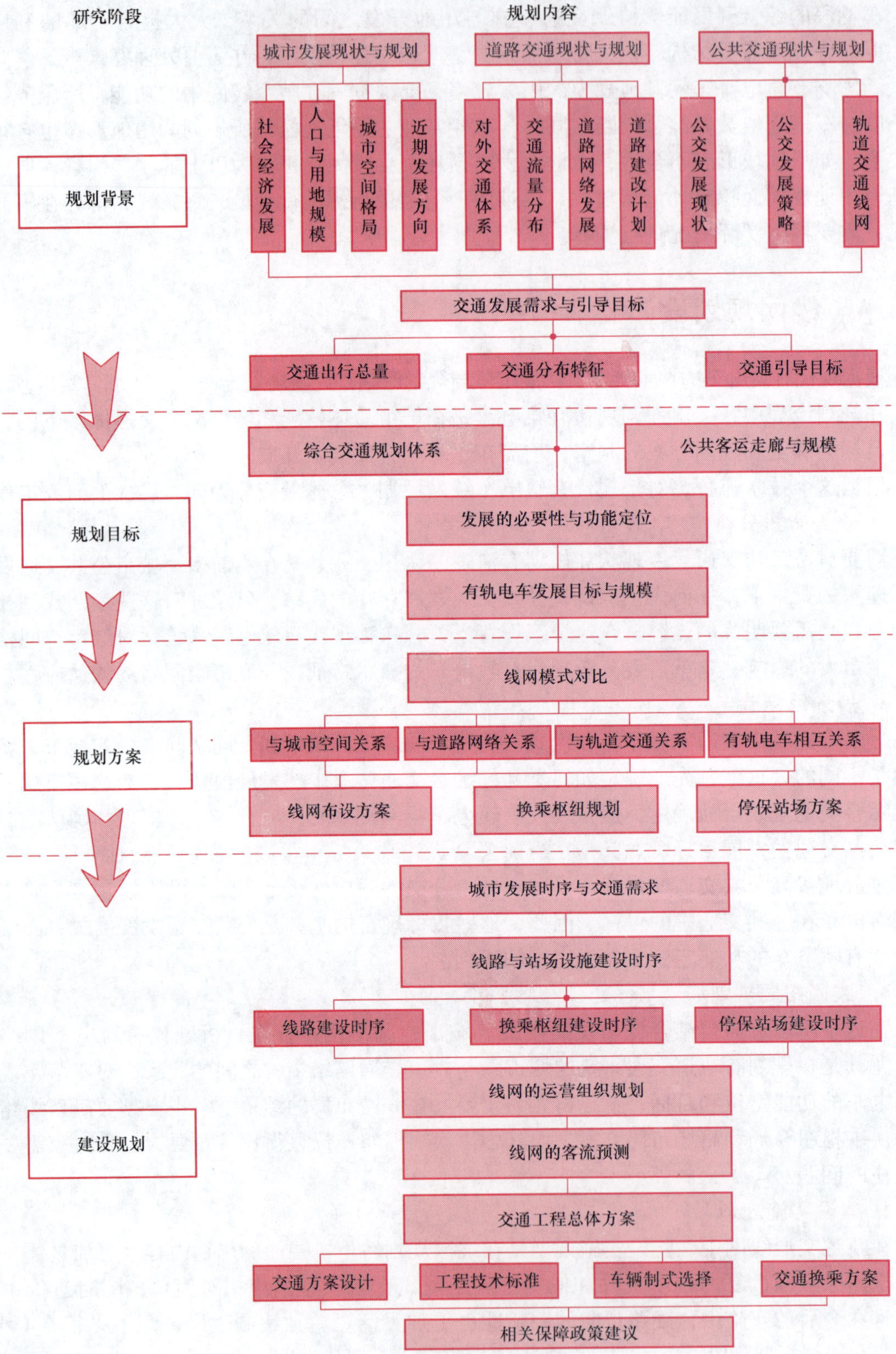

图 2-18　现代有轨电车线网规划流程示意图

2.7 现代有轨电车规划一体化

现代有轨电车规划作为专项规划，必然服从于城市总体发展规划、城市综合交通规划等上位规划，同时要与其他的专项规划相衔接配套。因此在进行线网规划过程中要注重贯彻一体化交通的理念。一体化交通的关键技术包括交通系统与土地使用的一体化技术、交通方式间的一体化技术、交通枢纽的一体化技术、交通运营管理一体化技术四个主要方面。

交通系统与土地使用的一体化目标是从城市规划这个“源头”解决或尽可能缓解城市交通问题，提高城市交通系统的效率，促进合理城市客运交通结构的形成；在城市交通设施承载能力范围内，节约和集约化使用城市土地，实现并提高土地作为城市活动载体的经济、社会效益；促进城市交通系统合理引导城市空间结构调整，促进城市的健康、快速发展。

交通方式间一体化的目标是解决多种交通方式分工合作，避免重复投资和决策失误，实现针对不同交通需求确立不同主导交通方式的目的。尤其是在给定的交通通道中，根据通道交通需求特性和不同交通方式的技术经济特性，合理确定主导交通方式和不同交通方式之间的分工与合作，合理确定交通供给总量和供给结构。

交通枢纽一体化的目标是解决不同交通方式的无缝衔接和零距离换乘问题。实现这一目标的关键是首先要做到物理设施一体化，同时解决票价票制、运营管理和信息服务的一体化。

运营管理一体化目标是建立各种交通方式间的交通方式运营时间相互衔接、整合提供交通服务，从而减少换乘次数和换乘时间，提高交通系统的运输效益和交通服务水平。

2.7.1 交通系统与土地使用的一体化

城市交通供求关系是城市社会经济活动产生的交通需求和城市交通系统产生的交通供给共同作用的表现，土地利用是社会经济活动在空间上的表现，是需求；交通系统提供交通服务以满足人和物的空间移动需求，是交通供给。城市交通系统与土地使用的协调发展是解决城市交通问题，促进城市集约化、可持续发展的重要途径。

土地利用是出行活动的主要决定因素。城市土地使用形态（包括土地使用的性质和开发强度等）决定交通需求的空间分布特性、交通需求的通道出行强度特性及交通出行的距离特性，而通道交通出行强度特性和居民出行距离特性又将决定交通方式构成特性。合理的城市结构和土地利用规划将有效地减少居民出行需求总量，缩短居民出行距离，形成合理的交通需求特性，从而避免产生交通系统无法满足的交通需求。

交通系统支持和影响城市土地利用及其产生的相关活动。城市交通系统所具有的实际运行水平会对城市空间结构及城市的发展规模产生影响，从而影响到城市土地利用状况，特别是城市交通可达性对城市经济、商业和文化活动用地的空间分布具有决定作用。沿交通线发展是城市发展中的普遍现象。城市交通与土地使用之间是一种相互联系、相互影响的复杂关系。交通发展与土地利用协调可以相互促进发展，反之，城市交通与土地使用之间不协调，将导致两者的相互制约，影响各自发展。

1. 交通系统与土地使用一体化的关键环节

城市土地使用与交通系统实现一体化协调发展需要多种要素的共同作用。这些要素既包括城市土地使用与城市交通系统规划及建设的理念、目标以及方法，也包括为实现城市土地使用与交通系统自身机能的有效发挥而采取的一系列政策、体制、机制、制度等。因此，研究和制订合理的城市土地使用与交通系统一体化协调发展的手段与措施，需要从城市土地使用与交通系统的规划、建设与管理、政策、体制与机制等方面一一着手，而不是仅仅关注其中的某一环节。表现如下：

1）协调的城市用地规划与交通规划。

2）科学有序的城市土地开发及交通系统建设与管理。

3）严格有效的规划实施保障对策。

2. 交通系统与土地使用一体化的主要内容

城市土地利用与交通系统协调发展问题所涵盖的内容非常广泛，涉及宏观、中观、微观各个层面。不同层次的城市土地利用，对应着不同层面交通协调规划途径。宏观层次即如何在保持城市活力的基础上，构筑良好的城市空间形态结构与交通系统主骨架结构及形态之间的协调；中观层次即如何构筑城市区域土地使用性质、强度与交通系统构成及容量之间的协调；微观层次即为保证城市发展战略和发展目标的实现，如何根据具体城市地块功能特点，构筑在城市设计和交通设施设计层面上的协调。

交通系统与土地使用一体化的关键技术与方法见表2-3。

表2-3 交通系统与土地使用一体化的关键技术与方法

	城市组团间	交通通道	交通站点与周边土地使用
关键内容	交通系统与城市结构、城市规模的匹配	交通系统与土地使用性质、强度的匹配	综合交通枢纽建设与周边土地的一体化规划
对应关系	交通通道与城市结构	交通网络与土地使用布局	交通站点与周边用地
规划设计原则	组团规模与通道交通容量要匹配	道路的功能定位与道路两侧的用地性质和开发强度要一致，如交通性主干道两侧不能布置大量商业，隔离设施要齐全，路边要禁止停车	在交通站点分类的基础上，合理确定不同用地的比例、规模、开发强度及空间布局，做好交通系统的无缝衔接
实现方法	量化计算组团间交通需求，根据规划的建议进行交通服务水平校验分析	定性分析判断，定量进行交通服务水平计算	建立分类设计模式指南

2.7.2 交通方式间的一体化

随着我国交通运输业的不断发展，交通运输业的发展已经从各种运输方式各自为营、独立发展的阶段，过渡到以枢纽设施连接和多式联运体制整合为主要特征的一体化发展阶段。城市客运交通包括市郊铁路、地铁、轻轨、新交通系统、常规公共交通系统及自行车等多种交通方式，不同的交通方式都拥有其既定的服务范围，服务于不同的需求强度和出行距离（见图2-19）。交通方式间一体化的目标就是构建多方式协调利用的优质客运服务系统，引导形成合理的出行方式结构。

交通方式一体化的主要内容见表2-4。

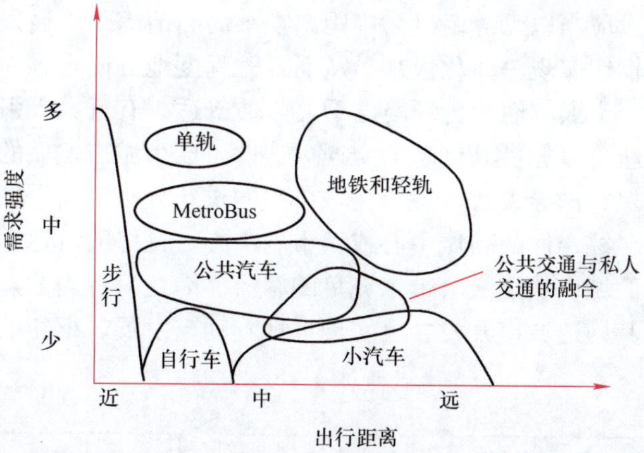

图2-19 不同交通方式适合的出行距离和需求强度范围示意图

表2-4 交通方式间的一体化规划

尺度	宏观层面	中观层面	微观层面
关键内容	支撑城市交通发展的方向：绿色交通为主导	支撑组团间交通需求的交通方式的合作与分工	支撑组团内交通需求的交通方式结构
对应关系	绿色交通为主导的导向 满足城市交通需求特性对交通方式结构的具体需求 充分体现不同交通方式的技术经济特性	组团间通道需求与交通方式结构关系	构成组团的生态城市单元内、内外交通需求与交通方式结构关系
规划设计原则	战略方向：绿色交通为主导	通道供给以公共交通为主导 通道供给与通道需求相互配	生态城市单元内以步行和自行车为主 组团内各功能用地单元间以公共交通为骨干
实现	根据城市规模、具体特点和交通需求特性，确定绿色交通为主导的具体交通方式结构 道路资源、交通设施向绿色交通出行者倾斜	根据通道需求，确定通道供给模式，即交通方式分工模式 在上述基础上实现通道供需平衡，即交通方式合作模式	建立生态单元规划设计指南

2.7.3 交通枢纽的一体化

一体化的实质是基于设施的交通组织和服务，把一次出行从起点到终点作为一次服务进行统一组织。即通过设施、运营、价格和管理的良好衔接来提供“无缝隙”的出行服务。在提供的服务上不同交通子系统都将在其适应的范围内发挥特有优势，实现资源最有效利用和交通系统整体服务水平的提高。大城市交通组织方式的转变使得交通枢纽成为城市交通出行组织的关节。随着城市的扩张和综合运输的发展，枢纽成为城市开发建设、管理、价格、服务、运营真正综合的关节，不再是不同系统中的枢纽，而是成为交通综合的抓手，成为一体化实施中实质性推进的切入点。

轨道交通枢纽具有“交通节点”和“城市场所”的双重功能。如图2-20所示，交通节点功能是指枢纽的建设应当以无缝衔接、零距离换乘为当前综合交通发展追求的目标，各种交通方式应通过交通枢纽实现一体化换乘，从而最大程度地方便乘客，提高公共交通的分担率和服务水平，使综合交通枢纽成为环境温馨、方便舒适、有巨大吸引力的公共空间。城市场所功能是指轨道枢纽可以凭借其优越的交通可达性，成为城市发展的催化剂。带动周边地区土地升值，产业集聚，诱导人口及就业在城市中的重新分布，引导城市结构的调整，构筑面向区域的，多功能、综合性的新城中心或城市副中心。良好的可达性能够吸引城市功能的集聚，反之适度密集的城市功能又会带来充足的客流，因此只有当节点价值和场所价值达到平衡状态时，枢纽及其周边城市开发才会实现良性互动与发展。枢纽的一体化开发是实现平衡状态的关键途径。

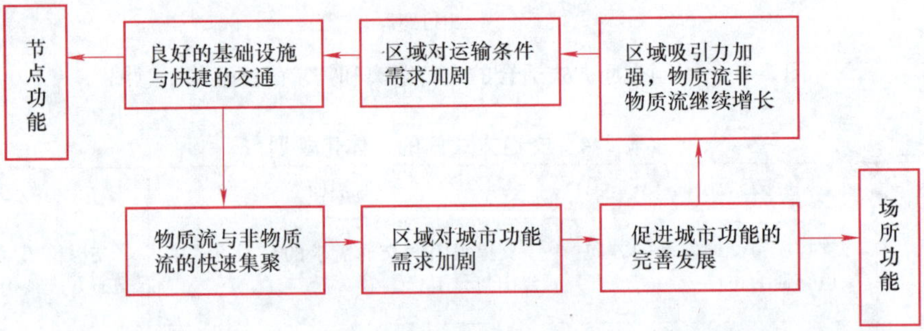

图 2-20　“交通节点”功能与“城市场所”功能的良性循环

交通枢纽的一体化主要包含土地开发一体化、交通功能一体化和建筑景观一体化三方面内容（见表 2-5）。

表 2-5　交通枢纽的一体化开发内容和途径

类型	土地开发一体化	交通功能一体化	建筑与景观一体化
关键内容	交通枢纽与周边土地一体化开发	不同交通方式的无缝衔接、零距离换乘	建筑物成为城市公共空间、城市特色
对应关系	一体化开发范围、模式、用地功能配置、开发强度	交通接驳的一体化 不同流线的合理组织（由于存在多种功能） 站点周边交通的配套	在满足功能的基础上，让枢纽建筑物成为城市的重要节点、城市亮点
规划设计原则	对交通枢纽站点分类，确定不同性质用地的比例、规模、开发强度及空间布局等，打造以枢纽站点为核心的 TOD 模式社区	根据不同类型枢纽车站进行交通方式接驳规划设计，强化各种交通方式无缝衔接、零距离换乘，体现在“物理空间、运营管理、信息服务、交通票制”的一体化	打造一体化的景观特色，增加枢纽区域的舒适性和方便性、生态性，规划设计引入地域文化与人性化设计
实现方法	建立枢纽站点周边及其周边用地一体化开发规划设计指南	针对接驳的一体化：需要从规划、设计、建设环节入手实现换乘一体化	在满足功能规划设计的基础上，从时间（现状与未来）和空间（交通枢纽与周边用地）两方面实现

2.7.4　交通系统运营管理的一体化

由于每种交通方式的功能和特点不同，只有形成各种交通方式科学配置、一体化运营的交通体系，才能有效发挥各种交通方式的优势，有效减少换乘次数和换乘时间，优先确保广大公众的交通利益，提高运输效益；以先进的信息技术为手段，实现资源共享和统一管理，实时诱导交通流量均衡分布；在为人们提供畅达、安全、舒适和清洁交通服务的同时，促进交通与环境协调发展。

为了更好地实现交通系统运营管理的一体化，需从交通系统整体运输效率、平均耗能、各种运输方式换乘方式等方面进行综合考虑。交通系统运营管理应从整合轨道交通与其他交通方式运营管理模式入手，建立以轨道交通为骨干，多种交通运输方式与之相搭配，快捷换乘、联合运营、统一管理的一体化交通运营系统。

在整体思路上，应提高各种公交方式与轨道交通运营的匹配程度及换乘效率，不断增强公共交通对市民的吸引力，不断完善综合运营管理机制，依托统一、协调和高效的管理，以法制和体制为保障，充分发挥政府、市场、公众的各种作用和组合优势，全面整合城市交通规划、建设、运营、管理和服务各个环节，以期实现一体化交通系统运营管理。

从以下四个方面来实现交通系统运营管理的一体化：

1）运营时间一体化。

2）票价票制一体化。

3）信息服务一体化。

4）运量配置一体化。

2.7.5 现代有轨电车线网规划实施关键

在具体实施层面，线网规划的有效实施关键是与其他交通方式的一体化换乘衔接（可通过换乘枢纽进行）、建设运营模式、落实规划控制。

现代有轨电车线网规划方案的最终实现，需要将有轨电车线网、其他轨道交通线网、对外客运枢纽和地面常规公交，乃至出租、非机动车等多种交通方式进行网络和节点层面的整合，实现换乘衔接便捷，多模式一体化的交通服务。做好与其他轨道交通方式的衔接，现代有轨电车大多是其他轨道交通方式的补充，常规公交线网应做好与有轨电车的无缝衔接。由于有轨电车布局大多在原有的常规公交线网之上，为了确保有轨电车作为快速公交的功能实现，避免运能的浪费，需要对地面常规公交线网进行调整，调整策略通常有：

1）缩并与现代有轨电车线路方向相同的常规公交线路，根据客流需求，缩减走廊方向的常规公交运能，确保现代有轨电车能够发挥骨干公交的功能。

2）与现代有轨电车线路方向垂直或相交的常规公交线路，尽可能提供与现代有轨电车站点的换乘衔接，通过现代有轨电车站点，锚固两个网络的一体化公交服务功能。

3）延伸无法与现代有轨电车换乘的常规公交线路，适当调整首末站位置，与现代有轨电车实现换乘。

与非机动车的衔接：非机动车是一种环保、无污染的交通工具。一般来说，非机动车的服务距离为步行距离的5～10倍，覆盖面积为步行距离的25～100倍。积极引导居民采用“非机动车+现代有轨电车”这一出行方式能够有效解决有轨电车站点到出行起、终点的“最后1公里”问题，增加有轨电车的覆盖范围和效益的发挥。

理顺公交体制：现代有轨电车建设后，将对现有的公交发展模式带来强烈的冲击，因此有必要首先理顺公交发展体制。这样才能更好地协调好现代有轨电车与其他轨道交通、常规公交之间的关系。现代有轨电车作为公共交通，是交通基础设施的一种，因此其建设、经营管理和维护应以政府为主导。根据有轨电车的功能定位，在有轨电车建设时，建议应尽快确定有轨电车的运营主体单位。同时运营主体应参与有轨电车的建设，才能有效地将建设与运营相结合，实现有轨电车运营效益的最大化；运营主体应建立完善的安全生产责任制度、驾驶员安全管理制度以及车辆定期保养维护制度等，落实安全生产责任制度。

落实规划控制：作为以地面敷设为主的有轨电车，将占用道路资源，同时为保证有轨电车的运营效率，往往采用专有路权形式，因此布设有轨电车的道路断面形式与原规划的道路断面形式存在差异。在道路规划设计中，应结合有轨电车规划和建设，优化道路其他部分断面形式，协调道路全线的线形和车行道。有轨电车的规划建设，将有效提升周边土地的价值。为更好地发挥有轨电车的效益，需要对有轨电车布设道路周边的用地进行梳理，结合有轨电车的站点规划设计，适当进行用地调整，与有轨电车之间形成良好的互补。同时，重新进行用地开发的经营策划。随着有轨电车的建设，将与其他轨道交通方式、常规公交等形成综合交通枢纽和换乘站点，需要开展相关枢纽规划设计的研究工作，尤其是尚未建设的枢纽，需尽早控制用地，为今后枢纽建设和整个交通系统的整合提供基础。有轨电车的建设，必然会涉及常规公交线路的调整，主要包括取消、缩短、延长、保留等几种调整方式。但是，公交线路的调整是一个系统工程，不能只是简单地调整有轨电车线路上的公交线路。因此，需要开展常规公交线网的调整方案研究。

第3章

线路及土建相关工程技术与管理

本章按照现代有轨电车建设的技术路线进行介绍，主要分为三大部分：

1）线路设计：主要是围绕线路设计的主要内容、所需技术资料、设计技术原则及技术标准等内容进行阐述。

2）土建相关工程技术：主要包括车站、轨道、路基、桥梁、隧道等工程；给水排水、通风空调、动力与照明配电等系统和车辆基地等内容。

3）土建工程管理：主要对进度、质量、安全、成本和现场五方面的管理知识进行的介绍。

3.1 线路设计

线路是城市现代有轨电车的基本组成部分，线路总体布局应重点把握功能定位、接驳换乘、客流效益，并满足行车安全、平顺与养护维修工作的方便等要求，保证乘客一定的舒适度，符合有关设计规范的要求，线路设计是在已经确定的城市现代有轨电车线网的条件下，研究某一条或某一段线路的具体位置，确定其相关细节，包括线路的路由方案、敷设方式以及站点的选择等。

3.1.1 线路设计的主要内容

城市现代有轨电车系统线路按其在运营中的作用可分为正线、辅助线和车场线，线路设计内容又分为平面、纵断面和横断面三个部分，各自都需满足一定的标准，同时这三者又是通过一个整体不同侧面的反映，设计时需要有机地结合起来。线路设计一般分为四个阶段，即可行性研究阶段、总体设计阶段、初步设计阶段和施工图设计阶段。

可行性研究阶段主要是通过线路多方案比选，完善线路走向、路由、敷设方式，确定车站、辅助线等的分布，提出设计指导思想、主要技术标准、线路平纵断面及车站的大致位置等。

总体设计阶段是根据可行性研究报告及审批意见，通过方案比选，初步确定线路平面位置、车站位置、辅助线形式、不同敷设方式的过渡段位置，提出线路纵断面的初步标高位置等。

初步设计阶段是根据总体设计文件及审查意见，完成对线路设计原则、技术标准等的确定，确定线路平面位置，基本确定车站位置及站线纵断面设计。

施工图设计阶段是根据初步设计文件及审查意见，有关专业对线路平纵断面提出的要求，对部分车站位置及个别曲线半径等进行微调，对线路平面及纵断面进行精确计算和详细设计，提供施工图样说明文件。

通过不同设计阶段，逐步由浅入深，进行研究与设计，从而确定最佳线路方案。

3.1.2 线路设计所需的技术资料

1. 城市规划类

城市规划类的技术资料包括：城市总体规划、分区规划、现代有轨电车线网规划、客流预测、大型交通枢纽点规划、道路红线规划、规划管线等。

2. 现状资料

现状资料包括：现状地形图、工程地址及水文地质资料、水文气象资料、文物保护及建筑物资料、主要构筑物基础资料、市政及人防资料等。

3. 工程前期研究资料

工程前期研究资料包括：（预）可行性研究报告，各级政府对工程的会议纪要、批示，规划部门意见等。

4. 其他相关资料

其他相关资料包括：车辆配备及车辆技术参数、既有线运营技术经济指标及客流统计资料、既有线主要技术标准等。

3.1.3 线路设计原则及技术标准

由于国内外对城市现代有轨电车还没有形成统一的技术标准，大部分设计院主要是依据地铁和轻轨标准对城市现代有轨电车进行设计，根据《城市轨道交通工程项目建设标准》规定，城市轨道交通线路总体布局应重点把握功能定位、接驳换乘、客流效益，并应符合下列规定：

1）拟建线路应依据城市轨道交通线网规划进行选线布站。根据在线网中功能定位和客流预测分析，明确线路性质、运量等级和速度目标。

2）拟建线路应有全日客流效益、通勤客流规模、大型客流点的支撑。车站应服务于重要客流集散点，起讫点车站应与其他交通枢纽相配合，构筑城市交通一体化，并落实城市规划用地。

3）拟建线路起、终点不应设在市区内大客流断面位置，也不宜设在高峰断面流量小于全线高峰小时单向最大断面流量的位置。

4）每条线路长度不宜大于35km，旅行速度不应低于相关规定。

5）对超长线路应以最长交路运行1h为目标，旅行速度达到最高运行速度的45%～50%为宜。对穿越城市中心的超长型线路，应分析全线不同地段客流断面和分区OD的特征；分析在线网中车站和换乘点分布；分析列车在各区间的满载率，合理确定线路起讫点、站间距和旅行速度目标。

6）当新建初期线路由两条线路的部分地段组合为一期工程，贯通运行时应具备下列条件：

① 两条线路选用的车辆、轨道、信号和供电制式应一致，并不得影响远期车站规模。

② 两条正线为二期延伸预留工程实施应有足够施工长度，并不得影响一期线路安全运行。

③ 两条线路初期组合贯通运行，应设置双线联络线（或渡线）。当两条正线分别延伸为独立运营后，联络线退出正线运行，但仍应保留联络线功能。

7）轨道交通全封闭式线路应采用立体交叉方式。

8）对设置支线的运行线路，支线长度不宜过长，接轨点必须在车站，宜选在客流断面较小的地段。正线、支线进站方向宜设置为同站台两侧平行进路。

9）两条正线共线运行地段，应符合支线接轨条件，且应分别满足两线列车行车密度的要求。

《城市轨道交通工程项目建设标准》中，将城市轨道交通系统线路工程标准分为五种类型，主要技术参数见表 3-1。

表 3-1　城市轨道交通系统线路工程标准

基本类型		A	B	C/D	L	单轨
		一般地段/困难地段				
最小曲线半径/m	正线	350/300	300/250	100/50	150	100
	联络线	250/200	200/150	80/25	100	50
	车场线	150	110/80	80/25	65	50
最大坡度（‰）	正线	30/35	30/35	60	50	60
	联络线	40	40	60	70	60
	车场线	1.5	1.5	1.5	1.5	3
竖曲线半径/m	正线	5000/3000	5000/2500	1000	5000/3000	2000～3000
	联络线	2000	2000	1000	2000	1000
钢轨/（kg/m）	正线	60	60	60	60	轨道梁
	联络线	50	50	50	50	轨道梁
	车场线	50	50	50	50	轨道梁
道岔（N_0/V_0）	正线	单开 9/35	单开 9/35	3 单开 9/35	单开 9/35	关节可绕行道岔 7/25
	车场	单开 7/25	单开 7/25 或单开 6/20	—	单开 5/15	关节型道岔/15

注：1. 正线包括支线范围，联络线包括车辆出入线。
2. N_0 系指道岔号，V_0 系指道岔侧向通过速度（km/h）。
3. 对特殊困难地段线路工程的技术标准，应按国家现行有关技术规范执行。

3.2　土建相关工程技术

3.2.1　车站工程

车站是现代有轨电车系统的重要组成部分，承担客流引导和集散任务，在满足旅客乘车与换乘需求的同时，提供安全、文明、舒适的乘车环境，其各项设施和设备能力应满足事故情况下旅客紧急疏散的要求。

1. 车站的组成

从建筑结构角度而言，车站结构由车站主体、出入口及通道、通风道及地面通风亭和其他附属建筑等部分构成。

1）车站主体（见图3-1）的主要功能是为乘客提供方便、舒适、安全的乘车环境，同时为车站的运营与管理提供有效的环境支撑条件。

图3-1 车站主体

2）车站出入口通道（见图3-2）是乘客进出车站的通道，并可以兼有城市过街通道的功能。除非入口通道不宜过长，在做好结构防水、通风采光等设计的基础上，应该满足人防、消防和紧急疏散等有关要求，根据车站客流情况设计出口位置及数量，原则上不少于两个。需要注意的是，出入口外观设计应与周围景观协调。

图3-2 车站出入口通道

3）车站的风道、风亭是改善车站地下结构部分内部环境不可缺少的附属构筑物。

2. 车站分类

（1）**按车站与地面相对位置分** 现代有轨电车车站可分为地下车站、地面车站和高架车站，如图3-3～图3-5所示。

图3-3 地面式

图 3-4　高架式

图 3-5　地下式

（2）**按车站的运营性质分**　可分为终点站、一般中间站、中间折返站和换乘站等。

（3）**按车站结构形式和施工方法分**　可分为明挖站、暗挖站等。

（4）**按照站台布置形式分**　可分为岛式、侧式、岛、侧混合式的车站，如图 3-6 所示。

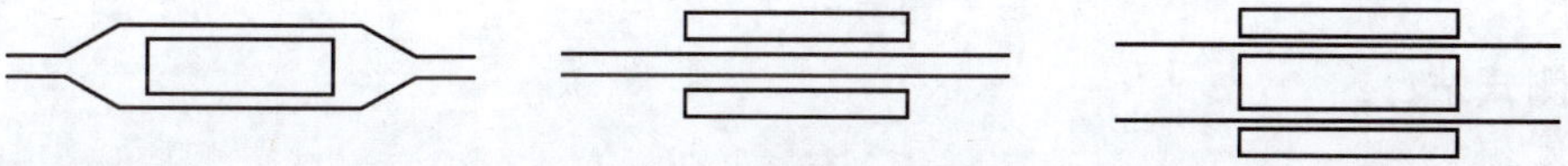

a)　b)　c)

图 3-6　车站形式划分

a）岛式车站　b）侧式车站　c）岛、侧混合式车站

1）岛式车站　站台位于上、下行行车线路之间，这种站台布置形式称为岛式站台，具有岛式站台的车站称为岛式站台车站，简称岛式车站，如图 3-7 所示。

2）侧式车站　站台位于上、下行车线路的两侧，这种站台布置形式称为侧式站台，具有侧式站台的车站称为侧式站台车站，简称侧式车站，如图 3-8 所示。

3）岛、侧混合式车站　岛、侧混合式站台是将岛式站台及侧式站台同设在一个车站内，具有这种站台形式的车站称为岛、侧混合式站台车站（简称岛、侧混合式车站），通常用于换乘站。

（5）**按车站服务的对象及功能分**　可以分为城市标志站（作为城市的象征或著名建筑物）、与干线或机场等交通连接的换乘枢纽站（完成与机场或其他交通方式的接续运输过程）、市郊地区车站、农村地区车站等。

图 3-7　岛式车站

图 3-8　侧式车站

3. 车站总平面布局

车站的设计与总体布局应符合城市规划、城市交通规划、环境保护和城市景观的要求，并处理好与地面建筑、城市道路、地下管线及施工时交通组织间的关系。车站结构与过街地道、天桥、物业开发建筑等结合，综合疏散车站和过街客流。合理组织客流，减少交叉干扰，保证乘客方便进站、迅速出站。进出站通道、站台、出入口、自动扶梯、楼梯等设备能力与客流相匹配，满足日常运营客流的需要。

4. 车站规模

车站规模应满足远期高峰小时预测客流集散量和运营的需要，车站的进站通道、站台、出入口通道、人行楼梯、自动扶梯等部位的通过能力应按该站远期高峰客流量确定。一般而言，车站有效站台长度不小于远期列车编组长度，车站服务水平主要体现在站台的宽度上。计算站台总宽度时，应以车站远期最大设计客流量为计算依据。站台总宽度由乘客乘降区宽度、柱宽、楼梯宽及自动扶梯宽度等组成，站台宽度可参考下列经验公式进行校核。

（1）**岛式站台**

$$B_{\mathrm{d}} = 2b + nz + t \tag{3-1}$$

（2）**侧式站台**

$$B_{\mathrm{c}} = b + z + t \tag{3-2}$$

式中　b——站台乘降区宽度（m）；

n——横向柱列数；

z——横向柱宽（含柱子的装修面层厚度）（m）；

t——每组人行楼梯与自动扶梯宽度之和（包括扶梯间的宽度和梁、柱与楼、扶梯，楼梯和扶梯间所留缝隙宽度（m）。

其中，乘降区宽度应按下列公式计算：

$$b = Q_{上、下}\rho / L + b_{\mathrm{a}} \tag{3-3}$$

式中　$Q_{上、下}$——客流控制期每次列车，超高峰小时单方向的上、下车设计客流量；

ρ——站台上人流密度，一般推荐采用0.5m²/人；

L——安全门或屏闭门两端门之间的站台有效候车区长度（m）；

b_{a}——站台门体立柱内侧至站台边缘的距离（m）。

一般情况下，侧式站台最小宽度不宜小于 2. 5m，岛式站台最小宽度不宜小于 5m。站台边缘与车体外边缘之间最大空隙，在直线段宜为 80 ~ 100mm，在曲线段，应根据曲线加宽要求计算确定，并不得大于 180mm。

5. 车站装修与相关服务设施

车站除了要满足各项使用功能外，还要打造良好的视觉效果，为乘客营造舒适、愉悦的乘车环境。建筑装修是车站工程的重要组成部分，可将其划分为内部装修与外部装修。

（1）**外部装修**　外部装修更注重外部造型效果，包括墙柱、墩、地、顶各部分设计，建筑照明、灯具、色彩、隔断、导向指示牌、出入口、站台雨篷、天桥雨篷等的装修设计。对于地面站与高架站，外部装修效果尤其重要，需与当地景观相协调。

（2）**内部装修**　内部装修多针对地下式车站，可以一条线路为基本单位统一装修风格，也可以根据车站所处位置具有的文化元素融入车站装修设计中。

需要注意的是，车站建筑装修选择的材料，应具有不燃、无毒、放射性指标满足国家环保要求、经济、耐久、便于设备管理和清洗的性能，地面材料应防滑、耐久、耐磨、耐腐蚀。地下通道应考虑采用具有吸音、防潮功能的装饰材料。车站建筑防灾设计应满足《建筑设计防火规范》及国家现行的其他有关规范、规定的要求。

（3）**服务设施**　为提高车站服务水平，保证乘客安全出行，现代有轨电车车站还需要设置站台指示系统、屏蔽门、自动扶梯等服务设施，车站导向、指示标志应采用统一标准和规格，并应符合现行国家标准《标志用公用信息图形符号》的规定。同时，还要以人为本，考虑残障设施的配备。

1）屏蔽门系统（见图 3-9），将站台的公共区域与轨行区隔离，保障乘客安全。

2）站台标示系统（见图 3-10），为乘客提供车站、乘车及换乘信息等。

图 3-9　屏蔽门

图 3-10　站台标示系统

3）自动扶梯（见图 3-11），有关设计规范中指出，当车站出入口的提升高度超过 6m 时，应设上行自动扶梯；超过 12m 时，应考虑上、下行均设自动扶梯。分期建设的自动扶梯应预留位置。

4）无障碍设计，以人为本，设置无障碍设施，保证乘降、疏散安全。包括无障碍电梯、楼梯升降机（见图 3-12）、无障碍通道及出入口等。

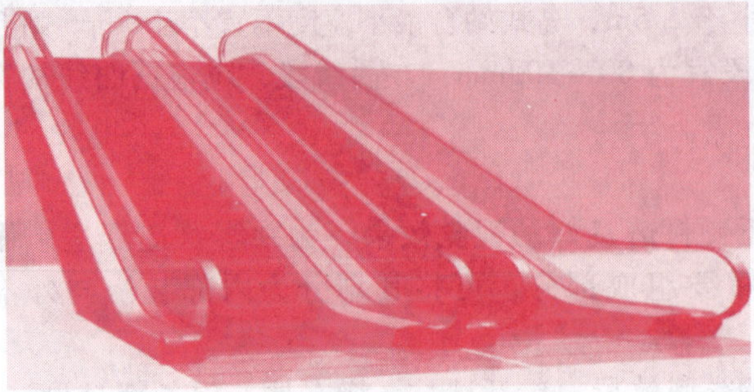

图 3-11　自动扶梯

图 3-12　楼梯升降机

3.2.2　轨道工程

1. 轨道结构概述

国内外的轨道结构有两种形式：有砟轨道和无砟轨道。有砟轨道建设技术相当成熟，随着高速铁路的发展，对无砟轨道的结构我国已进行了长期系统的研究，初步形成了较为完善的技术体系。

国内对无砟轨道的研究始于20世纪60年代，与国外的研究几乎同时起步。初期曾试铺过支撑块式、短木枕式、整体灌注式等整体道床以及沥青道床等几种形式，正式推广应用的仅有支撑块式整体道床。在成昆线、京原线、京通线、南疆线等长度超过1km的隧道内铺设，总铺设长度约300km。

20世纪80年代曾试铺过沥青整体道床，由沥青混凝土铺装层与宽轨枕组成的整体道床，以及由沥青灌注的固化道床等，在大型客站和隧道内试铺，总长约10km，但并未正式推广。此外，在桥梁上试铺过无砟无枕结构。在此20多年期间，我国在无砟轨道的结构设计、施工方法、轨道基础的技术要求以及出现基础下沉等伤损的整治等方面积累了宝贵的经验，并吸取了教训，为近年来无砟轨道新技术的发展打下了基础。

无砟轨道研究在中断了10年后，于20世纪90年代中期，随着高速铁路可行性研究的进程，无砟轨道的研究在我国重新得以关注。通过近十多年对无砟轨道在结构设计参数、动力学仿真计算分析、室内实尺模型试验、无砟轨道部件的研制以及设计、施工技术条件的编制、现场试铺、动力测试等一系列试验研究，使我国无砟轨道的应用技术前进了一大步。

（1）**有砟轨道结构特点**　有砟轨道作为传统轨道结构形式，在国内外已获得广泛应用。在已开通运营的6497km高速铁路线路上，有砟轨道比例为75%，无砟轨道比例为25%。

有砟轨道结构具有建设费用低、噪声传播范围小、建设周期短、破坏时修复时间短、自动化及机械化维修效率高、轨道超高和几何状态调整简单等优点，但随着铁路运营速度的不断提高，对有砟轨道适应性问题，特别是有砟轨道临界速度、桥上道床稳定性、维修工作量、道砟飞散以及道砟资源等问题需进行技术经济分析。有砟轨道出现的问题主要是不规则沉降、轨道几何状态恶化以及道砟破碎与粉化，特别是在钢轨伤损处、焊缝处、胶结绝缘接头处及桥隧过渡段处问题更为突出，从而大大增加了维修工作量，降低了轨道使用寿命。

一般认为，在高速条件下，有砟轨道应满足以下要求：

1）轨道下沉应大于 1.2mm。

2）道床系数≤0.1N/mm^2。

3）钢轨支点刚度≤30kN/mm。

4）轨底应力≤60N/mm^2。

（2）**无砟轨道结构特点**　无砟轨道结构的出现是为了解决传统有砟轨道结构稳定性差、维修工作量大的缺点，为高速度、高密度的铁路运输提供一种少维修、免维修的轨道结构形式，因此，稳定性好、少维修是无砟轨道结构对于有砟轨道结构最突出的优点。随着运用经验的积累，无砟轨道在设计和施工中存在的技术问题正在逐步解决，在运营过程中出现的病害已得到有效的预防和治理。无砟轨道的修建造价在大幅度下降，与有砟轨道相比较，无砟轨道修建时所增加的投资，一般可望在一至两个轨道大修周期内依靠节省轨道维修投入得到收回，无砟轨道的经济效应日渐突出。

无砟轨道结构是用耐久性好、塑性变形小的材料代替道砟材料的一种轨道结构形式。由于取消了碎石道砟道床，轨道保持几何状态的能力提高，轨道稳定性相应增强，维修工作量减少，成为高速铁路轨道结构的发展方向。无砟轨道突出的优势有：

1）结构的整体性强。

2）结构高度低，横向轨道阻力大，稳定性好。

3）结构的连续性和平顺性好。

4）轨道支承的刚性大，轨道变形小，提高了列车运营的舒适性。

5）消除了列车高速运行条件下的道砟飞溅，提高了安全性。

6）超高和坡度设置灵活。

7）耐久性强，轨道使用寿命长（60 年以上，但是目前使用最长时间的无砟轨道为 40 年），生命周期成本低。

8）延长维护周期，综合经济效益好。

9）可在侧面铺设草皮，环境效应好，可提高城市形象。

2. 有轨电车对轨道的基本要求

（1）**高平顺性**　高平顺性是无论高速铁路还是城市的轨道交通都对轨道的最根本的要求，也是建设轨道的控制性条件。这是因为轨道不平顺是引起列车振动、轮轨动作用力增大的主要原因。因此，为保障高速行车的平稳、安全和舒适，必须严格控制轨道的平顺性。

要达到高速铁路轨道高平顺性，必须满足以下条件：

1）路基设计和施工必须满足路基的工后沉降小、不均匀沉降小，在动力作用下变形小、稳定性高等要求。高平顺性、高稳定性的路基是确保轨道高平顺性的前提条件。

2）桥梁的动挠度等变形必须满足高平顺的要求。

3）道床必须选用硬质、耐磨的道砟，并在铺枕前整平压实。近十多年来国外重载、高速铁路均已采用。

4）严格控制轨道的初始不平顺。

（2）**高可靠性，长寿命**　高可靠性主要是指轨道结构保持平顺性，维持线路正常运营的能力。长寿命，指的是轨道结构有较长的维修和大修周期。由于城市有轨电车的行车密度大，速度较高，因此其维修工作量必须少，维修周期必须长，才能保证不中断行车，维持列车正常运行。

(3) **高稳定性** 采用跨区间无缝线路是提高轨道结构连续性、均匀性的重大举措。在跨区间无缝线路中，道岔的连续焊接会使道岔区基本轨产生附加的温度力，从而使结构、受力和变形更为复杂的道岔区成为高速铁路稳定性的控制区。

3. 两种轨道的结构形式

铁路轨道结构由钢轨、轨枕、扣件、道床、道岔等部分组成。这些力学性质截然不同的材料承受来自列车车轮的作用力，它们的工作是紧密相关的。任何一个轨道零部件的性能、强度和结构的变化都会影响所有其他零部件的工作条件，并对列车运行质量产生直接的影响，因此轨道结构是一个系统，要用系统论的观点和方法进行研究。

铁路轨道结构主要类型：有砟轨道和无砟轨道。砟：岩石、煤等碎片，在铁路上作路基用的小块石头。传统的铁路轨道通常由两条平行的钢轨组成，钢轨固定放在枕木上，之下为小碎石铺成的路砟。路砟和枕木均起加大受力面、分散火车压力、帮助铁轨承重的作用，防止铁轨因压力太大而下陷到泥土里。此外，路砟小碎石还有几个作用：减少噪声、吸热、减震、增加透水性等。

轨道整体结构（某工程的道床结构）如图 3-13 所示。图中钢筋型号的选择、混凝土强度等级的选择、填料的选择及各部位的厚度均由设计单位根据不同路况、线路、土质、荷载、水文等信息设计得出。

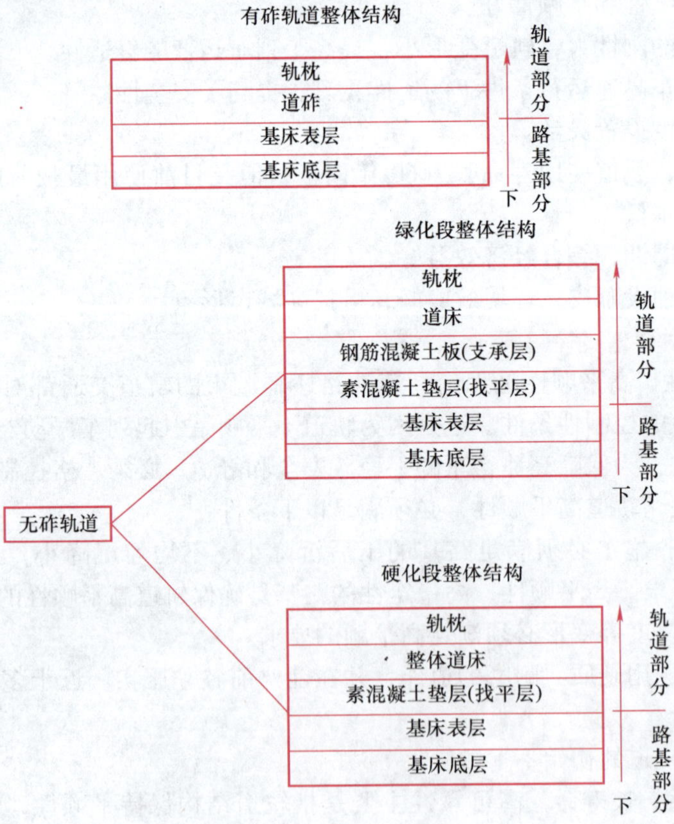

图 3-13 轨道整体结构

4. 轨道的技术要求

（1）有砟轨道的技术要求

1）钢轨　钢轨是轨道的主要结构之一。为保证列车高速运行的平顺性，线路下部基础、轨道上部结构以及各轨道部件，都要为钢轨的正常工作提供良好条件。而钢轨本身，其内在质量、材质性能、断面公差、平直程度等都是十分重要的特性。钢轨在技术上要能保证足够的强度、韧性、耐磨性、稳定性和平顺性，在经济上要能保证合理的大修周期，减少养护维修工作量。

2）轨枕　由于混凝土轨枕使用寿命长，维修工作量少，由混凝土制品厂生产的轨枕形状、尺寸、性能都比较标准、均一，为钢轨支撑的均匀性和轨面的动态平顺性提供了更可靠的条件，因而世界各国高速铁路有砟轨道均采用混凝土轨枕。

3）扣件　高速铁路的扣件除要求具有足够的扣压力以确保线路的纵、横向稳定之外，还要求弹性好，以保证良好的减震、降噪性能；扣压力保持能力好，以降低日维修工作量；绝缘性能好，以提高轨道电路工作的可靠性，延长轨道电路长度，降低轨道电路投资。

4）道床　道床是轨道结构的重要组成部分。散粒体道床不仅要承受轨枕传递的各种力的作用，保持轨道结构的稳定性，而且要便于进行养护。

（2）无砟轨道的技术要求

1）钢轨　钢轨在极其复杂的受力条件下工作，钢轨状态又直接影响行车安全和平稳，因此，对钢轨提出以下要求：

① 具有较高的强度和承载能力，在车辆荷载及其他荷载作用下，不会发生伤损和破坏。

② 具有良好的抗磨耗性能，在车辆荷载长期作用下，能保持良好的断面形状，维持轮轨良好的接触状态。

③ 具有良好的韧性，适应较高的动力作用，获得较长的疲劳寿命。

④ 具有良好的焊接性能，以便采用无缝线路。

⑤ 具有良好的加工性能，以获得良好的道岔质量。

⑥ 化学成分便于热处理，以提高钢轨的强韧性。

⑦ 严格的尺寸公差及高平直度，保持轨道结构高精度和平顺性。

一般来说，无砟轨道结构和有砟轨道结构对钢轨的要求没有本质区别，都要求钢轨在外形及其尺寸上的高精度，满足高平顺的要求；在内部质量上的高纯净度，满足高安全性和高稳定性的要求。但是，无砟轨道相对于有砟轨道来说，可以采用较小的曲线半径和较大的实设高超与欠高超，钢轨将承受较大的横向力；无砟轨道刚度要大于有砟轨道刚度，钢轨产生波浪磨耗概率增大。因此，无砟轨道结构要求钢轨应具备良好的耐磨性能。

2）扣件　无砟轨道结构中，用耐久性混凝土或沥青材料代替有砟轨道中的道砟材料以后，轨道弹性和调整轨道几何形态的功能必须由扣件来完成。因此，除需满足上述要求外，还应满足以下要求：

① 合理、均衡、稳定的弹性。

② 足够的调高能力。

③ 足够的纵向节点阻力。

④ 足够的绝缘电阻。

⑤ 方便施工。

3）上部结构层　无砟轨道上部结构层包括道床板/轨道板、隔离/调整层、底座或支承层及连接结构等，其功能类似于有砟轨道的轨枕和道床，起到支承和传递荷载的作用。上部结构层的设计和制造一般应遵循以下原则：

① 应具有足够的承载能力和抵抗变形能力，以适应高速列车长期动荷载作用，维持轨道结构稳定和几何状态良好。

② 应具有合理的几何尺寸，尤其是合理的结构高度，既保证结构承载能力和抵抗变形能力，又满足谐振式的轨道电路要求。

③ 应具有良好的施工性和修复性，便于组织快速施工和安装，便于配套设备和机械的应用，便于保证施工质量和提高施工进度；对于混凝土道床的局部损坏应考虑有修复的可能性，在出现破坏性伤损时，能尽快恢复线路，减少运输中断时间。

④ 预制结构具有成熟的制造工艺和材料。

⑤ 保持与下部基础工程的协调，与路基、桥梁、隧道结构具有相当的使用耐久性。

3.2.3　路基工程

1. 路基工程的组成

路基是线路的重要组成部分。它与桥梁、隧道相连，共同组成一个线路整体。路基工程主要由三部分建筑物构成：即路基本体、路基防护和加固建筑物、路基排水设备。

（1）**路基本体**　路基本体是指各种断面形式中的填挖部分，即直接铺设轨道结构并承受列车荷载的部分。例如：路堤、路堑等承重的主体建筑物。

（2）**路基防护和加固建筑物**　路基防护和加固建筑物均属路基的附属建筑物。例如：挡土墙、护坡等。

（3）**路基排水设施**　排水设施也属路基的附属建筑物。例如：排除地面水的排水沟、侧沟、天沟；排除地下水的排水槽、渗水暗沟、渗水隧洞等。

（4）**路基工程组成的结构分解**（见图3-14和图3-15）

1）路基面：在顶面上铺设轨道的面称为路基面。

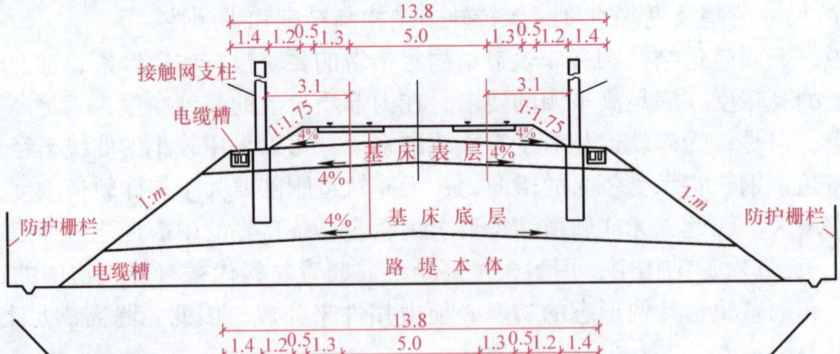

图3-14　路堤横断面图

2）路肩：路基面上未被道砟覆盖的部分。

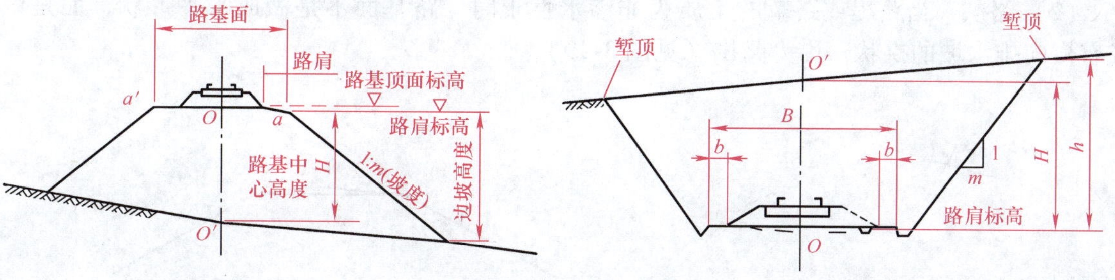

图3-15 路堤、路堑横断面图

3）路肩高程：应保证路基不致被洪水淹没，也不致在地下水最高水位时因毛细水上升至路基面而产生冻胀或翻浆冒泥等危害。所以，对路基高程有一个最小值要求（见图3-16）。

4）路基基床：路基面以下受列车动荷载作用和受水文、气候四季变化影响的深度范围称为路基基床，分基床表层和基床底层。

5）地基：路堤地基是指天然地面下的路堤基底；路堑地基是指基床面以下的地层。

6）路基边坡：路基面与原地面间的斜平面称为路基边坡。路基边坡又分为路堤边坡和路堑边坡。

7）边坡坡度：以边坡上两点间的垂直距离和水平距离之比（见图3-17）。

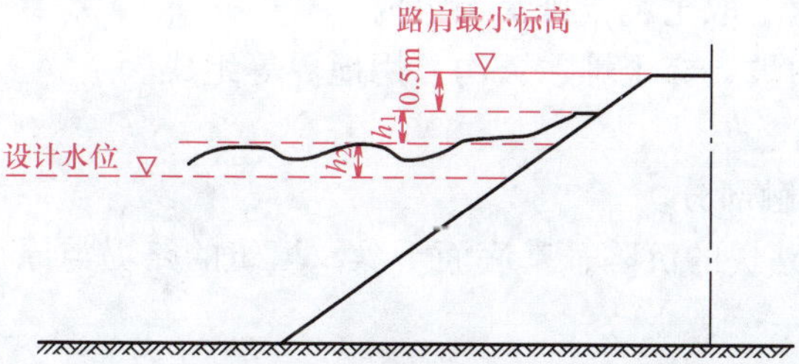

图3-16 路肩最小高程

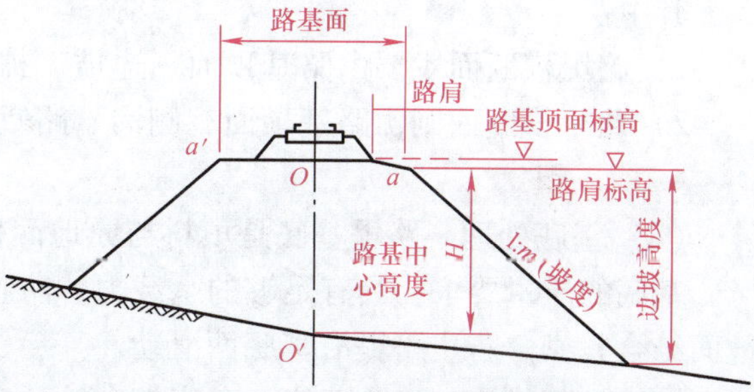

图3-17 路基的组成部分

2. 路基工程的性质和特点

1）路基主要由松散的土（石）材料所构成。

路基或者直接以土（石）作建筑材料（如路堤）；或者直接建造在地层上（如路堑、支挡建筑物等）。

2）路基完全暴露在大自然之中。

路基处在各种复杂的、变化的自然条件之中，例如：地质、水、降雨、气候、地震等条件，因而它时刻受到这些自然条件的侵袭和破坏，又由于路基材料是土（石）松散体，所以路基本身的强度和稳定性也是常常变化的。

3）路基同时受轨道静荷载和列车动荷载的作用。

3. 路基的横断面

（1）**路基的断面形式** 路基横断面（见图3-18）是指垂直于线路中心线截取的断面，

其基本形式有6种：路堤、路堑、半路堤、半路堑、半堤半堑、不填不挖。

（2）**路拱** 当路堤或路堑的土质为非渗水性土时，路基面不是做成水平形状，而是做成有横向排水坡的拱状，称为路拱（见图3-19）。

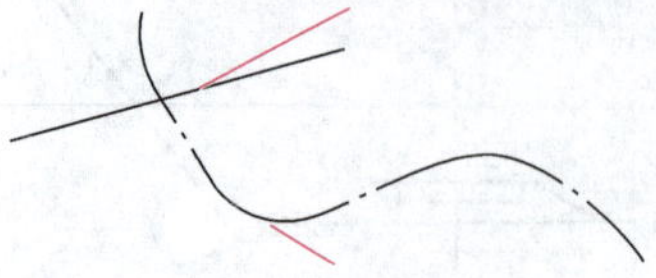

图3-18 路基横断面

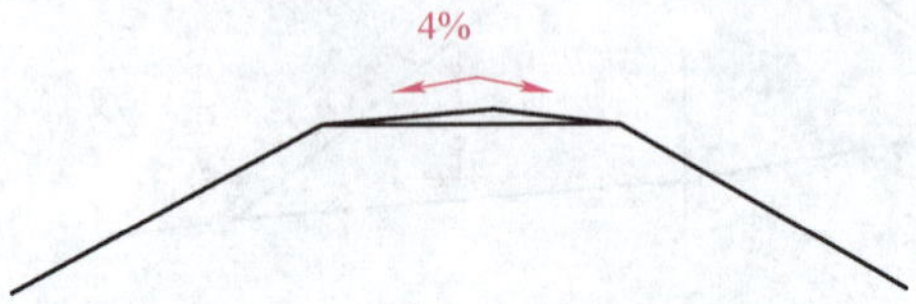

图3-19 路拱

视路基材料是否为渗水材料而分为有路拱和无路拱两种。路拱的形状为三角形。曲线加宽时，仅将路拱外侧坡度放缓。由于石质或其他渗水材料的路基面不设路拱，而且所需的道床厚度比普通土质路基小，因此当有路拱和无路拱两类地段相连接时，无路拱地段的路肩实际高程应高出有路拱地段的路肩，这样，才能保持轨顶高程一致。

（3）**路基面宽度** 路基面的宽度等于道床覆盖的宽度加上两侧路肩的宽度之和。

曲线地段外轨需要设置超高。外轨超高是借加厚外轨一侧枕下道砟的厚度来实现的。由于道砟加厚，道床坡脚外移，因而曲线外侧路基宽度亦应随超高的不同而相应加宽，才能保证路肩所需的宽度标准。

（4）**路基横断面的标准设计** 路基横断面最基本的两种形式是路堤横断面和路堑横断面。其中：

1）路堤横断面主要由路基顶面、边坡、护道、取土坑或排水沟组成。

2）路堑横断面则由路基顶面、侧沟、路堑边坡、弃土堆、天沟、用地界等组成。

4. 路基填筑

（1）**基底处理** 路堤基底是填料与原地面接触部分。

基底的质量要求：具有足够的承载力，防止路堤的沉陷；基底面干燥、填筑的路堤与原地面结合紧密，防止路堤沿基底面滑动。

基底处理措施：清除草皮、基底挖台阶、基底排水疏干。

（2）**基底填料**（见图3-20）

1）填料根据性质及适应性归纳为A、B、C、D、E五个组，E组是严禁采用的填料，包括有机土。

2）路堤基床以下部分宜选用A、B、C组填料。

3）路堤浸水部分宜选用渗水土填料。

4）使用不同填料填筑路堤时，应分层填筑，每一水平层应采用同一种填料填筑。

5）陡坡地段的半填半挖路基时，应将自线路中心靠山坡一侧宽度不小于2米、路基面下1.2米范围内的土予以挖除换填。

（3）**压实标准**

1）基床以下部位填料的压实度标准：不同的填料采用不同的控制指标，需按照规范要求设计。

2）施工控制含水量的范围，应根据填料的性质，要求的压实度和机械压实能力综合

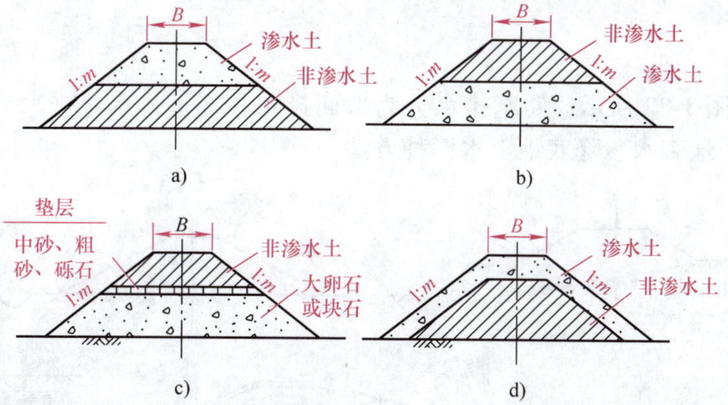

图3-20　用不同类土填筑的路基断面形式

确定。

（4）**过渡段**(无砟轨道)

1）填方桥台　过渡段总长度不小于4倍桥台后路堤高度，且不得小于20m。过渡段范围内的基床表层级配碎石掺3%～5%水泥。

2）挖方桥台　桥台台尾路基为软质岩、强风化的硬质岩及土质路堑时，桥路过渡段采用混凝土与级配碎石过渡，长度不小于20m。在过渡段以外20m范围内的基床表层级配碎石掺3%～5%水泥。桥台台尾路基为硬质岩路堑时，桥台基坑采取混凝土回填。

3）涵路过渡段　当涵洞顶部至路基面的高度$h \geqslant 2.0$m时，应在涵洞侧面设置水泥稳定级配碎石（掺3%～5%水泥）过渡段，过渡段范围内的基床表层级配碎石掺3%～5%水泥。

当涵洞顶部至路基面的高度$0.7\text{m} \leqslant h < 2.0\text{m}$时，参照填方桥路过渡段方式，采用两次过渡方案，在涵洞顶面及两侧设置正梯形的水泥稳定级配碎石（掺3%～5%水泥）过渡段，再延伸设置一段倒梯形过渡段，采用A、B组填料。

过渡段总长度不小于4倍路堤高度，且不得小于20m。

（5）**预留沉落量**　路堤产生沉落的原因：路堤自重与列车动载作用；路堤的沉降由两部分组成，即：路堤填土的沉降和地基的沉降。路堤的沉降量取决于路堤的高度与填料的性质。

路堤沉落的危害：路肩宽度不够，不符合设计要求；造成路堤与堑连接处积水，酿成路基危害。

5. 路堑开挖

路堑开挖施工应按施工时的地形、地质、气象、水文等实际情况以及岩层产状、路堑长度及施工季节，并结合土石方调配选用合理的开挖方法。

路堑开挖方法：全断面开挖、纵向拉开分层开挖和纵向分段开挖三种。

边坡开挖应符合下列要求：

1）标出边桩连接线，经常检查边坡开挖坡度。

2）坡面应平顺，无明显凹凸，无危面、浮土、砟堆、杂物。

3）需设防护的边坡，应按设计及时防护，当不能紧跟开挖防护时，应预留一定厚度的保护层。

6. 路基排水

如图 3-21 和图 3-22 所示，路基排水分为地面排水和地下排水。排水措施通常有排泄、拦截地表水、疏干地表水、降底地下水四种方法。

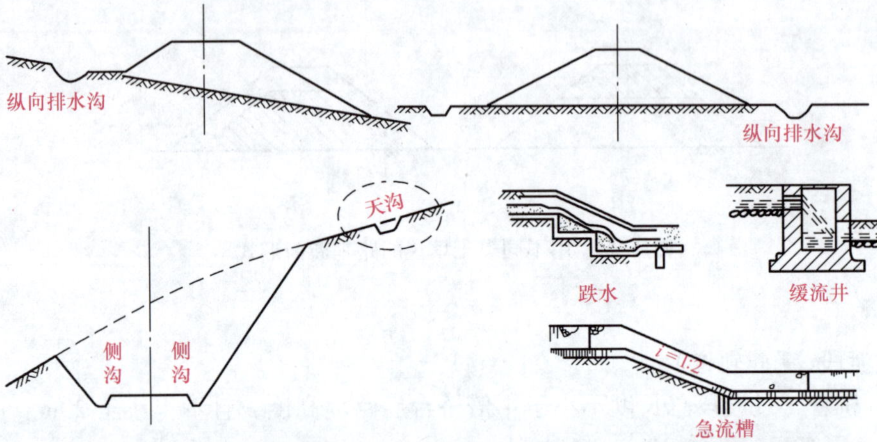

图 3-21　不同行形式的地面排水方法

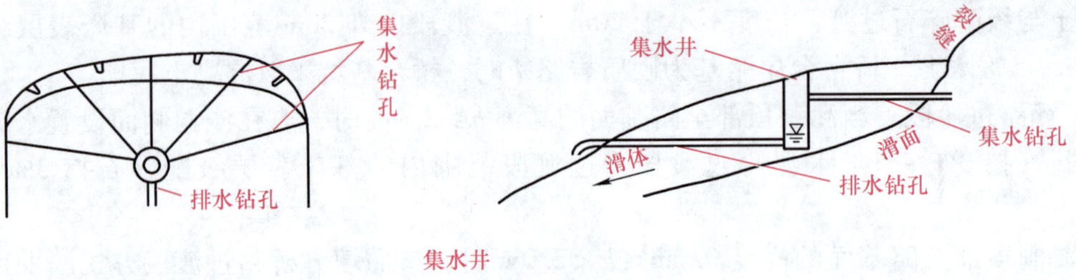

图 3-22　不同形式的地下排水方法

7. 路基防护

（1）**路基坡面防护的几种形式**

1）植物防护：种草、铺草皮、植树。

2）抹面、喷浆、勾缝、灌浆。

3）砌石护坡：干砌片石护坡、浆砌片石护坡、浆砌片石骨架护坡，如图 3-23 所示。

4）浆砌片石护墙：实体护墙、孔窗式护墙、拱式护墙，其中实体护墙又分为等截面和变截面两种。

（2）**坡面防护的施工要求**

1）路基防护应在适宜时间施工并及时完成。

2）各种防护设施应在稳定的地基和坡体上施工。在没有挡土墙或地下排水设施地段，应先做好挡土墙、排水设施，再做防护。

3）防护的坡体表面应先整平，有地下水露头时应做引排处理；防护层应与土石坡面密贴结合，背后不留空隙。

4）防护砌体施工应符合现行《铁路混凝土与砌体工程施工规范》的规定。

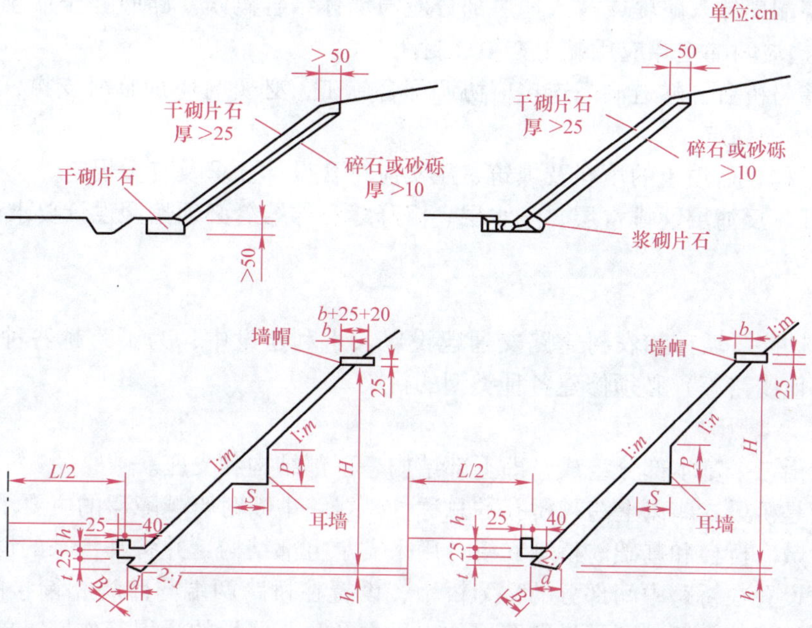

图 3-23　砌石护坡

5）护坡的垫层或反滤层应严格按照设计的层数、厚度和颗粒级配的要求施工，砂、砾石应筛选清洗，含泥量不得大于5%。采用土工织物做反滤层时，施工应符合现行《铁路路基土合成材料应用技术规范》的规定。

8. 路基支挡结构

（1）**路基支挡结构类型**　路基支挡结构类型主要有：重力式挡土墙、短卸荷板式挡土墙、悬臂式和扶臂式挡土墙、锚杆挡土墙、锚碇板挡土墙、加筋挡土墙、土钉墙、抗滑桩、桩板式挡土墙、预应力锚索。

（2）**路基支挡结构施工要求**

1）在岩体破碎、土质松软或有水地段修建支挡结构，宜在旱季施工，并应集中力量，分段施工，不应长段拉开挖基。

2）浆砌片石砌体必须用坚硬、不易风化的片石，采用挤浆法砌筑；严禁使用灌浆法施工。

3）支挡结构施工前，应在上方作好截、排水及防渗设施；雨期施工宜搭设雨棚。

4）明挖基坑应符合下列规定：

① 应核对地质情况，当与设计不符时应及时反馈。

② 坑内有积水应设排水沟、集水井排水。

③ 墙基位于斜坡时，墙趾埋入深度和距地面水平距离均应符合设计要求。

④ 采用倾斜基底时，应准确挖、凿，不得填补。

⑤ 基坑开挖至设计高程后，应立即进行基底承载力检查；当承载力不足时，应按规定变更设计。

5）挡土墙施工应随开挖、随下基、随砌筑墙身，保证排水设施的施工质量，及时回填基坑和墙背。

6）挡土墙端部伸入路堤或嵌入地层部分应与墙体结合砌筑。路堑挡土墙顶应找平抹面或勾缝，其与边坡间的空隙应用黏土夯填、封闭。

7）挡土墙与桥台、隧道洞门连接应协调配合施工，必要时应加临时支撑，确保与墙相接的填方或山体的稳定。

8）支挡结构背后填土的填料及填筑、压实应符合设计要求及有关规定。

9）泄水孔、反滤层、排水层、隔水层、沉降缝和伸缩缝必须按照设计要求设置。

3.2.4 桥梁工程

在公路、铁路、城市和农村道路交通建设以及水利建设中，为了跨越各种障碍（如河流、沟谷或其他线路等）必须修建各种类型的桥梁。

1. 桥梁的基本组成

桥梁一般由三个基本部分组成，即上部结构、下部结构和支座。

上部结构是桥梁支座以上跨越桥孔的总称，是线路中断时跨越障碍的主要承重结构。下部结构包括桥墩、桥台和基础。桥墩和桥台用来支承上部结构，并将其传来的恒载和车辆活载传至基础。设置在桥跨中间部分的称为桥墩，设置在桥跨两端与路堤相衔接的称为桥台。桥台除了上述作用外，还起到了抵御路堤的土压力及防止路堤的滑塌等作用。单孔桥只有两端的桥台，没有中间的桥墩。墩和桥台底部并与地基相接触的部分，称为基础。基础承受从桥墩或桥台传来的全部荷载，包括竖向荷载以及地震力、船舶撞击墩身等引起的水平荷载。由于基础往往深埋于水下土层之中，是桥梁施工中难度较大且施工复杂的部分，也是确保桥梁安全的关键之一。

支座设置在墩台的顶部，用于支承上部结构的传力装置，它不仅要传递很大的荷载，还要保证上部结构能按设计要求产生一定的变位。

在桥梁建筑工程中，除了上述基本组成部分外，在路堤与桥台衔接处，一般在桥台两侧设置石砌的锥形护坡，以保证迎水部分路堤边坡的稳定。另外，根据需要还常常要进行修筑护岸、导流结构物等附属工程。

2. 桥梁受力体系分类

按照桥梁受力体系分类，可分为梁式桥、拱式桥和悬索桥（或称为吊桥），简称“梁、拱、吊”三大基本体系。另外，由上述三大基本体系相互组合，在受力上形成具有组合特征的桥型，如刚架桥、斜拉桥及系杆拱桥等。

下面分别阐述各种桥梁体系的主要受力特点及适用场合。

（1）**梁式桥**　梁式桥是一种在竖向荷载作用下无水平反力的结构，由于外力（恒载和活载）的作用方向与桥梁结构的轴线接近垂直，因而与同样跨径的其他结构体系相比，梁桥内产生的弯矩最大，即梁式桥以受弯为主。因此，通常需用抗弯、抗拉能力强的材料（如钢、钢筋混凝土等）来建造。对于中、小跨径的公路桥梁，目前应用最广泛的标准跨径钢筋混凝土或预应力混凝土简支梁（板）桥，其施工方法一般有预制装配式和现浇两种。这种梁桥结构简单、施工方便，且对地基承载力的要求也不高，对于钢筋混凝土简支梁桥，其跨径一般要小于25m，当跨径较大时，应采用预应力混凝土，但其跨径一般不宜超过50m。为了改善受力条件和使用性能，地质条件较好时，中、小跨径梁桥均可修建连续梁桥。对于大跨径和特大跨径的梁桥，可采用预应力混凝土、钢和钢混凝土组合梁桥。如

图 3-24所示，南京长江第二大桥为梁式桥。

图 3-24 南京长江第二大桥北汊桥

（2）**拱式桥** 拱式桥的主要承重结构是主拱圈或拱肋。在竖向荷载作用下，桥墩和桥台将承受水平推力，同时，墩台向拱圈或拱肋提供水平反力，这将大大抵消在拱圈或拱肋中由荷载引起的弯矩。因此，与同跨径的梁式桥相比，拱桥的弯矩、剪力和变形却要小得多，拱圈或拱肋以受压为主。拱桥对墩台有水平推力，及承受重结构以受压为主，这是拱桥的主要受力特点。因此，通常可采用抗压能力强的圬工材料（如砖、石、混凝土等）和钢筋混凝土来建筑。但应当注意，由于拱桥往往有较大的水平推力，为了确保拱桥的安全，下部结构（特别是桥台）和地基必须具备能承受很大水平推力的能力。一般应选择地质条件较好的地域修建拱桥。当然，在地质条件不适合于修建具有很大水平推力拱桥的情况下，也可采用无水平推力的系杆拱桥，其水平推力由系杆承受，系杆可由预应力混凝土、钢等制作。另外，也可修建近年来发展起来的水平推力很小的“飞雁式”三跨自锚式系杆拱桥，即在边跨的两端施加强大的水平预加力 H，通过边跨拱传至拱脚，以抵消主跨拱脚处的水平推力。

拱桥不仅跨越能力大，而且外形也较美观，在条件允许的情况下，修建拱桥往往是经济合理的。如图 3-25 所示，上海卢浦大桥为中乘式系杆拱桥，主跨跨径达到 550m。

按照行车道处于主拱圈的不同位置，拱桥可分为三种：上承式、中承式、下承式。

（3）**悬索桥**（也称吊桥） 悬索桥的承重结构，包括主缆、塔柱、加劲梁、锚碇及吊杆。在桥面系竖向荷载作用下，通过吊杆使主缆承受巨大的拉力，主缆悬跨在两边塔柱上，锚固于两端的锚碇结构中，锚碇承受主缆传来的巨大拉力，该拉力可分解为垂直和水平分力，因此，悬索桥也是具有水平反力（拉力）的结构。现代悬索桥的主缆用高强度的钢丝成股编制而成，以充分发挥其优良的抗拉性能。悬索桥结构自重轻，是目前为止跨越能力最大的桥型。另外，悬索桥受力简单明确，在将主缆架设完成之后，便形成了强大稳定的结构支承系统，使得加劲梁的施工安全方便，施工过程中的风险相对较小。相对于其他体系的桥梁而言，悬索桥的刚度最小，属于柔性结构，悬索桥将产生较大的变形。由于悬索桥的刚度小，其静力、动力（如应在设计和施工过程中予以高度重视。

图 3-25　上海卢浦大桥

（4）**刚架桥**（或刚构桥）　桥跨结构主梁或板与墩台（或立柱）整体相连的桥梁称为刚架桥。由于梁和柱两者之间是刚性连接，在竖向荷载作用下，将在主梁端部产生负弯矩，在柱脚处产生水平反力，梁部主要受弯，但其弯矩较同跨径的简支梁小，梁内还有轴力 H 作用，因此，刚架桥的受力状态介于梁桥与拱桥之间。刚架桥的跨中建筑高度可做得较小，因此，通常适用于需要较大的桥下净空和建筑高度受到限制的情况，如跨线桥、立交桥和高架桥等。

刚架桥在竖向荷载的作用下，一般都会产生水平推力。为此，必须要有良好的地质条件或用较深的基础，也可用特殊的构造措施来抵抗水平推力的作用。另外，刚架桥大多数为超静定结构，故在混凝土收缩、徐变、温度变化、墩台不均匀沉陷和预应力等因素的作用下，均会产生较大的附加内力，应在设计和施工中引起注意。

除了门式刚架桥外，另外还有T形刚架桥、连续刚构桥、斜腿刚架桥。对于大跨径的刚架桥，一般均要承受正负弯矩的交替作用，主梁横截面宜采用箱形截面。如图 3-26 所示，云南元江大桥为刚架桥（连续刚构），主跨 265m，中墩高 123.5m。

（5）**斜拉桥**　斜拉桥的上部结构由塔柱、主梁和斜拉索组成，斜拉桥实际上是梁式桥与吊桥的组合形式。它的主要受力特点是：斜拉索受拉力，它将主梁多点吊起（类似吊桥），将主梁的恒载和车辆等其他荷载传至塔柱，再通过塔柱传至基础和地基。塔柱以受压为主。主梁由于被斜拉索吊起，从而使主梁内的弯矩较一般梁式桥大大减小，这也是斜拉桥具有较大跨越能力的主要原因。主梁由于同时受斜拉索水平力的作用，因此为压弯构件。

斜拉桥的塔柱、拉索和主梁在纵向面内形成了稳定的三角形，因此，斜拉桥的结构刚度较悬索桥大，其抗风稳定性较悬索桥好。在目前所有的桥型中，斜拉桥的跨越能力仅次于悬索桥。但是，当斜拉桥的跨度很大时，悬臂施工的斜拉桥因主梁悬臂过长，承受斜拉索传来的水平压力过大，因而风险较大，塔也过高，外侧斜拉索过长，这也是斜拉桥跨越能力不能与悬索桥相比的主要原因。如图 3-27 所示，南京长江三桥为斜拉桥，跨径为 648m。

图3-26　云南元江大桥

图3-27　南京长江三桥

3. 桥梁的其他分类

桥梁除了上述按受力特点分类外，另外还有按桥梁的用途、建桥的材料、大小规模等进行分类的。

（1）**按用途来划分**　可分为公路桥、铁路桥、公铁两用桥、人行桥、水运桥（或渡桥）和管线桥等。

（2）**按主要承重结构采用的材料来划分**　可分为钢筋混凝土桥、预应力混凝土桥、圬工桥（包括砖、石、混凝土）、钢桥、钢-混凝土组合桥和木桥等。木材易腐，而且资源有限，因此，除了少数用于临时性桥梁外，一般不采用。

（3）**按桥梁总长和跨径的不同来划分**　可分为特大桥、大桥、中桥、小桥和涵洞。

4. 桥梁施工

连续梁桥的施工　连续梁桥的构造和受力特点与简支梁桥有很大的区别，由于其主梁的长度和重量大，除采用整体支架现浇的方法外，一般很难能像简支梁那样将整根梁一次浇筑或架设完成。

连续梁桥目前常用的几种施工方法，包括逐孔施工法、悬臂施工法和顶推施工法，这几种方法也可统称为“节段施工法”。

(1) 逐孔施工法

1）支架施工。在支架上浇筑连续梁时，其支架、模板、钢筋工程、混凝土工程等各主要施工过程，连续梁在中墩支点处结构连续，为超静定结构，所以必须重视以下因素的影响。

① 不均匀沉降的影响。墩、台的刚度比临时支架的刚度大得多，支架及其基础的不均匀沉降往往导致主梁在支点截面处开裂。

② 混凝土收缩的影响。由于每次浇筑的梁段较长，混凝土的收缩受到桥墩、支座摩阻力和先浇部分混凝土的约束，也容易引起主梁开裂。

为了在施工过程中消除上述影响，可采用设置工作缝或者分段浇筑的方法。工作缝应设在主梁弯矩和剪力较小的部位，一般可设在墩台的顶部。若支架采用了较大跨径的梁式构件，则在其两端支点上方也应设置工作缝。梁段间工作缝宽度一般为0.8～1m，两端用木板与梁体隔开，并留出钢筋通过的孔洞。待梁体混凝土浇筑完成，沉降和收缩稳定后，再拆除隔板，凿毛并清洗端面，然后浇筑接缝混凝土。

有时为了避免设置工作缝的麻烦，也可以采取不设工作缝的分段浇筑方法。每个分段应根据实际情况采用水平分层或斜层法浇筑混凝土。当桥面较宽、混凝土数量较大时，可将梁分成若干纵向单元分别浇筑。

2）移动模架施工。移动模架施工法是利用机械化支架和装配式模板逐跨地移动，现浇混凝土施工。它像一座设在桥孔上的活动预制场，随着模架的不断移动实现连续浇筑施工。常用的移动模架可分为支承式模架和悬吊式模架两大类。

支承式移动模架由承重梁、导梁、台车、桥墩托架和模架等构件组成。在桥墩两侧各设置一根承重梁，用来支承模架和承受施工重力。承重梁的长度要大于桥梁跨径，浇筑混凝土时承重梁支承在桥墩托架上。导梁主要用于运送承重梁和模架，因此，其长度应大于两倍桥梁跨径。前端台车在导梁上行走，后端台车在已建成的梁上行走。其施工流程，叙述如下。

① 浇筑混凝土，混凝土达到规定强度后施加预应力。

② 脱模卸架，由台车将承重梁和模架运送至下一桥孔。

③ 承重梁就位后，再将导梁向前移动，准备下一循环的浇筑工作。

施工时，连续梁分段时的接头部位应放在弯矩最小的部位，应通过计算确定，若无详细计算资料，可以取距离桥墩1/5处。预应力筋锚固在浇筑缝处，浇筑下一孔梁段前再用连接器将预应力筋接长。

移动模架法适用于20～50m跨径的等截面连续梁桥，也可以用来修建多跨简支梁桥。这种方法有以下特点：

① 不需要设置地面支架，施工不受河流、道路、桥下净空和地基等条件的影响。

② 机械化程度高，劳动力少，质量好，施工速度快，安全可靠。

③ 只要下部结构稍提前施工，之后上下部结构可同时平行施工，缩短工期。而且施工从一端推进，梁建成后就可用作运输便道。

④ 整套设备投资较大，准备工作较复杂，要求施工人员具有较熟练的操作技术，用于长度较大、孔数较多的桥梁较经济。

3）装配整体施工。装配整体施工法的基本构思是：将整根连续梁按吊装能力先分段预制，然后用各种安装方法将预制构件安装至墩、台或临时支架上，再现浇接头混凝土，最后通过张拉部分预应力筋，使梁体整体成为连续体系。用此法施工可以避免采用满堂支架，最大限度地减少在桥上现浇混凝土的数量，并能使上部结构的预制工作和下部结构的施工同时进行，显著缩短工期。在施工中可采用三种分段方式：简支－连续、单悬臂－连续以及双悬臂－连续。

其中简支连续的方式由于施工方法简单，质量可靠，可适应空心板、T形梁、箱形梁等多种截面形式，便于工厂化生产、装配式施工，可用简支梁的施工工艺达到建造连续梁桥的目的，因此近年来在中小跨径连续梁桥中得到了广泛应用。其施工过程通常为：

① 按简支梁预制梁体构件，并张拉正弯矩预应力筋；预制时应预留顶板负弯矩预应力孔道，并预设齿板，预留工作人孔。

② 根据施工条件用各种方法将梁体安装就位，支承在墩顶两侧的临时支座上；为使临时支座拆除方便，目前应用较多的是硫黄砂浆，内部盘有电热丝；硫黄砂浆的配比应严格控制，既要保证强度，又能在需要拆除时通电融化。

③ 在墩顶的设计位置安放永久支座，布置模板，按设计要求连接相邻梁端预留钢筋，在顶部布设与相邻梁体对应的负弯矩预应力筋孔道，浇筑接缝混凝土。

④ 接缝混凝土养护达到规定强度后，拆除模板，穿束张拉承受墩顶负弯矩的预应力筋并锚固，拆除临时支座，使结构转换成连续体系。

（2）**悬臂施工法** 悬臂施工法是以桥墩为中心，向两岸对称地、逐节悬臂接长的施工方法。现代的悬臂施工法，最早主要用来修建预应力混凝土T型刚构桥。由于其独特的优越性，后来又被推广应用于建造预应力混凝土连续梁桥、连续刚构桥、斜拉桥和拱桥等，如图3-28所示。

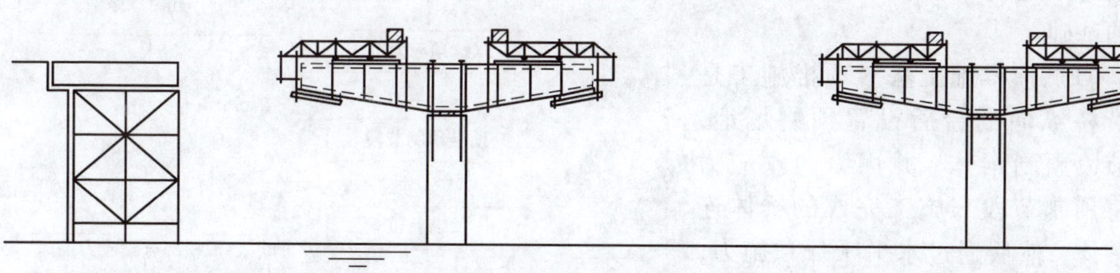

图3-28 悬臂施工法全貌

按照悬臂接长的方式不同，悬臂施工法可分为悬臂浇筑法和悬臂拼装法两大类。

1）悬臂浇筑法 悬臂浇筑是以桥墩为中心，在悬吊模架（挂篮）上向两岸对称平衡地浇筑梁端混凝土，待每段混凝土养护并达到规定强度后，张拉预应力筋并锚固，再将挂篮前移，以供浇筑下一节段之用。

悬臂浇筑的每个节段长度一般为3～4m，特大桥也不宜超过6m。节段太长，将增加混凝土自重与挂篮结构的重量，同时还要相应增加平衡重或挂篮后锚固设施；节段过短，影响施工进度。因此应根据设备条件、受力情况以及工期等因素，选择合适的节段长度。

挂篮是悬臂浇筑的主要施工设备，它是一个能够沿轨道行走的活动模架，悬挂在已经张拉锚固的梁段上。在挂篮上可进行下一节段的模板、钢筋的安装，预留孔道，混凝土浇筑和预应力张拉、压浆等工作。完成一个循环后，挂篮即可前移一个节段，再固定在新的节段位置上，如此循环直至悬臂梁浇筑完成。

悬臂浇筑法施工的主要优点是：不需要占地很大的预制场地；逐段浇筑，易于调整和控制梁段的位置，整体性好；不需要大型机械设备；主要作业在设有顶棚、养生设备等的挂篮内进行，不受气候条件影响；各段施工属严密的重复作业，需要施工人员少，技术熟练快，工作效率高等。主要缺点是：梁体部分不能与桥墩平行施工，施工周期较长，而且悬臂浇筑的混凝土加载龄期短，混凝土收缩和徐变影响较大。

2）悬臂拼装法　悬臂拼装法施工，是在工厂或桥位附近将梁体沿轴线划分成适当长度的节段进行预制，然后将预制节段运至架设地点，用悬拼吊机起吊后向桥墩两侧对称均衡地拼装就位，张拉预应力筋。重复这些工序直至拼装完全部节段为止。

悬拼施工适用于预制场地及吊运条件好，工程量大和工期较短的连续梁、刚构桥的施工。其主要优点是：梁体块件的预制和下部结构的施工可同时进行，拼装成桥的速度较现浇的快，可显著缩短工期；块件在预制场内集中制作，质量较易保证；混凝土收缩、徐变的影响小，可减少预应力损失；施工不受气候影响。其缺点是：需要占地较大的预制场地；为了移运和安装需要大型的机械设备，如果不用湿接缝，则块件安装的位置不易调整。

悬拼施工工序主要包括：梁体节段的预制、移位、堆放、运输、节段起吊和拼装；合拢段施工以及结构体系转换。悬拼的核心是梁体节段的吊运与拼装，节段预制是悬拼的基础。

（3）**顶推施工法**　顶推施工是在沿桥纵向的台后设置预制场地，分节段预制梁体，并用纵向预应力筋将预制节段与施工完成的梁体连成整体，然后通过水平千斤顶施力，将梁体向前顶推出预制场地，之后继续在预制场进行下一节梁的预制，循环操作直至施工完成，如图3-29所示。

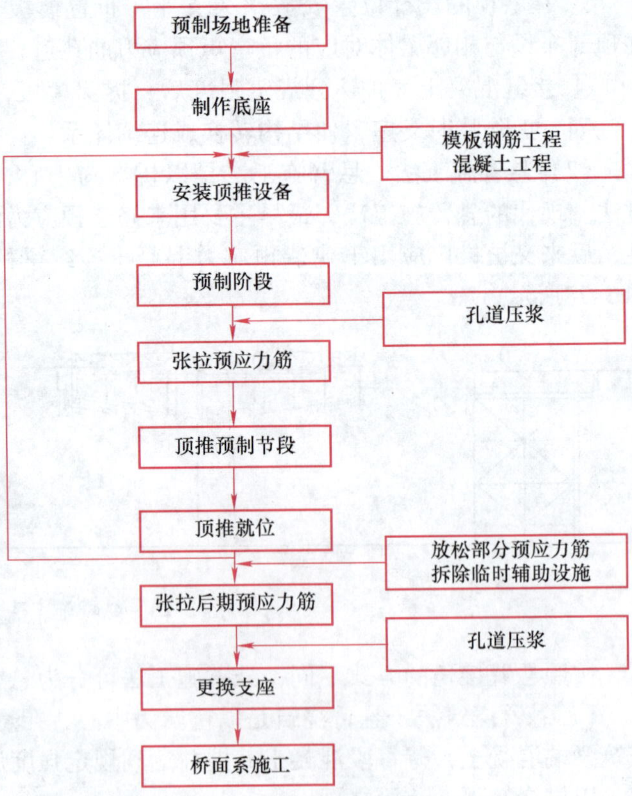

图3-29　顶推施工流程

由于不需要大型起重设备，梁体预制节段的长度可适当增加，一般可取 10～20m。

在顶推过程中为了减少悬臂负弯矩，一般要在梁的前端安装一节长度为顶推跨径 0.6～0.7倍的钢导梁，导梁应自重轻而刚度大。当跨径较大时，可能需要在桥墩间设置临时支墩。

顶推装置和滑道是顶推法中重要的施工设备。根据顶推装置不同的传力方式，顶推工艺又有推头式或拉杆式两种。

推头式是由水平千斤顶与竖向千斤顶联合使用，顶推预制梁前进。

它的施工程序为：利用竖向千斤顶将梁顶起后，起动水平千斤顶推动竖向千斤顶（推头），推头与梁底间橡胶垫板（或粗齿垫板）的摩擦力显著大于推头与桥台间滑板的摩擦力，这样就能将梁体向前推动。水平千斤顶完成一个行程后，降下竖向千斤顶使梁体落在支承垫板上，水平千斤顶退回，然后再重复上一循环将梁推进。

3.2.5　隧道工程

1. 隧道的概念

隧道是埋置于地层中的工程建筑物，是人类利用地下空间的一种形式。1970 年国际经济合作与发展组织召开的隧道会议综合了各种因素，对隧道所下的定义为："以某种用途、在地面下用任何方法按规定形状和尺寸修筑的断面积大于 $2m^2$ 的洞室。"

2. 隧道的分类

隧道的种类繁多，从不同的角度来区分，就有不同的分类方法。从隧道所处的地质条件来分，可以分为土质隧道和石质隧道；从埋置的深度来分，可以分为浅埋隧道和深埋隧道；从隧道所在的位置来分，可以分为山岭隧道、水底隧道和城市隧道。但分类比较明确的还是按照隧道的用途来划分，可以有以下几种分类。

（1）**交通隧道**　这是隧道中为数最多的一种，它们的作用是提供运输的通道。

1）铁路隧道。我国是个多山国家。铁路穿越这些地区时，往往会遇到山岭障碍。而铁路限坡平缓，无法上升到越岭所需要的高度，同时，铁路还有最小半径限制，常限于山岳地形无法绕过，需要修建隧道以克服高程或平面障碍。在沿着河谷修建铁路时，遇到河道弯曲、两岸横坡陡峻、地质不良等现象，常修隧道使线路从山里通过。隧道既可使线路顺直，线路缩短，又可以减小坡度，还可躲开各种不良地质条件，从而提高牵引定数，多拉快跑，使运营条件得以改善。所以，在山区铁路线上修建隧道的范例是很多的。川黔线上的凉风垭隧道，成昆线沙木拉达隧道，大秦线军都山隧道，西康线秦岭隧道，朔黄线长梁山隧道以及兰新复线乌鞘岭隧道等都是著名的越岭隧道，而成昆线的关村坝隧道，衡广复线大瑶山隧道等都是河谷地段截弯取直的良好范例。宝成线宝鸡至秦岭一段 45km 线路上就设有 48 座隧道，蜿蜒盘旋于秦岭崇山峻岭之中。

2）公路隧道。公路的限制坡度和限制最小曲线半径都没有铁路那样严格，过去在山区修建公路时为节省工程造价，常常是宁愿绕行，也不愿修建费用昂贵的隧道。因此，过去公路隧道为数不多。但是，随着社会生产的发展，高速公路逐渐出现，它要求线路顺直、平缓、路面宽敞，于是在穿越山区时，也常采用隧道方案。此外，在城市附近，为避免平面交叉，利于高速行车，也常采用隧道方式通过。目前，公路隧道逐渐多起来。

3）水底隧道。当交通线需要横跨河道时，一般可以架桥或轮渡通过。但是，如果在城市区域以内，河道通航需要较高的净空，而桥梁两端引道常需占用宝贵的城市用地或修建结构复杂的很长的引桥，此时采用水底隧道，既不影响河道通航，也避免了风暴天气轮渡中断的情况，而且在战时不致暴露交通设施的目标，防护层厚，是国防上的较好选择。为横跨黄浦江，上海已修建了全长2793m的水底隧道，广州地铁穿越珠江，武汉地铁穿越长江都修建了水底隧道。

4）地下铁道。地下铁道是解决大城市交通拥挤、车辆堵塞等问题，且能大量快速运送乘客的一种城市交通设施。它可以使很大一部分地面客流转入地下，可以高速行车，且可缩短车次间隔时间，节省了乘车时间，便利了乘客的活动。在战时，还可以起到人防的功能。

5）航运隧道。当运河需要越过分水岭时，克服高程障碍成为十分困难的问题，一般需要绕行很长的距离。如果层层设立船闸则建设投资很大，运转和维修的费用也很高，而且过往船只延误时间很多。如果修建航运隧道，把分水岭两边的河道沟通起来，既可以缩短航程，又可以省掉船闸的费用，迅速而顺直地驶过，航运条件就大为改善了。

6）人行地道。城市闹市区行人众多，而且与车辆混行，偶有不慎便会发生交通事故。在横跨十字路口处，即使有指示灯和人行横道线，但快速的机动车也不得不频频减速，甚至要停车避让。为了提高交通运送能力及减少交通事故，除架设街心高架桥以外，也可以修建人行地道和地下立交车道。这样可以缓解地面交通的压力，也大大减少了交通事故。

（2）**水工隧道** 水工隧道（也称为隧洞）是水利枢纽的一个重要组成部分，根据其用途又可分为如下几种。

1）引水隧洞。它把水引入水电站的发电机组，产生动力资源。引水隧道有的全部充水因而内壁承压，有的只是部分过水因而内部承受大气压力和部分水压，分别称之为有压隧道和无压隧道。

2）尾水隧洞。它是发电机组的排水通道。

3）导流隧洞或泄洪隧洞。它是水利工程中的一个重要组成部分，可起疏导水流或水库容量超限后的泄洪通道。

4）排沙隧道。它可用来冲刷水库中淤积的泥沙，把泥沙裹带着送出水库。有时也用来放空水库里的水，以便进行库身检查或修理建筑物。

（3）**市政隧道** 市政隧道是城市中为安置各种不同市政设施而修建的地下孔道。由于城市不断发展，工商业日趋繁荣，人民生活水平逐步提高，对公用事业的要求也越来越高。许多城市不得不利用地下空间，把市政设施安置在地下，既可不占用地面面积，又不至扰乱高空位置和影响市容。

按市政隧道的用途，可有如下几种分类：

1）给水隧道。城市自来水管网遍布市区，必须有地下孔道来容纳安置这些管道，它既不占用地面，也可避免遭受人为的损坏。

2）污水隧道。城市污水需要引入到污水处理厂以净化返用，条件不充分时仍有部分污水还要排放到城市以外。这都需要有地下的排污隧道。这种隧道可能是本身导流排送，此时隧道的形状多采用卵形；也可能是在孔道中安放排污管，由管道排污。一般排污隧道的进口处，多设有拦渣格栅，把漂浮的杂物拦在隧道之外，不致涌入造成堵塞。

3）管路隧道。城市所供煤气、暖气、热水等，一般都是把管路放置在地下的孔道中。经过防漏及保温措施，把这些能源送到居民家中。

4）线路隧道。城市中，输送电力的电缆以及通信的电缆，都安置在地下孔道中。既可以保证不为人们的活动所损伤或破坏，又免得悬挂高空，有碍市容观瞻。这些地下孔道多半是沿着街道两侧敷设的。也有将以上四种隧道合建成一个大隧道，称为“共同沟”。

5）人防隧道。为了战时的防空目的，城市中需要建造人防工程。在受到空袭威胁时，市民可以进入安全的庇护所。人防工程除应设有排水、通风、照明和通信设备以外，在洞口处还需设置各种防爆装置，以阻止冲击波的侵入。同时，并要做到多口联通、互相贯穿，在紧急时刻，可以随时找到出口。

（4）**矿山隧道**　在矿山开采中，常设一些隧道（也称为巷道），从山体向外通向矿床。

1）运输巷道。向山体开凿隧道通到矿床，并逐步开辟巷道，通往各个开采面。前者称为主巷道，是地下矿区的主要出入口和主要的运输干道。后者分布如树枝状，分向各个采掘面。此种巷道多用临时支撑，仅供作业人员进行开采工作的需要。

2）给水巷道。送入清洁水为采掘机械使用，并将废水及积水通过泵抽，排出洞外。

3）通风巷道。矿山地下巷道穿过许多地层，将会有多种地下气体涌入巷道中来，再加上采掘机械不断排出废气，还有工作人员呼出气体，使得巷道内空气变得污浊。如果地下气体含有瓦斯，在含量达到一定浓度后，将会发生危险，轻则致人窒息，重则引起爆炸。必须及时把有害气体排除出，因此需要设置通风巷道，用通风机把污浊空气抽出去，并把新鲜空气补进来。

3. 近年来主要铁路隧道工程

（1）**南昆铁路隧道**　南昆铁路东起南宁，西至昆明，北接红果，全长 898.7km，为国家一级干线电气化铁路，南昆铁路是沟通我国西南与东南沿海最便捷的通道。南昆铁路是我国继成昆铁路之后，在艰险山区修建的又一条长大干线，高瓦斯煤层、高地应力、巨流涌水、大滑坡体、溶洞、膨胀岩、软土、地震断裂带等严重地质病害密布于线路穿越的 90% 以上区域。南昆铁路共有隧道 263 座，总长 195.363km，占线路全长的 21.7%。南昆线隧道修建技术，包括瓦斯、软岩、岩溶、高烈度地震区的隧道灾害防治、隧道快速施工与机械设备配套，以及长隧道消防技术，都达到了新的高度，为山区大能力铁路建设提供了条件。

（2）**西康铁路隧道**　西康铁路是国家“八五”和“九五”重点工程。为一级单线电气化铁路并预留双线条件，正线全长 267.8km。该线地形、地质复杂，工程艰巨，全线共有隧道 98 座，包括我国目前最长的秦岭特长隧道，站位困难，有 16 座车站分布在桥上、隧道内。全线大量采用新技术、新工艺、新材料、新结构。

（3）**西安南京铁路隧道**　西安南京铁路一期工程西起西安市新丰镇编组站，途经陕西省渭南、商洛，河南省南阳、信阳，湖北省随州，安徽省六安等四省八地市，东至合肥东编组站，全长 955km。全段线路通过秦岭山区、伏牛山区、桐柏山区、大别山区等，共有隧道 80 座。其中东秦岭双线隧道长达 12.26km，桥隧延长 176km，占线路总长的 17.1%。

（4）**渝怀铁路隧道**　渝怀铁路西起重庆，东至怀化，途经重庆、贵州、湖南三省市，全长 625km，为 1 级单线铁路，预留复线条件，一次建成电气化。渝怀铁路全线修建桥隧 562 座，其中隧道长 241km。

4. 隧道施工技术

（1）**新奥法施工流程**　采用新奥法施工的公路隧道，应视其规模、地质条件以及安全要求、施工方法，并充分利用现场监控、量测信息来指导施工，严格执行施工程序，不得有任何省略。新奥法的特征之一是采用现场监控、量测信息指导施工，即通过对隧道施工中量测数据和对开挖面的地质观察等进行预测、预报和反馈。并根据已建立的量测数据，对隧道施工方法（包括特殊的、辅助的施工方法）、断面开挖步骤及顺序、初期支护的参数等进行合理调整，以保证施工安全、坑道围岩稳定、工程质量和支护结构的经济性等，如图 3-30 所示。

新奥法施工的基本原则可归纳为："少扰动、早锚喷、勤量测、紧封闭"。

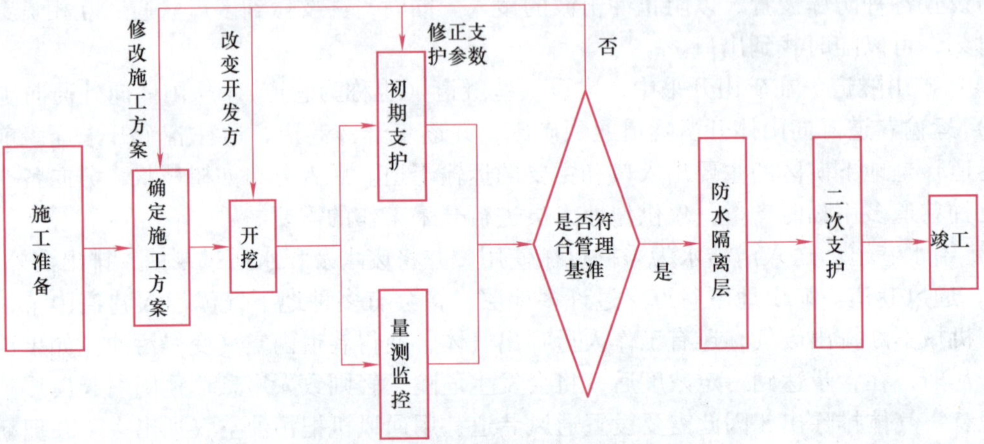

图 3-30　掘进机法施工流程

（2）**盾构法施工**　盾构法施工是以盾构（shield）作为施工机械在地面以下暗挖修筑隧道的一种施工方法。盾构是一种钢制的活动防护装置或活动支撑，既能支撑地层压力，又能作为活动钢制圆形或半圆形装置在地层中推进。盾构是通过软弱含水层，特别是江河底、海底以及城市中心区修建隧道的一种机械，是一种集开挖、支护、推进、衬砌等多种作业一体化的大型暗挖隧道施工机械，主要用于软弱、复杂地层的隧道施工。

盾构在隧道施工中的主要作用是：

1）将隧道前端新拼装的约二环衬砌的外周用盾构壳体支护，形成外部支撑，在盾壳的掩护下开挖地层及装配隧道衬砌。

2）盾构壳体为内部结构所支撑，在内部结构中如有必要时可添设水平及竖向隔板，将盾构分隔成一些小工作室，既增加了盾构的刚度又带来了作业的方便。

3）盾构后部盾尾部分无内部支撑结构，可在其掩护下拼装隧道衬砌。

4）盾构的掘进靠液压千斤顶顶在已拼装好的隧道衬砌环向前推进，其主要施工工序流程为：

① 在盾构法隧道的起始端和终端各建一个工作井。

② 盾构在起始端工作井内安装就位。

③ 依靠盾构千斤顶推力（作用在已拼装好的衬砌环和工作井后壁上）将盾构从起始工作井的墙壁开孔处推出。

④ 盾构在地层中沿着设计轴线推进，在推进的同时不断出土和安装衬砌管片。

⑤ 及时地向衬砌背后的空隙注浆，防止地层移动和固定衬砌环位置。

⑥ 盾构进入终端工作井，并被拆除，如施工需要，也可穿越工作井再向前推进。

（3）**明挖法施工**　明挖法是先从地表面向下开挖基坑至设计标高，然后在基坑内的预定位置由下而上地修筑衬砌、建造主体结构及其防水措施，最后回填土并恢复路面。明挖法施工的基本流程为：打桩（护坡桩），转而开挖→埋设支承防护与开挖→地下结构物的施工→回填→拔桩恢复地面（或路面）。

明挖法施上中的基坑可以分为：敞口放坡基坑和有围护结构的基坑两类，如图3-31所示。在这两类基坑施工中，又采用不同的维护基坑边坡稳定的技术措施和围护结构。

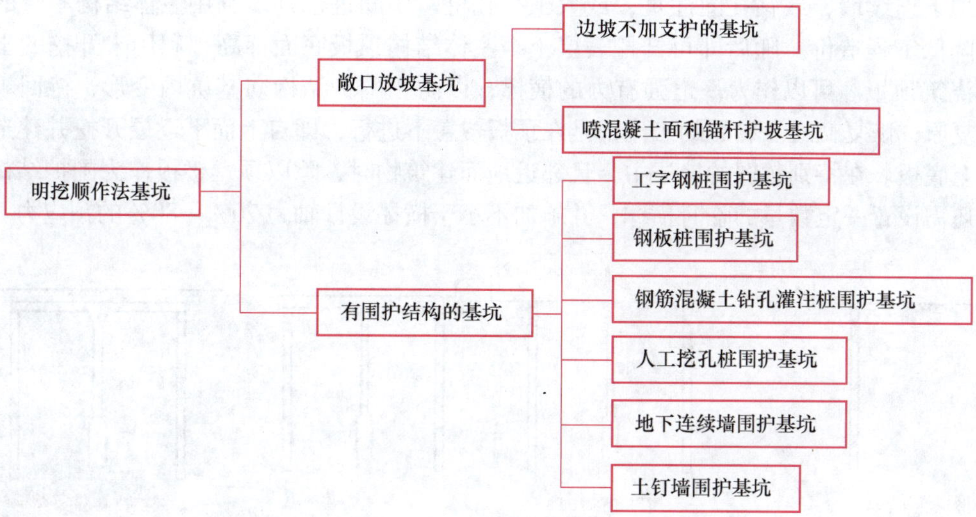

图3-31 明挖基坑类型

在选择基坑类型时，应根据隧道所处位置、隧道埋深、工程地质和水文地质条件，因地制宜地确定。

若基坑所处地面空旷，周围无建筑物或建筑物间距很大，地面有足够空地能满足施工需要，又不影响周围环境，则采用敞口放坡基坑施工。因为这种基坑施工法简单、速度快、噪声小、无须做围护结构。如果因场地限制，基坑放坡坡度稍陡于规范规定时，则可采用适当的挡土结构，如土钉加混凝土喷抹面对边坡加以支挡，即使如此，该方法的造价仍然是较低的。

如果基坑很深，地质条件差，地下水位高，特别是又处于城市繁华的市区，地面建筑物密集，交通繁忙，无足够空地满足施工需要，没有条件采用敞口放坡基坑，则可采用有围护结构的基坑。

（4）**盖挖法施工** 盖挖法是先盖后挖，即先以临时路面或结构顶板维持地面畅通再向下施工。

早期的盖挖法是在支护基坑的钢桩上架设钢梁、铺设临时路面维持地面交通，开挖到基坑底后，浇筑底板至浇筑顶板的盖挖顺作法。该方法系于现有道路上，按所需宽度，由地表面完成挡土结构后，以定型的预制标准覆盖结构（包括纵、横梁和路面板）置于挡土结构上维持交通，往下反复进行开挖和加设横撑，直至设计标高。依序由下而上建造主体结构和防水结构，回填土并恢复管线路或埋设新的管线路。最后，视需要拆除挡土结构的外露部分及恢复道路。盖挖顺作法主要依赖坚固的挡土结构，根据现场条件、地下水位高低、开挖深度以及周围建筑物的临近程度，可以选择钢筋混凝土钻（挖）孔灌注桩或地下连续墙。对于饱和的软弱地层，应以刚度大、止水性能好的地下连续墙为首选方案。

随着施工技术的不断进步，工程质量和精度更易于掌握，故现在盖挖顺作法中的挡土结构常用来作为主体结构边墙体的一部分或全部。

后来使用盖挖逆作法，用刚度更大的围护结构取代了钢桩，用结构顶板作为路面系统和支撑，如图 3-32 所示，结构施作顺序是自上而下挖土后浇筑侧墙楼板至底板完成。其施工步骤是：先在地表面向下做基坑的围护结构和中间桩柱，和盖挖顺作法一样，基坑围护结构多采用地下连续墙，或钻孔灌注桩，或人工挖孔桩。中间桩柱则多利用主体结构本身的中间立柱以降低工程造价。随后即可开挖表层土至主体结构顶板底面标高，利用未开挖的土体作为土模浇筑顶板。可以作为一道强有力的横撑，以防止围护结构向基坑内变形，待回填土后将道路复原，恢复交通。以后的工作都是在顶板覆盖下进行，即自上而下逐层开挖并建造主体结构直至底板。在特别软弱的地层中，且邻近地面建筑物时，除以顶、楼板作为围护结构的横撑外，还需设置一定数量的临时横撑，并施加不小于横撑设计轴力 70% ~80% 的预应力。

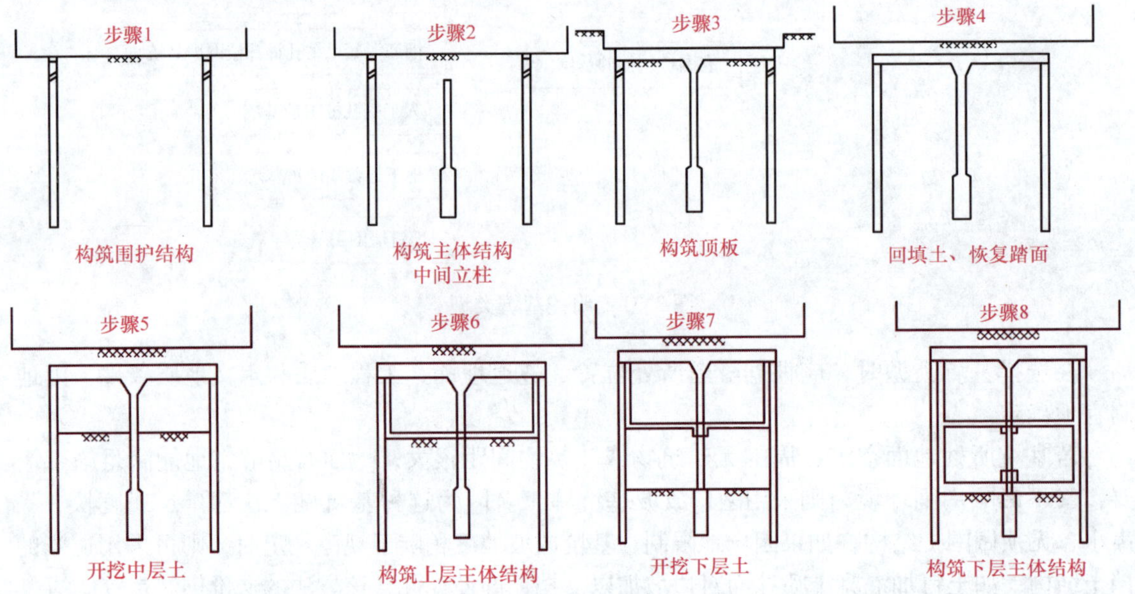

图 3-32　盖挖逆作法施工流程

也有采用盖挖半逆作法，施工程序如下：围护结构、浇筑顶板→挖土到基坑底→底板及其侧墙→中板及其侧墙。它类似逆作法，其区别仅在于顶板完成及恢复路面后，向下挖土至设计标高后先建造底板，再依次序向下逐层建造侧墙、楼板。在半逆作法施工中，一般都必须设置横撑并施加预应力。

采用盖挖逆作或半逆作法施工时都要注意混凝土施工缝的处理问题。

由于它是在上部混凝土达到设计强度后再接着往下浇筑的，而混凝土的收缩及析水，施工缝处不可避免地要出现 3 ~10mm 宽的缝隙，将对结构的强度、耐久性和防水性产生不良影响。

针对混凝土施工缝存在的上述问题，可以如下方法处理。

其中直接法是传统的施工方法，不易做到完全紧密接触；注入法是通过预先设置的注入孔向缝隙内注入水泥浆或环氧树脂；充填法是在下部混凝土浇筑到适当高度，清除浮浆后再用无收缩或微膨胀的混凝土或砂浆充填，待充填的高度，用混凝土充填为 1.0m，用砂浆充填为 0.3m。为保证施工缝的良好充填，一般在柱中最好设置 V 形施工缝，在墙中设 V 形施工缝。

根据试验结果，证明注入法和充填法均能保证结构的整体性，在构件破坏前不会出现施工缝滑移破坏。

在盖挖逆作法和半逆作法施工中，如主体结构的中间立柱为钢管混凝土柱，面柱下基础为钢筋混凝土灌注桩时，需要解决好两者之间的连接问题。一般是将钢管柱直接插入灌注桩的混凝土内 1m 左右，并在钢管柱底部均匀设置几个孔，以利混凝土流动，同时也可加强桩、柱间连接。有时也可在钢管柱和灌注桩之间插入 H 型钢加以连接。

（5）**浅埋暗挖法施工**　浅埋暗挖法系应用岩体力学的理论，通过对隧道围岩变形的量测、监控，采用新型支护结构，尽量利用围岩自承能力指导设计和施工的方法。浅埋暗挖法主要是针对埋置深度较浅、松散不稳定的土层和软弱破碎岩层施工而提出来的。对于含水的厚层粉细砂、流塑状或软塑状淤泥质黏土层应慎重选用，因为在此类地质条件下施工，对周围地层将不得不采用费用昂贵的冻结法或其他方法进行加固。浅埋暗挖法整个工艺流程（见图 3-33）应从地质调查开始，包括设计、施工、监测反馈等过程，与新奥法的总原则相似，不过浅埋暗挖法更强调地层的预支护和预加固。因为浅埋地下隧道在城区施工较多，对地表沉降的控制要求比较严格。与一般深埋隧道新奥法施工的不同之处是浅埋暗挖法支护衬砌的结构刚度比较大，初期支护允许变形量比较小。这样对保护周围地层的自承作用和减少对地层的扰动是必须的。

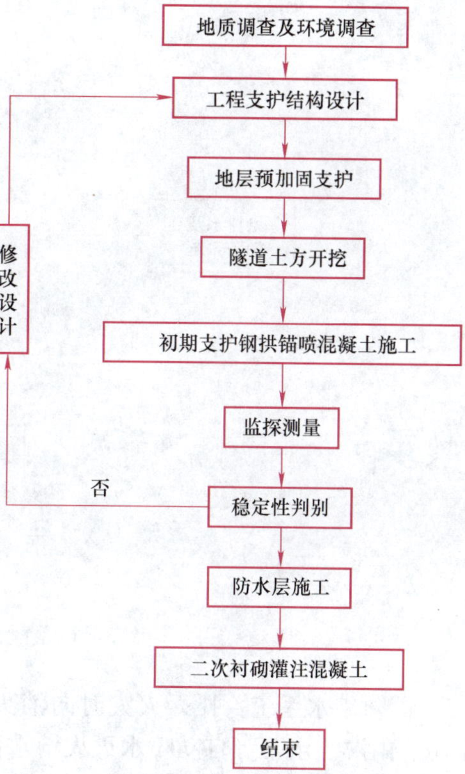

图 3-33　浅埋暗挖法施工流程

3.2.6　给水排水系统

1. 概述

现代有轨电车工程车辆段给水排水系统主要包括：给水系统、排水系统以及消防系统（见图 3-34）。其中给水系统由生产、生活给水系统和消防给水系统组成；排水系统由污、废水处理系统和雨水排放系统组成；消防系统还包括灭火器和自动灭火系统。

2. 系统构成

（1）**给水系统**

1）给水系统的划分与组成。室内给水系统的划分，是根据用户对水质、水压和水量的要求，并结合外部给水情况进行的。室内给水系统按用途可分为：

① 生活给水系统：供日常生活饮用及洗涤、冲刷等用水。

② 生产给水系统：供生产设备用水（包括产品本身用水、生产洗涤用水及设备冷却用水等）。

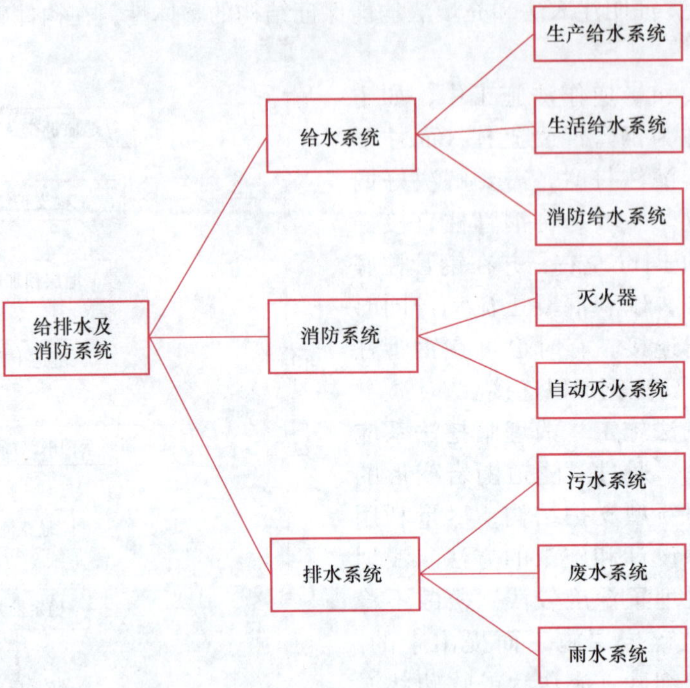

图 3-34　给水排水及消防系统结构图

③ 消防给水系统：扑灭火灾时向消火栓及自动喷水灭火系统供水（包括湿式、干式、预作用、雨淋、水幕等自动喷水灭火给水系统供水）。

根据具体情况，可将上述三种基本给水系统或其中两种基本系统合并成：生活－生产－消防给水系统、生活－消防给水系统、生产－消防给水系统等。

室内给水系统由装有水表的建筑物引入管、水平干管、立管、支管、卫生器具的配水龙头或用水设备等组成。当室外管网水量、水压不足时，尚需设置水池、水箱、水泵等贮水和加压设备。

2）给水系统的供水方式。室内给水系统的供水方式主要取决于室外给水管网的供水水压、水量能否满足室内给水系统的要求。室内给水系统常见供水方式如下：

① 外网直接供水方式。与室外给水管网直连，利用外网水压供水。适用于外网的水量及水压均能满足室内用水要求的单层或多层建筑。

② 下层外网直接供水，上层设水箱供水方式。下层与室外给水管网直连且利用外网水压直接供水，上层设水箱调节水量和水压。适用于外网水压周期性不足，允许设置高位水箱的多层建筑。

③ 下层外网直供，上层设水池、水泵和水箱供水方式。下层与室外给水管网直连且利用外网水压直接供水，上层利用水泵从水池抽水提升，高位水箱调节流量。适用于外网水压经常不足，允许设置高位水箱的多层建筑。

④ 气压给水设备供水方式。利用水泵自室外给水管网直接抽水加压（或水泵自贮水池抽水加压），利用气压水罐调节流量和控制水泵运行。适用于外网水压经常不足，且允许用水压力有一定波动，不宜设置高位水箱的多层建筑。

⑤ 变频调速泵供水方式。设置变速水泵，根据水泵出水量或水压，通过变频器来控制水泵运转速度以满足室内用水的需要。控制方式可以一台泵变频调整，其余为恒速泵；也可以全部水泵均采取软启动变频调速控制；为解决夜间小流量供水问题，应增设小水泵和小气压水罐。

常见的车辆基地给水系统如图 3-35 所示。

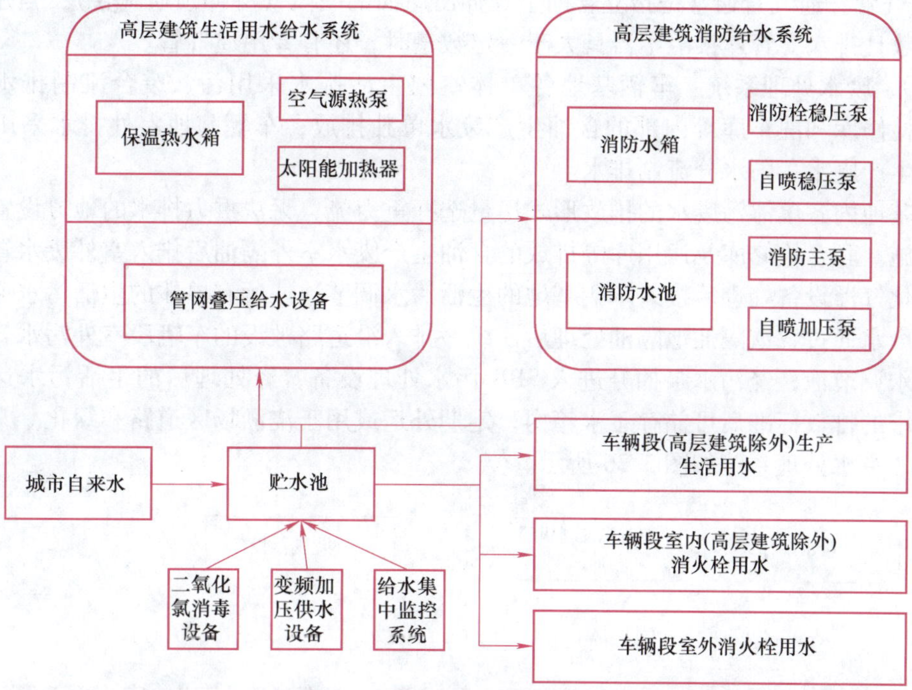

图 3-35　常见的车辆基地给水系统

（2）**排水系统**

1）排水系统的分类。根据排水性质不同，室内排水系统可分为三类：

① 生活污水系统：排除住宅、公共建筑和工厂各种卫生器具排出的污水，还可分为粪便污水和生活废水。

② 工业废水排水系统：排除工厂企业在生产过程中所产生的生产污水和生产废水。

③ 雨水排水系统：排除屋面的雨水和融化的雪水。

2）排水系统的组成如下：

① 受水器：受水器是接受污、废水并转向排水管道输送的设备，如各种卫生器具、地漏、排放工业污水或废水的设备、排除雨水的雨水斗等。

② 存水弯：各个受水器与排水管之间，必须设置存水弯，以便用存水弯的水封阻止排水管道内的臭气和害虫进入室内（卫生器具本身带有存水弯的，就不必再设存水弯）。

③ 排水支管：排水支管是将卫生器具或生产设备排出的污水（或废水）排入到立管中的横支管。

④ 排水立管：各层排水支管的污（废）水排入立管，立管应设在靠近杂质多、排水量大的排水点处。

⑤ 排水横干管：对于大型高层公共建筑，由于排水立管很多，为了减少首层的排出管的数量而在管道层内设置排水横干管，以接收各排水立管的排水，然后再通过数量较少的立管，将污水（或废水）排到各排出管。

⑥ 排出管：排出管是立管与室外检查井之间的连接管道，它接受一根或几根立管流来的污水排至室外管道中去。

⑦ 通气管：通气管通常是指立管向上延伸出屋面的一段（称伸顶通气管）；当建筑物到达一定层数且排水支管连接卫生器具大于一定数量时，还有专用通气管。

3）污、废水处理系统。车辆基地各单体室内生活排水采用污、废合流制排水，运用库、联合检修库和洗车库等内部的含油生产废水单独排放；车辆基地室外排水采用生活污水、含油生产废水、雨水分流制排水。

车辆基地内各单体污废水的排放形式尽量选择重力流，无法重力排水的地方设置局部排水提升设施。联合检修库及运用库等排放的含油生产废水室外隔油后排入室外废水管网，再经过一体化气浮设备处理后接入车辆基地的生活污水调节池。所有单体的生活污水通过化粪池，餐厅废水通过餐饮隔油池隔油处理后，统一排入沿道路敷设的车辆段室外污水管网，汇入生活污水调节池，经污水泵抽升进入 SBR 污水处理设备，经处理后的生活污水达到国家和地方要求的排放标准后可储存于水箱内，定期外运或用于浇洒场区道路和绿化。常见的车辆基地污、废水处理系统如图 3-36 所示。

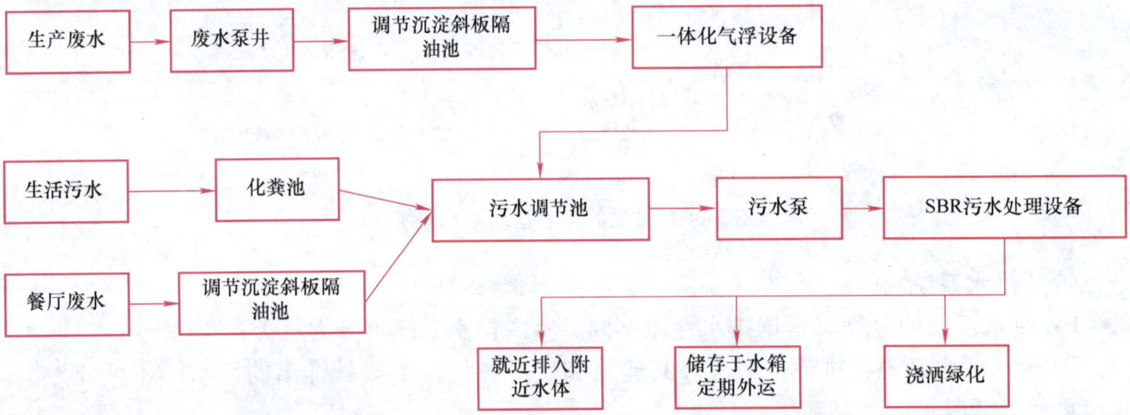

图 3-36　常见的车辆基地污、废水处理系统

4）雨水排放系统。车辆基地内设置独立的雨水排水管网系统，雨水经排水沟、屋面雨水虹吸式收集系统及路面雨水口收集系统，进入雨水排水管道，重力流就近排入附近水体。

车辆基地内可将部分屋面雨水经过管网集中收集汇入污水处理厂内储水池，经加压过滤、消毒处理后进入雨水调节池，经变频供水设备将水用于浇洒场区道路和绿化。图 3-37 所示为常见的车辆基地雨水排放系统。

3. 主要设备

（1）消防设备

消防设备主要有：加压泵、稳压泵以及气压罐等，加压设备根据消防系统功能可分为消火栓加压设备和自动喷淋加压设备。

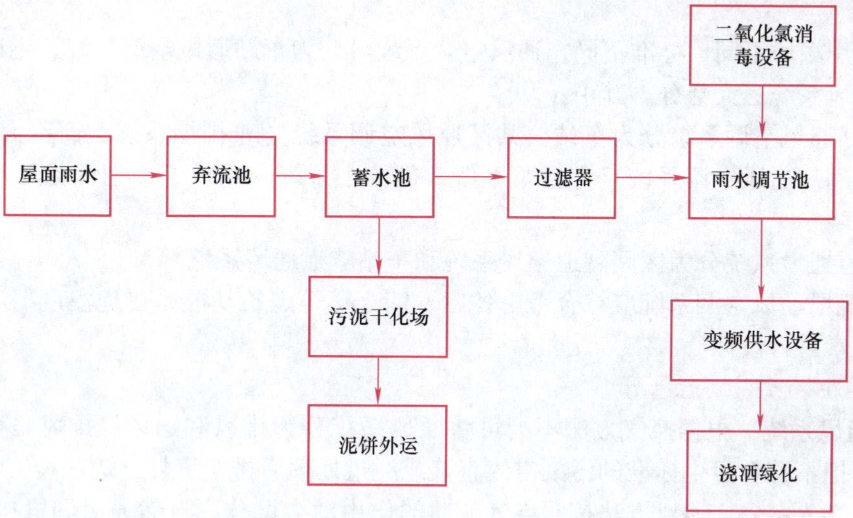

图 3-37　常见的车辆基地雨水排放系统

（2）**排水设备**

排水设备主要有：潜水泵、排污泵、一体化气浮设备、SBR 污水处理设备等。

（3）**气体灭火系统**

气体灭火系统主要有：高压气瓶、电动阀、压力阀、报警阀以及控制盘等设备。

4. 管材

（1）**给水管材**

1）生产和生活给水管及消防合用管：室外采用球墨铸铁管、橡胶圈接口。

2）室内生活、生产给水管：薄壁不锈钢管，卡压连接；PP-R 管，热熔连接；衬塑铝合金管等。

3）空调补水管：镀锌钢管、内涂塑镀锌钢管，沟槽连接。

4）消防给水管：室外采用球墨铸铁管，橡胶圈口；室内采用镀锌钢管、内涂塑镀锌钢管，沟槽连接。

（2）**排水管材**

1）室外无压管：HD-PE 排水塑料管，热熔连接；钢筋混凝土管，胶圈连接。

2）室外有压管：镀锌钢管、内涂塑镀锌钢管，管径≤DN65 时采用螺纹接口，管径≥DN80 时采用沟槽连接。

3）室内无压管：UPVC、HD-PE 排水塑料管，热熔连接。

3.2.7　通风空调系统

现代有轨电车系统中，通风空调系统的设置是为了给乘客、工作人员提供舒适的候乘车及工作环境，同时保证设备的正常运行，并满足发生火灾等事故时对通风、排烟的需求。一般而言，地面及高架站公共区应尽可能按满足自然通风的条件进行设计，地下车站应满足相关技术标准和规范要求。

1. 通风空调系统分类

根据使用场所不同、标准不同，通风空调系统可分为车站通风空调系统、隧道通风系统和车辆段通风系统三大部分。其中：

1）车站通风空调系统分为车站公共区通风空调系统（兼排烟系统，简称大系统）、车站设备管理用房通风空调系统（兼排烟系统，简称小系统）以及制冷空调循环水系统（水系统）。

2）隧道通风系统分为区间隧道通风系统和车站隧道通风系统。

3）车辆段通风空调系统应综合考虑各库、综合楼等建筑功能，当地温度，通风及制冷量需求等因素进行设计。

2. 通风空调系统组成部分

（1）**通风系统**　根据换气方法不同可将通风系统分为排风和送风。排风是在局部地点或整个房间把不符合卫生标准的污染空气直接或经过处理后排至室外，送风是把新鲜或经过处理的空气送入室内。通风方法按照空气流动的作用动力可分为自然通风和机械通风两种。此外，如果按照系统作用的范围大小还可分为全面通风和局部通风两类。

1）自然通风。自然通风是在自然压差作用下，使室内外空气通过建筑物围护结构的孔口流动的通风换气。地面车站及高架站多采用自然通风的形式。

2）机械通风。依靠通风机提供的动力来迫使空气流通来进行室内外空气交换的方式。与自然通风相比，机械通风具有一定功能优势，但各种设备、管道及附件器材等维护难度高，同时会产生一定的噪声，因此在地下车站或车辆段建筑通风设计时，应考虑一定的降噪措施。

机械通风可根据有害物分布的状况，按照系统作用范围大小分为局部通风（送风＋排风）和全面通风（送风＋排风）两类。图3-38所示为全面机械排风系统，图3-39所示为全面机械送风系统。

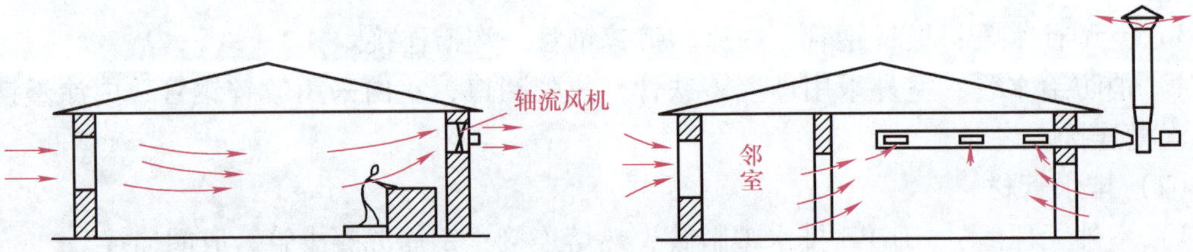

图3-38　全面机械排风系统

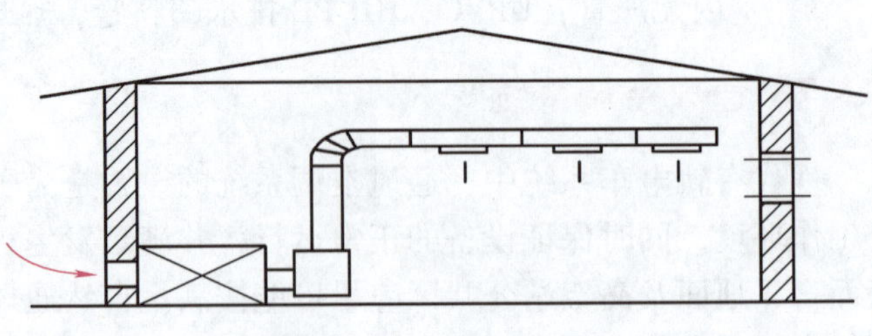

图3-39　全面机械送风系统

（2）**排烟系统**　烟气控制的主要目的是在建筑物内创造无烟或烟气含量极低的疏散通道或安全区。通过控制烟气合理流动，即烟气不流向疏散通道、安全区和非着火区，而向室外流动。可分为自然排烟和机械排烟两种方式。

1）自然排烟。自然排烟是利

用热烟气产生的浮力、热压或其他自然作用力使烟气排出。其方式有两种：一是利用外窗或专设的排烟口排烟（见图3-40a、b）；二是利用竖井排烟（见图3-40c）。

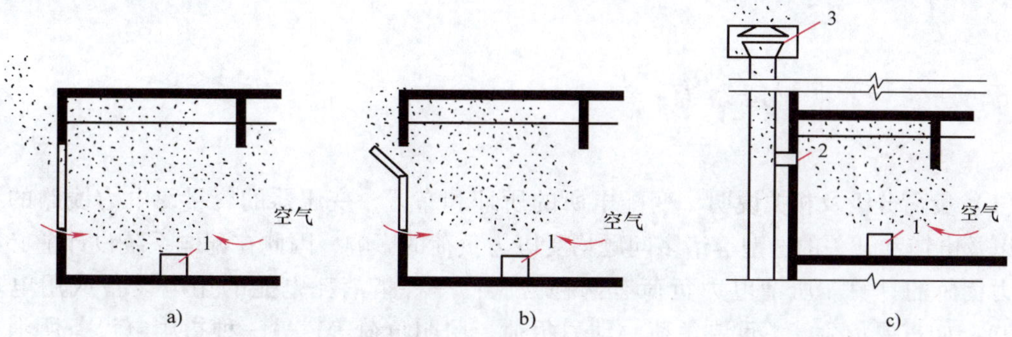

图3-40　自然排烟
a）利用可开启外窗排烟　b）利用专设排烟口排烟　c）利用竖井排烟

2）机械排烟。当火灾发生时，利用风机做动力向室外排烟的方法叫作机械排烟，其本质就是一个排风系统。

（3）**空调系统**　空调系统的作用是实现对建筑热湿环境、空气品质全面进行控制，为乘客、工作人员、设备等提供适当的环境，包含了采暖和通风的部分功能。按承担室内热负荷、冷负荷和湿负荷的介质分类：

1）全空气系统。以空气为介质，向室内提供冷量或热量，由空气来全部承担房间的热负荷或冷负荷。

2）全水系统。全部用水承担室内的热负荷和冷负荷。当为热水时，向室内提供热量，承担室内的热负荷；当为冷水（常称冷冻水）时，向室内提供制冷量，承担室内冷负荷和湿负荷。

3）空气-水系统。以空气和水为介质，共同承担室内的负荷。空气-水系统是全空气系统与全水系统的综合应用，它既解决了全空气系统因风量大导致风管断面尺寸大而占据较多有效建筑空间的矛盾，也解决了全水系统空调房间的新鲜空气供应问题，因此这种空调系统特别适合大型建筑和高层建筑。

4）制冷剂系统。以制冷剂为介质，直接用于对室内空气进行冷却、去湿或加热。实质上，这种系统是用带制冷机的空调器（空调机）来处理室内的负荷，所以这种系统又称机组式系统。

3. 通风空调系统设计要求

1）通风空调系统应为工艺设备提供合适的温湿度、空气含尘浓度等条件，同时能为工作人员提供较舒适的工作环境；火灾时通风空调系统应能迅速排除烟气，保障工作人员安全疏散。在满足运营要求的前提下力求简洁及节能。

2）通风空调系统采用安全运行、技术先进、可靠性高、节省空间、便于安装和维护、高效节能且自身自动控制性能高的设备，并满足国家有关设备国产化率规定的要求。

3）车辆段办公楼和食堂等人员集中的房屋应设置空调设备。

4）对生产过程中产生有害气体、粉尘、油烟、余热及余湿的场所，根据有害物质的性质、特点、数量及危害程度设置全面通风或局部通风，配置必要的除尘、净化或回收装置，保证室内空气环境达到国家环保、劳动卫生和能源部门的有关规定。

5）车辆段的生产、生活、办公用房应根据生产、生活的需要设置通风、空调及防排烟系统。

3.2.8 动力与照明配电系统

1. 电力负荷

（1）**负荷分级及相关说明** 变配电所的所址和布置，变压器的容量，电力线路的结线方式以及电缆和开关的选型等诸多问题均受电力负荷的影响，因此在配电系统设计前必须进行电力负荷的计算。所谓电力负荷有两种含义：一种指消耗电能的用电设备或用电单位（用户），如重要负荷、不重要负荷、动力负荷、照明负荷等；另一种指用电设备所消耗的功率或线路中流过的电流，如轻负荷、重负荷、空载负荷、满载负荷等。

依据 GB 50052—2009《供配电系统设计规范》，电力负荷根据对供电可靠性的要求及中断供电对人身安全、经济损失上所造成的影响程度可以分为三级：

一级负荷：中断供电将造成人身伤害时，或者将在经济上造成重大损失时，又或者将影响重要用电设备的正常工作，当出现上述任一情况，应认定为一级负荷。在一级负荷中，当中断供电将造成人员伤亡或重大设备损坏或发生中毒、爆炸和火灾等情况的负荷，以及特别重要场所的不允许中断供电的负荷，应视为一级负荷中特别重要的负荷。

二级负荷：中断供电将在经济上造成较大损失时，或者将影响较重要用电单位的正常工作，当出现任一情况，应认定为二级负荷。

三级负荷：不属于一级和二级负荷者应为三级负荷。

一级负荷由于其重要性以及损坏后的重大影响，在设计时必须由双重电源供电，以保证在一路供电发生故障时，另一路电源能正常工作。而一级负荷中特别重要的负荷更应增设应急电源，同时禁止其他负荷接入应急供电系统，以保证重要负荷的供电可靠性。二级负荷的供电系统宜由两回线路供电。在负荷较小或地区供电条件困难时，二级负荷可由一 6kV 及以上专用的架空线路供电。

（2）**常用重要电力负荷的级别** 现代有轨电车项目中常用重要电力负荷的级别及供电要求：

1）一级负荷：通信系统、信号系统、火灾自动报警系统、消防水系统等系统设备及变电所用电、应急照明等。一级负荷宜由两路来自变电所不同低压负荷母线的电源供电，一用一备，在末端配电箱处自动切换；消防负荷与其他负荷分别供电；综合楼、联合车库等部分大型单体建筑应急照明采用 EPS 集中蓄电池装置供电，其余小型单体建筑应急照明采用自带蓄电池的分散供电方式。

2）二级负荷：一般的办公用房照明、插座、各类列车库房照明、室外照明、电梯、生活变频给水设备、变电所维修、排水泵、重要设备用房的通风空调设备等。二级负荷宜由变电所低压母线以单回路供电，当变电所只有一路电源时，由低压母联断路器切换保证供电。

3）三级负荷：普通空调设备、工艺设备以及一般的检修设备等。三级负荷仅由变电所低压负荷母线提供一路电源供电，当供电系统一路电源失电时，自动/手动切除该负荷。

2. 低压配电用房的相关设置

变配电所所址的选择是否合理，它直接关系到车辆段供配电系统的造价、运行成本和适应负荷的发展等问题。选择车辆段变配电所所址应根据以下原则：

1）进出线方便，接近负荷中心，减小供电线路的长度，减小电能、电压的损耗，减小有色金属的消耗。

2）变配电所应尽可能地靠近电源侧。

3）避开多尘和有腐蚀性气体的场所，避开有剧烈震动的场所。

4）地势较高，运输方便。

5）适当考虑将来有扩建的空间。

变配电所应根据车辆段范围、电力负荷分布及电力负荷的大小等情况全面考虑设置，以保证供电质量、安全、可靠和尽量减少年运行费用。

3. 配电线路的相关知识

（1）**电力线路的分类**　电力线路是连接发电站、变电站和用电设备的线材，是电能传输的载体。电力线路按电压高低分，有高压线路（1kV 以上线路）和低压线路（1kV 及以下线路）。按结构分，有架空线路、电缆线路和车间（室内）线路等。在现代有轨电车项目中，动力与照明配电系统在室外通常采用低压电缆线路。

（2）**配电线路的接线方式**　低压配电线路常用的接线方式有放射式、树干式和环形接线三种（见图 3-41）。

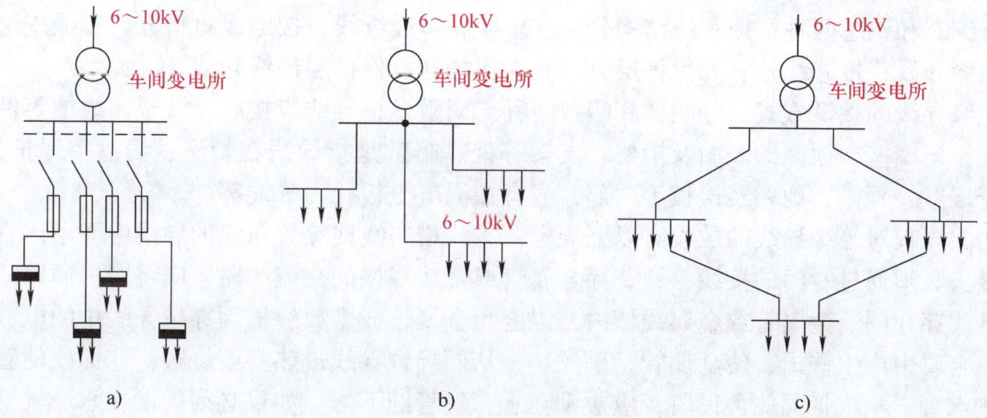

图 3-41　常用的低压配电线路
a）放射式　b）树干式　c）环形

1）放射式接线。放射式接线方式由低压母线经开关设备引出若干回线路，直接供电给容量较大或负荷重要的低压用电设备或配电箱（见图 3-41a）。这种接线方式的优点是配电线路互不影响，一回配电线路发生故障导致停电时，不影响其他线路上的用电设备，供电可靠性较高；缺点是开关设备和导线材料耗用较多，增加项目成本。放射式接线方式主要用于容量大、负荷集中或对可靠性要求高的重要用电设备。

2）树干式接线。树干式接线方式由低压母线引出多回干线与车辆段内单体建筑母线连接，再由该母线上引出分支线给建筑内的用电设备供电（见图 3-41b）。这种接线方式所用开关设备和导线材料相对较少，节约成本；但若一条干线发生故障，此干线上的所有设备均无法正常运行，影响范围大。树干式接线方式主要用于供电容量小，分布比较均匀的场所。

链式接线是树干式接线的一种变形，特点与树干式基本相同。这种接线方式适用于相距较近、容量较小的次要用电设备，一般不宜多于5台；链式相连的配电箱一般不宜多于3台，且总容量不宜超过10kW。

3）环形接线。环形接线实质是两端供电的树干式接线（见图3-41c）。为避免环形线路上发生故障时影响整个线网，同时也便于实现线路保护的选择性，大多数环形线路采取“开口”方式运行，即在环形线路中断开一处开关。环形接线供电可靠性较高，任一段线路发生故障或检修时，通过切换电源就可避免供电中断，且环形接线可降低电能损耗和电压损耗。但环形接线方式的保护装置及其整定配合比较复杂，若发生错误操作，将会扩大影响范围。

在现代有轨电车项目中通常将多种接线方式结合使用。比如车辆段内的检修设备分散布置在各车间内，大型动力设备的配电以放射式配电为主，小型动力设备采用链式和树干式相结合的配电方式；照明配电采用放射式和树干式相结合，以放射式为主的配电方式；变电所低压开关柜至运用库、联合车库、物资总库、综合楼等单体建筑内的动力照明总配电柜采用放射式的配电方式。

（3）**线路的结构与敷设** 现代有轨电车工程动力与照明配电系统中大多采用电缆敷设，室内配电线路部分采用绝缘导线。

1）绝缘导线的结构与敷设。芯线外包以绝缘材料的导线称为绝缘导线。按芯线材质分，有铜芯和铝芯两种；按芯线结构分，有单股和多股绞线；按绝缘材料分，有橡皮绝缘和塑料绝缘导线；按芯线外有无保护层分，有无保护和有保护层绝缘导线。

绝缘导线的敷设方式，分明敷和暗敷两种。明敷是指导线直接或在管子、线槽等保护体内，敷设于墙壁、顶棚的表面及桁架、支架等处。暗敷是指导线在管子、线槽等保护体内，敷设于墙壁、顶棚、地坪及楼板等内部，或者在混凝土板孔内敷线等。

相关规程对绝缘导线的敷设有以下规定：①线槽布线或穿管布线的导线中间不许直接接头，接头必须通过专门的接线盒；②穿金属管或金属线槽的交流线路，应将同一回路的相线及中性线穿在同一金属管或金属线槽内，以避免金属管或金属线槽因穿越导线中的电流不平衡而在金属中产生铁损，使金属管、槽发热，从而导致导线过热甚至烧毁；③穿线的管、线槽与热水管、蒸汽管同侧敷设时，应敷设在水、气管的下方，如果必须敷设在水、气管的上方，则应远离热源或采取隔热措施。

2）电缆的结构与敷设。电力电缆由芯线、绝缘层和保护层三部分组成。保护层又分内保护层和外保护层，内保护层用于直接保护绝缘层，外保护层用于防止内保护层受机械损伤和腐蚀。

电缆与电缆、电缆与导线通过电缆头连接，电缆头包括中间接头和终端头。

根据电缆采用的绝缘介质不同分为油浸纸绝缘电缆和塑料绝缘电缆。塑料绝缘电缆具有结构简单、制造容易、重量较轻、安装方便、防酸碱腐蚀等优点。常见的塑料绝缘电缆有聚氯乙烯绝缘聚氯乙烯护套电缆和交联聚乙烯绝缘聚氯乙烯护套电缆。按电缆的芯数可分为单芯、双芯、三芯、四芯和五芯等。按缆芯材质分铜芯和铝芯两类。

现代有轨电车工程中常用的电缆敷设方式有直接埋地式敷设、电缆沟敷设和电缆桥架敷设。而电缆隧道和电缆排管敷设方式较少采用。

①直接埋地敷设。直接埋地敷设需事先沿敷设路径挖好壕沟，在沟底铺上软土或沙尘，然后将电缆埋在其中，电缆上面再铺软土或沙尘，最后加盖混凝土盖板，并回填土。

这种敷设方式施工简单、造价低、节省土建材料、电缆散热好；但挖掘土方量大，电缆易受土中酸碱物质腐蚀。电缆根数较少，敷设距离较长时，多采用此法。

②电缆沟敷设。电缆沟敷设是将电缆敷设在电缆沟或隧道的电缆支架上，电缆沟由砖砌或混凝土浇筑而成，上面加盖板，内侧有电缆架。

这种敷设方式维修方便、占地面积小，但成本略高，电缆沟内易产生积水，需做好排水措施。电缆根数较多，且敷设距离不长时，多采用此法。

③电缆桥架敷设。电缆桥架敷设是电缆敷设在桥架内，电缆桥架装置由支架、盖板、支臂和线槽组成。这种敷设方式结构简单、安装灵活、占地空间少、成本小、建设周期短、可任意走向。

（4）**导线、电缆选型及截面选择**

1）电力电缆的选型。在一般环境和场所，可选用铝芯电缆。在重要场所及有剧烈震动、强烈腐蚀或有爆炸危险的场所，宜采用铜芯电缆。直接埋地敷设的电缆，应采用有外保护层的铠装电缆。在可能发生位移的土壤中，直接埋地敷设的电缆，应采用钢丝铠装电缆。敷设在电缆沟、电缆桥架中的电缆，一般采用裸铠装电缆或塑料保护套电缆，且应优先选用交联电缆。两端高度差较大时，不能采用油浸纸绝缘电缆，以防止油压差过大造成渗漏油和高端电缆局部缺油而降低绝缘水平。电力电缆型号中各符号的含义见表 3-2。

表 3-2　电力电缆型号中各符号的含义

电力电缆型号的构成 绝缘材料 导体材料 内护层特征 外护层 − 芯数 × 截面积 − 额定电压 − 长度					
绝缘材料	导体材料	内护层	特征	外护层	
				十位	个位
V—聚氯乙烯 X—橡胶 Y—聚乙烯 YJ—交联聚乙烯 Z—纸	L—铝 T(省略)—铜	V—聚氯乙烯护套 Y—聚乙烯护套 L—铝护套 Q—铅护套 H—橡胶护套 F—氯丁橡胶护套	D—不滴流 F—分相 CY—充油 P—贫油干绝缘 P—屏蔽 Z—直流	0—无铠 2—双层钢带铠装 3—细钢丝铠装 4—粗钢丝铠装	0—无外护套 1—纤维外护套 2—聚氯乙烯外护套 3—聚乙烯外护套

示例：ZQ22 − 3 × 70 − 10 − 300 表示为铜芯、纸绝缘、铅包、双钢带铠装、聚氯乙烯外护套、3 芯、截面积 $70mm^2$、额定电压为 10kV、长度 300m 的电缆；

YJLV42 − 3 × 150 − 10 − 400 表示为铝芯、交联聚氯乙烯绝缘、粗钢丝铠装、聚氯乙烯外护套、3 芯、截面积 $150mm^2$、额定电压为 10kV、长度 400m 的电缆。

2）低压导线的选型。住宅内的绝缘线路，只允许采用铜芯绝缘导线，一般采用铜芯聚氯乙烯绝缘线（即 BV 线）或铜芯聚氯乙烯绝缘聚氯乙烯护套线（即 BVV 线）。在低压 TN 系统中，应采用四芯或五芯电缆。

3）线缆截面的选择。选择导线和电缆截面时必须满足以下条件：①发热条件：导线和电缆在通过正常最大负荷电流时产生的发热温度，不应超过其正常运行时的最高温度；②电压损失条件：导线和电缆在通过正常最大负荷电流时产生的电压损失 $\Delta U\%$，不应超过正常运行时允许的电压损失 $\Delta U_{sI}\%$；③机械强度条件，导线截面不应小于其最小允许截面。线路电压越高，架设跨距越大，机械强度要求越高，其最小允许截面越大。

4. 配电系统的保护

（1）**熔断器保护** 熔断器串联在高低压电路中，主要用作短路保护，有的也可实现过负荷保护，在电路出现短路故障和严重过负荷时，熔断器的熔体熔断，切断电路，将故障部分切除，而使系统的其他部分恢复正常运行。

熔断器在供配电系统中的配置，应符合“选择性保护”的原则，也就是熔断器要配置得能使故障范围缩小到最低限度。此外应考虑到经济性，即配电系统中配置的熔断器数量要尽量少。

配置熔断器必须注意：在低压系统的 PE 线（保护线）和 PEN 线（保护中性线）上，不允许装设熔断器，以免 PE 线或 PEN 线因熔断器熔断而断路时，使所有接 PE 线或 PEN 线的设备的外露可导电部分（金属外壳、构架等）带电，危及人身安全。

（2）**低压断路器保护** 低压断路器能在短路、过负荷和失压情况下自动跳闸，切除故障部分，而使系统的其他部分恢复正常运行，当故障消除以后，合上低压断路器即可恢复供电。因此低压断路器保护广泛应用于供电可靠性和自动化程度要求较高的低压配电系统中。

（3）**继电保护** 继电保护的作用有两个：

1）故障时作用于跳闸。当系统出现故障时，继电保护装置动作，使最靠近故障点的断路器跳闸，切除故障部分，恢复系统的其他部分正常运行，同时发出信号，提醒工作人员及时处理事故。

2）异常状态时发出报警信号。

（4）**防雷措施**

1）变配电所的防雷措施：①室外配电装置应装设避雷针来防护直接雷击；②在高压侧装设阀式避雷器保护主变压器，以避免雷电冲击波沿高压线路侵入变电所；③在多雷区防止雷电波沿低压线路侵入而击穿电力变压器，需在低压侧装设阀式避雷器或击穿保险器。

2）建筑物的防雷措施。依据 GB50057—2010《建筑物防雷设计规范》，建筑物（含构筑物）根据其重要性、使用性质、发生雷电事故的可能性和后果，按防雷要求分为三类。对建筑物的防雷措施应严格参照《建筑物防雷设计规范》，首先明确其防雷等级，在屋面上设明敷或暗敷避雷带，利用结构柱内的主筋作为避雷引下线，利用结构基础内的钢筋作为自然接地体，并预留人工接地条件。对于金属屋面的建筑应优先利用金属屋面作防雷接闪器，防雷引下线亦可利用建筑物本身的金属体，如钢梁、钢柱等。

（5）**接地保护** 保护接地的形式有两种：一种是设备外露可导电部分经各自的 PE 线分别接地，如 TT 系统和 IT 系统；另一种是设备外露可导电部分经公共的 PE 线或 PEN 线接地，如 TN 系统。

5. 电气照明及其配电

（1）**常用的电光源** 将电能转换成光学辐射能的器件称之为电光源。照明电光源按电光转换机理分主要有：热辐射光源、气体放电光源和其他发光光源。电光源的分类如图 3-42所示。

（2）**常用灯具及选择** 由电光源、照明灯具及其附件共同组成的照明装置称为照明器。人们通常将照明器称作照明灯具（简称灯具）。灯具除了具有固定光源、保护光源、使光源与电源可靠连接的作用外，还具有对光源的光通量进行重新分配以及防止光源产生眩光的作用。

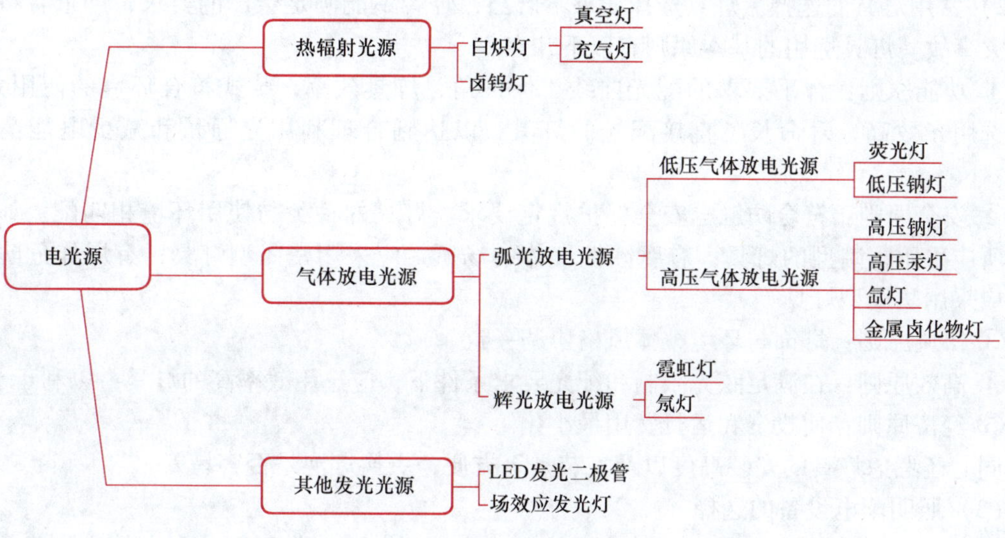

图 3-42　电光源的分类

1）常用灯具的分类。按灯具的结构特点分，主要类型有开启型、闭合型、密闭型和防爆型等。它们的结构特点见表 3-3。

表 3-3　灯具的结构型式和结构特点

结构型式	结构特点	灯具类型举例
开启型	光源与外界空间相通	配照灯、广照灯和深照灯
闭合型	光源被透明罩包护，但内外空气仍能流通	圆球灯、双罩型灯及吸顶灯
密闭型	光源被透明罩密封，内外空气不能流通	防水灯、密闭荧光灯
防爆型	光源被高强度透明罩密封，且灯具能承受足够的压力	防爆安全灯、荧光安全防爆灯

车辆基地常用的几种灯具及其图形符号如图 3-43 所示。

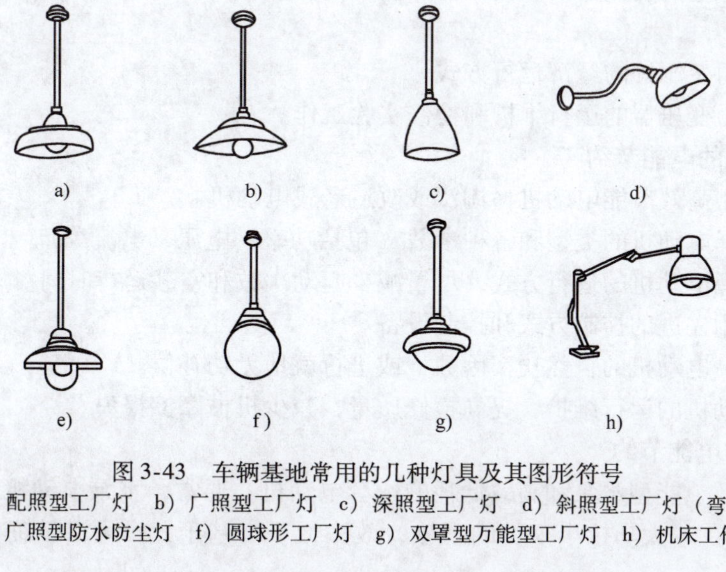

图 3-43　车辆基地常用的几种灯具及其图形符号

a）配照型工厂灯　b）广照型工厂灯　c）深照型工厂灯　d）斜照型工厂灯（弯灯）
e）广照型防水防尘灯　f）圆球形工厂灯　g）双罩型万能型工厂灯　h）机床工作灯

2）常用灯具的选择。灯具选择如果不恰当，轻者不能满足生产的要求，严重者将会引起火灾事故。灯具选用的基本原则有以下几点：

① 功能原则：合乎要求的配光曲线、保护角、灯具效率，款式符合环境的使用条件。尽量选用光效高、寿命长、直接配光的灯具，以达到合理利用光通量和减少电能消耗的目的。

② 安全原则：符合防触电安全保护规定要求。灯具的种类与使用环境相匹配。如潮湿的场所应采用防潮型的灯具；有腐蚀性气体的场所，应采用密闭型灯具；有爆炸危险的场所，应采用防爆型灯具等。

③ 协调原则：灯饰与环境整体风格协调一致。

④ 高效原则：在满足眩光限制和配光要求条件下，应选用效率高的灯具，以利于节能。

⑤ 经济原则：使投资和运行费用最小化。

同时还考虑灯具的安装高度以及安装是否方便，更换灯泡是否容易等。

（3）**照明配电设备的选择**

1）车间内的照明一般由配电箱直接控制，应选用各回路带开关的配电箱，这些开关多数是单极的，实行逐相控制。当照明由局部开关控制一个或几个灯具时，可选用各回路仅带熔断器的配电箱。大型车间宜选用带低压断路器的配电箱。

2）室内照明的每一相分支回路通常采用大于15A的熔断器或低压断路器保护。对于大型车间允许增加到20～30A。每一单相分支回路所接的灯数（包括插座）一般不超过25个。当采用多管荧光灯具时，允许增大到50个灯管。

3）道路照明除各回路要有保护外，每个灯具宜加单独的熔断器保护。

4）为了防止由于中性线中断而引起负载的三相电压不平衡，使负载无法正常工作，甚至烧坏设备，TN系统的中性线上不允许安装熔断器。

6. 电能节约

（1）**电力变压器的电能节约**

1）选用节能型电力变压器，淘汰或改造老式电力变压器。

2）合理选择电力变压器的容量，既要满足当前负荷的需要，又要考虑5～10年负荷发展的要求。

3）实行电力变压器的经济运行方式。

4）加强电力变压器的运行维护和检修实验工作。

（2）**电动机的电能节约**

1）选用新型高效节能电动机，淘汰或改造老式电动机。

2）合理选择电动机的类型和各种参数（包括功率、电压、电流等）。

3）合理选择电动机的运行方式，尽量减少起动次数和空载运行时间。

4）尽量采用先进的控制方式和控制设备。

5）尽量提高电动机的自然功率因数，或进行就地无功补偿。

6）加强电动机的运行维护，提高检修质量，减少机械摩擦损失。

（3）**水泵的电能节约**

1）选用高效节能型水泵和高效低耗的配套电动机。通常，水泵电动机设计容量比实际需要高很多，存在“大马拉小车”的现象，效率低下。基于此，可借助变频驱动水泵，实现轴输出功率随流量调节而下降。该项技术节能效果显著，节电率为 20% ~50%，是国家重点推广的节能技术之一。

2）堵塞管网漏水，防止跑、漏、渗、滴。

3）根据用水量变化，水泵断续运行，并合理调整水泵运转台数。

4）合理设计管网，不迂回，少拐角，管道短，尽量减少管道阻力。

5）避免不同扬程的水泵并列运行，也要避免不同流量的水泵串联运行，这两种运行方式都可导致水泵低效率运行。

6）离心式水泵采用无底阀运行，利用射流器抽真空自吸上水，提高抽水效率，以节约电能；也可以利用抽气法或真空自吸灌法，来提高水泵效率。

（4）**电气照明的电能节约**

1）采用优质节能光源，一般场所优先采用 LED 灯或高效发光的荧光灯以及紧凑型荧光灯，高大车间、厂房及室外照明宜采用高压钠灯、金属卤化物灯等高效气体放电光源。

2）正确选用配光合理，反射效率高，耐久性好，并与光源、电器附件协调配套的灯具。

3）选择合理的照明方案。

3.2.9　车辆基地

车辆段与综合基地（简称“车辆基地”）作为现代有轨电车交通配套系统，它主要包括车辆段、综合维修中心、物资总库和培训中心四大基本部分，并辅以必要的办公、生活设施。本节主要阐述车辆段与综合基地的基本功能定位、设计原则、平面布置、车辆段任务和检修体系。

1. 车辆基地的基本功能和设计原则

（1）**车辆基地的基本功能**　车辆段与综合基地作为现代有轨电车系统的运用、检修、材料/后勤保障和培训基地，其功能应体现为整个轨道交通系统服务，因此，车辆段与综合基地应具备以下基本功能：

1）车辆停放及日常保养功能——现代有轨电车车辆的停放和管理；车辆的外部洗刷、内部清扫及定期消毒；驾乘人员每日出、退勤前的技术交接；对运用车辆的日常保养（包括列检和双周检、三月检）及一般性临时故障的处理等。

2）车辆检修功能——依据现代有轨电车车辆的检修周期，定期完成对车辆的计划性修理（包括定修、架修和大修）。

3）列车救援功能——列车发生事故（如脱轨、颠覆）或接触网中断供电时，能迅速出动救援设备起复车辆，或将列车牵引至邻近车站或车辆段，并排除线路故障，恢复行车秩序。

4）系统设备/设施的维护、保养和检修功能——对各系统，包括供电、环控、通信、信号、防灾报警、综合监控、自动售检票、给水排水、自动扶梯等机电设备和房屋建筑、轨道、隧道、桥涵、车站等建筑设施进行维护、保养和检修等。

5）材料物资供应功能——负责现代有轨电车系统在运营和检修过程中，所需各种材料、设备器材、备品备件、劳保用品以及其他物资的采购、储存、保管和供应工作。

6）技术培训功能——负责对现代有轨电车各系统的工人、技术和管理人员进行培训。

（2）**车辆基地设计原则** 车辆段与综合基地的设计应根据线路和车辆的技术特征，在充分利用所选段址地形地貌和周围环境的基础上，以确保修车质量和生产安全，满足工艺要求为前提，以努力提高作业效率、改善劳动条件、节省基建投资、降低生产成本、获取最佳综合效益为目的，确定主要设计原则如下。

1）功能定位设计。车辆段与综合基地应包括车辆段、综合维修中心、物资总库、培训中心和必要的办公生活设施。车辆的厂、架修功能应从线网的角度分析确定。车辆段定修宜1条线仅设1个定修段。培训中心原则上一个城市仅设一个。综合维修中心和物资总库等也应充分考虑线网资源共享，以节约投资，提高效率。

2）车辆段段型设计。根据城市规划用地的地理条件和与正线的接轨条件，确定车辆段段型是采用贯通式布置还是尽端式布置。贯通式车辆段段型的停车库线两头各接一个车站，方便车辆进出段，段内运用与检修作业顺畅，调车作业与出入段车辆可平行进行，车辆走行距离较短，缺点是占地较多，如图3-44所示。贯通式车辆段范例是广州地铁1号线芳村车辆段。尽端式车辆段段型的停车库线与检修库线采用横列布置或纵列式反向布置，运用于检修作业之间需“之”字形折返调车，车辆走行距离长，作业不便，调车作业与出入段作业有干扰，但优点是充分利用规划用地，占地少，工程量小，能节省规划用地，如图3-45所示。

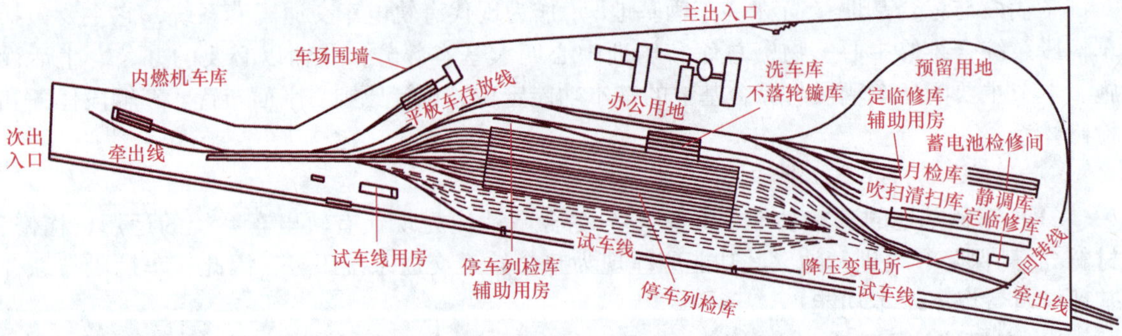

图3-44 贯通式车辆段

3）预留物业开发条件。应符合城市规划要求，并在满足功能要求的前提下综合考虑物业开发的条件。妥善处理基地建设与物业开发之间的关系，充分考虑建筑消防、结构预留、给水排水、通风等诸多因素，在条件许可的情况下合理进行物业开发。

4）线路设计。线路的配置应满足各种生产功能的要求，力求布置顺畅，避免车辆在段内迂回运行或互相干扰，尽量缩短车辆在段内的空走距离。有条件时，车辆段内设置回转线（俗称“灯泡线”），以实现列车掉头，改善车轮偏磨。车辆段与地铁车站（或正线）间设置出/入段线，出/入段线不宜少于两条线，确保车辆进出段互不干扰。车辆段与国铁轨道间有条件时应设置专用联络线。

5）总平面功能区域设计。总平面布置应以车辆段为主体，统筹考虑其他设施的工作性质和功能要求，按照有利于生产、确保安全、方便管理、方便生活的基本原则合理布置，力求工艺顺畅、作业方便。

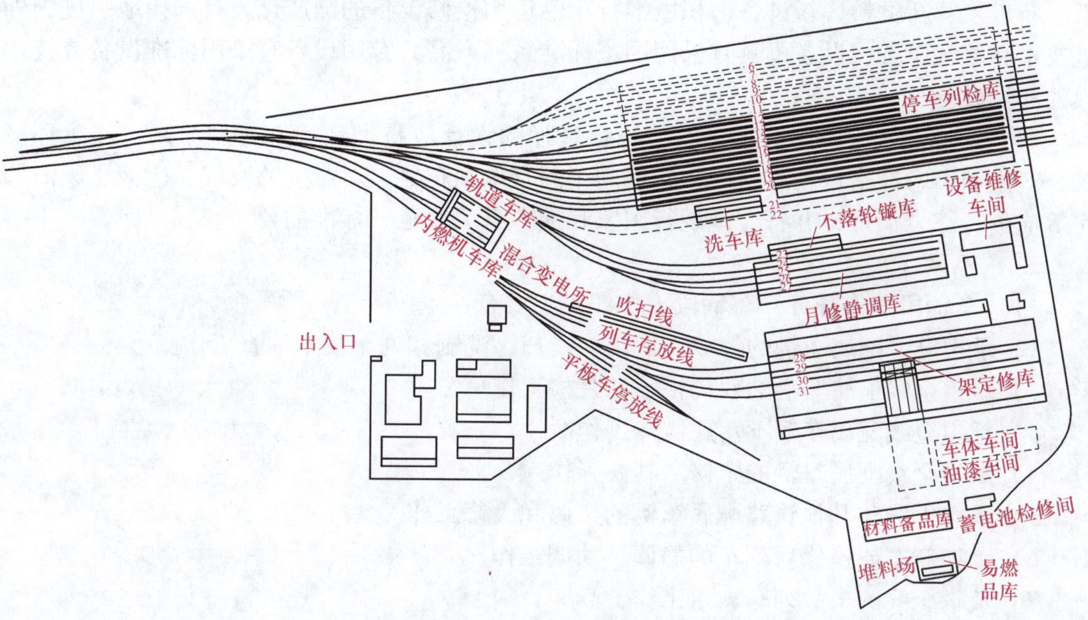

图3-45　尽端式车辆段

车辆段布置宜将停车运用部分与办公生活区、非带电的检修区分开布置，保证车流和人流互不干扰。房屋及设备的布置应根据检修作业和生产性质按系统布置，房屋建筑在满足使用功能前提下，性质相同或相近的房屋适当集中设置，尽量合建，以节约城市用地、方便使用。总图布置应以运用库和检修主厂房为核心，各辅助房屋根据运用、检修作业工艺流程和生产性质按系统布置，避免相互影响，并综合考虑防火、道路、管道敷设及绿化、环保等的有关要求，力求布置整齐、紧凑、合理，为安全作业、文明生产创造条件。建筑造型做到错落有致，格调简洁明快整体协调。

6）车辆基地风水电设计。车辆段与综合基地内根据需要设置牵引降压混合变电所和跟随降压变电所。车辆段与综合基地供电系统按满足一、二级负荷要求，两路电源设计。动力、照明设备容量按远期最大负荷设计，并考虑一定裕量。

车辆基地给水排水及消防设计。给水工程设施要安全可靠，并保证各用水点对水量、水质和水压的不同要求。段内生产废水采用分质处理、集中排放的方案，经污水处理厂处理达到《污水综合排放标准》（GB 8978—1996）三级标准后，排入城市污水管网。生活污水须经化粪池处理后，排入城市污水管网。车辆段与综合基地应有完善的水消防系统。

压缩空气供给设计。车辆段压缩空气供给有三种方式：段内压缩空气站集中供气；各用气点小型空压机分散供气；集中供气和分散供气相结合方式供气。

7）检修制度设计。根据现代有轨电车车辆技术特征，并参考国内地铁车辆的运用检修经验，车辆检修采用预防性计划检修制度。

8）节约资源原则。车辆段与综合基地设计应贯彻节约资源原则，车辆及固定设备、设施的检修，有条件时充分利用社会资源。锻件、铸件、热处理件、电镀件、标准件、橡胶件等零部件均外协。

9）技术创新原则。车辆段与综合基地设计应贯彻技术创新的原则，积极推广采用新技术、新工艺、新材料、新设备，积极推行车辆运用检修设备的国产化，有选择地引进国外先进技术和关键设备。设备机具宜采用国家标准系列产品，专用设备宜采用标准设备或技术成熟的非标设备。

10）环境友好型原则。车辆段与综合基地的设计应贯彻环境友好型原则，注意环境保护，产生噪声、冲击振动或易燃、易爆的车间宜单独布置，对产生的废气、废液、废渣和噪声等应进行综合治理，并符合现现行国家和地方有关规范、标准的要求。

2. 车辆段

（1）**车辆段工作任务**　车辆段工作任务主要有：

1）承担全线配属车辆的停放、运用、清扫、洗刷和列车技术检查工作。

2）承担全线配属车辆的双周检、三月检工作。

3）承担全线配属车辆不落轮镟修工作。

4）承担全线配属车辆的定修、临修工作。

5）承担本线和其他线路配属车辆的架修和大修工作。

6）承担新车或检修后列车的静调、动调工作。

7）负责全线的事故列车救援工作。

8）负责车辆段内设备和机具的维修及调车机车的日常维修工作。

9）负责本段的行政、技术管理、材料供应和后勤管理等工作。

以上任务范围是针对具备架修或大修能力的车辆段而言。有些车辆段任务范围界定在定（临）修修程及以下，车辆架修或大修由具备能力的车辆段承担。前者称为大架修车辆段，后者称为定修车辆段。同一条线路，为了每天列车始发和收乘方便，往往在其一尽端设置一座车辆段，另一尽端只设置具备停放、运用、清扫、洗刷和列车技术检查工作功能的停车列检库和列车清洗库，我们通常称之为停车场，如图 3-46 所示。

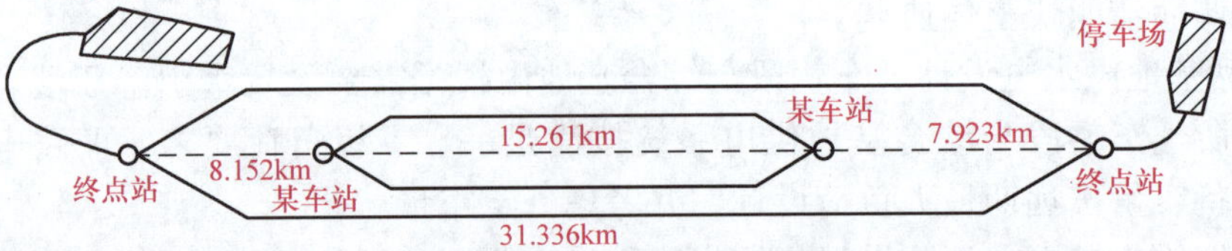

图 3-46　车辆段与停车场

（2）**车辆运用检修工艺设计**

1）车辆检修制度和检修作业方式。车辆检修制度的制定，一般应根据车辆的技术条件、线路条件、地区环境和运营条件，以及运用、检修人员的素质等多方面因素确定，并在实际运用中不断调整和完善。

车辆检修制度一般分为预防性计划检修制度和矫治性检修制度两种。由于城市轨道交通对车辆的安全性和可靠性要求非常高，考虑到目前我国车辆的总体运用检修水平，车辆检修宜采用按车辆运行周期进行计划检修的预防性计划检修制度。但在整体采用预防性计划检修制度的前提下，应对部分有条件的系统和部件（如电气和控制系统等）实行状态修，对低级修程（如双周检和三月检等）推广采用在线修，以提高车辆的利用率，降低购车和修车成本。

车辆检修作业方式有现车修和换件修两种。

① 现车修是将待修车上的零部件，经过修理消除其缺陷后，仍安装在原车上。这种作业方式，除报废零件需要更换外，其他零部件均等待修理后，装回原车。其优点是可减少备用零部件的数量，缺点是常因等待零件而延长停修时间。

② 换件修又称互换修，是指将待修车上分解下来的零部件，用合格的备用零部件装上去。现车拆卸下来的零部件经修理后可以装到其他车辆上。换件修优点是最大限度地缩短停修时间，提高修车效率，其缺点是要求有足够的备用零部件。

从提高修车效率出发，车辆检修宜采用以换件修为主，部分零部件现车修为辅的检修作业方式。

2）检修修程。车辆检修修程指标（参考）见表3-4。

表 3-4　某城市现代有轨电车车辆修程周期和停修表

类　别	修　程	检 修 周 期		检修时间/天
		里程/万公里	时间/年	停 修 时 间
定修检修	厂修	100	10	35/32
	架修	50	5	20/18
	定修	12.5	1.25	8/6
日常维修	三月检	2.5	0.25	3
	双周检	—	15d	1
	列检	—	每天或双日	2h

注：1. 表中分子为近期天数，分母为远期天数。
　　2. 表中检修时间是按部件互换修确定的。

3）车辆各检修修程的主要作业内容：

① 列检：主要对与车辆行车安全相关的部分进行日常性技术检查。

② 双周检：主要对易损件和磨耗件进行检查，部分部件清洁、润滑。

③ 三月检：主要进行车辆的重点部件及系统状态检查，部件清洁、润滑，更换磨耗件。对车辆易损部件进行检查更换；对牵引、制动、控制系统进行全面检查、调试；对蓄电池根据需要进行检查，添加蒸馏水或离子交换水。

④ 定修：主要进行车辆的各系统状态检查、检测；各部件全面检查、清洁、润滑以及部分部件的修理及车辆的调试。主要检修内容是对受电弓、空调机、电气控制、牵引、制动、走行部等关键部件进行局部分解、检查、修理、测试，检修后进行静、动态调试。

⑤ 架修：对车辆的重要部件，特别是走行部进行分解，全面检查、修理，并更换部分部件。对车辆各系统进行全面检测、调试及试验。架车后对转向架、受电弓、空调机、空压机、牵引电机、制动系统、车钩缓冲装置、车门、座椅和各种电气控制装置等部件进行分解、检查、修理、更换、试验，对仪表仪器进行校验，对车体及其余部件的技术状态进行检查修理，检修后对车辆进行静、动态调试。

⑥ 大修：对车辆包括车体在内进行全面的分解、检查及整修，结合技术改造对部分系统进行全面的更换，对车辆各系统进行全面检测、调试及试验。车辆各修程均以整列车为一

检修单元，采用定位检修作业，部分零部件根据检修工艺需要采用流水作业。

4）车辆运用整备工艺流程。车辆运用整备工艺流程如图 3-47 所示。

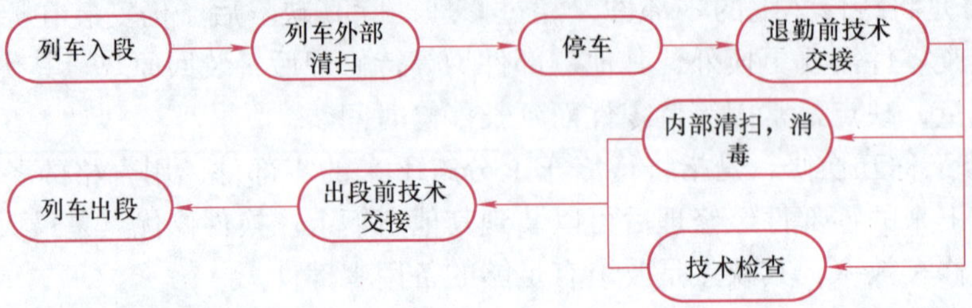

图 3-47　车辆运用整备工艺流程

5）列车检查、检修工艺流程。列车检查、检修工艺流程如图 3-48 所示。

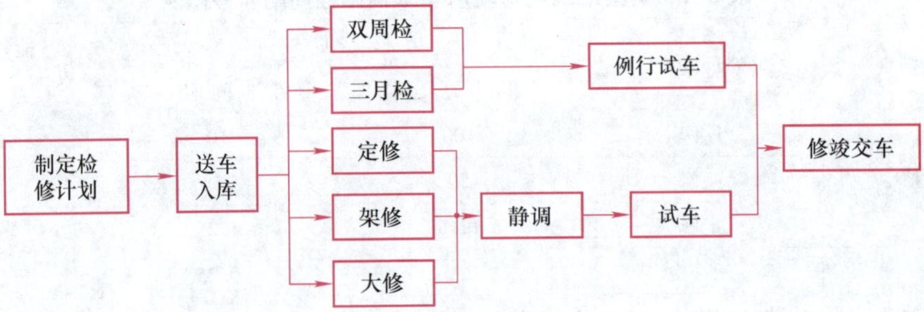

图 3-48　列车检查、检修工艺流程

① 架修/大修工艺流程。车辆吹扫、冲洗→车辆由内燃机车推送入库解列→车辆预检→车辆架车→局部分解→落转向架→列车全部或局部解体→各零部件送检修间分解、检查、修理、更换、组装、试验→车体全面检查、除锈、刷漆、整修→各零件组装→落车调整→喷漆→单元或联挂静调→试车线动调→交验→出库。

② 定修工艺流程。列车吹扫、冲洗→列车由调机推送入库→列车预检交接→列车架车局部解体→全面检查、测试→蓄电池检修充电→组装测试→落车调整→送不落轮镟库镟轮→送调试库单元/联挂静调→试车线动调→交验→出库。

③ 双周检或三月检工艺流程。列车整列入库→测试→全面技术检查→更换易损件→补充电或更换蓄电池→交验→出库。

④ 列车镟轮工艺流程。待镟轮列车自行牵引或由调机送入镟轮线→专用牵引装置与列车联挂→列车由牵引装置牵引停车轮对定位→轮对检测进行定位测量和磨耗测量→轮对镟修→轮对加工精度检测→其他轮对镟修→全部轮对镟修完成验交→列车出库。

⑤ 列车静调作业和动调作业。静调作业在专门的静调库或静调线内进行，主要对列车重要部件及联线进行低压通电检查，对车门、空调及列车控制等系统功能进行调试，各电器部件动作是否符合技术要求进行测试。动调作业是在试车线上对整列车的运行性能、状态及车载通信信号设备进行检测、试验，试车线长度需满足列车试验速度从 0km/h→V_{max}→0km/h 的需要。

调试作业工艺流程：单元静调→联挂静调→联挂动调→验交。

（3）**车辆段主要运用检修设施及设备**

1）车辆段主要运用检修设施。车辆段运用检修设施主要有：停车列检库、洗车库、不落轮镟修库、静调库、双周检或三月检库、定临修库或临修库、大架修库、吹扫线、空压机站、内燃机车轨道车库、试车线以及设备维修车间、蓄电池检修库、救援办公室、备品备件库等。

2）车辆段主要运用检修设备。据不完全统计，全国各城市轨道交通车辆段与综合基地初步设计中，列明的工艺设备400～600项，累计1000～1380台（套、辆、组），总投资为1亿～1.5亿。其中车辆段工艺设备主要有：数控不落轮机床、列车自动清洗机、架车及转轨设备、内燃机车、起重运输设备、电源设备、专用工艺装备、机电检修检测设备、仪器仪表电器/电子检测设备、通用机电设备、清洗设备、转向架检修/检测设备以及救援设备等。

（4）**列车救援策略及救援设备**

1）列车的一般性故障，如车门故障、部分失去动力等，列车应在前方车站清客，退出运营，在车站存车线上待避，等候返回车辆段，或立即返回车辆段处理。

列车在损失部分动力故障状态下有自行救援的运行能力：列车在超员状态下，当损失1/4动力时，列车仍然可以在30‰的坡道上起动，并能以正常运行方式完成当天运营；列车在超员状态下，当损失1/2动力时，列车仍然可以在30‰的坡道上起动，并完成一个单程运行。

2）列车在完全失去动力条件下的救援如下：

① 列车在完全失去动力的条件下，后面追踪运行的列车在车站清客后慢速与故障列车联挂，推送故障列车至前方车站，待故障车清客后，继续推送故障列车到存车线或返回车辆段。

② 现代有轨电车列车牵引无动力故障列车实施救援的能力一般参考地铁，有如下要求：一列空车应能将另一列停在30‰坡道上的超员故障列车牵引至最近的车站（上坡），乘客下车后返回车辆段；一列空车应能将另一列停在38‰坡道（含曲线附加）上的故障空车牵引回车辆段。

以上两种情况，均不中断运营，不需要车辆段出动救援车辆。

3）在发生列车脱轨、颠覆、火灾、停电等重大事故时，正常运营中断，全线视故障情况可组织故障运营。乘务员和所在站（或邻近车站）站务员（现代有轨电车车站大多简单，很少设站务员，但个别线路的个别较大车站也会设站务员）立即组织乘客疏散，车辆段出动救援。救援车辆和设备应在第一时间赶到所在站（或邻近车站），由救援人员携带设备器材进入事故现场，实施救援。若列车脱轨或颠覆，首先起复列车进行复位救援，并由次列车推送回车辆段。必要时在线路清空前提下，亦可由内燃调车开赴事故现场，牵引故障列车回车辆段。处理事故后，应尽快恢复正常运营。

4）救援设备主要包含：车辆复位救援设备、扶正装置、牵引装置、气垫、剪扩钳、车轴推进器、轮对故障行走小车、轨道运输小车、发电及照明设备、人员防护装备、救援辅助设备等。

3. 综合维修中心、物资总库、培训中心

（1）**综合维修中心** 综合维修中心主要由工建车间、机电车间、供电车间、通号车间和自动化车间等组成。

工建车间承担全线轨道、桥梁、路基、隧道、车站建筑、所有地铁地面建筑等建筑物、构筑物的检查、维修、保养工作。

供电车间承担全线变电所设备、接触网和高中压电缆线路及相关设备、电力监控设备、全线杂散电流防护设备的运营管理、巡检、维护保养、检修工作。

通号车间承担全线通信、信号系统、列车上通信广播设备和信号设备的运营管理、巡检、维护保养、检修工作。

机电车间承担全线各种机电系统及设备，包括环控系统空调设备、给水排水系统（水泵、电机）、屏蔽门、防淹门、自动门、电梯及自动扶梯、各种小型运输车辆、低压电气设备及线路等的运营管理、巡检、维护保养、检修工作。

自动化车间承担全线各自动化系统及通用办公计算机系统的测试、维修保养工作，其中自动化系统包括自动售检票系统（AFC），车站设备监控系统（BAS），防灾报警系统（FAS），门禁系统，综合监控系统。

各系统设备以及线路、隧道等建筑物的大修，宜结合城市轨道交通线网运营模式统筹考虑检修方式，现各城市轨道系统较多考虑社会化服务。

综合维修中心主要工艺设备有：接触网作业车（检修车、架线车、放线车）、接触网检测车、钢轨打磨车、钢轨检测车、轨道平板（吊）车、钢轨机械、道床机械、工务仪器及探伤设备等。

（2）**物资总库** 物资总库承担本线范围内运营和检修所需的各种材料、机电设备、机具、备品备件、配件、钢轨、劳保用品，以及其他非生产性固定资产的采购、存放、保管和供应工作。

物资总库主要设施是各种库房、料棚和材料装卸线站，主要设备有起重运输设备、自动化立体仓储设备和普通可调式工业货架等，其中起重运输设备已归入车辆段主要工艺设备中。

（3）**培训中心** 培训中心是对员工进行技术教育的重要基地。现代有轨电车系统是一个多专业的综合性交通系统，它不仅技术复杂，而且发展很快，必须对所有职工进行定期的技术培训，不断提高全员的技术业务水平，以保证系统正常运营。

培训中心设有大、小教室以及各种实验室、微机室、模型室、图书室、教职工办公用房等。培训中心主要设备包含计算机设备、电教设备和各种教具模型挂图。

3.3 土建工程管理

施工方作为项目建设的一个参与方，其项目管理主要服务于项目的整体利益和施工方本身的利益。其项目管理的目标包括施工的成本目标、施工的进度目标和施工的质量目标等。

3.3.1 进度管理

施工进度控制不仅关系到施工进度目标能否实现，它还直接关系到工程质量和成本。在工程施工实践中，必须树立和坚持一个最基本的工程管理原则，即确保工程安全和质量的前提下，控制工程的进度。

1. 施工进度控制的基本环节

（1）事前计划

1）总体工程进度计划报审制度单位工程开工前，总包单位应编制其工程总进度计划，上报监理、项目公司审核，批准后报工程管理部、工程副总审批，通过后方可施行。总体进度计划中，应明确各分包单位的配合措施和要求，进驻时间节点，为分包队伍的选择提供时间参考。如果因为总体进度计划不准，造成分包队伍进场时间拖后致使单位工程工期拖延，由其总包单位承担违约责任。

2）进度措施和方案的上报工程开工前，总包单位编制的施工组织设计中应包括进度措施和方案。总包单位也可以根据工程的实际情况，结合自己的实力编制进度保证措施和方案。保证措施和方案应在工程开工前上报监理、项目公司审核，批准后报工程管理部、主管副总审批，通过后作为合同的附件。在工程施工过程中，施工单位应根据实际施工情况动态调整进度计划和保证方案，计划编制应掌握先紧后松的原则（基础、主体期间要尽量安排的时间紧凑一些），加大进度控制措施和力度，保证合同总体进度计划的有效执行和控制。如有重大进度措施和方案的调整，总包单位应重新编制进度措施和方案，按原审批程序进行审批，通过后执行。但进度措施和方案的调整，不能与整个工期计划相违背，并且其总包单位也推卸不了其工期违约的责任。各分包项目在进场前也应根据总进度计划的要求编制自己分项工程的进度保证措施和方案，报监理、项目公司审核，批准后报工程管理部、主管副总审批。分项工程的进度计划，必须符合总进度计划，并且要为其他项目的施工留有充足余地。

3）施工现场实际要素检查及调整措施工程管理部将在月检中，根据前述的进度计划及保证措施方案检查各个单位工程及其附属的进度计划落实情况。如发现实际进度计划严重滞后，其比原计划拖后 7 天以上者，工程管理部将调查其拖后原因，让其拖后工期的单位负责人写出加快施工的保证措施和方案，总公司并且保留其拖期罚款的权利。各施工单位要根据实际情况不断调整其计划，保证关键节点的工期不再拖后，否则将按合同约定进行拖期处罚。

（2）建设过程中的控制

1）月检制度工程管理部将在每月月底进行巡查，巡查时将对各单位工程的实际进度情况进度检查，并填报进度确认表格和图像资料。其书面资料项目公司负责人签字后作为执行合同的见证性资料和拨付工程款的控制依据。如工程拖后，工程管理部将延期拨款审批，并且保留采取经济处罚的权利。

2）出现进度滞后，根据现场实际情况，落实进度控制措施在巡查时，发现某单位或分项工程与所报计划相比已严重滞后，写出书面监督通知单，告知其单位拿出保证进度的可行性措施和方案，3 天内报工程管理部审核调整。工程管理部将在次月中旬对其措施的落实情况进行检查。如果措施得力，实际进度与计划进度相吻合，将不予追究其责任。如果措施落实不得力，实际进度没有明显改观，如此下去，将拖延整个工期，工程管理部可以采取罚款措施，并且要求其写出书面的保证书。严重者可能清退出场，重新选择施工队伍。

2. 施工进度控制的措施

施工方进度控制的措施主要包括组织措施、管理措施、经济措施和技术措施。

（1）组织措施

1）为实现项目的进度目标，应充分重视健全项目管理的组织体系。

2）在项目组织结构中应有专门的工作部门和符合进度控制岗位资格的专人负责进度控制工作。

3）进度控制的主要环节包括进度目标的分析和论证、编制进度计划、定期跟踪进度计划的执行情况、采取纠偏措施以及调整进度计划。

4）这些工作任务和相应的管理职能应在项目管理组织设计的任务分工表和管理职能分工表中标示并落实。

5）要编制好施工进度控制工作流程。

6）其中进度控制工作中包含了大量的组织和协调工作，而会议是组织和协调的重要手段，应进行有关进度控制会议的组织设计。

（2）**管理措施**

1）施工进度控制的管理措施及管理的思想、管理的方法、管理的手段。承发包模式、合同管理和风险管理等，在理顺组织的前提下，科学和严谨的管理十分重要。

2）用工程网络计划的方法编制进度计划必须严谨地分析和考虑工作之间的逻辑关系，通过工程网络的计算可发现关键工作和关键路线，也可知道非关键工作可使用的时差。工程网络计划的方法有利于实现进度控制的科学化。

3）承发包模式的选择直接关系到工程实施的组织和协调。为了实现进度目标，应选择合理的合同结构，以避免过多的合同交界面影响工程的进度。工程物资的采购模式对进度也有直接的影响，对此应作出对比分析。

4）为实现进度目标，不但应进行进度控制，还应注意分析影响工程进度的风险，并在分析的基础上采取风险管理措施，以减少进度失控的风险量。

5）应重视信息技术在进度控制中的应用。

（3）**经济措施**　施工进度控制的经济措施涉及工程资金使用计划和加快施工进度的经济激励措施等。

1）为确保进度目标的实现，应编制与进度计划相适应的资源需求计划，包括资金需求计划和其他资源（人力资源）需求计划，以反映工程施工的各时段所需要的资源。通过资源需求的分析，可发现所编制的进度计划实现的可能性，若资源条件不具备，则应调整进度计划。

2）在编制工程成本计划时，应考虑加快工程进度所需要的资金，其中包括为实现施工进度目标将要采取的经济激励措施所需要的费用。

（4）**技术措施**　施工进度控制的技术措施涉及对实现施工进度目标有利的设计技术和施工技术的选用。

1）不同的设计理念、设计技术路线、设计方案会对工程进度产生不同的影响，在工程进度受阻时，应分析是否存在设计技术的影响因素，为实现进度目标有无设计变更的必要和是否可能变更。

2）施工方案对工程进度有直接的影响，在决策其选用时，不仅应分析技术的先进性和经济合理性，还应考虑其对进度的影响。在工程进度受阻时，应分析是否存在施工技术的影响因素，为实现进度目标有无改变施工技术、施工方法和施工机械的可能性。

3.3.2　质量管理

城市现代有轨电车建设项目工程质量不仅关系到建设工程的适用性、可靠性、耐久性和建设项目的投资效益，而且直接关系到人民群众生命和财产的安全。切实加强城市现代有轨电车建设工程施工质量管理，预防和正确处理可能发生的工程质量事故，保证工程质量达到预期目标，是建设工程施工管理的主要任务之一。

城市现代有轨电车建设项目施工质量管理是指在工程项目施工、安装、调试和竣工验收阶段，指挥和控制施工组织关于质量的相互协调的活动，是工程项目施工围绕着使施工产品质量满足质量要求，而开展的策划、组织、计划、实施、检查、监督和审核等所有管理活动的总和。

1. 施工质量控制的基本环节

施工质量控制是在明确的质量方针指导下，通过对施工方案和资源配置的计划、实施、检查和处置，为了实现施工质量目标而进行的事前控制、事中控制和事后控制的系统过程。施工质量控制是贯彻全面、全过程质量管理的思想，并且运用动态的控制理论来进行的质量控制。

（1）**事前质量控制**　即在正式施工前进行的事前主动质量控制，通过编制施工质量计划、明确质量目标、确定施工方案、设置质量管理点、落实质量责任、分析可能导致质量目标偏离的各种影响因素，针对这些影响因素制定有效的预防措施，防患于未然。

（2）**事中质量控制**　即在使用质量形成过程中，对影响施工质量的各种因素进行全面的动态控制。事中控制首先是对质量活动的行为约束，其次是对质量活动过程和结果的监督控制。事中控制的关键是坚持质量标准，控制的重点是对工序质量、工作质量和质量控制点的控制。

（3）**事后质量控制**　即事后质量把关，以使不合格的工序或最终产品不流入下道工序、不进入市场。事后控制包括对质量活动结果的评价、认定和对质量偏差的纠正。控制的重点是发现施工质量方面的缺陷，并通过分析提出施工质量改进的措施，保证施工质量处于受控状态。

以上三大环节不是相互孤立和截然分开的，而是共同构成有机的系统过程。

2. 工程施工质量管理的措施

（1）**提高管理、施工及操作人员的自身素质**　管理、施工及操作人员素质的高低对工程质量起决定性的作用。首先，应提高所有参与工程施工人员的质量意识，让他们树立五大观念，即质量第一的观念、预控为主的观念、为用户服务的观念、用数据说话的观念以及社会效益与企业效益相结合的综合效益观念。其次，要搞好人员培训，提高员工素质。要对现场施工人员进行质量知识、施工技术、安全知识等方面的教育和培训，提高施工人员的综合素质。

（2）**加强原材料质量管理**　首先，提高采购人员的政治素质和质量鉴定水平，使那些有一定专业知识又忠于事业的人担任该项工作。其次，采购材料要广开门路，掌握材料信息，综合比较，择优进货。最后，施工现场材料人员要会同工地负责人、甲方等有关人员对现场设备及进场材料进行检查验收。特殊材料要有说明书和试验报告、生产许可证，对钢材、水泥、防水材料、混凝土外加剂等必须进行复试和见证取样试验。

（3）**提高施工的质量管理水平** 每项工程有总体施工方案，每一分项工程施工之前也要做到方案先行，并且施工方案必须实行分级审批制度，方案审完后还要做出样板，反复对样板中存在的问题进行修改，直至达到设计要求方可执行。在工程实施过程中，根据出现的新问题、新情况，及时对施工方案进行修改。

（4）**建立完善的质量管理体系** 施工单位在开工前必须对工程质量形成的全过程进行系统分析、系统设计并形成质量手册、作业指导书、报告、表格等，明确质量管理体系人员，各项工作要有专人负责，责任明确，层层把关。现场管理人员要仔细审查施工单位的施工质量管理是否有相应的施工技术标准、健全的质量管理体系、施工质量检验制度、综合施工质量水平评定考核制度、施工组织设计和施工方案，确定现场管理的目标和标准，并制定出管理制度，使施工质量管理工作制度化、规范化。

（5）**确保施工工序的质量** 工程项目的施工过程，是由一系列相互关联、相互制约的工序所构成，工序质量是构成工程质量的最基本的单元，上道工序存在质量缺陷或隐患，不仅使本工序质量达不到标准的要求，而且直接影响下道工序及后续工程的质量与安全，进而影响最终成品的质量。因此，在施工中要建立严格的交接班检查制度，在每一道工序进行中，必须坚持自检、互检。如监理人员在检查时发现质量问题，应分析产生问题的原因，要求承包人采取合适的措施进行修整或返工。处理完毕，合格后方可进行下一道工序施工。

（6）**加强施工项目的过程控制，创造精品工程** 施工人员的控制。施工项目管理人员由项目经理统一指挥，各自按照岗位标准进行工作，公司随时对项目管理人员的工作状态进行考核，并如实记录考查结果存入工程档案之中，依据考核结果，奖优罚劣。

3.3.3 安全控制

由于城市现代有轨电车项目的建设工程规模相对较大、周期也相对较长，参与单位多，技术复杂以及环境复杂多变等因素，导致建设工程安全生产的管理难度较大。因此，依据现行的法律法规，通过建立各种安全生产管理制度体系规范建设工程参与各方的安全生产行为，提高建设工程安全生产管理水平，防止和避免安全事故的发生是非常重要的。

1. 施工安全管理的基本环节

（1）**建立各项安全管理制度** 现阶段涉及施工企业的主要安全生产管理制度包括：安全生产责任制度，安全生产许可证制度，政府安全生产监督检查制度，安全生产教育培训制度，安全措施计划制度，专项施工方案专家论证制度，严重危及施工安全的工艺、设备、材料淘汰制度，施工起重机械使用登记制度，安全检查制度，生产安全事故报告和调查处理制度，“三同时”制度，安全评价制度，工伤和意外伤害保险制度。

（2）**安全管理机构和人员** 施工企业的安全生产管理机构是指施工生产过程中专门负责安全生产监督管理的部门，其部门工作人员是专职安全管理人员。其作用是落实国家有关安全生产的法律、法规，及据此相应制定本企业的安全生产规章制度和操作规程。组织施工企业内部各种安全检查活动，开展日常安全检查，及时整改各种事故隐患，监督安全生产责任制的落实等。它是生产经营单位安全生产的重要组织保证。

2. 施工安全管理措施

（1）**成立组织、明确责任** 成立与安全相关的责任人根据安全责任的不同，一旦发生安全事故。工程及上级部门将实行安全责任追究。

（2）**健全制度，安全防范**　各责任人要建立健全施工过程中的安全防范制度．并根据安全工作形势的发展，不断完善充实。建立健全定期检查和日常防范相结合的安全管理制度，以及巡逻值班、防火防灾、防火安全管理、施工安全管理等规章制度，做到有章可循，违章必究，不留盲点，不出漏洞。增强防范意识，消除侥幸和懒惰心理，狠抓制度落实，加强检查监督。善于发现问题和解决问题。把一切安全隐患消灭在萌芽状态。

（3）**安全常识，施加教育**　开工前由工程科长、项目经理和甲方代表共同对全体施工人员进行安全教育，宣讲安全常识，明确注意事项。对新增或流动人员也要进行补课，保证安全教育无盲区，结合情况，每天和随时都要召开安全工作会。

（4）**加强检查，及时整改**　要把工程施工安全和消防安全作为重点检查内容。认真落实安全施工责任。深入开展以高空坠落、起重设备倒塌、网架坍塌事故为重点的专项整治，杜绝死亡事故的发生。对不符合安全施工条件的要进行专项治理，及时整改。对整改不及时者，上报领导进行责任追究。并做好记录。

（5）**建设项目，安全审查**　认真做好新建、改建、扩建项目安全设施审查等工作。索要施工设施安全合格证、特种行业上岗证等证件。施工单位不得削减安全设施的项目和质量，不得降低安全成本。

（6）**突发事故，应急处理**　各个工程施工现场都必须建立健全应急预案。明确具体的办法和措施，并切实可行。一旦事故发生，安全工作领导小组工作随时启动，将“时间就是生命”贯穿过程始终，力争把生命、财产安全放在首位。

3.3.4　成本管理

施工成本是指在建设工程项目的施工过程中所发生的全部生产费用的总和，包括所消耗的原材料、辅助材料、构配件等的费用，周转材料的摊销费或租赁费等，施工机械的使用费或租赁费等，支付给生产工人的工资、奖金、工资性质的津贴等，以及进行施工组织与管理所发生的全部费用支出。建设工程项目施工成本由直接成本和间接成本所组成。

根据建筑产品成本运行规律，成本管理责任体系应包括法人层和项目经理部。法人层的成本管理除去生产成本以外，还包括经营管理费用；项目管理层应对生产成本进行管理。法人层贯穿于项目投标、实施和结算过程，体现效益中心的管理职能；项目管理层则着眼于执行法人确定的施工成本管理目标，发挥现场生产成本控制中心的管理职能。

1. 施工成本管理的基本环节

（1）**施工成本预测**　施工成本预测就是根据成本信息和施工项目的具体情况，运用一定的专门方法，对未来的成本水平及其可能发展趋势做出科学的评估，其是在工程施工以前对成本进行的估算。通过成本预测，可以满足项目业主和本企业要求的前提下，选择成本低、效益好的最佳成本方案，并能够在施工项目成本形成过程中，针对薄弱环节，加强成本控制，克服盲目性，提高预见性。因此，施工成本预测是施工项目中成本决策与计划的依据。施工成本预测，通常是对施工项目计划工期内影响其成本变化的各个因素进行分析，比照近期已完工施工项目或将完工施工项目的成本（单位成本），预测这些因素对工程成本中有关项目（成本项目）的影响程度，预测出工程的单位成本或总成本。

（2）**施工成本计划**　施工成本计划是以货币形式编制施工项目在计划期内的生产费用、成本水平、成本降低以及为降低成本所采取的主要措施和规划的书面方案，它是建立施工项目成本管理责任制、开展成本控制和核算的基础，它是改项目降低成本的指导文件，是设立目标成本的依据。

（3）**施工成本控制** 施工成本控制是指在施工过程中，对影响施工成本的各种因素加强管理，并采取各种有效措施，将施工中实际发生的各种消耗和支出严格控制在成本计划范围内，随时揭示并及时反馈，严格审查各项费用是否符合标准，计算实际成本和计划成本之间的差异并进行分析，进而采取多种措施，消除施工中的损失良多现象。

建设工程项目施工成本控制应贯穿于项目从投标阶段开始直至竣工验收的全过程，它是企业全面成本管理的重要环节。施工成本控制可分为事先控制、事中控制（过程控制）和事后控制。在项目的施工过程中，需按动态控制原理对实际施工成本的发生过程进行有效控制。

合同文件和成本计划是成本控制的目标，进度报告和工程变更与索赔资料是成本控制过程中的动态资料。

（4）**施工成本核算** 施工成本核算包括两个基本环节：一是按照规定的成本开支范围对施工费用进行归集和分配，计算出施工费用的实际发生额；二是根据成本核算对象，采用适当的方法，计算出该项目的实际成本。施工成本管理需要正确及时地核算施工过程中发生的各项费用，计算施工项目的实际成本。施工项目成本核算所提供的各种成本信息，是成本预测、成本计划、成本控制、成本分析和成本考核等各个环节的依据。

施工成本一般是以单位工程为成本核算对象。施工成本核算的基本内容包括：人工费核算、材料费核算、周转材料费核算、结构件费核算、机械使用费核算、其他措施费核算、分包工程成本核算、企业管理费核算、项目月度施工成本报告编制。

对竣工工程的成本核算，应区分为竣工工程现场成本和竣工工程完全成本，分别由项目经理部和企业财务部门进行核算分析，其目的在于分别考核项目管理绩效和企业经营效益。

（5）**施工成本分析** 施工成本分析是在施工成本核算的基础上，对成本的形成过程和影响成本升降的因素进行分析，以寻求进一步降低成本的途径，包括有利于偏差的挖掘和不利偏差的纠正。施工成本分析贯穿于施工成本管理的全过程，其是在成本的形成过程中，主要利用施工项目的成本核算资料（成本信息），与目标成本、预算成本以及类似的施工项目的实际成本等进行比较，了解成本变动的情况，同时也要分析主要技术经济指标对成本的影响，系统地研究成本变动的因素，检查成本计划的合理性，并通过成本分析，深入揭示成本变动的规律，寻找降低施工项目成本的途径，以便有效地进行成本控制。成本偏差的控制，分析是关键，纠偏是核心，要针对分析得出的偏差发生原因，采取切实措施，加以纠正。

成本偏差分为局部成本偏差和累计成本偏差。局部成本偏差包括项目的月度（或周、天等）核算成本偏差、专业核算成本偏差以及分布分项作业成本偏差等；累计成本偏差是指已完工程在某一时间点上实际总成本与相应的计划成本的差异。对成本偏差的原因分析，应采取定量和定性相结合的方法。

（6）**施工成本考核** 施工成本考核是指在施工项目完成后，对施工管项目成本形成中的各责任者，按施工项目成本目标责任制的有关规定，将成本的实际指标与计划、定额、预算进行对比和考核，评定施工项目成本计划的完成情况和各责任者的业绩，并以此给以相应的奖励和处罚。通过成本考核，做到有奖有惩，赏罚分明，才能有效地调动每一位员工在各自施工岗位上努力完成目标成本的积极性，为降低施工项目成本和增加企业的积累，做出自己的贡献。

施工成本管理的每一个环节都是相互联系和相互作用的。成本预测是成本决策的前提，成本计划是成本决策所确定目标的具体化。成本计划控制则是对成本计划实施进行控制和监督，保证决策的成本目标的实现，而成本核算又是对成本计划是否实现的最后检验，它所提供的成本信息又对下一个施工项目成本预测和决策提供基础资料。成本考核是实现成本目标责任制的保证和实现决策目标的重要手段。

施工成本管理应从工程投标报价开始，直至项目竣工结算、保修金返还为止，贯穿于项目实施的全过程。施工成本管理要在保证工期和质量要求的情况下，采取相应的管理措施，包括组织措施、经济措施、技术措施和合同措施，把成本控制在计划范围内，并进一步寻求最大程度的成本节约。

2. 施工成本管理措施

（1）**组织措施** 组织措施是从施工成本管理的组织方面采取的措施。施工成本控制是全员的活动，如实行项目经理责任制，落实施工成本管理的组织机构和人员，明确各级施工成本管理人员的任务和职能分工、权利和责任。施工成本管理不仅是专业成本管理人员的工作，各级项目管理人员都负有成本控制责任。

（2）**技术措施** 施工过程中降低成本的技术措施，包括如进行技术经济分析，确定最佳的施工方案。结合施工方法，进行材料使用的必选，在满足功能要求的前提下，通过代用、改变配合比、使用添加剂等方法降低材料消耗的费用。确定最合适的施工机械、设备使用方案。结合项目的施工组织设计及自然地理条件，降低材料的库存成本和运输成本。先进的施工技术的应用，新材料的运用，新开发机械设备的使用等。在实践中，也要避免仅从技术角度选定方案而忽视对其经济效果的分析论证。

（3）**经济措施** 管理人员应编制资金使用计划，确定、分解施工成本管理目标。对施工成本管理目标进行风险分析，并制定防范性对策。对各种支出，应认真做好资金使用计划，并在施工中严格控制各项开支。及时准确地记录、收集、整理、核算实际发生的成本。对各种变更，及时落实纠正，及时结算工程款。通过偏差分析和未完工工程预测，可发现一些将引起未完工程施工成本增加的潜在问题，对这些问题应以主动控制为出发点，及时采取预防措施。

（4）**合同措施** 采用合同措施控制施工成本，应贯穿整个合同周期，包括从合同谈判开始到合同终结的全过程。首先是选用合适的合同结构，对各种合同结构模式进行分析、比较，在合同谈判时，要争取选用适合于工程规模、性质和特点的合同结构模式。其次，在合同的条款中应仔细考虑一切影响成本和效益的因素，特别是潜在的风险因素。通过对引起成本变动的风险因素的识别和分析，采取必要的风险对策。在合同执行期间，合同管理的措施既要密切注视对方合同执行的情况，以寻求合同索赔的机会；同时也要密切关注自己履行合同的情况，以防被对方索赔。

3.3.5 现场管理

城市现代有轨电车项目土建施工现场管理由于涉及因素众多，为管理带来了很大的难度。施工现场管理要以科学的制度为保证，专业的管理人员为基础，严格的执行体系为保障。从安全生产到文明施工，从施工质量管理到施工资料管理要面面俱到。本节就土建施工现场管理存在的问题进行了简单的探讨，并提出了土建施工现场管理的有效措施。

1. 施工现场管理的基本环节

（1）**提高全员现场管理的文明施工意识，抓好文明施工管理** 规范施工现场场容整洁化及环境保护。所谓场容是指工地的作业区和生活区的面貌，二者必须适当隔离，分开管理，经常性地进行规范整理，促使作业区内建筑装饰工程的清洁卫生，物资堆放成垛，标牌明晰，整齐有序，生活区卫生舒适，环境优美。

（2）**遵循施工现场管理的优化原则**

1）基础性原则。施工现场管理是一种基础性的管理工作，也是施工企业在施工过程中的主要工作内容。施工企业根据合同来制定施工项目的目标，所有的目标都要通过现场管理方能实现，因此，只有把这项基础工作做好，才能实现合同目标。基础性管理主要包含以下方面：标准化的工作、计量工作、定额工作、巡查工作、原始记录、统计和会计的日常工作。

2）综合性原则。施工现场管理是一项综合性的管理工作，它既要有目的性的管理，也要具备组织性的管理；既要满足技术性的管理，又要遵循经济性的管理；既要开展行政性的管理，也要服从政府法制性的管理。由此可见，施工现场管理是一项综合性的管理工作。综合性管理需要以系统的观点和有目标的管理措施来全面执行各方要求和规定，以全方位的角度进行全过程的管理，做好施工现场管理的优化工作。

3）动态性原则。在城市现代有轨电车建设工程施工现场中，施工现场的所有构成要素：人力资源，施工材料以及机械使用设备，外加施工技术和施工现场周围的环境条件以及施工成本，这六大要素把施工现场的生产变成一个动态控制的过程，需要施工企业和施工项目部有关部门做好动态控制和管理，根据不断变化的状态对现场管理做出调整，通过优化组合要素来适应变化。因此，管理部门应对以上六大要素加强协调，排除风险和问题，解决矛盾，适时掌握动态变化情况，严禁以不变应万变的观念来对待现场管理。

4）服务性原则。建设工程施工过程的施工现场管理作为施工单位组织生产和进行管理的核心工作，需要现场的管理人员严格根据系统化管理原则，做好施工现场管理的控制和服务工作，对项目负责人的所有管理工作要大力支持，并做好协助和服务工作，为良好的施工生产创造优越的条件，使施工生产无后顾之忧。施工企业的相关领导与项目负责人以及各部门领导干部应深入到施工现场，为基层服务，解决各分包劳务队的困难，在上下一心的共同努力下，实现施工现场利益和信誉的双丰收。

（3）**建立健全标准化、规范化的现场施工管理制度，提高施工现场管理水平** 所谓标准就是对重复性事物和概念所做的统一规定，可分为国家标准、部门标准及企业内部标准；按其性质又可分为技术标准、管理标准和工作标准。不管哪类标准都应是以科学技术和实践经验的综合成果为基础，经国家或有关部门协商一致，由主管部门批准并以特定的形式发布，作为企业和有关人员共同遵守的准则和依据。施工企业不仅要加强对国家及有关部门颁布的行业标准进行管理，也应建立健全和加强企业内部标准的制定和管理。施工现场管理标准化、程序化是提高工程质量的前提和保证。施工现场管理规范化要求企业在生产经营活动中的各项工作依据有关政策、标准以及规章制度使各有关部门和各生产环节有条不紊、科学、系统、有效、协调地进行。施工现场管理制度，包括上级颁布的和施工单位自身制订的规范、办法，是现场管理实践经验的总结，有较强的科学性、规范性和可操作性，全面落实现场管理的各项制度，是项目经理抓好现场管理的基本方法。

2. 施工现场管理措施

（1）**施工场所的分类**　在施工过程中，施工的场所按照它们的范围和施工特点可以分为，工程建设区域、施工区域和施工作业区域。每一个区域都有各自的特点，如工程建设区域，都包含了竣工、施工、待建区域，以及企业生产、生活的区域。而施工区域仅仅就是施工工人正在进行建设的工地，在这个工地不仅仅工人施工，还有包括材料堆放和生活临时区域。施工作业区域包括单项作业和正常配合作业区段，以单项作业为主，其他配合作业为辅。其次是交叉作业区段及多种作业交叉和协调进行的区段。在交叉作业区段，没有明显的居主导地位的单项作业，在各项同时交叉进行的作业之间需要进行很好的协调安排，确保有条不紊和安全顺利地进行建设。最后是特殊作业区段，在这个区段，项目有一定的危险性和难度性，需要高端的技术施工人员在此进行施工建设。

（2）**施工的平面布置要求**　现场布置图必须根据场地实际合理地进行布置，设施设备按现场布置图规定设置堆放，并随施工基础、结构、装饰等不同阶段进行场地布置和调整。道路与场地道路畅通、平坦、整洁，用混凝土浇捣，不乱堆乱放，无散落物。建筑物周围应浇捣散水坡，四周保持清洁。场地平整不积水，无散落的杂物及散物。场地排水成系统，电力系统，保证顺畅不堵。建筑垃圾必须集中堆放，及时处理，消防设施齐全，避免垃圾的乱丢乱放引起的火灾。凡市区沿道路的建筑工地周围，应设置不低于2.5m的围墙，围墙两面刷白。外面涂上建筑物名称、建设单位、施工单位、设计单位、监理单位等内容，企业标志、设施标牌工程标牌和安全标志都要种类齐全。

（3）**施工现场的卫生要求**　生活卫生应纳入工地总体规划，落实卫生专职管理人员和保洁人员，落实责任制。施工现场须设有茶水亭和茶水桶，有消毒设备。工地有男女厕所，有便溺设施，落实专人管理，保持清洁无害。工地有男女更衣室，有防窃措施，保持室内清洁。工地设简易浴室，保证供水，保持清洁。现场生活垃圾必须随时处理或集中加以遮挡，妥善处理，保持场容整洁。在施工中不带泥沙出场，并做到沿途不遗不撒，道路与场地道路畅通、平坦、整洁，并要有排水设施。还要有卫生检查消毒工具，定期对卫生进行打扫和检查，保证施工人员在无污染的环境下健康积极的施工。

（4）**施工材料、机具堆放保管的要求**　对于施工的原材料，要按照材料的性质，如防水、防晒、防碎等具体的要求，堆放在合理的施工位置，既不能影响施工进度，也要为施工人员能够提供方便。对于易燃、易爆和有毒的材料要放在阴凉和通风的位置，避免放错位置而导致的安全事故。严禁乱堆、乱放，特别是杜绝把材料堆靠在围栏、广告牌位后，这样是为了防止倒塌等意外事故的发生。现场的材料管理人员要做好材料的管理和记录，做好材料统计报表。

（5）**施工管理人员的要求**　只有重视施工现场管理，才能促进文明施工，要全面提高全企业职工现场管理意识。众多的建筑施工优秀企业家对抓好施工现场管理的必要性、重要性及紧迫性达成共识，要把企业的最高管理者重视施工现场管理意识，转化成全员、全过程、全方位施工生产过程的群体施工现场管理意识。所以企业就要有高素质、高文化、高专业的管理水平施工管理人员。从项目经理再到施工人员，从企业办公室再到施工现场，都要有高度的负责和管理。企业要加强对管理人员的培训和教育，确保每一个员工都能有良好的岗位责任心和敬业精神，从员工的最底层做到人人关注文明施工、人人参与文明施工管理，来达到企业乃至国家的高度重视，来完善建筑文明施工管理模式。

(6) **督促施工现场文明建设，保证工程质量安全** 监理机构在施工现场要督促并且检查施工人员的进度和工程质量，要求施工人员规范、合理地制定自己的任务目标和进度计划。严格按照计划实施，并把质量管理的重点投放在施工现场，建立以项目为对象的施工现场质量保证体系，突出施工现场质量控制。在施工现场进行“三检制”的实施，现场 QC 小组工作及时做到质量信息的反馈，建立信息网络系统，做到施工现场“防、检结合，预防为主”的原则，在施工现场积极推行“讲、帮、防、卡”的新科学的质量检查方法，建立上道工序要为下道工序负责的责任制。进行奖惩制度，为了鼓励先进，鞭策后进，应当对每次检查中做得好的进行奖励，做得差的应当进行惩罚，并敦促其改进。

第4章

通信信号和相关弱电系统

4.1 有轨电车通信与信号系统概述

4.1.1 发展历史和现状

有轨电车的通信信号发展要从铁路的通信信号设备说起。由于通信设备和信号设备在工作原理上有较大的相似和耦合，所以在技术研究、商务运作时，经常作为一个整体出现。

铁路通信系统为运营相关人员以及系统设备提供可靠及时的信息交互手段，满足调度、监视、车辆段广播、统一时间等功能，并为乘客提供更好的信息服务和乘坐体验。铁路通信系统的发展基本与民用通信设备同步，每个历史阶段在技术可靠性原则上，都有较新的技术被采用，因而铁道通信系统的关键技术与通用通信系统没有很大区别，只是在有线或无线通信协议上强调了可靠性。通信系统的基本架构以骨干传输网为核心，根据需要增加通信、信息、安全和管理等部分。

信号系统以保障安全，提升效率为核心，用于实现正线和车辆段车辆运行的调度和控制，主要功能有正线道岔控制、车辆段联锁、车辆定位、道口优先权、控制中心调度管理、维护维修。以每个阶段的新技术为依托，信号设备的发展也经历了地面人工信号（白天人们用人工手势来解决行车问题，比如双手上举表示停车等；在夜间采用车站窗口的蜡烛烛光指挥行车，约定以烛光亮灭为信号），地面自动信号（通过机械、电气设备来实现，本质上与人工信号差别不大），机车信号（基于闭塞和轨道电路的概念，质的飞跃），自动停车（红灯信息则自动停车设备输出连续报警信息，一段时间无响应则实施紧急制动），速度防护（在驾驶员控制环之外形成设备闭环控制系统，负反馈速度值），列车自动控制 ATC（能够实现无人驾驶，整个系统达到协同最优控制）几个阶段。标志性事件有：

1825 年，英国开始建设世界上第一条铁路，开始有了铁路信号。

1830 年，在英国发生了世界上第一个铁路事故，撞死了帮助修建铁路的议员。

1837 年，电报被研制出来，四年之后电报被设置在 North Midland 铁路的一个隧道两端使得两端之间，通过通信防止超过一辆列车同时进入隧道。

1856 年，联锁装置被研制出来，它能够设置路径并保证安全。

1869 年，检测列车位置的轨道电路被研制出来。

截至目前，信号设备基本还在这一技术体系内，只是不断提高其可靠性。铁路通信设备在电报通信的基础之上，将不同时代新的有线、无线、网络、计算机和多媒体技术陆续引入到铁路应用中，服务于车务联络和乘客体验。

现代有轨电车通信信号系统，则是依据线路的实际情况，在铁路通信信号系统的基础之上进行了适当的增删和调整，并且不同有轨电车线路之间由于路权、优先级、布置和运营方式的不同，又有细微的差别。但总结起来，通信信号系统的发展历程是功能性能不断完善，安全性不断提高，不断融入新技术以提升效率。

4.1.2 通信与信号系统关键技术

基于通信的列车控制（Communication Based Train Control，简称CBTC）技术，是一种在列车运行控制系统中使用的技术。它的定义为：利用高精度列车定位，双向大容量车地数据通信和车载、地面的安全功能处理器实现的一种连续自动列车控制系统。它不依赖于轨道电路对列车进行高精度定位，利用具有重要功能的车载和轨旁处理器及先进的无线通信、计算机技术，进行大容量、双向车地数据传输，突破了固定闭塞的局限，实现了移动闭塞，在技术上和成本上较传统的信号系统有明显的优势。可以说，CBTC是基于无线通信来实现移动闭塞的，而移动闭塞也是CBTC最重要的应用。因此，要实现CBTC的关键技术就是移动闭塞以及车地通信技术。

利用CBTC技术组成的列车控制系统代表着目前世界上列车运行控制系统的发展趋势，它实现的移动闭塞方式是近年来国际国内推崇的一种闭塞方式。目前的应用和发展已经证明，CBTC所采用的无线移动车地通信技术也是一个具有高可靠性、高安全性的技术。国内各大城市已经开始采用CBTC技术作为城轨控车方案，如广州地铁4号线、5号线，上海轨道交通8号线，北京地铁2号线、4号线、10号线等。

1. 车地通信技术

就车地双向信息传输方式而言，车地通信系统又可分为基于感应电缆环线传输方式和基于无线通信传输方式。其中，按无线通信的调制方式可分为跳频扩频（FHSS）、直接序列扩频（DSSS）和正交频分复用（OFDM）；按数据传输媒介的传输方式可分为：无线电台、裂缝波导管、漏缆和GSM-R（铁路专用数字移动通信系统）等方式。其中，无线电台、漏缆等常用在城市轨道交通中，无线电台、裂缝波导管方式在地铁使用，漏缆可在磁浮线使用，而GSM-R一般在铁路线使用。

由于对列车的命令和状态在车辆和地面之间可靠交换，都要靠车地通信来完成，因此车地通信直接影响行车安全，这就要求有可靠和安全的通信技术与设备。基于无线通信的CBTC系统为了满足车地双向通信的需求，必须在线路沿线进行无线场强的覆盖。通常有无线电台、漏泄同轴电缆、裂缝波导管几种传输方式可供选择。

（1）**无线电台** 根据IEEE 802.11无线局域网的标准，目前广泛采用的是基于2.4GHz的ISM（工业、科学和医用）频带，无线电台方式传输的最大距离约为400m。由于所应用的城市轨道交通线路多穿行于城市区域，其弯道和坡道较多，增加了无线场强覆盖的难度。为了保证场强覆盖的完整性，保证通信的质量和可靠性，无线电台一般在地下线路200m左右设置一套，在地面和高架线路300m左右设置一套。无线电台的体积较小，安装比较灵活，受其他因素的影响小，可以根据现场条件和无线场强覆盖需要进行设计和安装，且安装和维护容易。无线电台在隧道内传输受弯道和坡道影响较大，同时隧道内的反射比较严重，需要考虑多径干扰等问题。无线电台在地面和高架线路安装比较容易，但线路周围不能有高大密集的建筑物，否则也会产生反射和衍射，从而导致传输质量下降和通信速率降低。

无线电台传输距离小，为了保证在一个无线接入点（AP）故障时通信不中断，往往需要在同一个地点设置双网覆盖，进一步缩短了 AP 布置间距。但这样使列车在各个 AP 之间的漫游和切换特别频繁，大大降低了无线传输的连续性和可靠性，同时相应的电缆使用量很大。

（2）**漏泄同轴电缆**　漏泄同轴电缆是在同轴电缆外导体上开有一定形状和间距的槽，使电磁场的能量集中在同轴电缆的内外导线之间，部分能量可以从同轴电缆中的槽孔泄漏到空间中，并和附近的移动电台天线耦合构成无线通道。同轴电缆外导体上开的槽可以有许多形状，各种形状在传输损耗和耦合损耗方面各不相同。

使用漏泄同轴电缆具有对地形适应性强、场强稳定、传输速率高和节省频率资源等优点，在数字化、大容量的移动车辆通信方面有独特的优势。在日本，漏泄同轴电缆在新干线隧道、山梨磁浮列车示范线都有成功的应用。

漏泄同轴电缆上的开槽有着严格的尺寸要求，而且它的收发、中继设备比较复杂，用它来组成通信信道，初期投入很高，这是它的不足之处。

（3）**裂缝波导管**　目前采用裂缝波导管进行无线传输的信号系统供货商只有法国 ALSTOM 公司，其已经在 2002 年开通的新加坡东北线中得到成功应用。裂缝波导管采用的是一种长方形铝合金材料，在其表面每隔一段距离（约 6cm）刻有一条 2mm 宽 3cm 长的裂缝，能够让无线电波从此裂缝中漏泄出来。波导管的物理特性和衰减性能很好，传输距离较远（最大传输距离可达到 1600m），且沿线无线场强覆盖均匀，呈现良好的方向性分布，抗干扰能力较强。它还具有漏泄同轴电缆的优点，适合于狭长的地下隧道内使用；但其传输距离要优于泄露同轴电缆，减少了列车在各个 AP 之间的漫游和切换，大大提高了无线传输的连续性和可靠性。

（4）**不同传输方式的比较**　以上三种传输方式，各有优点。无线电台由于造价低、维护方便，较多在我国地铁线路的地上部分使用，漏泄电缆价格适中，场强覆盖均匀，较多在地下及隧道使用。在具体的工程设计中采用哪种方式，要结合城轨线路的具体情况，综合考虑方案造价、安装维护方便、整体性价比、切换方便以及线路信息容量和最重要的场强充分覆盖等因素，进行选择。无线车地通信方式大大提高了列车与地面控制中心的通信能力，从而为 CBTC 系统实现移动闭塞方式，并保证行车安全提供了必要的手段，也是 CBTC 系统不可或缺的重要组成部分。

2. 移动闭塞技术

信号技术的关键是闭塞，也就是使用信号或凭证，遵循一定规律，来保证列车按照空间间隔制运行的技术方法，以“列车不能进入同一个闭塞区间”的规则来保证安全性，如图 4-1所示。当有列车驶入闭塞区间时，电流改行经列车车轴，并不会流经继电器，继电器因失去电流而失磁，触点接通红灯电路，信号机显示红灯，禁止后续列车进入。最简单的轨道电路原理如图 4-2 所示。轨道电路的设计采用了“故障-安全”导向，即使轨道发生了断裂，轨道电路因此阻断，造成继电器失磁，信号机也同样会显示红灯，仍可保障列车行驶安全。当列车驶离整个闭塞区间，继电器便会重新励磁，绿灯便会再次亮起，后续的列车能够继续通行。

列车运行控制系统是保证列车运行安全的核心设备，在信号系统中所占的投资比重最大，并且直接影响列车运营组织方式和列车控制方式。

可选的列控方案包括列车自动驾驶（ATO）、列车超速防护（ATP）、自动闭塞、站间闭塞或仅具备联锁功能的目视追踪等方案。

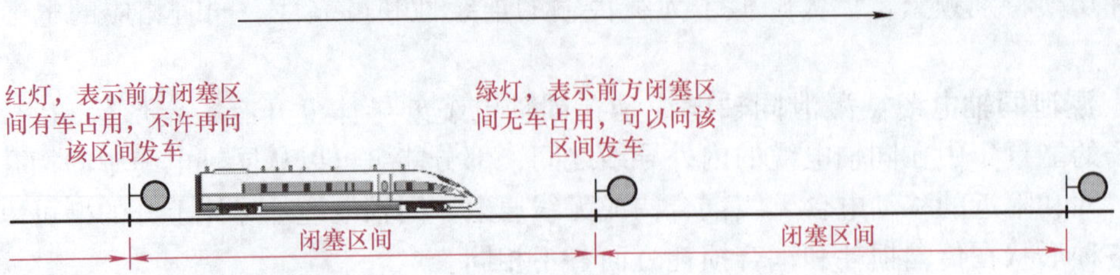

图 4-1　闭塞原理

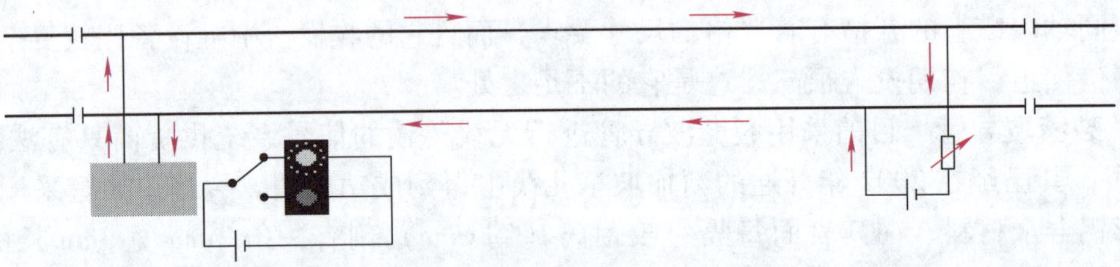

图 4-2　轨道电路原理

（1）**ATO 系统**　列车自动驾驶系统（ATO）可实现对列车运行状态的合理控制，提供自动加速、制动、计算节能运行曲线、精确定位停车、车门与站台门联动、准确对位以及自动折返等功能。

ATO 系统目前广泛应用于城市轨道交通工程中，可适应较大运量、高行车密度及高正点率等运输需求，并能有效降低司乘人员的劳动强度。

（2）**ATP 系统**　ATP 系统分类主要包括有用于国铁客运专线或高速铁路的 CTCS-2 和 CTCS-3 系统，以及用于城市轨道交通的点式 ATP 系统。

CTCS-2 是基于轨道电路传输行车许可（或移动授权——MA）信息的列车运行控制系统。通过多信息轨道电路编码向车载设备提供列车运行前方的空闲闭塞分区数量或联锁进路状态，同时由地面点式应答器提供各闭塞分区长度、线路参数（线路允许速度、坡度等）和临时限速等信息，车载设备根据列车参数（列车限制速度、制动减速度等）、行车许可（即允许走行的空闲轨道长度）等信息实时计算列车允许速度，并在超速时自动报警或实施制动，确保列车运行安全。

CTCS-3 是基于无线通信传输行车许可信息的列车运行控制系统。地面设置无线闭塞中心（RBC），负责管理辖区内所有配置 CTCS-3 车载设备的列车，通过 GSM-R 无线网络向车载设备提供列车运行前方的空闲区间或联锁进路的长度、线路参数和临时限速等信息，车载设备根据列车参数（列车限制速度、制动减速度等）、行车许可等信息实时计算列车允许速度，并在超速时自动报警或实施制动，确保列车运行安全。

点式 ATP 系统采用闭塞分区控制列车的运营间隔，在每个闭塞分区的入口设置应答器，用于向车载设备提供信号机是否开放的移动授权信息和线路参数等信息。车载设备根据接收到的移动授权并结合列车性能参数，按照“目标—距离”模式计算列车允许速度曲线，在超速时自动报警或实施制动，实现列车超速防护。

上述三种 ATP 系统均以闭塞分区边界作为防护目标点，其基础是必须在区间设置闭塞分区，因此需沿线安装轨道检查设备。

CTCS-3 列控系统需要配置 GSM-R 无线通信网络，该网络专属于铁路总公司，一般用于国铁客运专线，不会对外提供服务。

CTCS-2 列控系统采用移频轨道电路作为轨道占用检查和列控信息传输设备。

点式 ATP 系统作为无线 CBTC 系统的过渡和降级后备控制系统在城市轨道交通中有广泛的应用，其技术比较成熟。点式 ATP 虽然能保证行车安全，但会大大增加信号工程投资。另一个困难在于，点式 ATP 主要地面设备需放置于室内，沿线要提供设备房屋，这对位于城区道路的有轨电车工程而言要求比较苛刻。

实际上，是否采用列控系统进行超速防护，在国铁标准中有明确规定，只有当速度超过 160km/h 时，才必须配置列控系统，而速度较低时，驾驶员有足够的时间确认信号、控制列车，因此可根据地面信号显示目视行车。

城市轨道交通虽然速度不如国铁高，但均配置列控系统，其原因是列车追踪间隔小，站间距短，需频繁起停列车，且准点率要求较高，操控列车的劳动强度大，若仅凭人工控制，驾驶员长期处于紧张状态下极易发生事故，而一旦出现事故，乘客疏散比较困难，同时恐慌情绪会迅速蔓延，其负面影响巨大，运营风险不容忽视，因此最好采用列控系统实施防护。

比较而言，有轨电车线路所处的环境处于开放空间，速度不高，驾驶和乘坐的感觉类似公交车，即使出现意外事故，人员疏散和换乘较为容易，因此可考虑不配置列控系统，而采用目视控车方式。

有轨电车车辆本身的制动能力强，操控性较好，也为目视控车提供了有利条件。以最高车速 63km/h，最大下坡 33‰坡度为最不利条件计算，车辆常用制动减速度为 $1.2\mathrm{m/s^2}$，制动距离约为 178m；紧急制动减速度为 $2.8\mathrm{m/s^2}$，制动距离约为 62m。若考虑驾驶员确认、操控反应和车辆制动延时共 10s 的空走时间，则制动距离分别为 350m 和 237m，制动及反应时间约为 30s 和 18s。也就是说，只要保证前后车距离或运行前方防护信号机的距离不小于 350m 的范围内驾驶员可视并确认空闲，则能实现最不利情况下的行车安全。

（3）**自动闭塞**　自动闭塞是将区间分割为若干闭塞分区，允许在同一站间区间内有多列车同时运行的行车方式，其目的是减小追踪间隔、提高行车组织能力。

自动闭塞方式下，需根据地面信号显示目视控车。

自动闭塞系统也需要配置大量的室内设备和沿线信号机，能否与现场条件相适应需要进一步慎重研究。其控车基础仍是目视行车，只不过采用自动闭塞时驾驶员确认的是信号机，不采用此系统时，驾驶员确认的是与前方列车的距离。

（4）**站间闭塞**　站间闭塞在一个区间内只允许 1 列车运行，大大限制了行车能力。站间闭塞同样需要配置设备房屋，并要安排车站值班员办理闭塞、确认区间空闲，因此与前述几种控车方案相比，对环境适应性没有本质上的改善。

（5）**目视追踪**　实际上我国已开通的现代有轨电车项目均按目视追踪方式控车，车载设备可提供前车距离、过道岔区等辅助驾驶信息。若项目为非独享路权线路，存在与道路交通的交叉路口，因此也无法完全由信号系统来保证安全，只能被动地放弃列控系统。

4.2 通信系统

有轨电车通信系统分为车辆通信系统和线路通信系统两部分。工程上所说的通信系统一般指线路通信系统。两部分在定义上并没有十分严格的界限，通常是以设备的位置来区别。

4.2.1 应用列车通信网络系统的必要性

在以前的标准铁路实践中，使用一根或多根列车线路上的电线来监视或控制列车的每一项功能。例如：在一列有轨电车的单元列车组里，可能会用一对列车线来控制全部左边的车门，再用另外一对列车线来控制全部右边的车门。至于车门的关闭状态，同样需要一对列车线来报告所有左侧关闭的车门，另一对列车线负责右侧车门的关闭情况。非常清楚，在传统的方法中需要很多的列车线，而且倘若要报告出到底哪个车门发生了故障变得不大可能。车门系统只是许多列车线子系统之一，更多子系统意味着更多的连线，也意味着更多的电耦合器引脚以及更高的可能失效率。由此看来，随着车上控制项目的增多，在列车控制系统中引入通信网络系统是非常必要的。

此外，由于列车上的设备具有分散的特点，要使分布于各车辆设备协调工作，就必须借助于一个分布式的计算机控制系统，即列车通信网络系统来实现。例如：在牵引过程中各动车上的牵引电机协调工作或柴油机重联控制；在制动过程中各车辆间制动力的协调分配等。

4.2.2 列车通信网络的概念和任务

列车通信网络是一个安装在列车上的计算机局域网络系统，它将分布于列车上不同位置具有不同功能的控制设备以一定的规则用通信介质连接起来，形成信息通道，在一定的计算机软、硬件的支持下，为连接于其上的设备提供稳定、可靠的通信服务。

列车通信网络连接车厢内的可编程设备、传感器和执行机构，以便完成如下任务：

1）各动力车的重联控制。能够由一个驾驶员室操纵全列车的动车。为此，需要将驾驶员的操作命令传到各个动车，同时需要将各个动车对命令的执行情况、各部件的状态返回给驾驶员。如果某些命令未能执行，则应按故障导向安全的原则采取相应措施。

2）全列车所有由计算机控制的部件的联网通信和资源共享。

3）全列车的牵引控制、制动控制、门控制、轴温监测和空调等控制。

4）全列车的自检及故障诊断决策。

5）全列车设备状态信息、运行信息的显示。每辆车的工作状态及故障信息可通过列车通信网络传送到驾驶员显示屏，从而使整列车有效而安全地运行。

6）为旅客提供信息服务。

上述任务的实现需要有一个硬件可靠、软件资源丰富，并经实践检验的列车通信网络。而一个可靠完善的列车通信网络，不仅能够减少车载线缆数量，减轻列车本身的重量，提高列车运行的速度，更能够提高列车的舒适性和安全性。

4.2.3 列车通信网络的特点

列车通信网络是用于列车这一流动性大、环境恶劣、可靠性要求高、实时性强，与控制系统紧密相关的特殊环境的计算机局域网络。与普通的计算机局域网相比，它具有如下特点：

1）实时性要求高。由于列车是高安全要求的运动型服务设备，因此首要的就是通信的实时性。特别是高速列车，由于速度很高，环境条件变化十分快速，对实时性要求十分高。

2）高速通信。由于列车中的设备日益增多，功能日益强大，需要通信的数据量越来越多。高速的网络通信不但可以满足通信数据量的要求，而且还可以保证网络的实时性。当然，列车通信网络除了传输实时性数据外，非实时性的信息数据也要通过同一网络传输。

3）自动组网，即网络节点的自动配置。对于非固定编组列车，列车经常需要重组，列车的自动实时重组网络的功能是十分必要的。

4）可靠性要求高。由于列车通信网络的工作环境恶劣，但它对车上几乎所有的设备都进行了监视、控制和管理。如果网络设备一旦出现问题，将严重影响列车的运行，因此需要考虑冗余设计等可靠性设计的方法，以保证列车运行的安全。

4.2.4　常见的列车通信网络

1. 现场总线

现场总线原本是指现场设备之间共用的信号传输线，后又被定义为应用在生产现场，在测量控制设备之间实现双向串行多节点数字通信的技术。现场总线为工业控制系统而生，因为其开放、实时性强等特点，在列车通信网络中也得到很好的应用。

现场总线以测量控制设备作为网络节点，以双绞线等传输介质为纽带，把位于生产现场、具备了数字计算和数字通信能力的测量控制设备连接成网络系统，按公开、规范的通信协议，在多个测量控制设备之间、现场设备与远程监控计算机之间，实现数据传输与信息交换，形成适应各种应用需要的自动控制系统。网络把众多分散的计算机连接在一起，使计算机的功能发生了神奇的变化，把人类引入到了信息时代。现场总线给自动化领域带来的变化，正如计算机网络给单台计算机带来的变化。它使自控设备连接为控制网络，并与计算机网络沟通连接，使控制网络成为信息网络的重要组成部分。

现场总线系统既是一个开放的数据通信系统、网络系统，又是一个可以由现场设备实现完整控制功能的全分布控制系统。它作为现场设备之间信息沟通交换的联系纽带，把挂接在总线上、作为网络节点的设备连接为能实现各种测量控制功能的自动化系统，实现如补偿计算、参数修改、报警、显示、监控、优化及控管一体化的综合自动化功能。这是一项以数字通信、计算机网络、自动控制为主要内容的综合技术。

2. TCN 列车通信网络

网络技术作为现代列车的关键技术，在世界范围内得到了越来越广泛的应用。但由于铁路运输在世界上不同地区和国家的特点和竞争程度不同，不同的国家或地区的列车控制网络技术采用了不同的技术开发路线和模式。

欧洲的铁路运输市场竞争较为充分，用户对机车车辆及其控制技术的要求也较高。同时由于欧盟的形成，客观上对列车及其控制系统的互通、互联提出了更高的要求。各大列车电器部件供应商都推出了基于网络的控制系统，例如：瑞士 ABB 公司的 MICAS-S2 系统，瑞典 ADtranz 公司（现已被 Bombardier 公司收购）的 MITRAC 列车网络控制系统。法国 Alstom 公司基于 WorldFIP 总线的 AGATE 控制系统等。因为这些列车通信网络技术大都遵循各大电气设备供应商的企业标准或是不同国家的国家标准，基于不同网络技术的车载设备往往不能兼容，不同来源的铁道机车车辆也不能够相互连接，为此，IEC开始了列车通信网络的标准化之路。1988年，国际电工委员会（IEC）第9技术委员会（TC9），委托由来自20多个国家（包括中国、欧洲国家、日本和美国，他们代表了世界范围的主要铁路运用部门和制造厂家）以及国际铁路联盟（UIC）的代表组成的第22工作组（WG22），共同为铁路设备的数据通信制定一项标准，使得各种铁道机车车辆能够相互连挂，车上的可编程电子设备可以互换。1999年6月，经过长达11年的工作后，IEC、TC9、WG22在ABB公司的MICAS基础上，以及西门子的DIN43322和意大利的CD450等运行经验的基础上制定的列车通信网络标准（Train Communication Network，TCN）——IEC61375正式成为国际标准。同年，国际电气电子委员会（IEEE）也制订出了车载通信协议标准IEEE STD 1473—1999标准，并将TCN和LonWorks同时纳入其中。我国于2002年颁布的铁道部标准TB/T 3025—2002也将其正式确认为列车通信网络标准。

3. 工业以太网

由于以太网技术和应用的发展，使其从办公自动化走向工业自动化。

所谓工业以太网，一般来讲是指技术上与商用以太网（即IEEE 802.3标准）兼容，但在产品设计时，在材质的选用、产品的强度、适用性以及实时性、可互操作性、可靠性、抗干扰性和本质安全等方面能满足工业现场的需要。

随着互联网技术的发展与普及推广，以太网技术也得到迅速的发展，以太网传输速率的提高和以太网交换技术的发展，为解决以太网通信的非确定性问题带来了希望，并使以太网全面应用于工业控制领域成为可能。目前工业以太网技术的发展体现在以下几个方面。

（1）**通信确定性与实时性**　工业控制网络不同于普通数据网络的最大特点在于它必须满足控制作用对实时性的要求，即信号传输足够的快和满足信号的确定性。实时控制往往要求对某些变量的数据准确定时刷新。由于以太网采用CSMA/CD碰撞检测方式，网络负荷较大时，网络传输的不确定性不能满足工业控制的实时要求，因此传统以太网技术难以满足控制系统要求准确定时通信的实时性要求，一直被视为非确定性的网络。

然而，快速以太网与交换式以太网技术的发展，为解决以太网的非确定性问题带来了新的契机，使这一应用成为可能。首先，以太网的通信速率从10Mb/s、100Mb/s增大到如今的1000Mb/s、10Gb/s，在数据吞吐量相同的情况下，通信速率的提高意味着网络负荷的减轻和网络传输延时的减小，即网络碰撞概率大大下降。其次，采用星形网络拓扑结构，交换机将网络划分为若干个网段。以太网交换机由于具有数据存储、转发的功能，使各端口之间输入和输出的数据帧能够得到缓冲，不再发生碰撞；同时交换机还可对网络上传输的数据进行过滤，使每个网络内节点间数据的传输只限在本地网段内进行，而不需经过主干网，也不占用其他网段的宽带，从而降低了所有网段和主干网的网络负荷。再次，全双工通信又使得端口间两对双绞线（或两根光纤）上分别同时接收和发送报文帧，也不会发生冲突。因此，采用交换式集线器和全双工通信，可使网络上的冲突域不复存在（全双工）或碰撞几率大大降低（半双工），因此使以太网通信确定性和实时性大大提高。

（2）**稳定性与可靠性**　以太网进入工业控制领域的另一个主要问题是，它所用的接插件、集线器、交换机和电缆等均是为商用领域设计的，而未针对较恶劣的工业现场环境来设计，故商用网络产品不能应用在有较高可靠性要求的恶劣工业现场环境中。

随着网络技术的发展，上述问题正在迅速得到解决。在 IEEE 802.3af 标准中，对以太网标准中，对以太网的总线供电规范也进行了定义。此外，在实际应用中，主干网可采用光纤传输，现场设备的连接则可采用屏蔽双绞线，对于重要的网络还可采用冗余网络技术，以此提高网络的抗干扰能力和可靠性。

（3）**工业以太网协议**　由于工业自动化网络控制系统不单单是一个完成数据传输的通信系统，而且还是一个借助网络完成控制功能的自控系统。它除了完成数据传输之外，往往还需要依靠所传输的数据和指令，执行某些控制计算与操作功能，由于多个网络节点协调完成自控任务。因而它需要在应用、用户等高层协议与规范上满足开放系统的要求，满足互操作条件。

4.2.5　线路通信系统

线路通信系统为有轨电车运营相关人员以及系统设备及时提供可靠的信息交互手段，保障有轨交通系统“安全、可靠、正点”运送乘客。承载运营管理中的语音、数据、图像和文字等各种信息，为确保行车安全、提高运输效率和现代化管理水平、提升旅客舒适度、突发情况下提供应急处理手段提供重要通信保障。工程中通常所说的有轨电车通信系统一般指有轨电车线路上的通信系统，而非车上部分。线路通信系统通常包含以下子系统：

1）传输与电话系统。

2）通信线路。

3）无线通信系统。

4）电视监视系统。

5）广播系统。

6）时钟系统。

7）门禁系统。

8）办公自动化系统。

9）通信电源与防雷接地。

有轨电车线路通信系统所包含各个部分的技术和设备，与生活中常见的这类系统相近，只是应用在了有轨电车线路领域。详细的技术比选情况见后文 4.5 章节。

4.3　信号系统

4.3.1　信号系统架构和功能

信号系统基本功能如下：

1）控制中心调度管理，即编制、管理行车计划，实现对全线列车的自动监视。

2）正线道岔控制，即列车在正线道岔区域运行时，按照进路请求设置道岔到所需的位置并给出道岔位置表示，驾驶员根据道岔位置表示确认道岔位置正确后驾驶列车通过道岔区域。

3）车辆段联锁，根据运行计划及车辆位置办理锁闭、解锁进路，主要功能有车辆位置检测、操作表示功能、联锁控制功能、信号和道岔操作、故障监测和报警。

4）获取车辆位置，实现车辆实时定位、正点显示、道岔遥控操作、故障状态报告、车辆识别号输入。

5）道口信号优先权系统，能够有效减少有轨电车的延误，主要功能包括优先权触发、优先权状态报告、故障状态报告。

有轨电车信号系统的组成和技术比选，见4.6节。

4.3.2 信号优先策略

本节分析了不同位置有轨电车线路布置方案的优劣势，给出了一种路中布置有轨电车的相对优先通过平交路口的策略。该策略从我国现有公路交通的通行方式出发，综合考虑了现代有轨电车、汽车、行人等多种交通因素，给出了一种科学的通行相序，对有轨电车路中布置的新建或既有线路的交通组织都有借鉴意义。

1. 有轨电车的布设和通行方式

线路可以布设于路中、路两侧或路同侧。各种布设方式如图4-3所示。

图4-3 有轨电车线路的布设方式

路中布设时，远期道路扩展条件比较充足，对汽车和行人影响较小；但在路口对交通影响大，乘客上下车需要横穿马路。

路两侧布置方便对道路规划设计，节省空间，方便乘客上下车，可以与路灯和电线杆共用支架，美观且造价低；但对双侧道路分割影响大，远期道路拓展受影响较大，由于双向无法共用站台，所以施工工程量大，建造成本高。

路同侧布置的主要优势是乘客上下车不需要穿越道路，安全性高，两线距离近，折返距离近，速度快；同样存在远期道路拓展受影响的缺点，且路侧管线较多，施工及远期管线扩容影响大。

在新建道路上铺设有轨电车时，由于路中布置只有横过马路的行人对有轨电车存在干扰，一般可以通过路口信号灯控制加以解决，所以路中布置成为主要形式。改造既有线路建设有轨电车时，布置形式的选定要更多的依据具体道路状况，但如无特殊条件特别适合采用路同侧布置（如河边、湖边）或路两侧布置（如路中有不可穿越物等）时，路中布置也是比较便于实施的形式。

通行方式一般包含同等条件下于路口处的通行准许和顺序。通行顺序目前在国内一般不优先，就是有轨电车不设置专用信号灯或依赖于路口公路信号灯，在通行顺序上电车与道路汽车无异。另一种是有轨电车优先。欧洲学者考虑到有轨电车作为大容量的公共交通设施，一定程度上提高有轨电车的运行效率，可以带动交通系统整体效率的提升，因而在欧洲一些线路运行中渗透了有轨电车优先的思想，但具体的实现方式各异，效果也不尽相同。

2. 优先策略的实现

这里给出了路中布设线路的一种优先通行策略及其技术基础。

模型城市为东西布局，有轨电车沿着东西方向铺设于道路中间，该地区公路交通为右侧通行规则，且道路方向统一为正方向。根据道路交叉口的乘客密集程度，可以有以下四种分配情况：

1）在非乘客密集区的道路交叉口，可以允许南北方向机动车线路、东西方向机动车左转线路以及行人过街的斑马线与电车所行驶的线路交叉，如图 4-4 所示。

2）在乘客密集区或容易产生高峰人群的道路交叉口，只允许南北方向机动车线路以及东西方向机动车左转线路与电车所行驶线路的交叉如图 4-5 所示，行人不得使用南北向路面，可采用过街天桥或者过街地下通道的方式。

3）在单车道，步行街等场地非常狭小的道路交叉口，且开发了多条有轨电车线路的城市，在有不同线路的有轨电车在路口交叉时，只允许有行人过街斑马线，不允许机动车通过该路口。

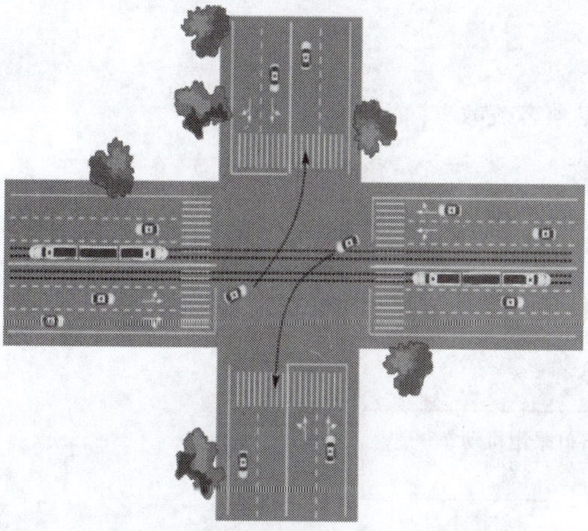

图 4-4　非乘客密集区交叉口路权

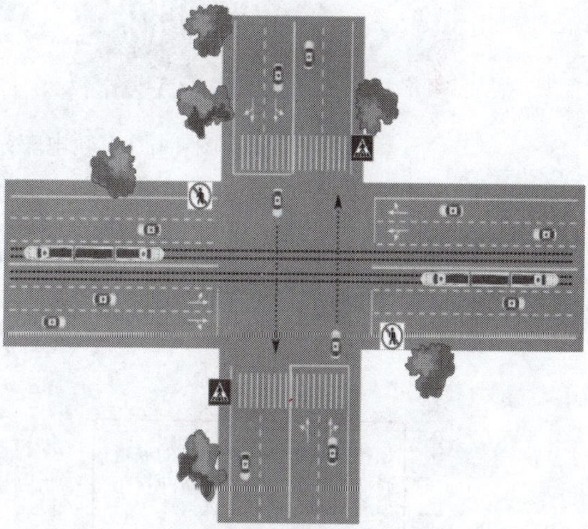

图 4-5　乘客密集区交叉口路权

4）当道路交叉口附近存在有轨电车的停车站点时，如图 4-6 所示，应在站台设置防护栏杆，诱导行人从电车后方通行，禁止从电车前方绕行，以免发生意外。

结合路口的路权分配，电车所通过的道路交叉口信号灯控制的流程如图 4-7 所示。在前述路权分配的基础上，对有轨电车到达交通路口后信号灯的相位顺序提出以下的方案：

1）有轨电车接近后，尽快停止引起冲突的南北方向的车辆以及东西方向左转车辆，将通行权交给有轨电车和东西向直行或右转的机动车辆以及东西向的行人。

2）确认有轨电车通过后，其通行权迅速关闭（但应保证东西向直行和右转机动车辆的最小绿灯时间）。将通行权交给南北向的直行和右转车辆以及南北向的行人。

3）将通行权交给南北方向的左转车辆以及南北向的行人（对于南北向流量较小的道路，可与第二步合并）。

4）将通行权交给东西向的左转车辆。

5）最后，通行权交给东西向直行或右转的机动车辆以及东西向的行人，完成后继续正常机动车辆的信号循环。

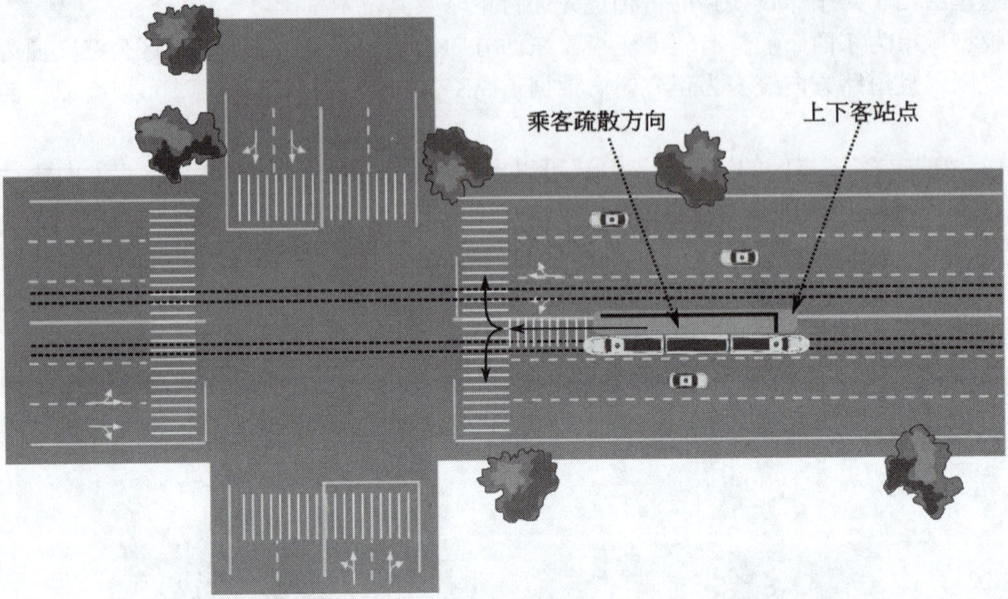

图 4-6　有轨电车站点乘客疏散方向

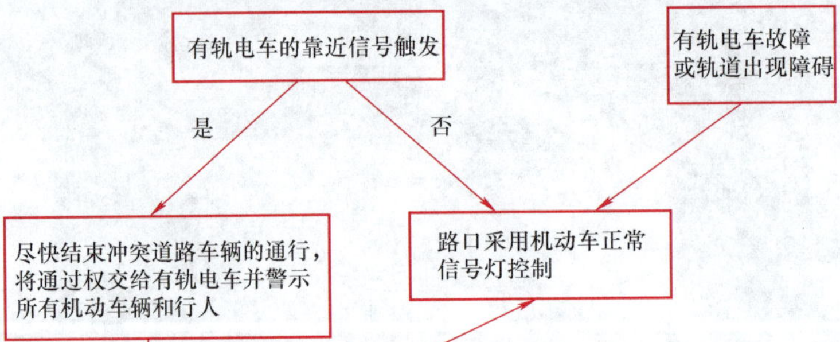

图 4-7　有轨电车通过的道路交叉口信号灯控制流程

机动车辆信号灯恢复后的第一个相位是南北方向，这样可以保证在有轨电车通过交通路口后下车的乘客能及时地疏散到道路两边，不至于使站台发生拥堵。南北向等待的车辆也能提前疏散，避免对其他交通路口产生车流压力。

有几点设置需要注意：

首先，当有轨电车的站点停车位置距离下游的道路交叉口很近时，应注意防止对下游路口有轨电车通行权的提前触发（此时可将触发距离缩短），以避免在有轨电车上下客时，下游路口其他机动车辆浪费等待时间。其次，当有轨电车通过时，东西向直行和右转车辆也拥有通行权。此通行权应考虑最短绿灯时间，最短绿灯时间后才可将路口通用权交给南北方向。

其次，对于大型路口或者火车站、体育场等行人高峰容易出现的地区，应安排其他立体行人过街设施，避免行人的突发性拥堵对局部交通造成影响。

最后，应考虑应急预案，如在有轨电车靠近路口时，在路口通行权触发条件下遇到其他车辆发生交通事故，有轨电车轨道被车辆或者其他因素阻挡或者破坏，必须可以手动调节路口进入机动车辆正常的信号模式。待事故处理后，再对有轨电车开放通行权，避免路口机动车辆不能通行。

3. 系统架构模型

以下是一种具有代表性的有轨电车路口定位方案。

道口优先权系统包括的设备有：轨旁的道口优先权单元、信标（或环线）、车载的 MMI、车载主机、信标（或环线）读取单元和信标天线。

道口优先权单元采用基于 PPC8360 板的控制器，信标读取单元和天线采用符合标准的设备。设备均应达到一定的安全集成度水平，如图 4-8 所示。

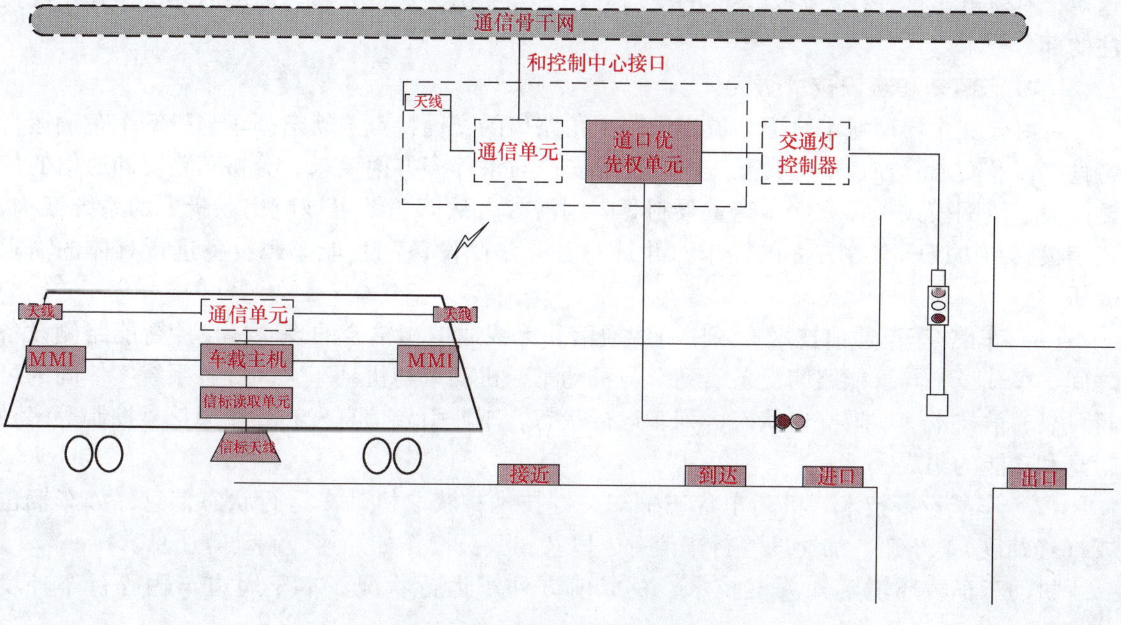

图 4-8　道口优先权单元的集成

4. 实现流程和方式

1）对于每个道口，均有 4 个位置检测信标：预告、到达、进口、出口。如果道口相互靠近，则出口检测信标（第一个道口）可以用作预告检测信标（第二个道口）。

2）车载信标读取单元读取信标并将相应的接近、到达、进口、出口信息通过无线通信发送到道口优先权单元，道口优先权单元把此信息发送给交通灯控制器（由其他供应商提供）。交通灯控制器根据此信息将道路交通信号灯设置为红色。交通灯控制器负责执行交叉路口优先控制。

3）交通灯控制器将道口的状态报告返回至道口优先权单元。如果道路交通信号灯为红色，道口优先权单元则将显示有轨电车信号机开放，允许有轨电车前进。当有轨电车进入道口时，道口优先权单元则将信号机返回红色。当道口优先权单元检测到有轨电车已经驶出道口时，则向交通灯控制器发送确认信息。

4）道口优先权单元还与控制中心接口，通过通信网络发送信号机状态、优先权状态和报警。

5）在靠近道口的站台，由于列车需要首先停站所以不需要预告信标以免过早呼叫道口。停站完成后，驾驶员通过车载 MMI 上的按钮请求道口优先权。

6）按钮信息将会通过无线通信发送到道口优先权单元。如果从站台到道口的距离小，则不需要到达信标。

7）道口优先权单元与控制中心接口，通过通信网络发送设备状态和报警。

4.3.3 智能通信信号的研究

在传统通信信号技术的基础上，结合最新的交通需求和技术发展，研究更智能的通信信号设施，使得交通出行更具安全性、多制式交通体系更具高效性和乘客享受更多的便捷性，这对于有轨电车这种在国内新兴起的交通方式十分关键。这里列出当前国内外正在开发或关注的部分技术。

1. 状态感知和辨识技术研究

针对公交主导型城市轨道与城市道路平角路口的交通特点、轨道列车与机动车车辆运行特性，以及交通管控、信息交互、主动交通安全对策等多方面要求，分析车路协同通信的传输距离、组网模式、可靠性、容量限制等应用需求，从而总结出该应用场景下的系统架构、通信模式和协议标准等方面的需求，并针对智能路侧设备和智能车载设备进行具体的需求分析。

（1）**车路/车车通信技术**　采用有线通信和无线通信相结合的理念，设计智能路侧设备之间、车载设备与智能路侧设备、列车与机动车、机动车与机动车之间等各系统实体间的可行可靠通信技术。实现交通状态、列车运行状态、车速引导信息发布、交通信号控制等多种信息和功能的集成。

（2）**车载设备技术**　机动车状态感知关键技术，获取机动车运行状态信息，如车辆位置（经纬度）、车速、加速度等行车信息，以及驾驶员操作如加速、制动等信息。

机动车车载环境感知关键技术，获取前方列车运行状况、本车周边车辆等行车环境信息。

2. 交通状态控制和诱导

行驶中的列车，通过与前方交叉路口路侧设备以及路口周边的机动车实时动态交换数据，获取路口交通状态，判别影响交通安全的异常事件，给驾驶员提供实时预警。路侧设备通过实时获取的列车信息进行计算，对接近交叉口的机动车发布合理车速指令，从而实现机动车车速的主动引导，通过公路信号灯为载体发布给机动车驾驶员，提高列车到交叉口前的通行效率，减轻列车到达后交叉口的交通拥堵。

4.4 相关弱电系统

下述系统在有轨电车线路的建设中也经常用到。由于其技术基础与通信和信号技术关联，其设备与通信信号设备制造工艺类似，加上这些设备在建设项目中所占的比例不大，所以在采购和部署时有时与通信信号系统一并进行，或由通信信号供应商总包，负责设计、组织实施的联络管理。

4.4.1　火灾自动报警系统（FAS）

应用于车辆段、运营控制中心和封闭式车站、枢纽等。主要由车辆段消防控制室设备（火灾报警控制器、图形工作站等）、各区域火灾报警控制器、现场各类探测器、输入输出模块、手动火灾报警按钮、消防专用电话系统以及全线报警信息传输网络等组成。

1. 设计原则

1）车辆段车辆停放和检修车库、燃油车库、可燃物品库房等其他重要用房按火灾报警一级保护对象设计，车辆段一般生产和办公用房按火灾报警二级保护对象设计。

2）车辆段综合楼火灾广播系统由 FAS 设置，段内其余广播系统由通信专业设计。

3）在车辆段等相关地面建筑 FAS 单独设置警铃。

4）对于在火灾时才启动的消防专用设备如消防专用排烟风机、消防水泵等，FAS 除了自动控制外还应在消防控制室考虑集中紧急手动控制方式。

5）自动灭火系统对所保护的区域进行独立的报警和控制，其控制盘与 FAS 系统间设可靠接口。

6）本系统设计应本着组网灵活，技术先进，运营管理方便，节省投资的原则。设计容量应满足车辆段的监控要求，监控点预留 10% 到 15% 的余量。

7）FAS 产品必须经过国家消防电子产品质量监督检测中心检验合格。

2. 系统介绍

在车辆段各建筑的消防值班室，根据保护范围及点数分别或合设火警控制盘（FACP），各建筑 FACP 通过通信提供的光纤构成车辆段全段的 FAS 网络，在段内综合楼消防值班室设 FAS 的终端显示装置，全段的 FAS 信息均可在此终端上显示。

3. 系统功能

监视管辖范围内火灾探测、报警设备的运行状况，自动采集、记录火灾报警信息，并自动报送控制中心；显示报警部位到探测区域；监控专用消防设备启停，显示运行状态，故障时发出报警。消防控制室（车控室）自动显示报警区域、消防设施所在位置及其运行状态的画面。

根据报警信息判断、确认火灾；根据火灾发生位置，按预先编制的控制程序，选择相对应的救灾模式并自动启动消防联动设备，也可以利用 FAS 系统的消防联动控制盘实现重要设备的手动控制。

监视车辆段级管辖范围内火灾报警设备及专用消防设备的运行状态。

接收现场设备的火灾报警信息，确认火灾，向控制中心（OCC）报告火灾灾情。

接收 OCC 的消防控制指令，指挥现场消防救灾。

向控制中心报告灾情，接收控制中心发出的消防救灾指令和安全疏散命令。

对车辆段内消防风机、电梯实施监控。

火灾情况下切除非消防电源。

若设有消防水泵，则应能自动和手动控制消防水泵的启、停，接收消防水泵的运行、故障状态信号。

接收自动灭火区域的火警和放气信号，通过报警网络上传至 OCC；当自动灭火控制盘处于手动位置时，及时派人至火警现场观察火情和灭火情况，以防误喷。

在车辆段设置消防联动控制盘进行监控及联动。

4.4.2 环境与设备监控系统（BAS）

应用于车辆段、运营控制中心和封闭式车站、枢纽等。BAS 主要由车辆段级监控系统、就地级监控设备（包括现场控制器、智能远程输入输出模块、各类传感器、执行器等）等组成。监控建筑中各种电力设备的工作状态，将异常情况提交给控制中心。BAS 在车辆段设操作员工作站，在车辆段控制中心机房内 PLC 机柜（配维护工作站），维护工作站作为车辆段级的设备维修维护及设备调试时使用。

1. 设计原则

1）BAS 负责对车辆段的环控通风、动力照明、给水排水设备的监控与管理。

2）BAS 系统设计应组网灵活，技术先进，运营管理方便，节省投资，系统设计应满足车辆段机电设备的监控要求并留有裕量。

3）对于消防专用防救灾设备以外的机电设备（暖通空调、给水排水、自动扶梯等），正常工况下由 BAS 监控，火灾工况下时，BAS 接受 FAS 的火灾信息，按照相应火灾模式控制现场设备，并保证火灾模式优先。

4）系统设计和设备配置应根据环境特点，考虑抗电磁干扰、防尘、防潮、防霉、防振等性能，考虑相互之间软、硬件的开放性和兼容性。

2. 系统构成

BAS 系统主要对管辖范围内的环控通风、动力照明、给水排水等设备进行监控及管理。本次设计只在车辆段设置 BAS 系统，BAS 系统主要由 BAS 工作站、BAS 服务器、冗余主控制器、远程 I/O 模块、各类传感器、执行器及现场总线（或以太网）组成。

BAS 系统在车辆段消防控制中心设操作员工作站、冗余主控制器，在车辆检修组合库、停车列检库设置远程 I/O，远程 I/O 负责被控设备的接入，主控制器与远程 I/O 之间采用现场总线（或以太网）连接。

PLC 具有逻辑判断、定时、计数、记忆和算术运算、数据处理、联网通信及 PID 回路调节等功能，适合工业现场的要求，具有高可靠性、强抗干扰能力，编程安装简便，输入和输出端更接近现场设备，推荐选用 PLC 为 BAS 的主要控制设备。

3. 系统功能

1）监视及控制管辖范围内的通风空调、给水排水、动力照明等设备，实现对设备的单控、群控及组控。

2）能对机电设备进行模式和时间表控制。

3）对 BAS 系统监控的设备进行故障报警显示。

4）接收被监控设备的各类报警信息，报警应有声光报警、报警画面弹出和确认功能。

5）接收 FAS 系统的火灾模式控制信息，实现火灾模式下的联动功能。

6）对各被控设备进行运行累计计时，提供维修报告，主要设备按设定进行自动切换，提高设备的利用率。

7）记录、存储设备的运行信息并进行档案管理。

4.4.3　门禁系统

应用于办公楼或车外检票式的车站。门禁系统由中央管理工作站、中央授权工作站、工业交换机、门禁控制器、门锁、读卡器、门磁开关、出门按钮、紧急开门按钮、蜂鸣器、感应式门禁卡、接口模块等构成。系统采用分布式控制和集中监控管理的运行方式，在网络发生故障时，分布在各处的智能门禁控制器仍能继续按照预先设定的程序对出入口进行管理。

4.4.4　停车场管理系统

应用于办公楼区域或枢纽 P + R 区域。系统主要由下述部分组成，机柜及存储设备、计算机等设备设置在弱电机房和消防控制室内，各种现场的计算机、闸机、地感线圈等设备设置在单体建筑的出口岗亭附近，在出口岗亭设置收费电脑等设备。

4.4.5　售检票系统

本系统由线路票务工作站、车站终端设备（车载机、加值工作站、查询机、数据采集设备）等构成。相关的外部系统是一卡通系统，如图 4-9 所示。

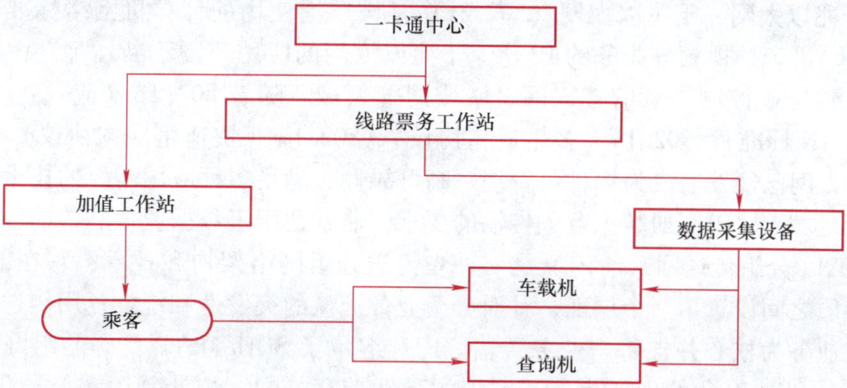

图 4-9　售检票系统

4.4.6　运营控制中心

控制中心是有轨电车的管理枢纽，应对全线所有运行车辆、区间、电力供给、环境与设备监控、火灾报警等实施集中的调度、监视、协调和管理等工作。

4.5　通信工程技术选择

在考虑技术先进性的同时，还需考虑技术的成熟性及可靠性，并兼顾工程总体造价。

4.5.1　传输与电话系统

1. 传输系统

根据当前通信技术发展及国内外轨道交通设备运用现状，传输系统主要有基于 SDH 的

MSTP、基于内嵌 RPR（弹性分组环）的 MSTP、千兆以太网和 PTN 传输技术。

（1）**基于 SDH 的 MSTP**（多业务传输平台） MSTP 即多业务传输平台技术，是为建立承载 TDM 电路、分组数据和信元的统一平台而发展的。MSTP 技术的基本思路是将多种不同业务通过 VC 级联等方式映射进不同的 SDH 时隙，而 SDH 设备与二层、三层分组设备在物理上集成为一个实体。即将传送节点与各种业务节点融合在一起，构成业务层和传送层一体化的下一代 SDH 节点。随着城域网技术的发展、成熟及设备的大量应用，基于 SDH 技术的多业务传输平台方案已在轨道交通建设中得到广泛应用，线路速率可达到 2.5 ~ 10Gb/s。但是 MSTP 对于 IP 数据的传输，节点间不能实现公平共享带宽，有一定的延迟和带宽的浪费。

（2）**基于内嵌 RPR**（弹性分组环）的 MSTP RPR（IEEE802.17 标准）是一种新兴的 MAC 层协议，是为优化在环形拓扑上传输数据包而提出的一种全新的 IP 包承载技术。具有双环结构、空间复用机制、灵活的业务带宽颗粒、带宽动态共享和分配、统计复用、各节点公平接入、支持业务级别、自动识别网络拓扑结构、基于源路由的保护倒换等主要特点。基于内嵌 RPR 的 MSTP 方案，实际上是在 MSTP 环网带宽上划分出独立的通道来支持 RPR 技术。然而 RPR 的国际标准虽已完成，但部分内容仍在变动，不同厂商设备互连互通存在问题。

（3）**千兆以太网** 千兆以太网（802.3z）是被广泛使用的计算机网络标准，随着数据业务的增加，语音、视频等业务的 IP 化，千兆以太网的应用范围不断增加，由计算机局域网逐步拓展到工业控制、电信接入网、城域网等领域。随着 802.1p（流量优先权控制）、802.1q（VLAN 标准）、802.1s（多生成树协议）、802.1w（快速生成树协议）等技术的应用，千兆以太网已经发展成为一种可管理、高可靠性、满足多种应用需要的技术，在性能指标上能够满足城市轨道交通数据业务传输的要求，非常适用于数据业务的传输。

（4）**PTN**（分组传送网） PTN 是一种光传送分组网络架构和技术，它在 IP 业务和底层光传输媒质之间设置了一个层面，针对分组业务流量的突发性和统计复用传送的要求而设计，以分组业务为核心并支持多业务传输。PTN 继承了 SDH/MSTP 良好的组网、保护和可运维能力，又利用 IP 化的内核提供了完善的弹性带宽分配、统计复用和差异化服务能力，能为以太网、TDM 和 ATM 等业务提供丰富的客户侧接口，非常适合于高等级、小颗粒业务的灵活接入、汇聚收敛和统计复用。PTN 能够更好地融入已有的 IP 化业务能力，更容易和其他 IP 化网络对接，但是造价较高。

2. 电话系统

电话系统的构建一般有三种方案较可行，即设置数字程控交换机、利用公网交换机的虚拟网功能组件广域虚拟交换网络和利用软交换技术构建电话网络。

（1）**设置数字程控交换机** 该方案采用设置数字程控交换机的方式，满足本工程电话业务的需求。该方案优点显而易见：技术成熟可靠、功能强大、应用广泛。且有本工程对所用程控交换机拥有完全的控制权，独立使用该程控交换机的全部功能和容量。

（2）**公网交换机组建专用虚拟网** 虚拟专用网，英文简称 VPN，是利用公用电话网的资源向某些机关、企业提供一个逻辑上的专用网。其最显著的特点是利用公网资源实现专网功能，使用户不必投资购买 PBX 设备，而由电信运营商在公网上实现虚拟（软件方法）PBX 功能。可以节省前期一次性投资，并且减少运营维护人员及相关运营维护。但该方案缺乏对其公务电话系统的产权，使用不够灵活；多点引入公网，故障点多，不能保证本工程电话系统的可靠性；且通话费、月租费高，从长远看不够经济。

（3）**软交换**　VoIP（VoiceoverIP）是以IP分组交换网络为传输平台，对模拟的语音信号进行压缩、打包等一系列的特殊处理，使之可以采用无连接的UDP协议进行传输的技术。VoIP的主要优势在于它提供了一种利用IP网络解决语音通信的手段，而IP统一网络恰恰是通信网络的发展趋势。VoIP与传统语音系统相比更加灵活，能提供更多的终端种类（模拟语音电话机、PC、IP电话机），还能够为用户提供新的基于多媒体的增值服务。VoIP的主要劣势在于其话音质量与传统语音系统相比还是稍差，缺乏端对端的QoS保证，无法实现调度功能，同时投资较高。

3. 组网方案选择

结合传输系统、电话系统方案比选情况，本次传输与电话系统组网方案有如下选择。

（1）**基于SDH的MSTP＋传输接入单元**　可以在车辆段、各牵引变电所均设置一套基于SDH的MSTP设备及一套传输接入单元，电视监视系统、SCADA系统均通过MSTP提供的以太网端口进行数据传输；各牵引变电所内的电话分机通过传输接入单元接入MSTP设备，通过2M通道接入车辆段内的程控交换机。这样以SDH技术为基础，继承SDH优点，利用较少的网络带宽实现多点接入和带宽共享，根据具体业务的需求动态灵活分配，提供有效流量控制，实现SDH、ATM和IP多种业务的混合传输。缺点是MSTP对以太网数据业务的传输效率较低。

（2）**千兆以太网＋语音接入网关**　可以在车辆段、各牵引变电所均设置一套工业千兆以太网交换机，各牵引变电所均设置一套语音接入网关，电视监视系统、SCADA系统均通过以太网端口直接传输；各牵引变电所内的电话分机通过语音接入网关将语音数据转换为以太网数据，再通过以太网接口进行传输。以IP技术为基础，专为数据业务制定，能很好地满足IP业务的需求，能有效解决突发数据业务的传输需求。缺点是故障倒换时间较长，且相对于基于SDH的MSTP＋传输接入单元方案而言，投资较高。

4.5.2　通信线路

通信线路即沿线路敷设的光缆，属于一次性投资的资源，应考虑适当储备，为将来城域网络以及其他业务的发展预留条件。近年来，光缆资源在通信系统中的重要性越来越明显，而且，光纤资源的出租、出卖可为业主带来较大的投资收益，光缆具体容量可根据业主的需要和市场的需求进行调整。

1. 敷设方案

通常光缆敷设可采用接触网杆架设及地下管道敷设两种方式。

（1）**接触网杆架设**　将光缆架设在沿线的接触网杆上，优点是投资较少，省去了沿线敷设管道的投资；但本方案由于光缆需要架空敷设，线缆安全性较差，会对市容造成一定影响。

（2）**地下管道敷设**　在线路旁埋设管道，将光缆敷设在新埋设的管道内。优点是光缆敷设在地下管道内，不会对市容造成影响，管线安全性较好，有利于后期增设光电缆，且沿线管道可用于出租；缺点是工程建设时需全线埋设地下管道，施工难度、工程量较大，工程建设期一次性投资较大。

2. 防护方案

接触网杆架设方式下，可采用一般的塑料管道防护或利用光缆自身的防护系统。

在地下管道敷设方式下，通信管道与轨道中心的通常水平距离不小于2m；距已有房屋建筑基础不小于2m；距规划建筑红线不小于1.5m；距大树树干不小于1.5m；距电力管道及给水管道不小于0.5m；距燃气管、热力管、排水管不小于1m；正线通信管道埋深距地面不小于0.7m，分支通信管道埋深距轨道底部不小于1m。直线区段每间隔固定距离，或管道拐弯处设置一处人孔，人孔井盖应有足够承重能力。

4.5.3 无线通信系统

为保证有轨电车系统维修以及车辆段内物业管理及车辆设备维修的需要，需在车辆段内建立一个安全、可靠、经济适用的无线通信系统，车辆段内的无线通信覆盖。

系统构成一般由用户终端（固定台、便携台）、中继设备以及天馈线构成。

中继设备可选用变频中继台及光纤直放站两种方案，光纤直放站由于采用光信号传输，光纤直放站相比采用变频中继台传输距离更远，但投资较大；变频中继台选用宽带放大设备，能放大多组频点，可适应多个频点的应用或频点调整的需要，价格相对低一些。

在场强覆盖区内，通常无线接收机音频带内输出的信噪比不小于20dB。在满足信噪比的要求下，通信地点及时间概率不小于90%。

4.5.4 电视监视系统

电视监视系统（CCTV）是运营管理现代化的配套设备，是监视各变电所及车辆段内情况的辅助通信工具。在出入段咽喉区处及车辆段内、综合楼值班员处、沿线变电所和枢纽车站等关键地点应当设置监视控制终端，完成对车辆段内的监控。车辆段值班员应能以轮巡方式监视车辆段范围内的摄像机摄取的图像；电调中心值班员应能查看各变电所情况。车辆段电视监视中心系统可对车辆段内所有摄像机的图像信号及各牵引变电所摄像机的图像信号进行实时不间断的录像，并保留一段时间以备调用。

电视监视系统在视频图像传输方面经历了模拟视频传输阶段、视频图像选路数字编码传输阶段逐渐向视频图像全编码传输发展。如果电视监视系统节点较多，则推荐采用全编码电视监视系统。电视监视设备主要由视频主服务器、交换机、监视控制终端、视频编解码器、摄像头和网络录像设备等构成。

4.5.5 广播系统

广播设备包括广播控制台、广播控制及功放机柜、扬声器等设备，是管理部门向工作人员发布作业命令和通知的重要手段。在灾害状态下，广播系统转换为防灾广播，指挥人员疏导。

根据目前广播技术的发展，一般有全数字广播和模拟广播技术两种方案。全数字广播系统的控制设备处理的都是数字信号，经数字功放放大后还原成模拟信号，通过广播电缆传输至扬声器。模拟广播系统处理的都是模拟语音信号，功率放大器一般采用模拟定压功放。数字广播采用DSP微处理技术，使控制更灵活，结构更简单。采用的数字功放体积小，效率高。模拟广播技术成熟可靠，且系统造价低于数字广播。

4.5.6　时钟系统

系统一般由一级母钟、GPS 接收设备、RS422 输出接口箱及子钟构成。时钟系统为车辆段内的运营指挥、维护管理部门提供统一的时间信息。系统由一级母钟及子钟等设备构成。设置在车辆段的一级母钟接收来自 GPS 的标准时间信号，产生稳定的标准时间信号，通过 RS422 接口箱驱动全部子钟显示统一时间。一级母钟在车辆段为其他系统提供统一的时间信号，使有轨电车内各机电系统的定时设备与时钟系统同步，从而实现有轨电车全线统一的时间标准。时钟系统应满足以下功能要求：

1）能够接收来自 GPS 的标准时间信号，本身有高稳晶振，跟踪、同步于 GPS 标准时间。如 GPS 故障，本身晶振独立工作，产生和分配精确时间信号，提供给二级母钟和其他需要标准时间的设备。

2）一级母钟应能分路输出，连接车辆段内的子钟。

3）子钟安装于调度大厅、管理办公用房及其他与行车运营有关的处所，提供时间显示。

4）系统具有集中监控功能，发生故障时能进行声光报警，并在监视器上显示故障原因。

4.5.7　门禁系统

为确保有轨电车安全运营，保证授权人员在受控情况下方便地进入车辆段设备及管理区域，防止非授权人员进入限制区域，在车辆段、变电所的设备用房及管理用房设置门禁系统，实现对车辆段周界、地面的入侵探测功能，有效保障车辆段的安全，实现预防性报警功能。门禁系统可与车辆段内电视监视系统联动。门禁系统一般由探测器、主控微机、管理终端、就地控制器、读卡器、各种电磁锁、报警器等组成，采用联网式系统。当前阶段建议选用非接触式 IC 卡。就地控制器、读卡器、各种电磁锁设置于车辆段内的重要设备机房，办公等需要设防的场所，车辆段的门禁系统控制主机设于车辆段综合楼的通信机房中。

4.5.8　办公自动化系统

办公自动化系统为车辆段内的工作人员提供办公用网络平台及标准化布线，满足车辆段内运营管理的使用要求，提高有轨电车运营系统办公效率。由于以太网扩展灵活，因此网络设备可采用“随用随加”的原则，以节省初期投资。在各值班室、办公室、综合维修中心、列车员公寓等处设置信息点。信息点按建筑规模及平面布局设置，终端设备按初期配置。系统构成一般分为如下几个部分。

1. 综合布线

工作区：一个独立的需要设置终端的区域宜划分为一个工作区，各工作区至少设置一个两孔信息插座，每一个信息插座均宜支持电话机、计算机等终端的设置和安装。

水平布线子系统：车辆段建筑内水平布线系统按楼层划分，在各楼层配线间新设配线架，采用室内超五类 4 对非屏蔽双绞线作为配线电缆。

建筑物主干布线子系统：车辆段在综合楼弱电间设置配线架，选用室内 4 芯多模光缆作为数据干线，支持高速数据传输；选用3类30对非屏蔽双绞线作为语音系统的干线，支持语音传输。

建筑群子系统：车辆段在各建筑电缆引入间设置建筑物配线架，选用室外6芯多模光缆作为数据干线，支持高速数据传输；选用3类50对非屏蔽双绞线作为语音系统的干线，支持语音传输。

2. 网络设备

在车辆段综合楼通信机房设置汇聚级网络交换机，将车辆段内其他建筑的局域网交换机汇聚于此。

车辆段内各个单体建筑的每个配线间设置接入三层交换机，负责建筑内楼层计算机的联网。

3. 服务器及应用软件

在线路车辆段综合楼设置信息交换中心，配置服务器、存储等设备，配置相应的办公自动化软件。

4. 终端设备

车辆段综合楼、综合维修中心、列车员公寓设置办公自动化系统终端设备，办公自动化终端设备在运营后可以通过需要增加数量。

4.5.9 通信电源与防雷接地

通信电源应有集中监控管理功能，能对交流配电屏故障、交流不间断电源设备（UPS）输出过电压/欠电压、蓄电池放电电压低等做出告警。

1. 电源系统

通信电源向本地通信各子系统设备提供不间断、无瞬变地供电，在外供电源故障时，蓄电池能提供主要设备2h备用电源。

车辆段电源系统主要由UPS电源、蓄电池、交流配电屏组成。区间箱式变电所内设置机架式UPS、蓄电池及交流配电单元。各通信设备均由通信UPS直接供电，传输设备、程控交换机等通信设备所需的直流电源由各通信设备的整流装置产生。为实现减少维护人员和无人值守的目标，车辆段、各牵引变电所的通信电源设备必须具有集中监控管理功能，系统应能对通信电源系统设备提供集中监控、维护管理。监控内容包括：交流不间断电源设备、输出过电压/欠电压告警、蓄电池放电电压低/整理器故障/逆变器故障/旁路故障告警等。

2. 防雷及接地系统

接地及防雷向本地通信各子系统设备提供工作接地和外壳保护接地，确保系统正常工作和操作者的生命安全。

防雷系统包括数据线防雷器、电源防雷器，在车辆段通信机房内为各通信系统设置数据防雷器及电源防雷器，设置在室外的摄像机设置防雷器，室外线缆进入室内设置防雷器。车辆段综合楼由电力专业提供综合接地体，引至设置于通信机械室内接地盘，接地电阻不大于1Ω。沿线箱式变电所通信设备接入由电力专业设置的接地体，接地电阻不大于1Ω。

4.6 信号工程技术选择

有轨电车信号系统分为正线信号控制、行车指挥以及车辆段信号控制三个子系统构成。下文介绍有轨电车信号系统中常见的技术方案和比选方案。

4.6.1 正线信号控制子系统

正线信号控制子系统主要是针对正线道岔区域设计的道岔控制系统设备以及在部分交叉路口设置的交叉路口信号控制系统（该系统需要与当地交通管理部门协商后确定）。有轨电车正线信号控制设备主要安装在有轨电车正线中间折返处与尽头折返处（设置道岔的区域）；在行车组织方案以及与当地交通管理部门协商确定后，可以选择在部分主次相交路口与主支相交路口设置交叉路口信号控制系统，实现与市政道路信号之间的联锁。

1. 道岔控制子系统

道岔控制系统满足对道岔进行控制的功能，实现道岔的转动、锁闭和解锁功能，如果需要可将道岔锁闭信息传输至联锁或行车指挥子系统。正线道岔控制方式可采用驾驶员遥控控制和联锁集中控制两种方案：

（1）**驾驶员遥控控制** 驾驶员驾驶电车进入道岔控制区域后自动取得控制权，通过操作车载设备遥控道岔转动至需要的位置，道岔自动锁闭，车辆驶出道岔控制区域后自动失去控制权以保证不会因驾驶员误操作造成道岔再次转动。车辆取得控制权至车辆完全离开道岔区段期间，系统不授予其他车辆对道岔的控制权，并保证道岔锁闭，以保证运行安全。系统通过在地面安装电子标签的方式或其他列车位置检测设备划分道岔区轨道区段和道岔控制区域，以无线的方式实现车载和地面控制设备之间的信息交换。

（2）**联锁集中控制** 电车接近道岔区域时，轨道占用检测设备检测出车辆位置，并获得电车信息发送至控制中心，控制中心根据电车信息自动办理相应进路（或人工办理进路），并将进路办理信息提供给相关设备集中站的联锁系统，计算机联锁系统对道岔进行控制。在有道岔区域设道岔控制箱或在相应车站设置应急控制盘，当控制中心设备或通道故障时转为现地控制。联锁集中控制方案需要正线增设联锁设备，相对增加了有轨电车系统的复杂度，同时增设联锁设备后相应的需要增加设备用房以及相关的环控、消防等配套设施，投资较高。

2. 交叉路口信号控制子系统

（1）**通行优先权** 路口信号控制子系统主要用于实现有轨电车线路与市政交通道路在同一平面交叉时有轨电车优先权的控制。有轨电车通行优先权通常有两个方案。

1）不设置交叉路口信号控制子系统。有轨电车在路口完全按照公路交通信号灯的指示行驶，不设置通行优先权。初期建设时预留出交叉路口信号控制子系统的电缆敷设条件，待近、远期客流量提高、行车密度加大时再设置该子系统。

2）设置交叉路口信号控制子系统。以相交道路等级为依据，对每个不同的交叉路口采用相应的控制方案，使得路口信号控制系统不仅保证有轨电车通过路口的优先需求，还要保证路口其他交通的正常秩序，因此在兼顾以上两种因素的基础上，需对不同的路口确定采用以下三种信号控制方式之一。

① 优先方式。在主次相交路口，相交道路等级均较高，且车流量均较高，需着力突出现代有轨电车容易与地面交通亲近的特征，为充分发挥现代有轨电车的特性，采用常规信号控制手段，重点满足有轨电车和各个方向道路车辆的行驶需求，有轨电车在路口完全按照市政交通信号灯的指示行驶，无特殊的优先权。

② 相对优先方式。主次相交路口的道路等级不同，优先保证有轨电车的快速通行，同时应协调主路有轨电车和次干道地面交通的关系，在保证主干道有轨电车顺畅通行的同时，尽量减少次干道的交通延误，因此针对有轨电车采取一定的信号相对优先控制方案。这种方式为有轨电车接近路口时，通过“路口信号控制子系统”发送命令给交通信号控制设备，若迎面的交通信号灯为绿色，则适当延长绿灯时间；若迎面的交通信号灯为红色或黄色，则保持红色或黄色不变，“路口信号控制子系统”不干预交通信号灯的显示状态。

③ 绝对优先方式。针对主次相交路口，相交支小路道路等级低，车流量较小，且流量波动性较大，针对主支相交路口可采用有轨电车信号绝对优先方式。这种方式为有轨电车接近路口时，通过“路口信号控制子系统”控制该路口的交通信号灯，使有轨电车迎面道路信号一直为绿灯，有轨电车通过路口之后，再通过“路口信号控制子系统”控制交通信号灯转换至相应灯位，之后以城市交通信号控制系统预先制定的显示规则显示相应的信号机灯位。

绝对优先和相对优先控制方式都要与交通信号机进行信息交换并联控，需要与城市交管部门进行协调以便确定能否接入城市交通信号控制系统。

三种系统优先方式比较见表 4-1。

表 4-1　有轨电车交叉路口控制模式表

模式 优缺点	绝对优先方式	相对优先方式	不优先方式
优点	可以最大限度地保证有轨电车的运营效率，提高线路通过能力	对有轨电车的运营效率有一定的提高，对市政交通车辆的通行情况影响不太大	不新增地面设备，设备不用与路口交通灯控制系统连接；有轨电车系统设备构成简单，设备投资低；对市政交通车辆通行无影响
缺点	对市政交通的车辆的通行情况影响大；新增路口控制设备，需设电车优先检测设备，有轨电车项目系统结构复杂，实施周期长，项目实施时需要协调部门多	需新增路口控制设备，且需与路口交通灯控制系统接口，相互传输相关参数；有轨电车项目系统结构较复杂，实施周期长，项目实施时需要协调的部门多	对有轨电车的运营效率有一定影响

(2) **电车优先检测设备选择**　有轨电车交叉路口信号控制系统主要包括电车优先检测设备和与市政道路交通信号接口控制设备组成。目前电车优先检测设备通常用两种方式：红外方式以及无线方式。

1) 红外方式。工作原理：同一方向交叉路口两侧分别设置两个轨旁设备，车载设备发送电车接近信息至轨旁设备 1 接收后，轨旁设备 1 翻译成请求信号并输出到交通信号控制设备并由交通信号控制设备控制路口交通信号使其一直为绿灯，同时使得另一交叉路口交通信号一直为红灯；电车通过路口后，车载设备发送信息给轨旁设备 2，轨旁设备 2 将该信息输出给交通信号控制设备并由交通信号控制设备控制路口交通信号使其按照既定规则变化。系统构成框图示意如图 4-10 所示。

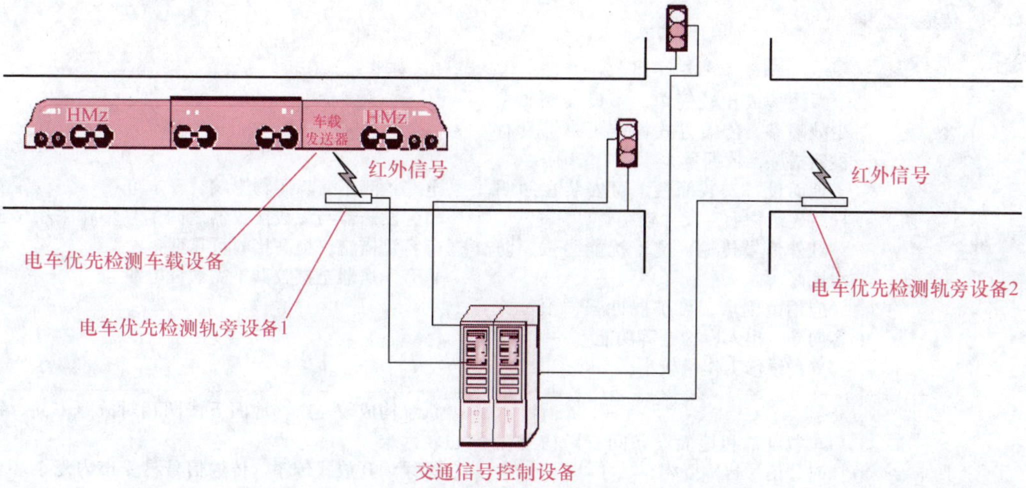

图 4-10　红外方式电车优先检测设备原理图

2）无线方式。工作原理：车载无线发送器安装在电车前方下部支架上，一直发射一定频率载频信号至预先埋设在电车所经路面下的接收线圈，地面接收线圈接收车载发送器发送的信号并转发给轨旁发送器，轨旁发送器如检测到线圈发送的信号，则将该信号转发给距路口较近的无线接收器（该信号含路口编号和方向信息），无线接收器与电车接收器模块（SRM）相连，SRM 接收到优先请求后，通知交通信号控制机控制信号变化；SRM 对应每个优先请求有两个离去线圈，如离去线圈收到车载信号，表示优先解除，则优先解除信号经 SRM 接收后与交通信号控制机接口进而控制信号变化（如请求时间超时，也会引起信号变化）。

通过无线方式组建电车优先检测系统构成框图如图 4-11 所示。

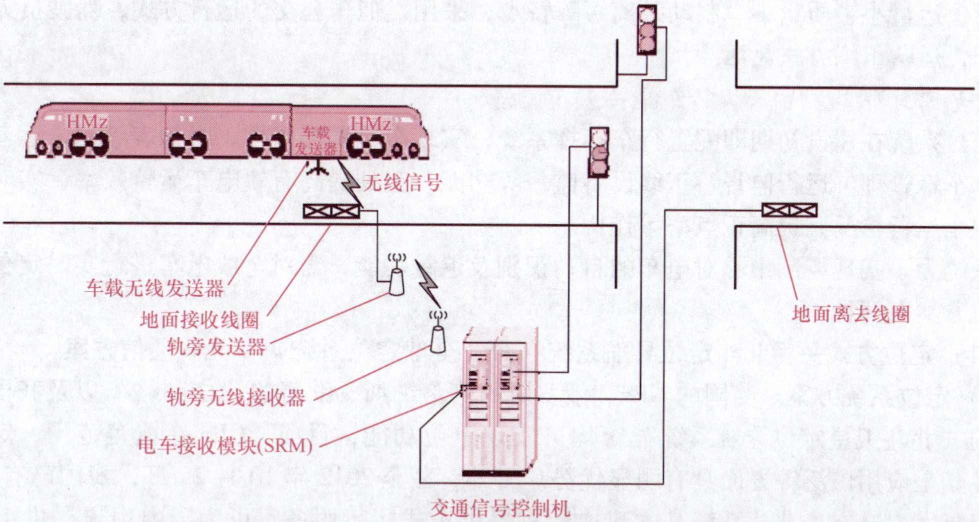

图 4-11　无线方式电车优先检测设备原理图

红外方式与无线方式成本相近，均可实现电车优先检测，具体对比见表4-2。

表4-2 红外方式与无线方式优缺点对比

传输 优缺点	红外方式	无线方式
优点	系统构成比较简单，不设线圈，减少故障率，传输方式稳定可靠，具有检错措施，数据量大 地面设备安装简便，可安装在照明杆或建筑物上，尺寸较小 红外信号传输，抗干扰能力强，防水性好 应用范围广，可扩展性强，预留旅客向导、出入库检查等功能 养护维修工作量较小	电车检测不受障碍物影响，稳定可靠 轨旁发送器与无线接收器之间信号传输采用多次发送等容错措施，提高接收可靠性 轨旁发送器至接收器不需敷设电缆
缺点	车载设备和地面设备间有障碍物阻挡时，信号传输受阻	系统构成较复杂，地面下线圈相对故障率高，维修也较困难 无线为开放式传输，传输信号易受市内复杂环境的干扰

4.6.2 行车指挥子系统

行车指挥子系统可实时显示全线电车的位置和运行情况，辅助调度员完成车辆调度指挥、电车自动识别及追踪、运行图调整、时刻表编制、运营计划管理、掌握电车正点/晚点信息、车辆管理、运行监督、车次号显示等功能，它对于提高有轨电车运营效率、实时掌握有轨电车运营情况、保障电车运行安全等功能的实现具有重要意义。同时系统可与旅客向导系统接口，向旅客向导系统提供电车信息。

1. 不设置行车指挥子系统

工程定位为现代有轨电车，与地铁、轻轨等城市公共交通相比，具有与地面公共交通交叉运行、运量小、质量小、制动距离短等特点，采用类似于公交的运行方式，驾驶员人工驾驶电车，运营组织方式灵活。

2. 在车辆段控制中心设行车指挥系统设备

信号系统在建设初期即配置行车指挥系统，实现车辆调度指挥、时刻表编制、运营计划管理、车辆管理、运行监督、正线设备监督等功能。起到提高有轨电车运营效率、实时掌握有轨电车运营情况、提高正点率等作用。

系统为了实现控制中心对电车的自动识别及追踪功能，需对全线电车进行实时定位。常见定位方案有两种：

(1) **定位方式一：北斗定位导航系统/GPS**（全球定位系统）**+无线通信方案**

1）定位系统方案。美国的GPS、俄罗斯的格洛纳斯、欧盟的“伽利略”以及我国自主研发的“北斗卫星定位导航系统”等均可实现定位功能，目前，GPS在覆盖范围、定位精度，尤其是应用广泛等方面具有明显优势。另外，截至2012年10月25日，我国已有16颗导航卫星发射升空，北斗系统基本建成后将提供正式运行服务，可为国内用户提供10m精度的定位服务。随着我国相关产业的发展，北斗定位导航系统将在智能交通、路况信息管理、道路堵塞治理、车辆监控和自主导航方面有广泛的应用前景，必将成为我国优先发展的支柱产业之一。鉴于该基本情况，推荐采用北斗定位导航系统。将“GPS”作为备选方案。

2）无线通信方案。电车定位数据、电车状态等信息由信号系统自行组建无线网传输或租用公网无线通道以无线的方式实时传输至地面。

① 信号系统自行组建无线网方案。参照地铁项目成熟应用经验，可在沿线适当位置布设无线 AP 点组建一个开放性数据通信系统（DCS），为正线信号控制系统和行车指挥系统提供 IEEE 802.3（以太网）接口，符合数据传输实时性和吞吐量要求。

DCS 是一个独立的系统，按照开放标准和业界标准接口设计。DCS 主要负责在道岔控制系统和行车指挥系统之间发送和接收 IP 报文。DCS 对于这些传输的信息是完全透明的。虽然 DCS 传送安全控制信息，但它本身不是一个安全系统。IEEE 802.3 以太网标准用于整个局域网（LAN），而 IEEE 802.11 无线标准可用于无线网络覆盖内的车地移动通信。IEEE 802.11系列标准是目前广泛应用于移动通信的标准，由于遵循了这些工业范围内认可的开放性标准，系统确保了多个供应商能够以具有竞争力的价格提供设备，并且可以对系统进行稳定的扩展和升级。

② 租用公网方案。公网可选 GSM、GPRS 或 CDMA、LTE 等无线通信方式。

考虑电车定位数据流量较多，且实时性要求较高，为减少运营成本，为电车运行提供高质量的服务，可以采用公网无线通信方式。

由于电车运行在路中，且根据相关地铁项目实施经验，为达到较好的无线覆盖效果且便于维护，轨旁无线接入点一般距离轨面 4 ~ 5m 高位置安装。有轨电车项目沿线安装 AP 点相对较困难，同时与沿线景观不协调。

采用公网方式实现无线通信的方案，需要对公网无线的软件进行二次开发。信号专业将配置实现电车定位数据、状态信息传输的接口设备，以实现北斗卫星定位导航系统/GPS 设备终端与公网无线传输系统设备之间的接口。定位数据及状态信息通过公网无线网络传送至运营商设备服务器后，再通过专线或者租用的传输通道传输至控制中心服务器。

有轨电车无线通信方案建议采用租用公网方案，信号系统自行组建无线网作为备选方案。

（2）**定位方式二：基于计轴设备的电车检测方案**

由于有轨电车项目轨旁绿化与钢轨面齐平，对景观要求较高，可采用计轴设备实现对有轨电车的检测。

计轴设备是通过对检测列车通过线路上某一点（计轴点）的车轴数，以检查两个计轴点之间轨道区段内的占用情况，从而得到列车所在的位置。这种应用是建立在一个轨道区段内只允许有一列车的基础上的。在有轨电车项目中，由于线路上多辆电车以很近的距离排列行驶，除非设置足够多的计轴检测点，否则会出现多辆电车进入同一轨道区段的情况，这是以往的计轴设备从未考虑和应用过的。在这种情况下实现电车定位，轨旁计轴器执行更加复杂的功能，并需对计轴软件进行重新开发。

另外，计轴设备只能检测到电车，如需实现电车车次号识别，需增加电车识别设备。

定位方案一适用于有轨电车项目，北斗卫星定位导航系统/GPS 基本实时在线反应电车位置，且没有轨旁设备和车站设备，投资少，维护工作量小，利于本工程景观建设。方案二轨旁设备较多，投资较高，且不能实时在线反应电车位置，开放的线路条件下区间轨旁设备面临防盗问题，尤其是应用于本工程需进行技术创新和开发，在紧张的工期下实施更加困难。另外由于计轴磁头传输距离的限制，需要在将计轴室内机柜设置在沿线车站设备房内，同时配套区域联锁控制设备以完成相应设备的控制，增加了工程投资；同时需要考虑设置车站设备房以及相关配套设施，如环控、消防等设备。

4.6.3 车辆段信号控制子系统

车辆段的作业方式主要是车辆的进、出入段和段内的调车作业，段内道岔多、作业频繁，为了保证电车在段内的调车作业及出入车辆段作业安全，提高调车效率，推荐采用地铁车辆段常用的计算机联锁系统。

联锁设备是保证列车运行安全的设备，实现列车进路上道岔、信号机、列车占用检测设备间正确的联锁关系，必须满足故障-安全原则。

列车占用检测设备可采用计轴或者轨道电路。计轴与轨道电路相比，具有以下优点：

1）工作不受道床漏泄电阻变化的影响，并且与钢轨表面的洁净程度无关。

2）计轴设备不受天气、周围环境等因素的影响，工作稳定性高，可有效解决轨道电路存在的分路不良和异常红光带等故障。

3）不需加装绝缘节，以及轨道电路工作相关的道岔跨接线、轨道接续线等。

4）不受牵引回流的影响。

5）采用计轴后，轨道区段的长度不受限制，可以解决一送多受的问题，不用轨道分割，对于线束道岔区段，有非常积极的意义。

6）设备工作可靠，维修量少。

7）安装简单，调试方便。

采用计轴设备后，投资较轨道电路偏高。就计轴技术而言，可以实现站内大规模取代轨道电路，而作为常备的信号设备。

4.6.4 道岔控制子系统

采用驾驶员在车上遥控道岔的控制方式。道岔控制子系统由车载设备和地面设备构成。

1. 车载设备

车载设备包括车载操作盘、车载控制单元、无源电子标签、车载通信单元和电源等设备。

车载操作盘用于驾驶员对列车运行前方道岔进行操作。驾驶员在操作道岔时必须要对前方的道岔具有控制权才能够进行操作，如果没有控制权将不能进行操作。

车载控制单元主要对车载通信单元数据、操作盘命令等进行管理、控制和调度，它是车载设备的核心。

无源电子标签安装在车头和车尾。无源电子标签用于地面控制设备识别即将进入道岔区域的机车，确保只有最前面的机车才能对道岔进行控制，同时确定列车何时离开道岔区域。

车载通信单元负责车载设备同地面的通信。车载通信单元实时接收地面控制设备发送来的通信报文，并负责将车载设备的命令报文发送给地面控制设备。

2. 地面控制设备

地面设备包括地面控制单元、电子标签读卡器、通信模块、转辙机、方向指示器及电源等。其中电源采用交流 220V 进行供电。

地面控制单元是整个道岔控制的核心部分，负责转换道岔、信号显示、锁闭道岔、状态采集等。地面控制单元采用热备冗余模式，确保系统的安全稳定和可靠性。

电子标签读卡器在电车通过读卡器天线时读当前电车上的对应标签号码，查询当前的行车位置。

通信模块负责与车载设备进行无线通信。该模块以广播的形式将控制范围内的道岔信息发送出去，凡是在通信范围内的机车都可以实现同地面控制设备进行通信。

方向指示器显示道岔开通位置，辅助驾驶员对电车运行方向进行判定。

3. 工作原理

在道岔区域范围内安装电子标签读卡器，每一点安装两个（冗余热备），电子标签读卡器通过通信电缆同地面控制单元进行通信。地面方向指示器安装在道岔前方的 50m 处，指示道岔开通方向，供驾驶员判断电车是否正确地向目的地行驶。

电车的头部和尾部分别安装两个无源电子标签。车载控制单元安装在电车一端头部控制箱内，操作盘安装在机车两端驾驶室内。操作盘和车载控制单元通过通信电缆连接。

地面控制单元不断向空中传输控制范围内的道岔信息，当电车收到某一道岔范围控制单元发出的信息后向地面控制单元发送确认信息，地面控制单元收到电车确认信息后表示有电车已经进入控制范围，此时地面控制单元打开电子标签读卡器准备进行标签信息读取。

常态道岔处于锁闭状态。当读到安装在电车运行方向头部的标签时，表示电车已经进入道岔控制区域；此时如果经车载无源电子标签以及电子标签读卡器逻辑运算后确认道岔范围无其他列车占用，则地面控制单元将道岔控制权自动下放给该车，并解锁道岔，道岔解锁后可以进行操作。当驾驶员操作完道岔或地面设备读到车尾的标签时，系统自动将道岔恢复为锁闭状态，但此时道岔控制权仍属于该电车。当电车通过下一读卡器，读卡器再次读到电车尾部的电子标签，释放该列车对道岔的控制权。

电车在通过道岔时必须要求道岔处于锁闭状态并且要求驾驶员确认道岔位置，只有道岔位置正确并处于锁闭状态时，系统才能确保行车安全。

第5章

牵引供电系统和接触网系统

现代有轨电车作为城市轨道交通的一种出行方式，其供电系统是现代有轨电车工程中重要的机电设备系统之一，它担负着为电动列车和各种运营设备提供电能的重要任务，也是城市电网的用电大户。现代有轨电车供电系统的可靠性与安全性，直接影响到城轨交通的安全运营与服务水平。现代有轨电车供电方案的科学性及设备选型的合理性，也直接影响到现代有轨电车的节能效果。

5.1 现代有轨电车牵引供电和接触网系统概述

5.1.1 供电系统工程概论

世界城市轨道交通已有140多年的历史，目前已呈现多元化的发展趋势。现对发展历程中早期大事件分述如下：

1）1879年，在德国柏林的世博会上，Siemens和Halske制作了约550m的电气化铁道进行展览。轨距1m，电力机车重954kg，安装了约2.2kW串励式2极直流电动机，采用齿轮传动。机车由DC150V外部电源经敷设在线路中间的第三轨供电，利用走行轨进行回流。牵引了三辆敞开式“客车”，每辆可坐6人，时速可达13km。在4个月的展览期间共运送8万多乘客。

2）德国在柏林近郊的利希特菲尔德修建了一条长2.45km的电气化铁道，1881年5月投入运行，这是世界上第一条商业运行的电气化铁道。

3）1881年，法国巴黎国际电工展览会上展出了一条长500m，用两条架空线授电的电车线路。

4）1885年，英国在伦敦修建了第一条用架空线供电的电车线路，作为市内交通工具。

5）1885年，美国制作了标准轨距的电力机车，运行在纽约州的高架铁路上。

6）1890年伦敦地铁改用电力牵引，采用DC600V制式，采用第三轨供电方式受流。

7）1893年，英国修建了利物浦高架电气化铁道。

8）1893年，瑞典在斯德哥尔摩以北修建了DC500V电气化铁道。

9）1895年，日本在东京下京区修建了DC500V电气化铁道。

10）1902年，意大利在瓦尔切里纳线上修建了三相交流电气化铁道。

11）20世纪初期，电气化铁道在世界各地得到迅速发展。

12）1906年，天津建成国内第一条有轨电车。

13）1908年，上海建成第一条有轨电车。

14）1909年，大连建成第一条有轨电车。

15）1969 年，北京建成国内第一条地铁。

16）1984 年，天津建成第一条地铁。

17）1995 年，上海建成第一条地铁。

18）1996 年，广州建成第一条地铁。

我国电气化铁路自 20 世纪 50 年代末发展以来，走过了几十年艰苦创业的历程，根据 80 年代铁道部确定的以电力牵引为主内燃牵引为辅的技术政策，国家拨款和吸引国外资金等多种方式大力发展电气化铁路，借助改革开放的大好形势相继建成一批高质量、高性能的电气化铁路，已使我国电气化铁路初具规模，形成了良性发展的大好局面，在科学技术的推动下，接触网自动化检测、牵引变电所远程自动控制、微机保护系统等，普遍应用在电气化铁路上。为了提高铁路运输能力，铁道部又制定了发展高速铁路的计划，可以预测中国电气化铁路的发展有着广阔的前景。

我国城市轨道交通起步较晚，只有 40 多年的历史。近年来，我国的北京、上海、广州、深圳、天津、重庆、青岛、杭州、大连、武汉竞相修建城市轨道交通线路。

随着轨道交通的不断发展，轨道交通的制式呈现出多样性的特点。现代有轨电车通过技术改进升级，由于机动灵活性、环境美化性和人文智能性综合评价指标较好，近些年在国内外掀起一番建设的浪潮。但是，结合具体的案例和有轨电车的配置参数，在工程应用中又不能完全套用较高等级的交通模式设计标准，需要适时创新。

5.1.2　供电系统的构成

有轨电车工程供电系统是由城市电网取得电能，对电能进行必要的变换，负责向轨道交通各类用电设备提供所需电能的由各级（类）变电所和输配电线路构成的整体。如图 5-1 所示，包括外部电源进线、中压供电网络、牵引供电系统、接触网系统、动力照明供电系统、电力监控系统、杂散电流防护系统、接地与过电压保护系统等部分。牵引供电系统包括牵引变电所与牵引网，动力照明供电系统包括降压变电所与动力照明配电系统。

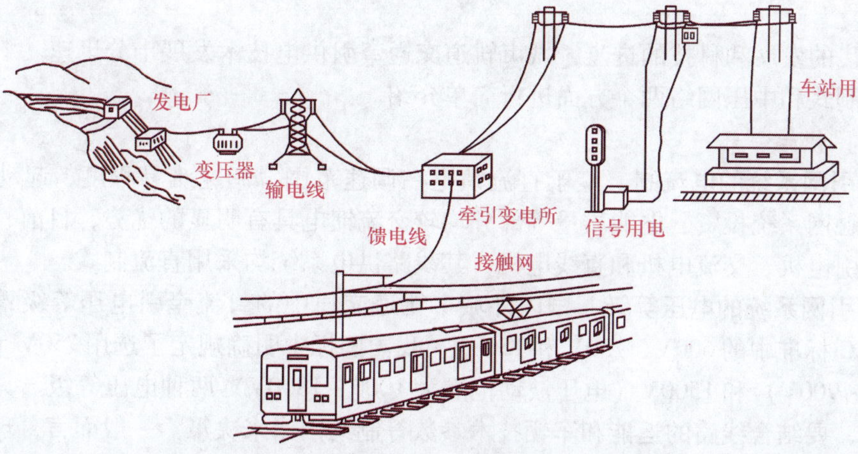

图 5-1　供电系统构成示意图

按照系统构成又可分为以下三种：

1）高压电源系统：由城市高压电网获得电能，通过系统内部中压线路向各牵引、降压、混合变电所供电。

2）牵引供电系统：由牵引变电所和牵引网组成，负责向电动车辆供电。

3）动力照明系统：由降压变电所和动力照明配电线路组成，负责向通信、信号设备，各种动力机械设备，车站和区间各类照明设备等供电。

5.1.3 供电系统的功能

1. 接受并分配电能功能

通过外部电源进线将地方电源经开闭所直接供给牵引变电所和降压变电所，保证有轨电车的牵引及动力照明用电。

2. 降压整流及传输直流电能的功能

接受外部电源进线传输来的交流电能，在牵引变电所内经降压整流后，向沿线的牵引网系统供电，有轨电车沿线安装的牵引网系统，接受由牵引变电所降压整流后的直流电能，同时，不间断地供给列车电能，以保证电车安全、可靠、快速地运行。

3. 降压变配电功能

降压变电所将进线电源降压后变成低压380V/220V电源，再经低压配电系统供给车站、区间的动力照明设备使用，以保证车站设备和照明系统的正常运行。

4. 对供电设备实施电力监控的功能

在电力调度中心，通过电力监控系统的中心控制站、通道、被控站，对整个有轨电车供电系统的牵引降压混合变电所、牵引网等供电设施的运行状态进行实时监视、控制、数据采集及处理，实现供电设备的自动化调度管理，保证设备的正常运行。

5. 对杂散电流进行防护的功能

通过对有轨电车回流系统采取必要的绝缘、设置杂散电流收集网及建立杂散电流监测系统等措施，保护有轨电车结构和沿线金属管线，使之不受杂散电流的腐蚀。

5.1.4 供电技术的发展

随着时代的发展和科技的进步，城市轨道交通牵引供电技术发展十分迅速。下面举例从牵引网供电制式和中压网络两个方面进行简单介绍。

1. 牵引网供电制式

（1）**牵引网系统的电流制** 鉴于直流馈电在调速范围、调速难易程度、起动和制动的平稳性、接触网系统投资、电能质量等部分均较交流馈电具有明显的优势，目前，车辆无论采用直流牵引电机、交流电机和直线电机，其线路供电系统均采用直流制式。

（2）**牵引网系统的电压等级** 国内外城市轨道交通中的直流牵引电压等级繁多，其发展趋向是IEC标准中的600V、750V和1500V。我国国标中明确规定了选用750V（电压波动范围为500～900V）和1500V（电压波动范围为1000～1800V）两种电压等级。具体选用哪种电压等级，要结合线路的运能和车辆技术参数等制约因素来决策。一般而言，现代有轨电车系统建议采用DC750V电压等级供电。

2. 中压网络

（1）**电压等级** 在我国北京地铁建设过程中，由于早期35kV设备体积大、绝缘等级高和价格高等因素，中压网络电压等级采用的是 10kV。随着科技的进步和技术的改善，在广州、深圳和南京等城市的后续建设过程中普遍采用了 35kV 中压网络。具体选用哪种中压网络电压等级，需要结合线路沿线的电力布局来进行综合考虑，不能一概而论之。由于我国近些年来兴建的现代有轨电车普遍穿行于市区，沿线具备良好的 10kV 外部电源条件，因此普遍采用 10kV 电压等级的中压网络。

（2）**系统接线**　随着环网技术的发展，国内城市轨道交通供电系统多采用环网接线形式。

5.2　牵引供电系统

供电系统的构成从不同角度可按系统功能、设计任务、采购单元来划分。按功能不同，城市轨道交通供电系统一般划分为外部电源、主变电所及开闭所、中压网络、牵引变电所和降压变电所、电力监控系统、杂散电流腐蚀防护、接地与过电压保护等部分。

5.2.1　外部电源

目前国内外城市电网对轨道交通的供电方式一般可归纳为三种类型：集中供电方式、分散供电方式和混合供电方式。外部电源供电方案的选择应结合城市电网、电源路径、电网规划等多方面因素综合考虑。

1. 集中供电方式

由专门设置的主变电所集中为牵引变电所及降压变电所供电的外部电源供电方式，称为集中供电方式。系统示例如图 5-2 所示。

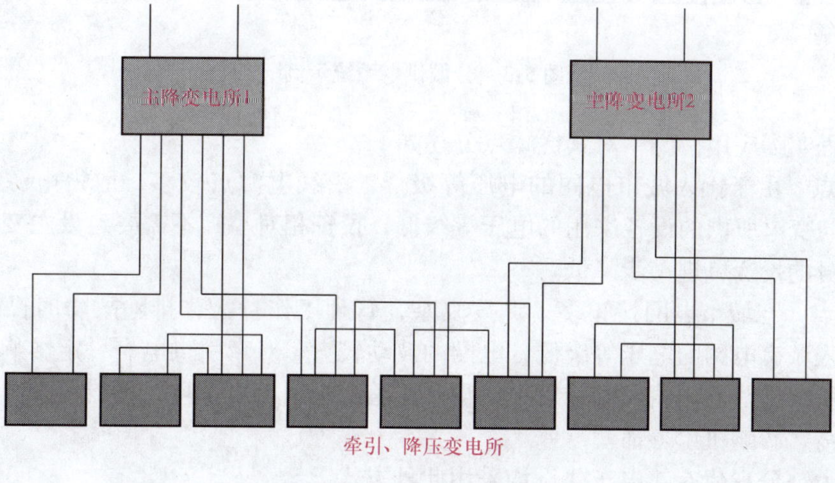

图 5-2　集中供电系统示例

结合工程实际应用情况，对其优缺点分述如下：

（1）**优点**　主所数量少，接入的地方电网电压等级高，线路故障率低，负荷间的相互影响小，因此主所集中供电方式相对有较高的供电可靠性；与城市电网间仅通过主变电所接口，产权划分清楚，运营维护相对独立，调度管理方便，排查故障比较迅速；可以实现网络资源共享，主所位置尽量设置在轨道交通网络的交叉处，用一座变电所为两条轨道交通线路供电，形成区域性的资源共享；与电力系统之间的相互影响小，系统谐波对电网的影响小，与城市其他负荷间的相互影响也小。

（2）**缺点**　主变电所取电比较困难，电源线路一般较长，投资大，电缆线路在市区内敷设，路径选择与施工也比较困难；主变电所规模较大，结构复杂，占地面积大，投资大，选址比较困难；由于每个主变电所供电范围大，为了尽量减少中压供电网络的电压损失，保证牵引变电所和降压变电所的进线电压水平，中压环网电缆线路与变电所内的设备需采用较高的电压等级，相应投资增加。

上海、广州和香港地铁即为此种供电方式。

2. 分散供电方式

由分散引入的城市中压电源直接（或通过电源开闭所间接）为牵引变电所及降压变电所供电的外部电源供电方式，称为分散供电方式。系统示例如图 5-3 所示。

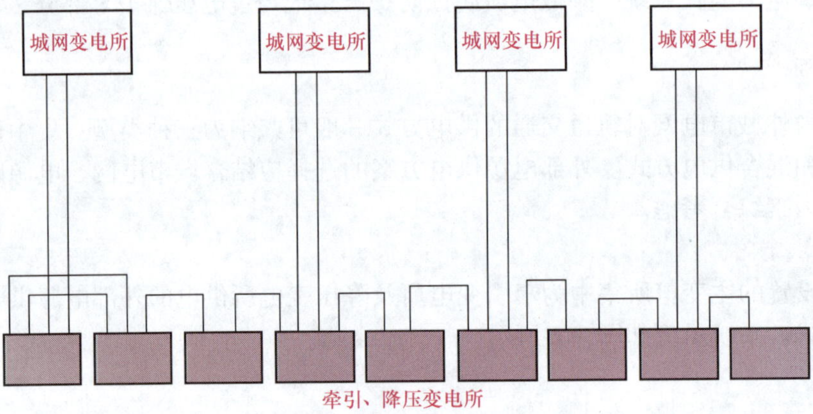

图 5-3　分散供电系统示例

结合工程实际应用情况，对其优缺点分述如下：

（1）**优点**　由于接入城市电网的电压等级低，沿线电源点较多，取得电源较方便；中压供电网络与变电所内的设备采用的电压等级低，投资相对小；不需要建设主变电所，快轨供电系统自身的投资可进一步降低。

（2）**缺点**　与城市电网接口多，调度复杂，管理工作量大，排除故障时操作程序较复杂；由于接入城市电网的电压等级低，电网的波动较大，对牵引供电有一定影响；两座相邻的牵引变电所，进线电压值较难接近，使得两所整流机组出力不均，可能使某个所的整流机组频繁过负荷，影响机组寿命。

目前，大部分现代有轨电车建设均采用此种方式。

3. 混合供电方式

根据城市电网电源点的分布情况，在轨道交通沿线一些区段采用集中供电方式，一些区段采用分散供电方式。这种供电方式可以根据城市电网电源点的分布，灵活地采用部分集中、部分分散的供电方式，有可能使外部电源工程的投资最小。但其最大的缺点是运营管理和设备选型极为不便，对整个城市轨道交通供电系统的统一规划也不利。

北京地铁 1 号线和 2 号线即为此种供电方式。具体采用哪种供电方式需要结合拟建线路的沿线电力布局来进行定制化设计。

根据《城市无轨电车和有轨电车供电系统》（CJ/T1—1999）3.1.4 条规定，有轨电车交流电源标称电压宜采用 10kV，《北京现代有轨电车技术标准》10.2 条规定有轨电车外部电源方式可采用集中式供电、分散式供电和混合式供电，当城市电网能够满足有轨电车建设的技术要求时宜采用分散式供电。

但是，在国外广泛应用的 20kV 中压网络，目前我国的苏州等地在进行了多年的 20kV 中压配网电源试点后，也已经具备了城市轨道交通使用的电压等级。条件具备时，应该给予试点并大范围推广应用。

5.2.2　主变电所及开闭所

对于集中式外部电源方案，应建设城市轨道交通用主变电所。城市轨道交通供电系统主变电所的功能是接受城网高压电源，经降压后为牵引变电所和降压变电所提供中压电源。

1. 所址选择

变电所选址是配电网规划的重要组成部分，其位置是否合理除直接影响变电所工程投资和运行经济效益外。还关系到配电网的网络结构、供电质量和运行经济性。同时，还应遵循以下基本原则：

1）所址应与城市建设和电网规划相协调。

2）尽可能避开闹市区，减少对城区市容和附近居民生活工作的影响，如可建在地下、大桥下或大厦下。

3）靠近提供电源的城网变电所，便于进出线，满足电缆铺设要求。

4）尽量靠近所供线路区段的负荷中心，以减低造价、减少电能损失和电压损失。

5）设备运输方便。

2. 进线及安装容量说明

1）两路独立高压电源，任一路能承担全所正常及故障情况下的全部负荷，两路一般为专用，条件限制时采用一路专用，一路非专用。

2）容量按远期最大运量设计，设两台主变压器。

3）当任一台主变压器退出运行时，另一台主变压器能承担全所的一、二级负荷。

4）当一个主降变电所因故障退出运行时，同一线路相邻的其他主降变电所，应能分担故障的主变电所所负责的全部一、二级负荷，如仅一个主降变电所，则在系统中从城市电网引入中压联络线。

3. 电气主接线

主变电所电气主接线应与当地电力部门协商确定。城市轨道交通供电系统主变电所高压侧与城市电网之间应设明显的电气分断点。其他说明如下：

1）主降变电所高压侧接线一般采用内桥接线或带外跨条的线路 - 变压器组接线方式。

2）中压侧为单母线分段，装设母联断路器，正常时母联断路器处于断开。

3）高压进线和中压母线设置避雷器和电压互感器。

4）每段中压母线分别设置一台自用电变压器。

5）考虑轨道交通线路的发展，必要时预留一定数量的开关柜。

4. 运行方式说明

1）正常时，中压侧母联断路器断开，两段母线分段运行。

2）当采用内桥接线时，正常时桥断路器断开，两台主变压器分列运行；当一回进线因检修或故障退出运行时，通过倒闸作业，合上桥断路器，由另一回进线带两台变压器；当一台变压器因检修或故障退出运行时，合上中压侧母联断路器，由另一台变压器承担本所供电区域的一、二级负荷供电。

3）当采用线路-变压器组接线，正常时两台主变压器分列运行，当一回进线或变压器因检修或故障退出运行时，合上中压侧母联断路器，由另一台变压器承担本所供电区域的一、二级负荷供电。

4）主变电所的位置应该尽量设置在拟建线路的沿线，而开闭所的运营管理权则由当地电力局负责日常管理工作。

5.2.3 中压网络

城市快速轨道交通中压网络，纵向把上级专用主变电所（对于集中式供电）或城市变电所（对于分散式供电）和下级牵引变电所、降压变电所连接起来，横向把全线的各个牵引变电所、降压变电所连接起来。

中压网络是轨道交通供电系统中主变电所（或电源开闭所）与牵引供电系统、动力照明供电系统间相互连接的重要环节。其电压等级的确定，关系到城市轨道交通供电系统的供电质量，同时也制约着主变电所（或电源开闭所）位置及数量的确定。所以，中压网络方案的确定，影响到轨道交通供电系统的整体投资和运营维护等诸多方面，在研究城市轨道交通供电系统时应对中压网络方案进行分析和优化。

中压网络是由两条以上与城市轨道交通线路平行敷设的电缆线路构成。其作用是：纵向把上级的主变电所和下级的牵引变电所、降压变电所连接起来；横向把全线的各个牵引变电所和降压变电所连接起来。由于它是供电系统内部变电所之间唯一的电能传输通道，因此每回电缆线路的容量必须满足所供分区内全部牵引负荷以及一、二级动力照明负荷的需求；在网络的接线形式、电压等级、电缆截面的选择各方面，也应根据负荷情况细致分析确定。

以分散式供电为例，中压网络局限于既有城市电网变电站的二次侧预留电源接口。中压网络设计原则包括：

1）从地方10kV电网引入10kV独立电源。

2）中压环网线路末端电压损失不宜超过其额定电压值的5%。

3）根据实际用电负荷的分布情况，合理分配供电分区，确定分区范围，力求做到网络接线简洁、实用，并充分考虑适应运营管理模式的需要。

以集中式供电为例，中压网络电压等级可以按照系统的定制化设计来进行考虑。

中压网络通常可采用单环网或双环网接线方式。环网电缆规格普遍采用低烟、低卤、A类阻燃、防紫外线的交联聚乙烯铠装单芯电力电缆。

中压网络运行方式有如下两种。

1. 正常运行方式

正常运行方式是系统在正常电源条件、线路条件和设备条件下的运行方式。正常运行方式下，系统外部电源进线开关、联络馈线开关均处在合闸工作位。两个开闭所之间供电分界处的应急联络开关，正常运行方式下为常开状态。

2. 故障运行方式

故障运行方式是指电源、电缆线路、开关设备三个因素中，有任何一个处在故障时的系统运行方式。

当环网电缆线路故障或开关设备故障时，断开故障开关或故障线路两端的开关，将故障点隔离，同时闭合相邻分区的应急联络开关，以故障点为界，调整供电分区划分。

当某个开闭所单电源故障（包括电源失电、进线电缆故障、进线开关故障等）时，闭合相邻分区的应急联络开关，由另一端开闭所为全线供电。

电压等级的确定，是中压网络研究中的一个关键问题。因为电压等级的选择影响到整个供电系统的供电质量、系统接线和经济投资等诸多方面，所以应对中压电压等级选取进行详细分析研究。一般来讲，35（33）kV、20kV 和 10kV 这三种电压等级为中压范畴，在城市轨道交通的供电系统中均可采用。33kV 和 20kV 为国际标准电压，国内工程采用的相对较少。

5.2.4 牵引变电所和降压变电所

1. 牵引变电所

牵引变电所引入两个独立的中压交流电源，并将交流电能转换为直流电能，承担着向电动列车提供直流牵引电能的功能。牵引变电所的数量与直流牵引电压等级、牵引网最大电压损失允许值等多个因素有关。牵引变电所设置应尽量不与车站结合，采用独立建房或者施工简便、占地较小的箱式变电站，牵引变电所分布按照远期高峰小时负荷进行布点。牵引变电所的主接线及运行方式如下（以 10kV 为例）。

正线典型电源牵引变电所高压母线采用单母线不分段接线方式，从地区变电所引入 1 路中压电源，并设 2 路出线分别接至相邻两个方向的变电所。正线典型牵引变电所 10kV 母线采用单母线不分段接线方式，从其中一座相邻所引入 1 路 AC 10kV 电源，并设 1 路出线至下一相邻所。当 1 路地区电源发生故障时，环网联络开关合闸，由相邻的另外 1 路地区电源向该供电分区内的牵引负荷及一、二级动力照明负荷供电。

车辆段牵引变电所 10kV 母线采用单母线分段接线方式，每段母线设一路地区电源进线，分别来自地区变电站的不同母线。正常时母联开关打开，一段母线向一台整流变压器及两台动力变压器供电，另一段母线向另两台动力变压器供电。一路电源发生故障时，则自动投入母线联络开关，由另一条进线电源同时向两段母线供电。每个牵引变电所设 1 套 12/24 脉波整流机组。

直流 750V 母线采用单母线不分段接线。整流机组正极通过直流快速断路器向直流母线供电，负极通过手动隔离开关与负母线相连。直流正母线通过直流快速断路器分别向左右两方向的上、下行牵引网供电。上行或下行两条馈出线间设电动操作的越区隔离开关，正常运行时，越区隔离开关打开；当整个变电所故障退出运行，由两相邻变电所通过越区隔离开关或变电所直流母线越区实现大双边供电。

牵引变电所是轨道电车供电系统的核心，其形式主要分为有房间式牵引变电所和箱式牵引变电所两种模式。目前国内各城市轨道交通工程主要采用传统的房间式牵引变电所模式。房间式牵引变电所主要存在建设占地多、工期长、工程配合复杂等问题，这需要城市轨道交通相关参建方共同解决。箱式牵引变电所能很好的弥补房间式牵引变电所的不足，也将成为国内牵引变电所的发展趋势，尤其是在中小型城市轨道交通工程中。

箱式牵引变电所在国外已经有较为广泛的应用。在我国的香港东部铁路和西部铁路中，大量使用了箱式牵引变电所；上海市莘闵线和共和新路城市轨道交通工程中的部分牵引变电所也采用了箱式变电所；天津开发区新交通项目，全部采用箱式牵引变电所。箱式变电所的优点：布置紧凑，占地面积小，选址灵活，简化了与土建工程的接口配合，现场安装、调试工期短；缺点：运输和吊装困难，招标竞争不足，国内生产工艺需改进，运营经验少，变电所出现故障影响面较大。

2. 降压变电所

降压变电所将中压网络电能转换为低压电能，向车站、区间、车辆段（停车场）、控制中心所有低压用电负荷提供电源。降压变电所是城市轨道交通运营安全、行车安全、防灾安全以及应急处理等动力照明供电的保障。降压变电所和牵引变电所同等重要。

降压变电所的位置应该靠近负荷中心，在充分考虑线路损耗的基础上节约投资成本。区间是否设置跟随式降压变电所，取决于直供低压电源电缆和跟随式降压变电所的经济技术比较。降压变电所有独立式、跟随式和混合式三种类型。降压变电所二次侧输出为通信信号设备和车站及区间各类动力照明设备提供电源，一般按对供电可靠性的要求分为三级：

（1）**一级负荷**　电动车辆，通信设备，信号设备，防灾、报警装置，自动售检票装置，事故照明（如地铁站厅和站台厅照明），事故风机，消防泵等。

（2）**二级负荷**　风机，排水泵，排雨泵，污水泵，自动扶梯，直升电梯，车站和区间的工作照明，人防工程等。

（3）**三级负荷**　空调机，冷冻机组，电热机组，清洁机械，广告照明，临时施工用电等。

5.2.5　电力监控系统

全线设电力监控系统（SCADA），对本工程的变电所、牵引网等主要供电设施的运行状态及杂散电流的相关参数进行实时监视、控制、数据采集及处理，实现供电设备的自动化调度管理，以确保牵引供电系统和全线的电力变配电系统安全可靠和经济运行。

1. 全线电力监控系统构成

全线电力监控系统由电力调度中心主站系统、被控站系统、供电车间复示系统及传输通道构成。

（1）**电力调度中心主站系统**　电力监控系统主站系统设在车辆段综合楼电力调度中心内。系统配置主备系统服务器、双并行调度员工作站、系统维护工作站、WEB 服务器、通信处理设备等网络节点设备及人机接口设备、实时数据及文档管理报表打印机、系统维护打印机、画面拷贝机、UPS 电源设备等外围设备，同时具备完善的软件资源。

（2）**被控站系统**　被控站为设在变电所内的综合自动化系统。变电所综合自动化系统由变电所管理层设备、面向间隔层的保护测控装置及其他智能设备和站内通信网络三部分组成。系统采用集中管理、分散布置的模式，各下位监控单元安装于各开关柜内，上位监控单元通过所内通信网络对其进行监视控制。

（3）**传输通道系统**　采用通信专业配置的专用光纤数据传输通道，通信方式采用以太网传输方式。

(4) **供电车间复示系统**　供电车间复示系统主要设备包括复示工作站、打印机、UPS 等，独立构成供电车间复示局域网。主要为了提高设备维护管理水平及工作效率，实现状态修。特殊情况下也可以通过网络管理人员为供电车间工作人员授权接替调度员的权限，对全线的供电设施进行直接调度。

全线供电系统采用电调中心集中控制、所内控制、设备本体控制三级控制方式。

2. 全线供电系统主要功能

1）遥控功能：改变运行方式和倒闸操作。包括单控、程序控制、定时控制、自动控制、模拟操作等。

2）遥信功能：对主要电力设备运行状态信号、事故、预告信号等进行实时数据采集，在电调中心进行显示、报警、存储、打印等处理。

3）遥测功能：对变电所重要电参数进行实时采集，并在电调中心以窗口、曲线、棒图方式动态显示。

4）调度事务管理功能：电调中心可以根据从变电所采集的设备运行信息进行分类统计、参数计算、寿命评估等，为调度决策及维护检修提供必要的依据。

5）培训功能。

6）良好的系统维护、修改、扩展功能。

7）系统时钟同步功能。

8）系统容错、自诊断、自恢复功能。

9）全中文功能。

5.2.6　杂散电流腐蚀防护

杂散电流防护设计按照“以堵为主，以排为辅，堵排结合，加强监测”的原则设计，设置杂散电流防护及检测系统，在无法设置杂散电流收集网的路段，对沿线金属管线进行单独防护。当杂散电流防护与安全接地发生矛盾时，优先考虑安全接地。

杂散电流的防护方案如下。

1. 正线杂散电流防护方案

1）确保畅通的牵引回流系统，走行轨之间牢固焊接，接头电阻不大于 1m 轨电阻值。

2）回流走行轨采用绝缘法安装，杜绝牵引回流流散。

3）利用整体道床内部钢筋作主排流网。

4）在各牵引变电所内设置排流柜，当轨道绝缘水平降低时起动排流柜排流，限制杂散电流的腐蚀，并控制杂散电流向外扩散。

5）市政道路改造同时对与有轨电车线路邻近的金属管线做加强绝缘防腐，防止杂散电流对金属管线及设备的侵入。

2. 车辆段及停车场杂散电流防护方案

1）出入段线与正线间以及检修库内外线路间设置钢轨绝缘，同时在此处设置单向导通装置。钢轨绝缘位置应与接触网电分段配合。

2）为保证人身安全，检修库及停车库内走行轨需接地，且库内轨道之间根据规模大小设置均流电缆。

3）车辆段（停车场）内应根据电化分段情况分别设置回流回路。

4）车辆段（停车场）内管道应尽量采用非金属材质，如采用金属材质则应进行加强防腐。进出车辆段（停车场）的金属管道在进出部位设置绝缘法兰。

5）出入车辆段（停车场）的走行线与正线间、停车库内与库外的钢轨上设置单相导通装置，以限制杂散电流的扩散。

6）车辆段（停车场）检修库设置钢轨电位限制器。

7）在车辆段（停车场）牵引变电所内设置杂散电流监测装置，对场段单向导通装置运行状态进行实时监测。

3. 杂散电流监测点设置原则

在车站设置监测点，监测点由传感器和参比电极组成，传感器将采集的模拟信号转换为数字信号，并送至牵引所监测装置进行信息处理，所内监测装置可对传感器实时发布指令进行监测，并将处理信息通过牵引所综合自动化装置送至控制中心，进行全线的信息处理。

4. 杂散电流监测防护系统构成

监测系统由参比电极、测量端子、传感器、转接器、监测装置及信息传输通道组成，采用分布式结构框架，框架简图如图 5-4 所示。

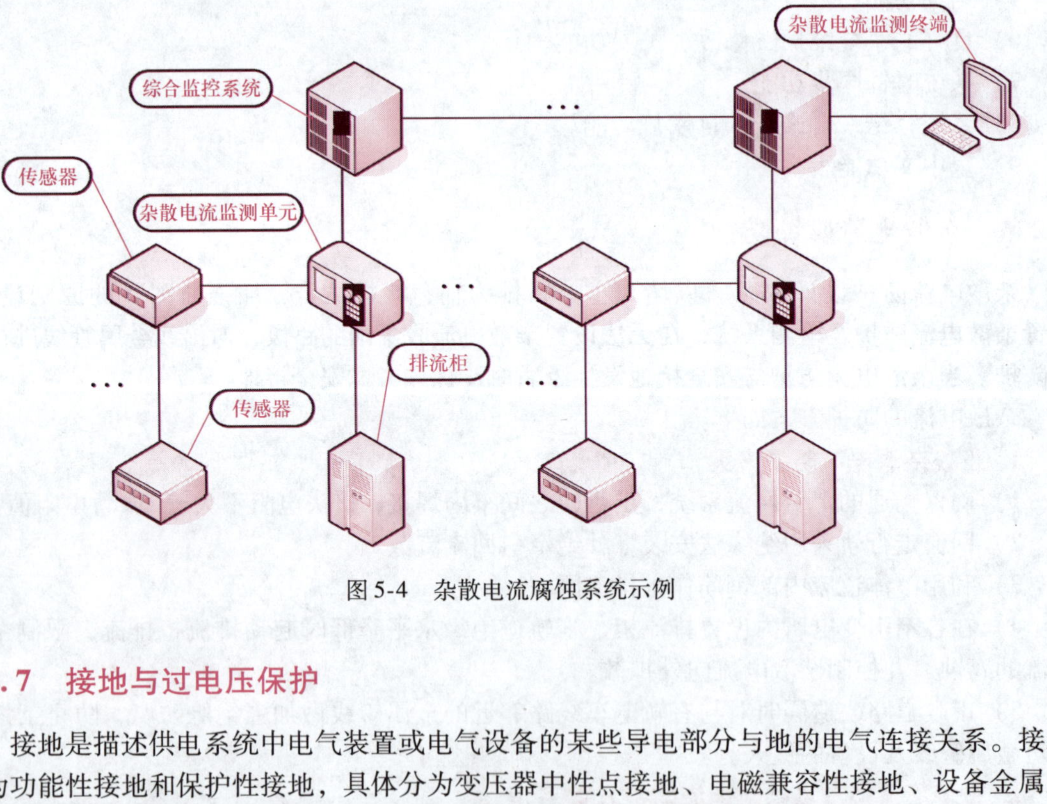

图 5-4　杂散电流腐蚀系统示例

5.2.7　接地与过电压保护

接地是描述供电系统中电气装置或电气设备的某些导电部分与地的电气连接关系。接地分为功能性接地和保护性接地，具体分为变压器中性点接地、电磁兼容性接地、设备金属外壳接地、防雷及过电压接地等。接地体包括接地装置和装置周围的土壤或混凝土，它的作用是把雷击电流有效地泄入大地。良好的接地可以避免地电位反击。

现在常用的接地装置有水平接地极、垂直接地极、延长接地极和基础接地极。目前轨道交通一般都是利用车站基础内的结构钢筋作为自然接地体，另外在变电所周围敷设人工接地体，自然接地体与人工接地体连接，构成统一的接地装置。接地装置的接地电阻不大于0.5Ω。当接地不能满足要求时，可采用环形接地极组和放射形接地极组的办法。对于土壤电阻较高的地区或车站，一般接地方式很难达到接地设计要求，对于这种情况，可采用人工办法来减小接地土壤的电阻率，即用换土法或化学处理法，从轨道交通工程的长远性考虑，宜采用换土法。

在供电系统运行过程中，过电压保护就是普通系统设备参数和过电压保护设备参数的合理配合，实现保护电气设备绝缘的目的，使电气设备正常运行。车站接地系统设计，应以降低车站内的接触电压、跨步电压、设备的对地电压，以及防止过电压、静电与电磁感应的影响作为切入点，在技术可行的基础上尽量减少投资，并需很好地考虑可实施性。推荐采用以水平接地网为主，换土和添加降阻剂为辅的实施方案。

5.3 接触网系统

接触网是电气化中所提到的主要供电装置之一，其功用是通过它与受电弓的直接接触，而将电能传送给电力机车。接触网最早出现的形式是利用钢轨供电。随着电压的提高、运输量的增大、技术的不断改进以及对人身安全的严格要求等，使接触网的结构逐渐发展成为目前广泛采用的架空式接触网。地下铁道由于受空间条件的限制，一般采用接触轨式接触网。但是近年来，随着电压的升高，也在采用架空式的刚性悬挂或软索式悬挂。对有轨电车系统而言，一般地区采用简单弹性悬挂链接方式，特殊地区可以考虑链形悬挂方式。

5.3.1 接触网概述

架空接触网是设置在车辆限界顶部上方或侧面，通过车顶受流装置向车辆供电的接触网。接触网架设范围包括正线、正线间的渡线、折返线、停车线、出入段线以及车辆段内电化股道等部分。

1. 系统组成部分

（1）**牵引网** 包括了接触网、钢轨回路（包括大地）、馈电线和回流线的一个大范畴，它是轨道交通供电系统中向电动车组供电的直接环节。

（2）**接触网** 是一种轨道敷设的和铁路轨顶保持一定距离的输电网。通过电动车组的受电弓（或受流器）和接触网的滑动接触，牵引电能就由接触网进入电动车组，驱动牵引电动机使列车运行。接触网是牵引网中的重要环节。

（3）**馈电线** 是连接牵引变电所和接触网的导线，它把经牵引变电所变换成符合牵引制式用的电能馈送给接触网。

（4）**轨道** 在电力牵引时，除具有支撑和导向功能外，还完成导通回流的作用。

（5）**回流线** 是连接轨道和牵引变电所的导线，通过回流线把轨道中的回路电流导入牵引变电所。

2. 接触网的工作特点

（1）**没有备用** 无法采用备用措施，一旦接触网故障，整个供电区间全部停电，列车停运。

（2）**经常处于动态运行状态** 存在与受电器的机械作用，处于振动、摩擦、电弧、污染等动态运行状态中，使其发生故障的可能性较一般电力线路的概率高很多。

(3) **结构复杂，技术要求高** 对接触网导线的高度、拉力，定位器的坡度，接触网的弹性、均匀度都有定量的要求。

3. 对接触网的基本要求

接触网的工作状态：是指接触线和电动车组受电弓（或受流器）滑板的接触和导电情况，两者应保持一定的接触压力。

1）接触网悬挂应弹性均匀、高度一致，在高速行车和恶劣的气象条件下，能保证正常取流。

2）接触网结构要尽量简单，并保证在施工、运营及检修等方面具有充分的可靠性和灵活性。

3）接触网的寿命应尽量长，具有足够的耐磨性和抗腐蚀能力。

4）接触网的建设应注意节约有色金属及其他贵重金属。

4. 接触网的简单分类

接触网分为架空式接触网和接触轨式接触网。架空式多用于城市地面或地下、铁路干线、工矿的电力牵引。接触轨式一般仅用于净空受限的地下电力牵引。我国的地铁轨道系统中，架空式和接触轨式的接触网均采用。

5. 接触网的供电方式

牵引变电所向接触网供电有两种方式：单边供电方式和双边供电方式。

(1) **单边供电** 接触网通常在相邻两牵引变电所间的中央断开，将两牵引变电所之间两供电臂的接触网分为两个供电分区，每一供电分区的接触网只从一端的牵引变电所获得电流。

(2) **双边供电** 如图5-5所示，中央断开处设置开关设备，可将两供电分区连通，此处称为分区亭（SP），将分区亭的开关闭合，则相邻牵引变电所间的两个接触网供电分区均可同时从两个变电所获得电流。

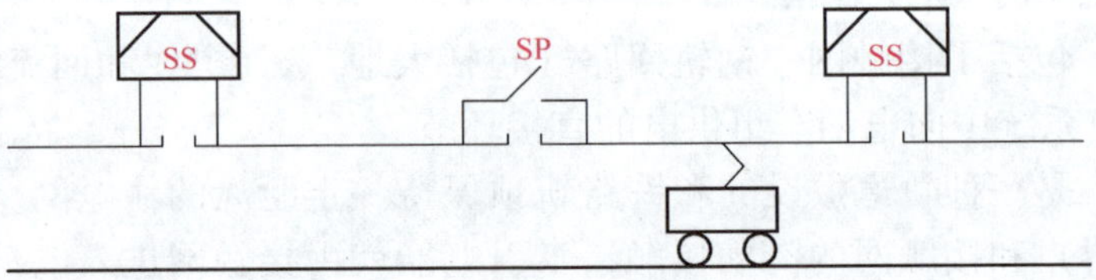

图5-5 双边供电示意图

6. 接触网的电分段

电分段是在纵向或横向将接触网从电气连接上相互分开的装置。为了使接触网的供电安全、可靠和灵活，接触网在区间和车站之间、车辆段和区间之间以及一些特殊线路的始端，通常加设电分段。

在电分段处设隔离开关。需要分段时将隔离开关打开，不需要分段时将隔离开关闭合。电分段通常采用分段绝缘器来实现。

7. 架空式接触网的机械分段

(1) **架空式接触悬挂的跨距、弛度和张力的概念**

1）跨距：固定架空式接触网接触悬挂的固定装置与固定装置之间的水平距离。

2）弛度：接触线在跨距中央位置与悬挂点水平连线的距离。

3）接触线的张力：接触线所受的拉力。

（2）**架空式接触网的机械分段**　架空式接触网的机械分段是以锚段进行划分。

1）锚段：接触网的架设，经过多个跨距以后必须在两个终端加以固定，称为下锚。下锚的支柱称为锚柱。锚段是将接触网沿线分成一定长度，并在结构上有独立机械稳定性的分段，采用它可以缩小发生事故时的范围并便于检修。

2）锚段关节：一个锚段和另一个锚段衔接的接触网悬挂结构。

由于现代有轨电车系统一般运行于城市道路中，普遍采用架空接触网系统。

5.3.2　架空接触网的组成和结构

架空式接触网由接触悬挂、支持装置、支柱和基础等几部分组成。

1. 接触悬挂的种类

（1）**接触悬挂的作用和构成**　接触悬挂是将电能传导给电动车组的供电设备，由承力索、接触线、吊弦、定位器、补偿装置、悬挂零件及中心锚结等元件构成。

（2）**接触悬挂的类型**　简单悬挂和链形悬挂。

1）简单悬挂。如图 5-6 所示，由一根或几根相互平行的直接固定到支持装置上的接触线所组成的悬挂，一般用于车速较低的线路上。

图 5-6　简单悬挂示意图

① 简单悬挂的特点。结构简单，支持装置和支柱的负荷较轻，支柱高度要求较低，所以经济，施工、维护方便。缺点是弛度大，弹性不均匀造成由于受电弓上下追随速度和电动车组运行速度不协调而发生离线和冲击现象，所以不利于电动车组高速运行时对取流的要求。

② 对简单悬挂的改进。采用带弹性吊索的简单悬挂，如图 5-7 所示，即在悬挂点处加一个弹性吊索，从而改善了悬挂点处的弹性和运行状态，称为弹性简单接触悬挂。

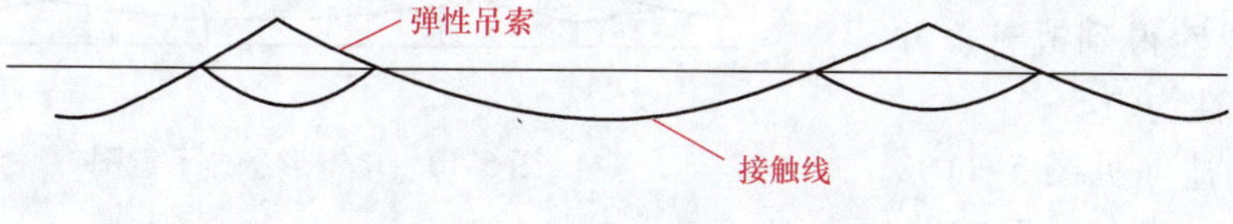

图 5-7　弹性简单悬挂示意图

③ 弹性简单接触悬挂的特点。结构简单，支持装置和支柱的负荷较轻，支柱高度要求较低，所以经济，施工、维护方便，而且电动车组的运行速度可有所提高。

2）链形悬挂。如图 5-8 所示，接触线通过吊弦而悬挂到承力索上的悬挂称为链形悬挂。链形悬挂可以在某一温度下，使接触线处于无弛度状态。

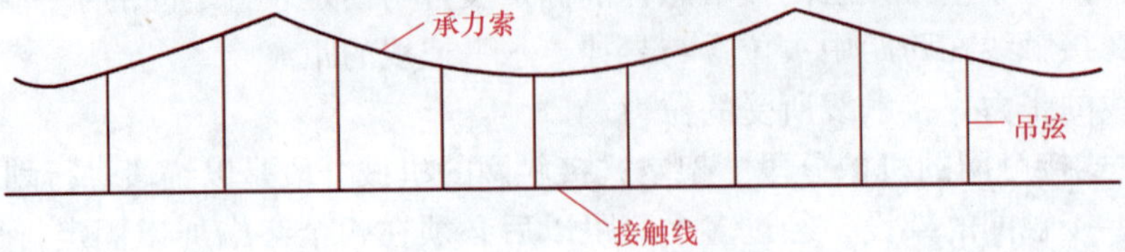

图 5-8 链形悬挂示意图

① 链形悬挂的特点。如图 5-9 所示，承力索悬挂于支柱的支持装置上，接触线通过吊弦悬挂在承力索上，使接触线在不增加支柱情况下，增加悬挂点，调节吊弦可使在整个跨距内，接触线至轨面保持相等的高度，而且由于接触线悬挂在承力索上，所以基本消除了悬挂处的硬点，使接触悬挂的弹性在整个跨距内比较均匀，有利于电动车组高速运行时对取流的要求。缺点是结构复杂，投资大，施工和维护调整困难。

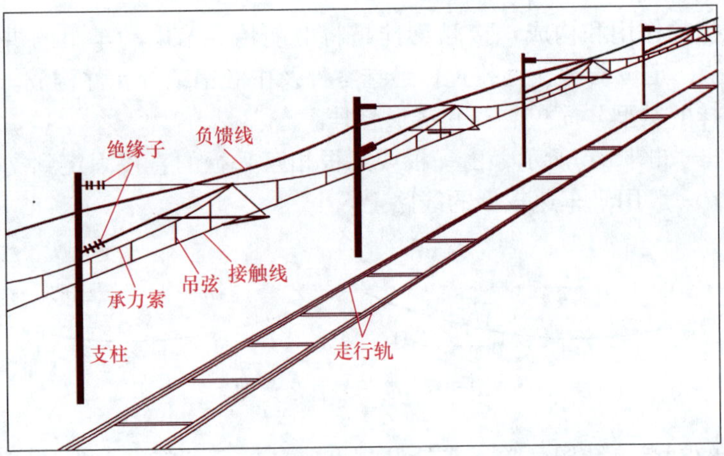

图 5-9 链形悬挂整体效果图

② 链形悬挂的分类。按悬挂的链数划分为单链形悬挂、双链形悬挂、多链形悬挂。

单链形悬挂（见图 5-10），又分为简单链形悬挂和弹性链形悬挂，弹性链形悬挂使支柱处接触线的弹性得到改善，并使整个跨距弹性均匀。

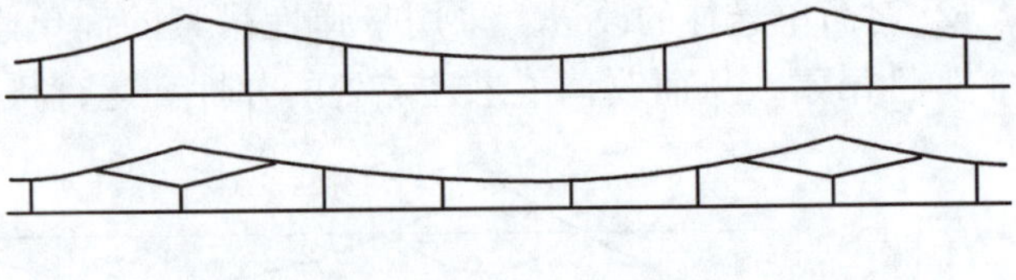

图 5-10 单链形悬挂示意图

双链形悬挂（见图 5-11），由接触线、承力索及一根辅助索组成的悬挂，又分为简单双链形悬挂和弹性双链形悬挂。由于多了一根辅助导线，其弹性更加趋于均匀。

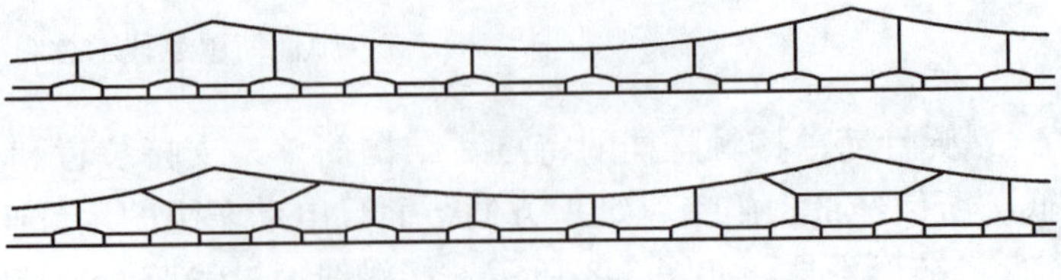

图 5-11 双链形悬挂示意图

2. 接触悬挂的导线结构与类型

（1）**承力索**　承力索主要承受接触线的重力，所以承力索的材质要柔软，能承受较大的张力，温度变化时弛度变化要小，并具有一定的导电能力。承力索的结构一般为单芯式的多层绞线。

承力索按材质分主要有铜和钢两大类。由于地铁供电在电压损失、能耗和抗腐蚀等方面要求较高，所以铜承力索采用较多，铜承力索规格表见表 5-1。

表 5-1　铜承力索规格表

型号	截面积/mm^2	股数	直径/mm	计算直径/mm	有效电阻/Ω	单位重量/（kg/m）
TJ-70	70	19	2. 14	10. 6	0. 28	618
TJ-95	95	19	2. 49	12. 4	0. 20	837
TJ-120	120	19	2. 80	14. 0	0. 158	1058
TJ-150	150	19	3. 15	15. 8	0. 123	1338

（2）**接触线**　在运行中直接受电动车组受电弓的高速摩擦，要承受结构所需的张力，因此要求接触线具有良好的导电性能、耐磨性能、抗腐蚀性能及足够的机械强度。

铜接触线为最佳选择，还有钢铝接触线、铝合金接触线等。

铜接触线一般由硬拉电解铜制成，具有导电性好，强度和硬度高，耐腐蚀，施工维护方便等特点。目前多采用铜合金接触线。城轨中应用较多的是铜银合金接触线。

接触线的形状一般制成两侧带沟状（见图 5-12）。其截面的选择应满足供电计算所确定的需要通过的电流值。

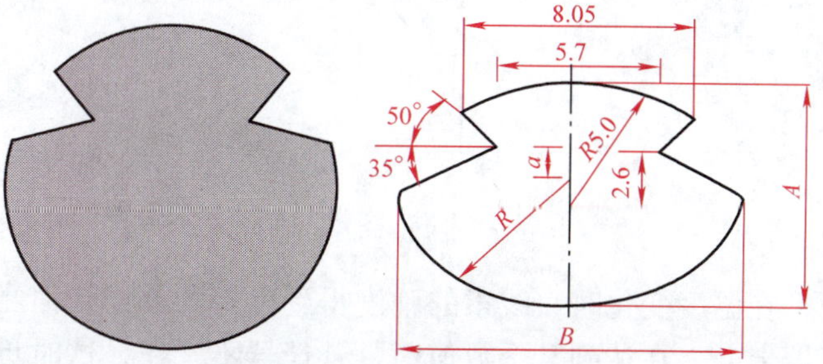

图 5-12　接触线剖面示意图

3. 接触悬挂的下锚方式

接触悬挂的下锚方式分为硬锚和张力补偿两种。

① 硬锚方式：将承力索或接触线两端通过绝缘子串固定在锚柱上。

② 张力补偿：在下锚处，通过加设张力自动调节装置进行下锚。

（1）**未补偿链形接触悬挂**　将所有的线索两端均做成硬锚方式，锚段内各跨距的承力索和接触线的张力和弛度随温度变化较大，性能较差，一般只在对接触线弹性要求较低时使用。

（2）**具有季节调整的链形接触悬挂**　为了减小线索张力和弛度的变化范围，可在接触线的下锚处安装一个松紧调整螺钉，以便进行张力调整，通常春季和秋季各调整一次。

（3）**半补偿链形接触悬挂**　为了减少承力索和接触线的弛度随温度的变化，根据张力和弛度的关系，在锚柱上设置张力自动补偿器，只在接触线下锚端加设张力自动补偿器，承力索不补偿的，称为半补偿链形接触悬挂，如图 5-13 所示。张力自动补偿器通常由滑轮、补偿线和坠砣组成。因为坠砣重量固定，因此可以使接触线在气温变化时保持张力不变。

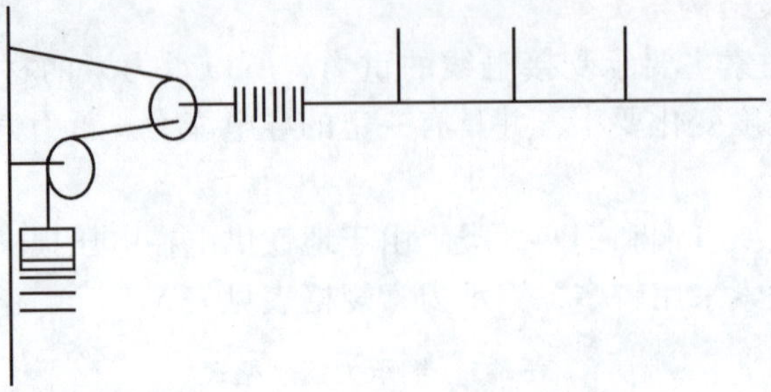

图 5-13　半补偿链形接触悬挂示意图

（4）**全补偿链形接触悬挂**　如图 5-14 所示，全部线索（接触线、承力索、辅助索等）在下锚端均安装张力自动补偿装置，在温度和负载变化时，各线索的张力保持不变，具有良好的运行条件。

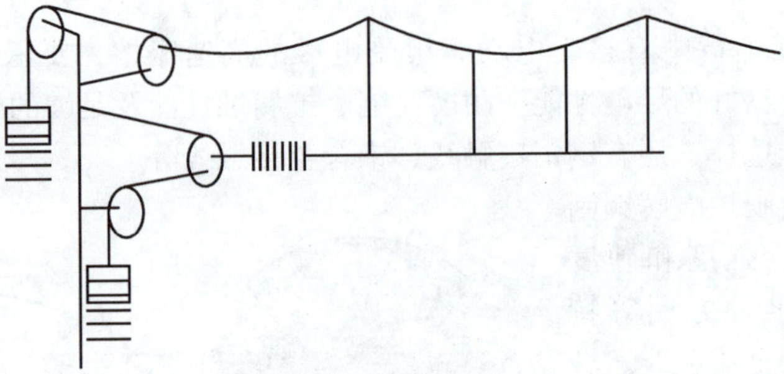

图 5-14　全补偿链形接触悬挂示意图

在温度变化时，线索的弛度得到良好的补偿，但当冰负载过大时，承力索弛度加大，补偿器上升，在达到某个数值时，补偿器不工作，这时承力索处于硬锚状态，不致使接触线弛度过大。

4. 支持与固定装置

支持装置与固定装置是用来支持悬挂，并将悬挂的负载传递给支柱。

（1）**隧道内的支持与固定装置**　如图 5-15 所示，隧道内的支持与固定装置主要考虑到隧道的断面尺寸限制，为减小隧道的净空间，在隧道内采用“人”字形结构和“T”字形结构，以及上海地铁隧道内采用的弹性支架。

（2）**露天区间的支持与固定装置**　如图 5-16 所示，在地面及空间较大时，区间接触网的支持与固定装置通常采用腕臂结构。腕臂结构由腕臂、拉杆、定位装置和绝缘子等组成。腕臂将接触网悬挂到一根支柱上，每一根腕臂由伸臂和拉杆组成，按结构可分为带拉杆的水平腕臂、带斜撑的水平腕臂和带拉杆的斜腕臂。

（3）**定位装置**　对接触线的定位是通过定位装置来实现，定位装置安装在支持装置上，一般每一根支柱上均有定位点。定位分为正定位和反定位。

定位装置由定位管和定位器组成，定位器通过定位线夹把接触线按要求固定在一定的位置上，并承受接触线的水平力。定位器是通过定位管连接在绝缘腕臂上。

（4）**软横跨和硬横跨**　在多股道上，支持装置一般采用软横跨，也有个别地方采用硬

图 5-15　隧道内的支持与固定装置

横跨。在股道多的地方（3 股以上），由于股道间距离小而不能立柱，不能采用单线路腕臂或双线路腕臂，或者虽能立柱，但支柱多，影响行车和作业人员瞭望信号，既浪费又不美观，因而，采用软横跨或硬横跨支持装置。

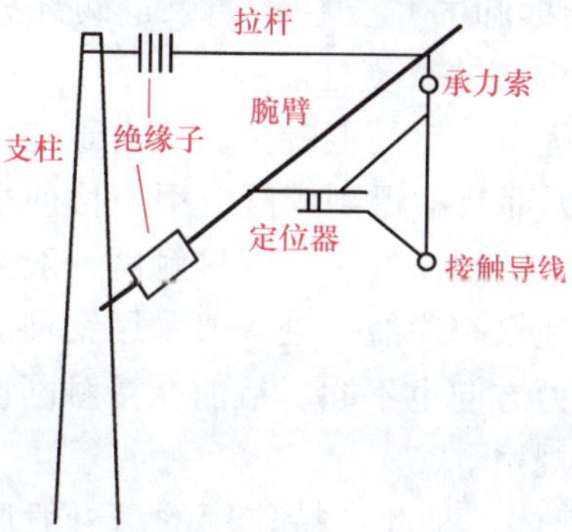

图 5-16　露天区间的支持与固定装置

软横跨由横跨多股股道的两个支柱、横向承力索、上部定位绳、下部定位绳组成。软横跨跨越的股道数量有一定限制，过多势必造成支柱很高及容量要求很大，并且会扩大事故范围。因此，在超过八股道的站场将软横跨设置成两跨式。

硬横跨以金属桁架（钢梁）架设在线路两侧支柱顶上（钢柱或钢筋混凝土柱），其下用悬式绝缘子串以悬挂承力索，以下部定位绳来连接定位器，如图 5-17 所示。

除悬挂承力索部分改为硬横梁之外，下部定位绳及定位与软横跨相同。硬横跨一般只适用于 3 ~ 4 股道的场合。因为其结构要求支柱高度较低，容量要求小，所以，支柱小、较经济。但如果跨的股道多时，硬横梁因本身负荷的增加而笨重，且增加投资和浪费黑色金属，便不适用。在股道不太多的情况下，对软横跨和硬横跨要进行技术经济比较。

硬横跨的悬挂部分距接地部分（硬横梁）比较近，不利于在接触悬挂上进行带电作业，一般较少采用。但在某些特殊地段，如采用腕臂支柱或软横跨都不方便时，可以考虑采用硬横跨。

5. 支柱和基础

支柱和基础用以承受接触悬挂和支持装置所传递的负荷。

(1) **支柱** 支柱可按其材料，支持装置的形式、用途以及负载条件进行分类。按支柱的材质有钢柱和钢筋混凝土柱两种。

按支柱的作用分，在区间有中间支柱、锚柱、转换支柱及中心支柱几种；在站场、车辆段等处有软横跨柱、硬横跨柱和定位柱等。

图 5-17 硬横跨线路示意图

根据支柱上的支持装置不同，支柱可以分为腕臂支柱、软横跨支柱、硬横跨支柱和定位支柱。另外，支柱还可以分为不带拉线支柱（自承载支柱）和带拉线支柱。如果支柱地面上下两部分是一个整体的话，被称为整体式（不能拆卸的）支柱；如果这两部分在生产和安装过程中都是分别进行的，就被称为分离式（可拆卸的）支柱。

钢柱具有质量轻、强度高、抗碰撞、运输方便等优点。钢筋混凝土支柱由于造价低、节省钢材（约可节省70%）、维修简易和便于安装等，因而日益得到广泛应用。目前采用的钢筋混凝土支柱中，以方型支柱为主，个别线路上采用了圆形支柱，区间接触网一般采用钢筋混凝土支柱，在特殊需要的地方采用钢柱。软横跨、地铁车库线等处一般采用钢柱。

根据支柱用途不同，其要求的支柱容量和允许受力方向也不同。目前在接触网设计施工中采用的钢柱和预应力钢筋混凝土柱均有多种形式和规格。

(2) **基础** 基础承受支柱所传递的力矩并传给土体，是起支持作用的。一般所谈的基础主要是指金属支柱的基础，至于钢筋混凝土支柱是它的地下部分代替了基础的作用。

接触网支柱的基础是直接埋置于土体中的。接触网悬挂及支柱的重力都是经过基础传递到土体中，因此，除了保证基础本身有足够的强度外，还应保证基础有足够的承载力和稳定性。

配合不同的支柱类型及土壤性质，有不同的基础类型以适应不同悬挂的受力要求。常用的基础按外形分可以有多种类型，分别为工字形、锥形、单阶梯形和多阶梯形。

必须指出，以上所述的支柱和基础是以地面线路为对象的。对于城市轨道交通的高架或地下区段线路，因线路结构不同，其形式可以完全不同，但考虑问题的原则还是相似的。

6. 接触网的张力和弛度曲线

在不同的稳定温度条件下，得到张力和弛度的一组数据，以保证不同安装时刻的要求，这样所得到的一组数值用曲线或图表的形式给出，即安装曲线和安装曲线表。

在进行接触网的安装和维护过程中，要使用安装曲线对悬挂线索的张力与弛度等参数进行调整。

7. 主要设计原则

1）接触网系统应满足行车最高速度的要求，安全可靠地向车辆供电。

2）接触网其结构形式力求简单、轻型，稳定性好，便于安装。

3）接触网设备及零部件要技术先进、安全可靠、耐腐蚀性好，做到不维修或少维修。关键零件采用强度高、性能好的模锻或精铸金属零件。

4）接触网形式应力求美观，减少对城市景观的影响。

5）侧面限界：满足限界要求，地上段支柱一般情况暂按不小于 2250mm。

6）跨距：正线、出入段线及试车线，应根据曲线半径，最大风速等因素确定，一般直线不大于 60m，困难情况下不大于 65m；车辆段、停车场，一般不大于 35m。

7）锚段长度：柔性悬挂锚段长度一般不大于 1500m，架空地线锚段长度一般不大于 2000m。

8）接地保护：全线贯通的接地线作为接地保护，接触网所有金属底座与架空地线应有可靠的电气连接。

车辆段、停车场内的成排支柱设置架空地线，零散支柱通过跨接线或电缆与架空地线相连。

9）电分段及隔离开关的设置。

① 有牵引变电所的车站设置电分段，采用三跨绝缘锚段关节形式，电分段处设置电动隔离开关。

② 车辆段及停车场内不同供电分区设置电分段，电分段处设置隔离开关。

③ 正线间的渡线、折返线、存车线及车辆停放线设置电分段，电分段采用分段绝缘器，电分段处根据要求设置隔离开关。

④ 车辆段及停车场库线根据机务要求设置电分段，电分段处设置带接地刀闸的手动隔离开关。

⑤ 出入段线与正线间、联络线与正线间设置电分段。

10）回流设置：在有牵引变电所的车站及车辆段，回流电缆经过回流箱将钢轨与牵引变电所负极柜相连，构成牵引回流通路。

11）防雷保护：接触网在牵引变电所 DC750V 馈线上网处应设置避雷器，空旷的地面与高架桥区段接触网应每隔 500m 设置避雷器。接触网上、下行应分别设置全线贯通的架空地线，架空地线应每隔 200m 设置放电间隙；强雷区的架空地线宜抬高兼作避雷线。避雷器、放电间隙的工频接地电阻应不大于 10Ω。

12）支柱防护：对易受其他机动车辆损伤的支柱，应采取必要的防护措施；站台处支柱增加绝缘护套。

13）限界门：平交道口应尽量设置限界门。

14）接触网过路口处的解决方案：在路口处，仍架设接触网，车辆无须提供特殊功能。考虑路口的宽度可以通过特殊设计接触网悬挂结构或适当减少接触网线材最大限度的优化设计，尽量减少对城市景观性的破坏。必要时，可以采用无接触网设计方案。

5.3.3　接触轨式接触网

在地铁工程领域，由于受制于车辆行车环境空间限制，不具备在地铁隧道中架设架空接触网的条件，普遍采用接触轨式接触网。

接触轨是沿电牵引线路敷设的与走行轨道平行的附加轨，称为第三轨，通过它将电能输送给电动车组。接触轨由具有高电导率的特殊软钢制成，电动车组伸出的受流器与之接触而取得电能。

接触轨式接触网用电电压一般为600～825V，对于地下铁道，主要采用设于轨道一侧的接触轨，这种第三轨受电，不需要像架空线那样增大隧道尺寸。

接触轨可以有三种布置方式：上磨式、下磨式和侧面接触式。

1. 上磨式

接触轨装在专用绝缘子上，底朝下。取流时，接触靴自上压向接触轨。上磨式的接触力由弹簧支座特性来控制，其特点是接触轨固定方便，受流平稳，能减少在间隙和道岔处的电流冲击，但不易加防护罩。

2. 下磨式

接触轨底朝上，固定在绝缘子上，并由固定在枕木上的弓形肩架予以支持。下磨式的特点是可以加防护罩，对工作人员较为安全，但安装结构复杂，费用高，在经常冰冻和下雪而造成集电困难的地区普遍应用。

表5-2所示为上磨式和下磨式接触轨对比说明。

表5-2　上磨式和下磨式接触轨对比说明

<table>
<tr><th colspan="2">接触轨受流方式</th><th>上部受流</th><th>下部受流</th></tr>
<tr><td rowspan="2">安装方式示意</td><td>绝缘子固定方式</td><td>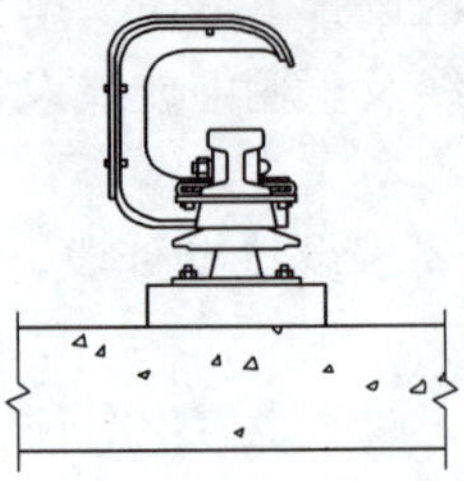</td><td>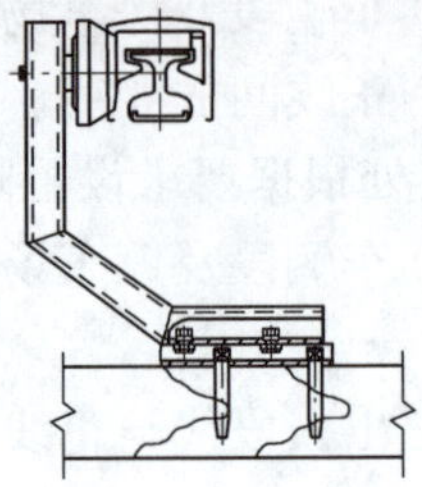</td></tr>
<tr><td>整体绝缘固定方式</td><td>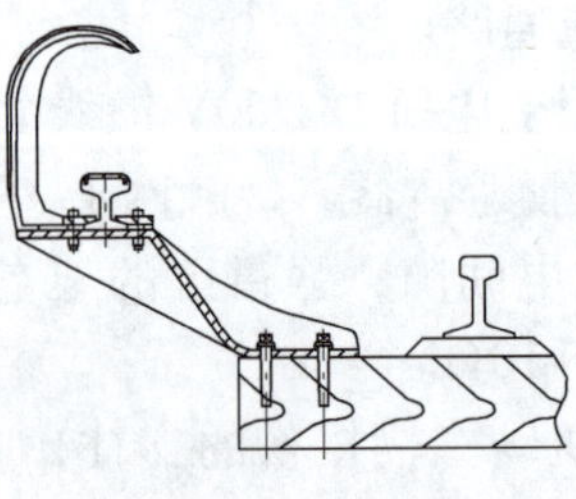</td><td>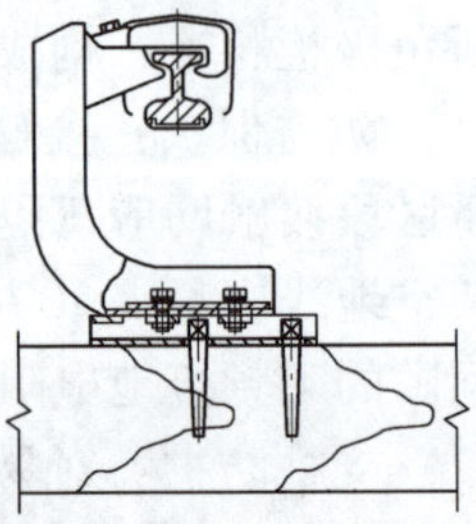</td></tr>
<tr><td rowspan="2">接触轨系统组成</td><td>绝缘子固定方式</td><td>由底座、绝缘子、接触轨及保护罩组成</td><td>由底座、钢支架、绝缘子、接触轨及保护罩组成</td></tr>
<tr><td>整体绝缘固定方式</td><td>由底座、绝缘支架、接触轨及保护罩组成</td><td>由底座、绝缘支架、接触轨及保护罩组成</td></tr>
</table>

3. 侧面接触式

侧面接触式在工作上与上磨式相似。接触轨为高电导率钢制成的特殊断面的钢轨。接触轨通过的地方要设置工作人员使用的人行道，在其余地点，必须考虑设置保护木板或其他合适材料的保护板，以防不注意触电。在所有车站，接触轨总是设在远离站台轨道的一边，以减少乘客可能摔落在轨道上触电。在线路露天地段，要沿线用木板保护起来，以减少散落物引起电路短路。

在结构上，由于考虑到接触轨的热胀冷缩和电气上的分段，各轨节的连接有三种形式：正常接头、温度接头和绝缘接头。

（1）**正常接头**　在正常接头处，两轨端紧密接合，并用鱼尾板连接。

（2）**温度接头**　在温度接头处，轨端留一空隙，其大小视温差不同而定。轨头上的鱼尾板用螺栓只固定在一边的钢轨上，而另一端的钢轨自由地放在鱼尾板中间，当接触轨随温度发生长度变化时，它可以在鱼尾板内自由移动。为了保证电气方面的良好接触，在温度接头处用软裸铜线做的连接器加以连接。温度接头在地下铁道的接触轨中，每隔 100m 设一个。

（3）**绝缘接头**　在绝缘接头处，是用掬木鱼尾板紧扣轨端，而轨端的空隙留 50mm。除了以上接触轨形式之外，20 世纪 80 年代加拿大首先建成的空中列车（因其线路大部分为高架线而得名），动车采用线性感应电动机，其供电电压为直流 600V，经架设在走行轨一侧的上、下两根相互绝缘的接触轨供电，再经动车内的逆变器将直流变成可变频调压的交流电送到线性感应电动机上。常规感应电动机的转子此时变成固定铺设在两根走行轨之间的转子感应轨（实际为钢或铝板），而定子也为展开式的绕组固定在有轮对的转向架上。当电机通电后，因转子感应轨不能移动，代之就是定子（车子）移动了。

以上受电形式有两个特点，一是两根接触轨一正一负彼此之间绝缘，而且与地之间均绝缘，这样，当有一接触轨绝缘损坏接地时，供电系统仍旧可以正常运行不发生短路故障，因为两根接触轨都对地绝缘，所以正常运行时也没有迷流腐蚀的问题。另外一个特点就是在两根走行轨之间要铺设线性感应电动机的转子感应轨，感应轨金属板表面与定于绕组板间仅有毫米级的距离，技术上是很复杂的。侧面接触轨工程应用图如图 5-18 所示。

图 5-18　侧面接触轨工程应用图

在较早期修建的城市地铁和轻轨工程中，主要采用了接触轨上部受流方式，如北美和英国等城市地铁；自 20 世纪 80 年代开始，在德国、马来西亚、泰国、新加坡等国家城市轨道交通中开始采用接触轨下部受流方式；接触轨侧面受流方式主要应用在加拿大、日本等国家城市轨道交通中。我国北京地铁环线、天津地铁1号线、北京地铁5号线选用了接触轨上部受流方式；武汉轻轨一期工程及广州地铁4号线（大学城专线）、广州地铁5号线采用了钢铝复合接触轨的下部受流方式。

5.4 无接触网供电技术

有轨电车作为一种历史悠久的公共交通工具，现在仍然有不少城市保留着它，并且在技术上不断改进。但是近年来人们普遍认为城市中心区的架空线很不美观。巴黎、布鲁塞尔、纽约、华盛顿特区的市中心都将轨道交通设在地下，到郊区再上地面。然而地下的建设费用太高，往往是地面架空供电的3倍，而且维修费用也很高。为了在地面上避免架空供电，近年来国内外研究了多种试验方案，并取得一定的成果。下面介绍一些可行的方案。

5.4.1 无线电控制的APS系统

20世纪90年代，法国的波尔图决定建造一个有轨电车网，规模达到43.5km，使用74辆有轨电车，并且规定在市中心区不允许架设架空线。

芬兰科沃拉Innorail曾花多年开发了APS系统（后被Alstom收购），并在马赛进行试验。APS在有轨电车轨道的中间增设一条中央轨，中央轨每8m增设一段3m的绝缘段。每22m由750V直流分段供电，只有当车辆通过时，由无线电控制的开关才使中央轨通电。安装在车底两个转向架的集电靴获得供电。车辆通过后，中央轨便不带电。车上装有蓄电池组，在通过绝缘段时可保持供电；当供电系统发生故障时，可保证电车不致停在关键地段（见图5-19）。该系统碰到的问题是绝缘段的磨损每年达1mm，与导电轨产生差异。经过采取补救措施，该问题已得到解决。此外，由于采用露天第三轨供电，在遇到雨雪天气时可能会涉及停运等问题。

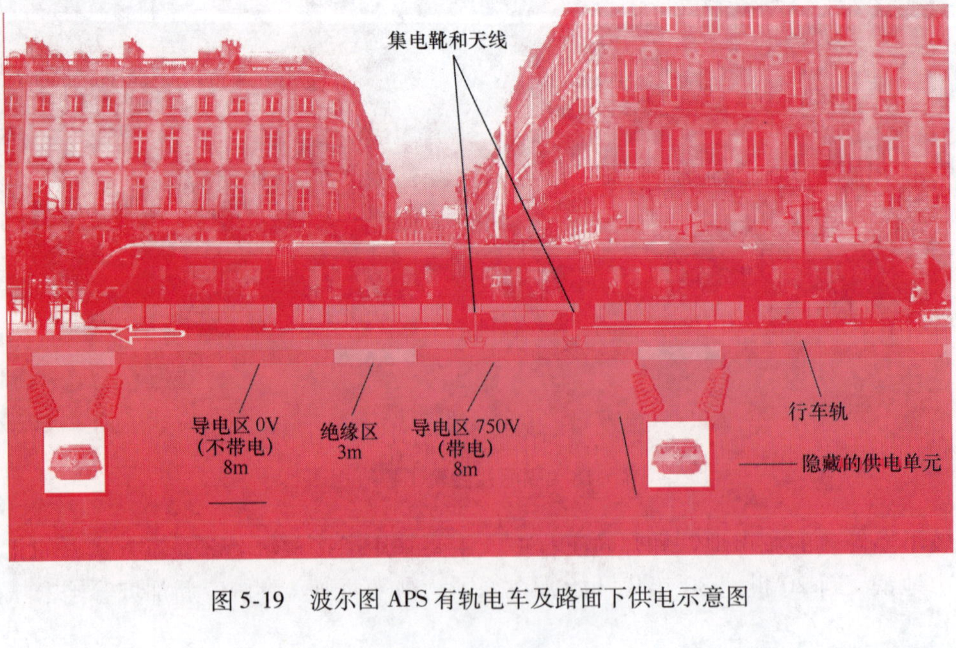

图5-19 波尔图APS有轨电车及路面下供电示意图

Alstom 提出报告称，波尔图使用 APS 的有轨电车已运行 600 万 km，每天运送 20 万人次，正点率达到 99%。导电轨的使用寿命预期与钢轨相同。电车的车底安装了刷子，可以扫除导电轨表面的杂质或垃圾。APS 可能无法实现制动能量的再生，这是一个至关重要的缺点。法国其他一些城市也考虑其新建有轨电车线路在中心区的范围分段采用 APS 系统。

5.4.2　蓄电池供电

法国的尼斯在 2007 年 12 月投入运行的有轨电车线路要通过两个重要的广场，那里每年都要举行狂欢节游行，因此不能架设架空线。解决的方案是使用蓄电池短距离供电，在架空供电时再向蓄电池充电。Alstom 的 Citadis302 型有轨电车装有 DC540V、200kW 的 SAFT-NiMH 蓄电池组。车上的空调设备也可由蓄电池供电，但如果车辆在没有架空供电的区段停留超过 3min，车上的空调设备自动停用，以节省能耗（见图 5-20）。蓄电池的正常使用寿命预期约为 5 年。

阿尔斯通公司的 NiceFrance 电池是一种 NiMH 电池，在 Massena（435m）和 Garibaldi（485m）广场上可以以 30km/h 的速度行驶 1km。日本近畿的 E-brid 系统使用的是一种锂离子电池。电池在一次充电后可在无接触网的情况下支持车辆行驶 9km。川崎的 SWIMO 电池有轨电车使用的是一种镍金属混合电池，一次充电 5min 后可运行 10km，而试验时最佳性能可达到 37.5km。SWIMO 电池有轨电车电池工作原理如图 5-20 所示。

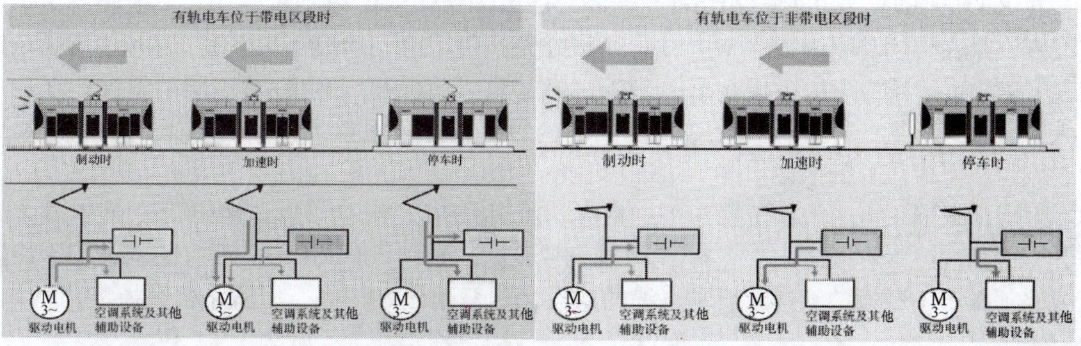

图 5-20　蓄电池供电方案示意图

5.4.3　电磁感应供电

一诺（InnoTrans）于 2008 年开发了一种称为 Primove 的电磁感应供电系统，并于 2009 年 1 月在德国的 Bautzen 进行示范试验。DC750V 供电电缆沿电车轨道敷设，根据需要每隔一定距离设置一套逆变装置，由供电电缆供电。逆变器将直流电转变为 20kHz 的交流电，通过敷设在轨道中间的 3 条并行的电缆，初级电路产生感应磁场。次级电路安装在车底下，离开初级电路的距离最大不超过 70mm。次级线圈在感应磁场的作用下，产生约 400V 的交流电压，再转变为 DC600V，供给有轨电车的牵引系统。电磁感应供电系统的效率取决于次级与初级之间的空气隙大小，正常范围约 45mm，但是会随着车体垂直方向的上下而变化，能源利用率问题会急剧变化。车底感应的电流本身是闭路的，因此轨道内没有回流的电流。庞巴迪基于 Primove 的供电技术列车如图 5-21 所示。

图 5-21　庞巴迪基于 Primove 供电技术列车

在 Bautzen 试验的电车长 20. 5m，重 28. 3t，由 4 台 85kW 电动机驱动。车上装有 2 个感应线圈，最大传输功率为 250kW。试验线路分为 5 段，第一和第五段各长 240m，第二至第四段各长 10m。感应电缆敷设在总长 510m 的线路。试验的意图是针对不同的情况，在地面行人容易接近轨道的地方，只允许车辆底下的短距离区段可以通电；在隧道内或隔离的区段，则可以采用较长的区段。

区段的通断由电子控制。由于采用感应的原理，所以相较于第三轨供电不产生磨损。冬季大雪的情况也没有问题。在道砟或草地上敷设的轨道，Primove 完全没有问题，但是在沥青或水泥街道上敷设的轨道，要求电缆的敷设深度至少为 200mm，以防止电缆损坏。

5. 4. 4　超级电容器供电

庞巴迪（Bombardier）于 2003 年在德国的曼海姆采用超级电容器作为蓄能装置，向有轨电车供电。这种 MITRAC 节能装置（见图 5-22）当充足电时容量为 300kW，可以利用的能量为 60%，装置的总重为 477kg。试验的车辆为 Duewag 有轨电车，采用 ABB 牵引系统。经过 4 年的试验，节能效果十分可观，除了再生制动的正常节能效果外，能耗还可降低 20%，最大优点是，当有轨电车离开架空线由超级电容器供电时，减少的架空线损耗约为 6%。

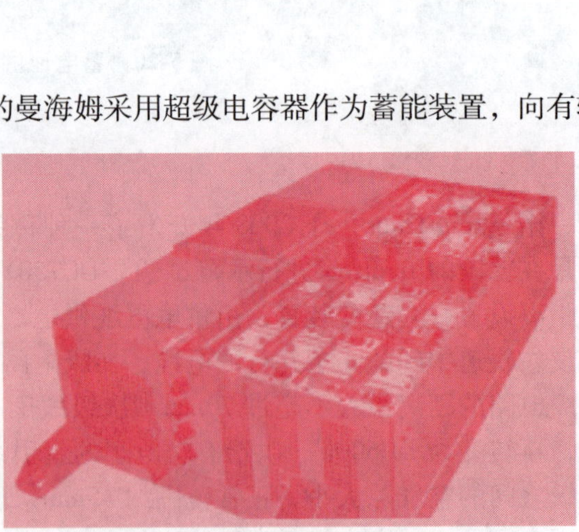

图 5-22　庞巴迪 MITRAC 蓄能器

由于试验取得成功，德国莱茵地区决定采用 19 辆 Bombardier Variobahn 有轨电车，车上的节能装置采用 Batscap 超级电容器与逆变器组成一套装置，比原型车的装置体积更小一些，重量也减轻为 400kg。30m 长的有轨电车配备 2 套装置，能以 20km/h 的速度离开架空线行驶 800m。40m 长的有轨电车配备 3 套装置。这种供电方式适合于线路延伸而不允许架线的区段。

5.4.5　混合型蓄能装置供电

Siemens 开发的 SitrasHES 技术用于 CombinoPlus 有轨电车，在葡萄牙的 Almada 进行试验。由 DC750V 充电的超级电容器另外增加一组牵引蓄电池，形成类似混合动力的方式。Sitras HES 采用空气冷却 Maxwell0. 85kW · h 超级电容器，工作电压为 DC190 ~ 480V，组成 2 套 144kW 的装置，总重 820kg。蓄电池为水冷 SAFTNi- MH，容量为 18kW · h，105kW，重量为 826kg。在正常运行条件下，蓄电池由架空线供电，最大充电电流 22A。蓄电池的最大放电电流为 200A。所有增加的设备重量约 2. 2t。

在正常制动的情况下，再生的电能有 1/3 反馈到架空线，1/3 被超级电容器吸收，1/3 用于车上的辅助设备，或消耗在制动电阻器。如果将超级电容器的容量增加 1 倍，则可消除制动电阻器的损耗。

5.4.6　快速充电蓄能装置供电

西班牙的 CAF 采用快速充电方案，车上的超级电容器（见图 5-23）在进站制动时，可利用再生电能充电，停站时站上的架空电源再进行快速充电。在 Zaragoza 市中心有一个区段不架设架空线。将有 21 辆 UrbosⅢ型有轨电车采用这种方式运行。

Alstom 也对类似的方式在巴黎的 T3 线进行试验。超级电容器安装在 Citadis402 型有轨电车的车顶上，总容量为 2. 16kW · h，其中 1. 62kW · h 可以使用的最大功率为 360kW。整个装置的重量为 720kg。在停站时的充电时间不超过 20s。

图 5-23　ACR 超级电容器及其电池模块

总而言之，对于有轨电车来说，架空接触网供电是一种经济、可靠的运行方式。现代技术可以使架空设备简洁美观，并且能达到较长的使用寿命。要避免架空供电，将使投资费用和运行成本增加。

经过 5 年多的研究试验，各种方案在技术上都是可行的，但从经济角度需要衡量其必要性。其适用范围可能仅限于必须取消架空线的特殊区段。

5.5　供电系统的节能设计

能源是国民经济和社会发展的重要物质基础，是人类可持续发展的宝贵资源，世界各国在发展经济的同时，越来越重视节约能源。

鉴于我国的能源分布不均匀且长期处于能源缺乏的状况下，目前我国的人均能源资源占有量不到世界平均水平的一半，而我国的人均能源消耗量却位居世界第二位，约占世界能源消耗总量的11%。我国的标准煤单位产出效率也仅相当于日本的10.3%，欧盟的16.8%，美国的28.6%。能源浪费现象较为严重，这使得我国的工业产品成本偏高，市场竞争力偏低。因此必须把节能作为轨道交通建设的主要措施，在大力挖掘节能潜力的基础上，进一步提高能源利用率，从而使国民经济和社会发展得以保障。

5.5.1 节能概述

现代有轨电车系统相对于城市其他城市公共交通工具而言，具有安全舒适、快速环保、运力大和能源消耗少的特点，因此得到快速推广和发展。按照同等原理比较，现代有轨电车交通方式仅相当于小汽车的1/9，公交车的1/3，而且占地小，建设成本低。因此，选用现代有轨电车交通方式作为城市公共交通的主要形式，这种选择就具有重要的节能意义，有利于建设资源节约型、环境友好型社会。

供电系统在城市交通系统中，担负着为列车及各种动力照明设备提供电源的任务，供电系统方案及供电设备选择的合理性，直接影响城市轨道交通节能效果，具有极其重要的作用，因而本章节主要介绍的节能设计，包括变电所设置和变压器容量确定、中压网络电压等级选择、无功功率补偿、设备选型等方面，并重点介绍车辆再生制动能量吸收利用的节能措施。

5.5.2 供电系统设计与节能

为解决日益紧张的城市交通问题，国家和各地方政府大力发展城市轨道交通，倡导绿色、低碳交通，以实现降低能耗、减少碳排放的目标。城市轨道交通系统主要包含车站、运营车辆、车辆段设备和维护车辆等几大部分。下面分析一下目前我国城市轨道交通系统的碳排放和能耗现状。

1. 按照系统主要功能部件分析

供电系统的节能问题不是孤立的，它贯彻在设计、建设、运营的各个环节，简述如下：

（1）**主变电所的设置**　合理设置主变电所，最好选在两条线交汇点并尽量靠近线路，既能实现资源共享，又能达到节能的效果。同时，结合城轨线网规划及供电网络规划应尽量减少主变电所数量，减少主变电所设备损耗。

（2）**主变压器容量的确定**　主变电所一般设两台主变压器，需要合理确定主变压器的容量，其负载率应为70%，使主变压器高效运行，降低损耗，取得节能效果。

（3）**中压网络电压等级选择**　根据用电负荷及供电距离，需要合理确定中压网络电压等级。中压网络的电压等级越高，线路损耗越小，但电压等级的提高会使设备造价增加，工程建设投资加大。目前国内城市轨道交通中压网络有10kV和35kV两种。但是应用在现代有轨电车领域的中压网络普遍采用10kV。

（4）**系统电缆选择**　合理确定系统电缆截面，减少中压网络的线路损耗，也可达到节能的效果。按经济电流选择电缆截面，会减少35%～42%的线路损耗。结合中压电缆使用寿命和近、远期之间的项目周期，按照远期负荷进行计算与选择，这样也可减少全生命周期电缆的二次投资问题。

（5）**牵引变电所的设置及容量确定**　合理设置牵引变电所，也可达到节能的目的。在牵引变电所设计时，应尽量保持牵引变电所两套牵引整流机组的负载平衡。选择牵引变电所、接触网的合理运行方式，正常运行情况下，采用双机组运行、双边供电方式，可以减少牵引网的附加损耗。合理确定牵引变压器容量，其负载率为 95% 左右，使牵引变压器高效运行，并降低空载损耗。

（6）**牵引网的设置** 尽量采用双边供电或大双边供电，以减少牵引网损耗。合理选择牵引网系统的电压等级，可以减少牵引网系统损耗（即选择高等级电压制式）。合理选择牵引网材质和截面，对降低接触网的损耗也有较好的发展。

（7）**无功补偿和防止过补偿** 供电系统设计中，需要考虑低压无功补偿，同时，也需要注意在电源端出现无功过补偿的问题出现。

2. 重点节能实施范围

结合实际工程应用，列举了以下几项重点节能实施范围。

（1）**列车再生制动能量** 现代有轨电车系统，作为城市基础设施中的用电大户，其列车牵引用电占其中很大一部分，列车牵引用电又分为列车驱动与列车制动两部分能耗。把列车再生制动电能充分利用起来会大大节省电能。

当车流密度较大时，列车进站再生制动时的能量可以被其他运行车辆（尤其是加速行驶车辆）吸收；当车流密度较小时，列车再生能量难以被运行车辆吸收，则需要通过技术形式转化储存，这在目前的技术条件下，还有一定的提升空间。详细的可利用能量为：

假设车辆的运行阻力为 F_w，制动初速度为 v，列车总质量为 m，则产生的制动能量计算公式如下：

$$E = mv^2/2 - F_w S \tag{5-1}$$

式中 E——产生的制动能量；

S——车辆的制动距离。

车辆制动时初速度越大所产生的制动能量也越大。在实际运营期间，也需要结合优化的调度管理来提升回馈制动能量的利用率。

（2）**线路** 尽管在列车不同的限速条件下运行，却都表现出大致相同的节能规律。经仿真计算分析可知：

1）当曲线半径达到 500m 以上时，列车能耗接近相同距离的无曲线运行能耗。

2）当曲线半径低于 300m 时，有较为明显的能量耗费，尤其在半径 100m 处，经计算得各限速条件下的能耗分别比无曲线运行能耗增加 34%（限速 40km/h）、18%（限速 50km/h）、12%（限速 60km/h）。

同样可以分析，在不同站间距（1km、2km、3km）设置节能坡（200m 坡道长、40‰坡度）后。为了节省能耗，同时又要满足区间运行时间的限制，需要提高列车的运行限速。以不设置节能坡并接 50km/h 限速运行为基础，考虑设置节能坡时，当站间距为 1km 时应将限速提高至 60km/h，而站间距为 2～3km 时，应将限速提高至 55km/h。才能在满足区间运行时间的条件下减小列车的能耗。

可见，在以无节能坡 50km/h 运行的基础上，在列车操纵方式不变的情况下，设置节能坡后一般将限速提高至 55km/h 和 60km/h 的时候能得到较为理想的节能和运行综合效果。

因此，可以通过采用大曲线半径、设置节能坡等措施来节省牵引耗电。

（3）**车辆及车辆段设备** 根据上海、广州等中型城市地铁最新的能耗统计，地铁运营车辆的能耗大约占总能耗的 40%，主要是地铁车辆的牵引系统、辅助系统和控制及照明系统所消耗的能耗。

1）牵引系统能耗：是指从直流电网（DC1500V 或 DC750V）获取的驱动车辆运行的能耗，一般占车辆总能耗的 60% ~70%。

2）辅助系统能耗：是指车辆空调通风、设备风机、空气压缩机等辅助设备所消耗的能耗，一般占车辆总能耗的 25% ~30%。

3）控制及照明系统能耗：控制设备及照明采用 DC110V，其所消耗的能耗一般约占车辆总能耗的 5%。

为了降低运营车辆的能耗，我们可以通过轻量化车体，采用变频变压控制（VVVF）的交流电动机调速方式，辅助电源系统采用静止逆变器和优化的车辆制动系统等措施来提升能源利用率，从而可以有效地节约能源。

车辆段设备及维护车辆包含检修维护设备（洗车机、架车机、天车等）和库内调车及线路供电检修车辆（国内全部是内燃机车），虽然能耗约占总能耗的 5%，但其直接排放却十分惊人。

以 1 台 441kW（600 马力）的地铁工程维护车辆为例，每年消耗燃油 60t，等效排放 CO_2 约 160t。目前国内各地铁公司共有各种大小的工程车数百台，每年的废气和碳排放的总量也十分可观。因此如何降低运营车辆的能耗是城市轨道交通车辆制造企业及城市轨道交通运营公司共同关注的课题。

（4）**车站** 城市轨道交通系统一般每隔 1 ~1.5km 设置一座车站，车站可以设置在地下、地面和高架上。受我国城市土地资源的匮乏和既有道路和房屋难以拆迁的限制，绝大多数城市轨道交通车站修筑在地下。

地下车站的直接排放主要是进出乘客呼吸的 CO_2，间接排放的是空调通风、自动扶梯和照明所消耗的电能，尤其是后者所等效排放的 CO_2 数量十分巨大，远远超过前者。根据上海、广州等中型城市地铁最新的能耗统计，车站所消耗的能耗约占地铁总能耗的 55%，已远远超过运营车辆的能耗。因此，如何降低地铁车站的能耗已成为一个刻不容缓的问题。

以一个日均 10 万人出入的地下车站为例，每人在其中按停留 15min 计，仅排放约 3t 的 CO_2，但车站设备每日消耗电能可能高达 2 万 kW·h，等效于排放了 16t 的 CO_2，换算为年排放约 6000t 的 CO_2。

目前，国内最大地铁车站是上海地铁的人民广场站，因其可换乘 1 号线、2 号线、8 号线，日均客流达 80 万人次，各线换乘客流约 40 万人次，每日电能消耗超过 10 万 kW·h，换算为年排放约 3 万吨的 CO_2。

有效降低车站能耗的低碳技术有：采用自动感应电梯和具备再生反馈的电梯逆变器；采用变频调速的通风系统和屏蔽门，并根据人流和 CO_2 浓度自动调节新风和制冷量；采用 LED 高效节能照明等。如何降低车站的能耗是城市轨道交通运营公司十分关注的课题，本章受篇幅所限对此不作阐述。

（5）**通风空调系统** 设计过程中应尽量采用自然通风，并能够根据环境的变化自动起动或停止设备，减少不必要的能耗。采用有效的风管、冷媒管等保温措施，减少冷量运输能耗。采用变频节能空调替代定速空调，有利于列车运行用电的整体节能。采用变频节能空调后，全面可实现节能 30% 以上。

第6章

现代有轨电车运营管理

现代有轨电车作为中低运量公共交通系统，是行驶在道路上的有轨交通方式，是城市交通的有机组成部分，一方面运行在固定的轨道上，具有与地铁、轻轨等大中运量轨道交通系统类似的特征；另一方面在城市交通中要与机动车等混行，会与道路交通方式相互影响，也具有部分常规地面公交系统的特征。因此现代有轨电车运营方案的制定需要兼顾到两方面，既要从有轨电车系统本身来考虑技术方案的合理性，又不能忽视其对道路交通的影响分析，应借鉴以上两类公共交通运营管理的经验进行综合考虑。

6.1 现代有轨电车运营管理模式及方案体系

6.1.1 运营管理模式分类

城市轨道交通的运营管理模式在世界各国出现了多样化的趋势。由于世界各个城市发展轨道交通的历史条件和经营环境不同，形成了各种各样的城市轨道交通管理模式。按资产属性及运营企业性质划分，世界城市轨道交通的运营管理模式主要分为以下六种。

1. 有竞争条件下的官办官营模式

线路为政府所有，两家或两家以上的运营单位通过招标方式获得经营权。韩国首尔采用了这种模式，其轨道交通系统由政府出资修建，并委托国有企业运营。其轨道交通网络包括首尔地铁和首尔铁路系统两部分，分别由首尔地下铁公司（SMSC）、首尔快速城市轨道交通公司（SMRT）和韩国国家铁路公司（KNR）三家国有公司运营。

此种模式是一种带有计划性质的市场竞争，在此模式下，政府作为业主给企业的补助较为优厚，官办性质的企业不能过分重视营利，所以票价带有福利性。但由于创造了一定的竞争环境，客观上提高了企业的主观能动性。

2. 无竞争条件下的官办官营模式

线路为政府所有，一家单位独家经营，或两家以上单位按行政区域划分经营范围。伦敦、纽约、北京、广州、柏林、巴黎的地铁运营管理都是属于这种模式。这种模式的特点是城市轨道交通的运营者由政府指定，政府给予相应的补贴。

欧美国家多采用无竞争条件下官办官营管理模式，因为欧美国家城市轨道交通系统客流密度比较低，系统少有盈利的可能性。一般由非营利性公共团体代表政府管理城市轨道交通，票价带有极大的福利性，运营收入不能抵偿运营成本，主要靠补助金支持日常开销。

3. 官办半民营模式

线路为政府所有，交由政府股份占主导地位的上市公司经营。中国香港地铁的运营管理采用这种模式。香港地铁公司是一家上市公司，它的第一大股东为香港特区政府。虽然是市场化运作，但是香港特区政府为地铁公司提供担保，从多个方面干涉地铁公司的经营。因此香港地铁不能算是完全民营的模式，只能算作半民营。

4. 官办民营模式

线路为政府所有，交由民间股份占主导地位的上市公司经营。新加坡的地铁运营管理属于这种模式。新加坡快速城市轨道交通公司负责新加坡地铁的运营，公司的最大股东为一家私人企业。新加坡国土运输局拥有城市轨道交通的所有权和建设权，并承担建设费用。

新加坡地铁是把建设和运营分开的一种管理模式，所有线路都在国土运输局建设完成以后交付运营公司使用。它的主要特点有：①地铁作为福利由政府负担建设费用；②淡化运营公司的职能，运营公司无线路的所有权，政府不干涉运营收入也不对运营开支进行补贴；③运营公司完全民营，第一大股东为私人投资公司；④由政府指定运营水平和规则，以此保证城市轨道交通的公共福利性质。

5. 多种经济成分构成的模式

即公私合营，线路归政府和地方公共团体所共有，同样由政府和地方公共团体共同组织人员经营。东京的城市轨道交通系统很早就引入了多种经济成分，有政府投资、商业贷款、民间投资、交通债券等多种形式。

6. 私办私营模式

线路由私人集团投资兴建，由私人集团经营，政府无权干涉私人工作。曼谷轻轨采用的就是这种模式，泰国政府通过合同形式对轻轨建设运营以及私营企业的股本结构进行约束，如特许经营协议规定，票价为10～40泰铢等。此种模式能最大限度地激发私人投资者的兴趣，其投资回收期长，私人投资者要有在前几年亏损情况下偿还利息的心理准备。这种模式会激发私人投资者严格控制建设和运营成本。

总体而言，西方国家城市的城市轨道交通线路几乎都是国家政府或市政府所有，由政府机构直接运营或是交给公有性质的企业运营；而东方国家城市的情况就比较复杂。作为城市轨道交通的一个新兴种类，现代有轨电车运营管理模式也在上述种类之内。

6.1.2 现代有轨电车交通运营方案体系

在已知客流需求、线路技术条件和车辆基本特征的基础上，现代有轨电车运营方案的主要内容应包括以下几个方面：

1）车辆选型及编组。包括车辆制式选择、车辆编组形式及数量确定、定员标准等。

2）列车运行计划。包括全日营业时间、列车编组方案、列车停站方案、列车交路计划、全日行车计划、列车开行频率等。

3）车辆运用计划和配置数量。包括运用车数量、检修车数量和备用车数量的确定。

4）车辆检修计划。包括车辆的检修修程和修制、检修时间及时间安排等。

5）管理机构设置及人员配置。包括管理机构设置方案和分工、各部门人员编制等。

6）运输收入及成本。包括票价、运输收入渠道、运输成本构成及估算等。

以上各部分内容之间相互影响，良好的运营方案编制要求各环节紧密配合，协同运作，从而保证为乘客提供高可靠性、高服务水平的有轨电车服务。结合现代有轨电车运营方案的主要内容，其运营方案的体系结构如图 6-1 所示。

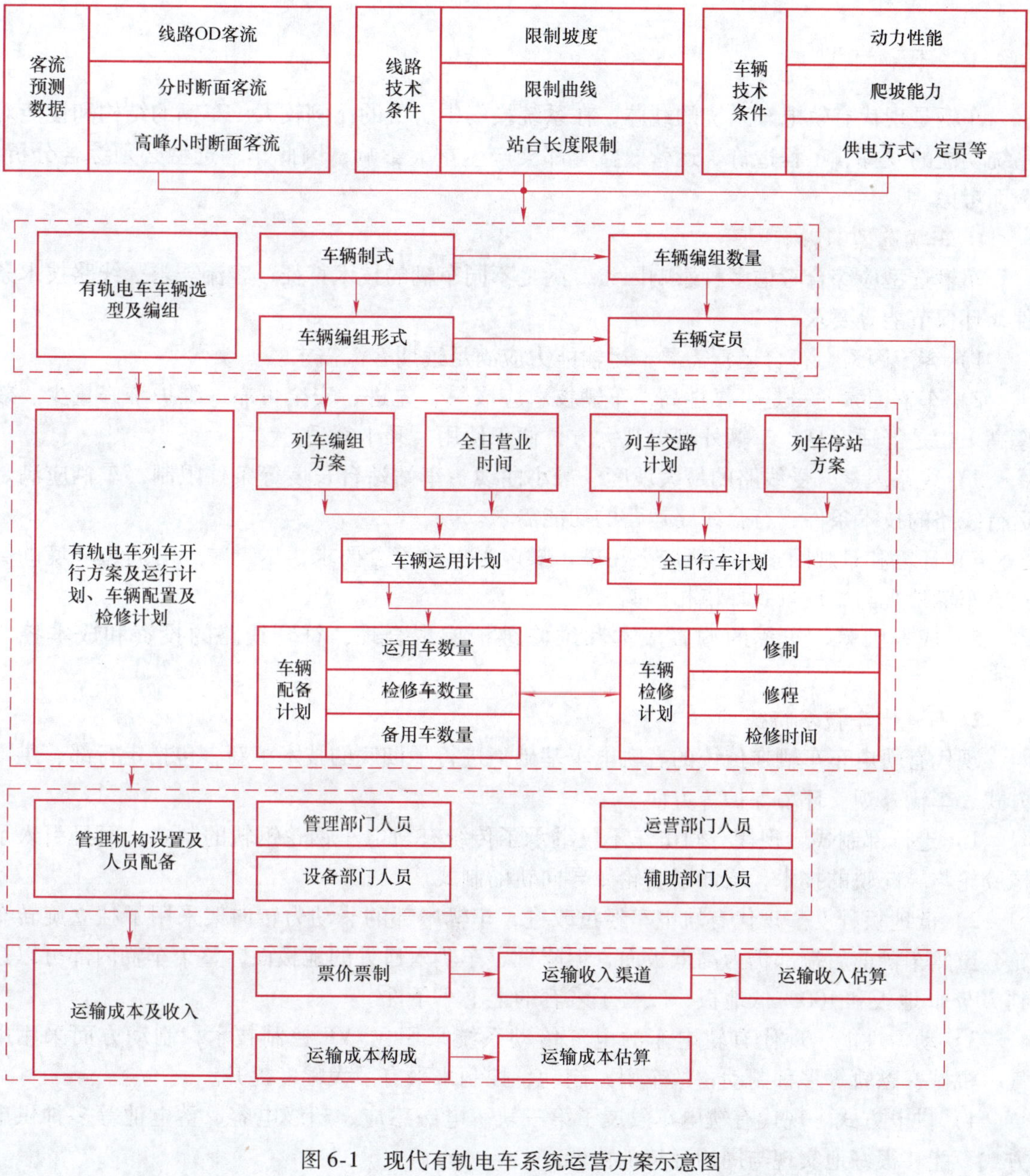

图 6-1 现代有轨电车系统运营方案示意图

其中，客流需求、线路及车辆等基础设施设备是输入条件，是编制运营方案的前提；车辆选择及编组形式是运营方案的基础，不同的车辆类型和编组形式将导致不同的列车运行计划；列车开行方案及运行计划是运营方案的核心内容，系统能否完成预期任务，关键看开行方案和运行计划编制的好坏；车辆配置及检修、人员配置、收入和成本估算等以列车开行方案及运行计划为基本依据，是运营方案的重要内容。

6.2 现代有轨电车车辆选型、编组方式及定员标准

6.2.1 车辆选型

车辆是现代有轨电车系统的载体，在系统投资中所占的比例较大。车辆的结构和性能对系统功能的发挥、工程造价、运营效益等都会产生重大影响，因此车辆选型必须综合分析，全面考虑。

1. 车辆选型的影响因素

车辆选型应综合考虑多种影响因素，满足不同车辆的技术特征，客流需求，线路技术条件，环保节能等要求。

1）客流因素。符合运营需要，运输能力应满足远期客流需求。

2）车辆因素。一是可靠性高，车辆技术应成熟、先进、安全可靠，维护维修量少、效率高。二是舒适度高，车辆外型美观大方，便于使用，乘坐舒适。

3）线路因素。受线路的最大坡度、最小曲线、车站站台长度等条件限制，车辆应满足运行线路的技术条件，符合线路运营的功能需求。

4）环境和景观因素。车辆应无污染，噪声和振动符合要求，尽量减少对周边环境的影响，车辆外观与城市景观环境相协调。

5）成本因素。车辆的购置成本和维修维护成本合理，符合线路的投资和成本控制要求。

2. 有轨电车技术特征

现代有轨电车车辆在传统的有轨电车基础上进行了彻底的技术革新，包括走行部、供电方式、车辆外观、环境保护等方面。

1）走行部制式。现代有轨电车不仅继承了传统有轨电车钢轮钢轨的制式，而且引入了橡胶轮与导向轨的技术，增加了胶轮 + 导向轨的制式。

2）低地板程度。现代有轨电车经过改进，车辆中部的非动力转向架采用了独立旋转车轮，虽然车辆前后端部仍为高低板面，但降低了车辆入口处的地板面，整个车辆内部可以达到 70% 低地板和 100% 低地板，改善了乘客的上下车条件。

3）动力性能。现代有轨电车的电气传动系统采用 VVVF 控制技术，制动方面采用电气、机械、磁轨等多种制动，故牵引、制动、控制水平有了大幅度提升。

4）供电方式。现代有轨电车发展了第三轨、电磁感应、超级电容、蓄电池等多种供电方式，能够很好地实现与周边环境的协调。

5）载客能力。现代有轨电车车辆实现了模块化组装，不仅可以根据客流需求增减车辆模块，必要时还可以两车联挂运行，提高了系统的运输能力。

6）系统振动和噪声。现代有轨电车车辆减振性能好，并且使用弹性车轮，降低了轮轨之间的噪声，车体使用隔音材料，大大降低了整个系统的噪声水平。

7）车辆外观。现代有轨电车车辆无论从外形还是涂装上都进行了改善，并根据线路的特点进行了个性化设计。车辆采购时可以根据城市的特征对车辆外观造型进行专门设计。

3. 有轨电车类别及其适用条件

根据不同的技术特征和分类标准，有轨电车可以分为多种类型，如图 6-2 所示。车辆选型需要比较不同类型有轨电车的优缺点和适用条件，从而根据城市客流需求、线路条件和工程造价等影响因素，选择出合适的车型。

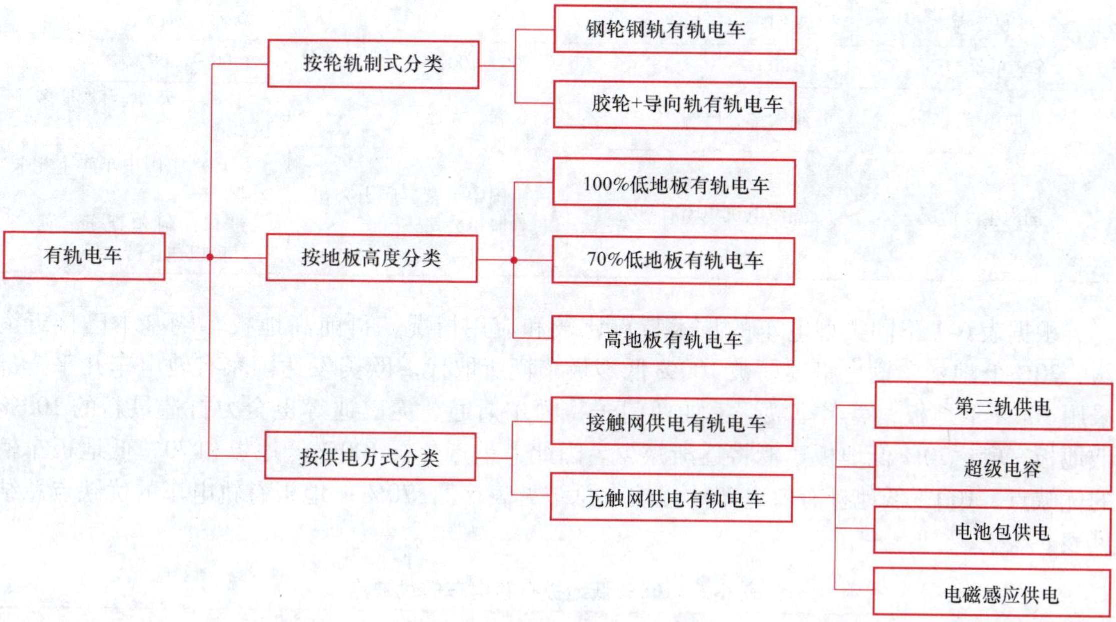

图 6-2　有轨电车分类示意图

（1）**不同地板高度有轨电车的适用条件**　根据车辆地板高度，有轨电车可分为高地板有轨电车、70% 低地板和 100% 低地板三类。三类有轨电车技术参数的综合比较见表 6-1。

表 6-1　不同地板类型有轨电车综合比较

项　目	高　地　板	70% 低地板	100% 低地板
驱动特征	旋转电动机	旋转电动机	旋转电动机
走行方式	钢轮钢轨	钢轮钢轨	钢轮钢轨、胶轮导轨
轴重/t	≤10	≤11	≤12. 5
车辆长度/m	22. 2	28. 5	18 ~ 72
车辆宽度/m	2. 6	2. 65	2. 2 ~ 2. 65
最高速度/（km/h）	60	70	70 ~ 80
车外噪声/dB（A）	>80	80	75
正线曲线通过能力/m	50	50	25
爬坡能力（%）	6	6	7
动力性能	牵引加速度 0. 5m/s^2	牵引加速度 0. 6m/s^2	牵引加速度 0. 7m/s^2
	制动减速度 2. 0m/s^2	制动减速度 2. 0m/s^2	制动减速度 2. 8m/s^2
编组	固定编组	可联挂	模块化编组、可联挂
载客能力/（人/列）	202	250	190 ~ 780

（续）

项　目	高 地 板	70%低地板	100%低地板
运量/（万人/h）	0.4～0.6	0.5～1.5	0.3～1.8
供电方式	接触网	接触网	接触网、地面供电、蓄电池、电磁感应供电
外观及内饰	老旧	普通	新颖、时尚
车辆单价/万元	<800	800～1000	1500～2500
应用情况	绝大部分已淘汰	长春、大连	上海、天津、欧洲多个城市
国内生产情况	湘潭电机集团有限公司	中国中车旗下唐山公司、长春股份公司	国产：中国中车旗下相关企业 进口：阿尔斯通、西门子、庞巴迪、劳尔等

根据表6-1不同类型电车的技术特点比较和应用情况，目前高地板车辆基本已接近淘汰，70%低地板车辆也将逐渐被100%低地板车辆所取代。欧美发达国家有轨电车几乎全部采用100%低地板，著名车辆厂家如西门子、阿尔斯通、庞巴迪等也全力打造最新的100%低地板车辆，70%低地板车辆将逐渐减少。因此，重点分析100%低地板和70%低地板车辆的优缺点。100%低地板有轨电车的优缺点总结见表6-2，70%低地板有轨电车的优缺点总结见表6-3。

表6-2　100%低地板有轨电车的优缺点

优　点	缺　点
1. 车辆制造和维修技术相对成熟，国外已经成功运营多年，运营管理和维修经验丰富 2. 转弯半径小，爬坡能力强 3. 100%低地板，方便乘客上下车和疏散，车型美观，节能环保舒适 4. 车辆轴重小，列车运行噪声小 5. 车辆编组灵活，可适应特殊的客流需要 6. 适用地面、街面混行或高架，允许平交道口及红绿灯，可实现轨行区绿化	1. 运量较小，只适合中、低运量线路 2. 采用接触网及立柱对城市景观有一定的影响

表6-3　70%低地板有轨电车的优缺点

优　点	缺　点
1. 国内技术成熟，有丰富的运营经验，造价相对较低，约为同等运量100%低地板车辆的一半（相较于进口车） 2. 从道路景观来看，70%低地板与100%低地板相比几乎一样，美观时尚	1. 车内部分高地板，乘客上下车乃至发生事故时的疏散较100%低地板困难 2. 采用接触网及立柱对城市景观有一定的影响

（2）**不同轮轨制式有轨电车的适用条件**　有轨电车按轮轨制式分类主要包括钢轮钢轨和胶轮+导向轨两种。钢轮钢轨有轨电车走行部即转向架，主要由车轮、构架、轴箱、悬挂、牵引部件等组成。车体重量通过转向架一系、二系悬挂到达车轮，进而通过轮轨作用传到轨道上，转向架起到承重和导向的作用（见图6-3）。

胶轮+导向轨有轨电车走行部主要由橡胶轮、构架、悬挂、导向轮等组成。橡胶轮被固定于构架上，通过悬挂装置与车辆相连。橡胶轮走行在普通路面上，起承重和牵引作用；导向轮通过构架与车体相连，与道路上敷设的导向轨配合，为车辆起导向作用（见图6-4）。

图6-3　钢轮钢轨有轨电车

图6-4　胶轮导轨现代有轨电车

从技术层面、经济层面、节能环保、后期维修维护等角度对两种有轨电车的综合比较见表6-4。

表6-4　不同轮轨制式有轨电车综合比较

项　目	钢轮钢轨	胶轮导轨
技术特征	能适应通常线路要求	相对较好
车辆来源	较多	单一
车辆价格	低	高
土建价格	轨道造价高	轨道造价低
后期维护	简单	频繁
节能环保	能耗低，污染小，噪声相当	能耗高，污染大，噪声相当
安全舒适	安全性高，运行平稳	出轨概率大，平稳性较低

1）从技术方面看，钢轮钢轨和胶轮导轨的技术特征都能适应通常的线路条件，胶轮导轨在爬坡、转弯能力上相对较好，钢轮钢轨在单位车长的载客量上相对较好。

2）从经济方面看，钢轮钢轨选择性大，性价比高；胶轮导轨易造成垄断，且性价比低。造价上钢轮钢轨只在轨道上比胶轮导轨高，其他配套系统均相同。后期维护方面钢轮钢轨的维护量小，成本低。

3）从节能环保方面看，钢轮钢轨能耗小，空气污染少；噪声水平两者相当。

4）从安全舒适方面看，钢轮钢轨在安全性、可靠性及运行平稳性方面比胶轮导轨更好。

总体上来说，钢轮钢轨和胶轮+导轨两种车辆都能满足普通运输线路工程的技术要求，但从车辆来源、价格、后期维护、节能环保、安全舒适等方面，钢轮钢轨车辆更具优势。胶轮+导轨有轨电车的优势在于爬坡能力强、转弯半径小、技术性能相对更好，当城市交通更为重视与线路条件的适应性及与环境的协调性时，可以考虑采用。

（3）**不同供电方式有轨电车的适用条件**　有轨电车按供电方式分类主要包括接触网供电、无触网供电两大类。接触网供电的方式与传统的铁路和大部分地铁所采取的供电方式基本相同。列车通过车顶受电弓从架空接触网取得电能，通常采用的供电电压为直流750V。目前国内绝大多数有轨电车均采用该种供电方式。

无触网供电方式包括以下几种技术：

1）第三轨供电。采用在地面上铺设的供电轨取代了架空接触网，供电轨由3m长的绝缘体和8m长的导电体相间敷设而成。车辆底部安装有受电靴，在车辆运行过程中，感应装置感应到有车辆通过时，相应的导电段（必须被车体完全覆盖）接通电源而带电，车辆通过受电靴从接触轨上取电，没有车辆通过的区域接触轨不会带电，以保证其他车辆和行人的安全。车辆前进过程中，不断切换导电体的工作状态以满足车辆连续受电的需求。

2）电磁感应供电技术。利用电磁感应现象，将电缆回路预先埋设在轨道结构下方，车体底部安装有耦合线圈。车辆起动时通过车载储能装置起动，运行过程中，电缆回路通电形成电磁场，车辆上的耦合线圈不断切割磁力线，产生电磁感应，形成电流，为车辆供电的同时给车载储能装置充电。

3）电池充电供电。电池包通常安装于车辆上，由于其存储电能容量较小，故充电时间长，通常只作为运用于短距离供电，且供电过程中通常对车辆的性能有所限制。

4）超级电容供电。其原理与电池包供电原理相同，但超级电容的容量较大，可以维持较长的供电时间。另外，利用超级电容可以快速充电的优点，如果结合车站设置快速充电设备，利用停站时间对超级电容充电，就可以解决超级电容车辆连续供电的问题，一次充电可运行约2.5km。

从技术成熟度、工程造价等角度对不同供电方式有轨电车的优缺点进行比较，见表6-5。

表6-5　不同供电方式有轨电车的比较

指标	接触网	无触网		
		第三轨供电	电磁感应	超级电容+电池包
城市景观效果	差	好	好	好
站间距要求	无	无	无	<2.5km
工程实例	普遍	波尔多、巴黎	暂无	葡萄牙里斯本
技术成熟性	相对成熟	较成熟	实验技术	较成熟
投资	约300万元/双线km	约4000万元/双线km	约4000万元/双线km	650~700万元/车
存在问题	对城市景观有影响，触网结构形式需优化	积水、积雪、结冰情况下，系统可靠性、安全性有待厂商提供保证	电磁感应存在电磁污染，社会反响可能较大，节能器属超级电容，寿命短	蓄电池寿命短，车辆造价高，车身自重大

综合比较各种供电方式，接触网供电技术虽然对城市景观有一定影响，但其技术成熟可靠，运用时间久，维护经验丰富，而且可以通过改善措施尽量减少对城市景观的影响；而无触网供电技术相对不够成熟，且造价很高，运营维护经验不足，除对景观有较高要求情况

外，近期应较少采用。

为改善接触网供电对城市景观的影响，可以采取如下措施进行改善。

1）在城市规划方面对接触网供电进行先期规划，同时优化接触网结构件的形式，使接触网能与周边环境融合，从而改善对城市景观的影响。

2）优化接触网供电的功能，减少架空的电缆数量、尺寸，改变外观，减少对城市景观的影响。

3）随着超级电容技术的成熟，其可靠度提高，则可结合接触网的使用寿命期限，改造车辆可以同时采用超级电容供电，从而在城市中心区等人口密集地区取消接触网，改善城市景观。

4. 车辆选型的流程

车辆选型过程较为复杂，不仅涉及众多量化指标的判断，同时还受到许多不可控、柔性约束、人为因素等因素的影响，因此，车辆造型采用“初步方案→推荐方案→最终方案”三阶段过程来实现。选型方案具体流程如图 6-5 所示。

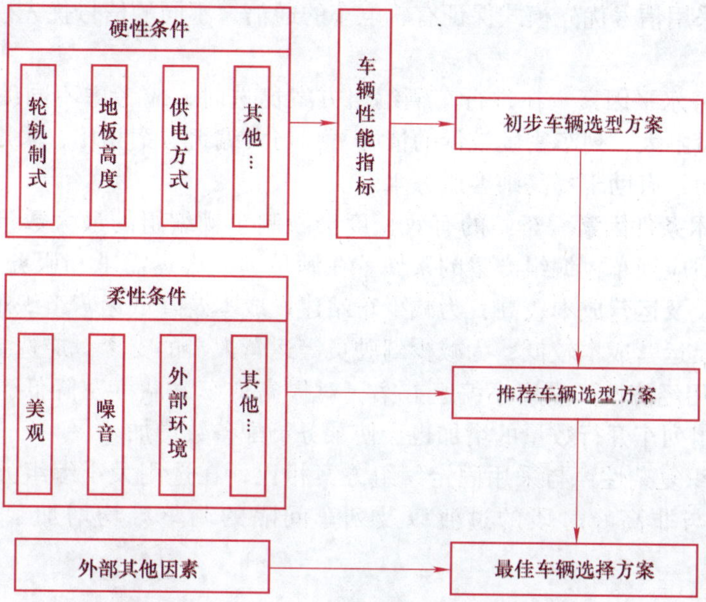

图 6-5　车辆选型方案流程图

三阶段具体过程为：

（1）**初步方案**　根据线路基本信息（限制曲线半径，限制坡度，设计运行速度等），结合轮轨制式、地板高度、供电方式等基本判定条件，筛选出车辆备选库中满足这些基本条件的车型。

（2）**推荐方案**　根据对车辆美观程度、成本要求、运行噪音等较为柔性的要求，从初步车型选择方案中给出推荐设计方案（可能包含多个）。

（3）**最终方案**　根据其他人为因素、外部因素（如规划城市前期使用车型、外部交通环境等），从推荐方案或者初步方案中选择最终的车型方案。

6.2.2 车辆编组方式

在确定车辆类型后，需进行车辆编组方案选择。列车编组应满足系统功能要求，尽量节省运营成本，并保证为乘客提供良好的服务水平。根据各线路的具体特征，确定其合适的列车编组。

1. 车辆编组的影响因素

客流条件是车辆编组方案选择的最重要因素，应综合考虑线路运营的近期、中期、远期不同的预测客流量，对车辆编组方案进行比选。此外，还应考虑站台技术条件、线路通过能力、乘客服务水平、车辆运用经济型和运营组织复杂性等因素。

（1）**客流因素** 主要是指高峰小时最大断面客流与分时客流不均衡程度。在车辆选型、列车行车间隔一定的情况下，客流较大，列车编组也较大。

（2）**线路通过能力和列车折返能力因素** 其影响体现在：为满足必须的小时列车运能，不同编组方案的列车行车间隔不同，尤其是在小编组方案下，列车行车间隔会相应压缩，而列车行车间隔会受到线路通过能力和列车折返能力的制约。有轨电车线路普遍采用混合路权形式，在交叉口采用信号优先模式保证有轨电车的通信，不同的信号优先模式会对线路通过能力造成影响。

（3）**乘客服务水平因素** 在进行车辆编组方案比选时，应考虑不同编组方案的乘客服务水平。在客流量不大、列车密度较低的情况下，与大编组方案相比，采用小编组方案时的乘客候车时间较短，有助于提高乘客服务水平。

（4）**车站技术条件因素** 车站的有效长度会限制车辆编组的最大数量，因此在车站设计时应预留远期适应列车大编组方案的条件。在满足远期客运需求和服务水平要求情况下，如车站占地和建设及运营成本较高，为减少车站建设成本及降低运营组织难度，应选择小编组；如车站建设及运营成本较低，为减少驾驶员等运营人员的支出，应选择大编组。

（5）**车辆运用经济性** 采用小编组方案，对提高列车满载率及降低牵引能耗具有积极的意义，但小编组列车开行数量的增加也会使乘务员配备数增加。

（6）**运营组织复杂性** 与采用固定编组方案相比，在选用大小编组方案时，列车的编组与解体、高峰与非高峰时段的过渡以及列车间隔的调整等均增加了运营组织的复杂程度。

2. 车辆编组方式

有轨电车车辆由多个模块组成，列车编组可以采取不同模块的列车单独或重联形式。根据各类型车辆的技术特点，结合线路运营需求，从客流高峰、平峰，以及运营初期和远期等角度考虑，可以有全线统一编组、多种编组混跑、初期小编组远期大编组等方式。

（1）**全线统一编组** 这是指所有列车采用相同编组数量的车辆，在高峰和非高峰时段采用不同的行车间隔来调整运能以满足客流需求。该编组方式运营管理较为容易，但在运营初期和非高峰期时段的行车间隔较大，服务水平较低。

（2）**多种编组混跑** 由于客流特征在时间上具有不均衡性的特点，在诸多线路上存在着“高峰时间短但客流大，平峰时间长但客流小”的现象。如果仅考虑满足高峰时期的运力，而用某一单向高峰最大断面客流量来确定车辆的编组数量，将会造成平峰时列车满载率降低。因此，可考虑采用“高峰时段开行大编组列车，平峰时段开行小编组列车”

的方案，以满足线路不同时段的客流需求。该列车编组方式根据运量合理分配运能，在平峰时期采用“高密度，小编组”的开行方式缩短了乘客候车时间，有利于提高平峰时段的服务水平。

多种编组混跑的解决办法可以有两种：一种是同时准备两种编组的列车，但车辆配置数量较多，闲置率较高，车辆成本较高；另一种是灵活拆解和组装小编组列车，但每日存在两次解体和编组，日常运营管理难度较大。

（3）**初近期小编组，远期大编组**　有轨电车线路的高峰小时最大断面客流量在不同时期具有较大差异，初期、近期的高峰客流量一般为远期的 1/3 和 2/3。如果各时期列车编组相同，那么在初期近期的 25 年内车辆只能以较大的运行间隔和较低的满载率运行，服务水平低，运行成本高。因此，可以采用“初近期小编组，远期大编组”的车辆编组形式。

6.2.3　定员标准

车辆定员是决定车辆编组数量的重要因素。车厢站立标准决定了车辆的定员。根据国内外经验，欧美国家客流较小，有轨电车站立标准通常采用 4 ~ 5 人/m^2，国内已投入运营的有轨电车如天津、上海、大连、长春、沈阳等城市大多采用的站立标准，与地铁站立标准一致，高于公交。综上，车厢站立标准宜采用 6 人/m^2，在客流高峰时间，为增大运力，可以适当增加站立人员，采用 8 人/m^2 的站立标准。

6.2.4　车辆编组数量

计算车辆编组数量时，主要受到客流量及服务水平的影响，此外还受到车站技术条件、车站造价等的影响。

通常，按照城市公共交通的要求，两列公共交通运载工具间时间间隔应小于 10min（此为理论值，客流不足时，初期部分线路实际间隔高达 20min）；高峰期时间间隔按照具体的客流量掌握，一般不宜小于 5 ~ 6min（该要求主要限制于非优先平面交叉口信号周期的要求，计算最大能力时，一般按最小时间间隔 3min 计算）。因此，在给定基本服务水平的前提下，车辆编组数量也需根据高峰期、平峰期和运营初期、近期、中期、远期等不同时间段的客流量分别进行计算。

根据不同运营阶段分时断面客流量和期望达到的服务水平、最小行车间隔、最大行车间隔、线路通过能力和折返能力等指标对各种类型的编组数量进行综合比选，确定各运营阶段应采用的车辆编组数量，其主要步骤如下：

1）检测各种类型车辆长度是否满足站台长度等技术要求。

2）以高峰小时最大断面客流量为依据，计算各种类型车辆的开行对数和行车间隔，检测是否满足期望的服务水平标准（见表 6-6），其计算公式如下：

① 开行对数

$$n_i = \frac{p_{\max}}{c_i} \tag{6-1}$$

式中　n_i——不同编组类型高峰小时开行列车数（列或对）；

$p_{\max}$——高峰小时最大断面客流量；

c_i——不同编组类型车辆定员。

② 行车间隔

$$h_i = \frac{3600}{n_i} \tag{6-2}$$

式中 h_i——不同编组类型车辆行车间隔时间（s）。

表 6-6 期望服务水平的划分标准

最小行车间隔/min	最大行车间隔/min	期望行车间隔/min	服务水平
3	20	5	A
		10	B
		15	C
		20	D

3）检测在计算得到的开行对数和行车间隔条件下，是否满足线路通过能力和折返能力。半独立路权的有轨电车线路，其行车间隔主要受平面交叉口通行能力的制约；共享路权的混合路段电车线路，其行车间隔不仅受平面交叉口通行能力的制约还受道路路段通行能力的制约。

4）根据以上指标，确定合适的车辆编组数量。

6.3 现代有轨电车运行计划与车辆运用、配置及检修计划

6.3.1 列车运行计划

列车运行计划是指为完成运送乘客任务所进行的一系列与运输有关的工作，是进行日常运营组织的基础。列车运行计划包括列车编组方式、列车交路计划、列车停站方案、全日行车计划四部分内容，规定了按不同编组、交路方案等情况需开行的列车数。

列车编组方案规定编组方式和数量，上节中已有说明。列车交路计划确定列车的运行区段和折返车站。列车停站方案规定列车采用站站停、高峰时段大站快车等不同的停站方式。全日行车计划确定了全天分时段需开行的列车数以及行车间隔。

列车运行计划的编制应遵循客流分布特征与运营经济合理兼顾的原则，以实现既能维持较高的乘客服务水平，又能提高车辆的运用效率。

1. 列车运行计划编制影响因素

（1）**线网结构** 线网结构越复杂，运营组织越复杂。根据不同的线网结构形式，有轨电车可以采用各条线路独立运营模式或共线运营模式，同时要保证不同线路间换乘客流的便捷换乘。

（2）**客流计划** 客流计划是列车运行计划编制的基础，根据客流 OD 预测数据，得到站间发、到客流量，各站分方向上下车人数，分时最大段面客流量以及高峰小时最大断面客流量等，作为计算全日行车计划等的依据。列车运行计划必须满足客流量需求，符合客流的时间和空间分布特征。

（3）**服务水平** 服务水平包括行车间隔时间、乘客乘车时间、候车时间、换乘时间、换乘次数和平均出行速度等指标，与全日行车计划、列车编组方案、交路计划等密切相关，

如平峰时期客流量较少，但为保证一定的服务水平，平峰时期的列车行车间隔不应过长。

（4）**车辆运用效益**　包括列车周转时间、旅行速度、运用车数、车辆满载率等。不同时段断面客流量的差异，会使得平峰时期的列车开行对数远远少于高峰时期的列车开行对数，造成列车运能的虚靡。可以适当提高高峰时期的车辆满载率系数，或采用合理的列车交路计划等方式，尽量提高车辆运用效率，避免运能虚靡，使行车组织做到经济合理。

（5）**通过能力**　列车运行计划确定后，需要评价与线路通过能力是否适应，包括线路通过能力利用率、列车折返能力利用率等。有轨电车的不同的路权形式和交叉口信号优先模式，会影响线路的通过能力。

（6）**运营成本**　列车运行计划编制应尽量降低运营成本，包括车辆购置费用、增设折返线费用、与列车运行距离相关费用和乘务人员费用等。

（7）**配线设置**　有轨电车配线设置主要是指中间站的渡线设置，使列车具备中间折返的能力，增加了运行计划调整的灵活性，如在列车运行晚点或临时加开短交路列车时，有助于提高列车运行调整的机动性，在短交路列车折返作业与长交路列车接发作业干扰时，有助于消除作业干扰对线路通过能力的不利影响等。

2. 列车交路计划

列车交路计划规定了列车的运行区段、折返车站。采用合理的列车交路，能在不降低服务水平的前提下提高车辆运用效率，由于各区间断面客流量一般是不均衡的，在相差较大的情况下，如果按照最大断面客流量开行一种列车，将会使平峰时期车辆的满载率不高，造成一定程度的浪费，所以应该根据具体的客流情况和线路技术条件采用不同的列车交路，既能避免运能虚靡，降低运营成本，还可以提高乘客服务水平。

（1）**列车交路计划的种类**　列车交路通常有常规交路、混合交路和衔接交路三种，如图 6-6 所示。

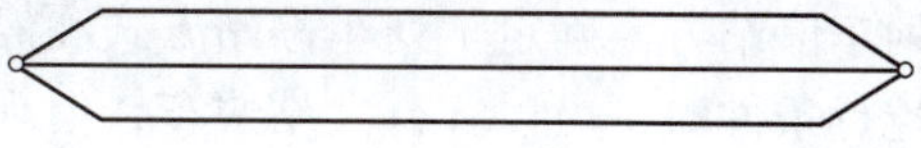

a)

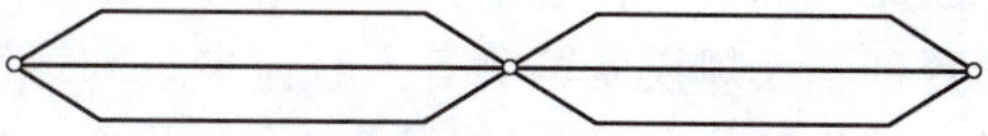

b)

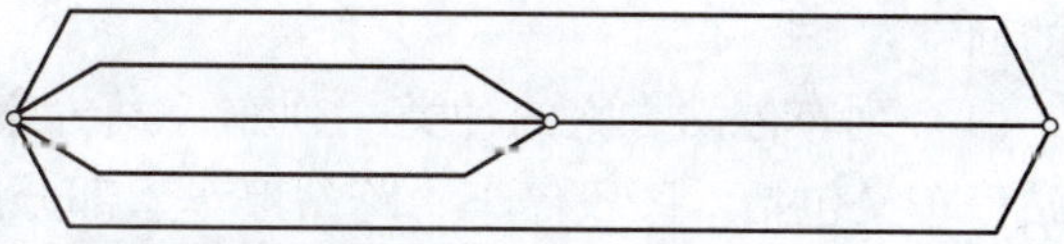

c)

图 6-6　列车交路计划种类
a）长交路列车交路　b）短交路列车交路
c）长短交路列车交路

1）常规交路又称为长交路，列车在线路的两个终点站间运行，到达线路终点站后折返。采用常规交路方案的行车组织简单、不需要设置中间折返站。若线路各区段断面客流不均衡程度较大，则会产生部分区段列车运能的浪费。

2）混合交路又称为长短交路，长短交路列车在线路的部分区段共线运行，长交路列车到达线路终点站后折返，短交路列车在指定的中间站单向折返。采用混合交路方案需要设置中间折返站，可提高长交路列车满载率，加快短交路列车周转，但部分乘坐长交路列车乘客的候车时间增加。

3）衔接交路又称为短交路，是若干短交路的衔接组合，列车只在线路的某一区段内运行、在指定的中间站折返。采用衔接交路方案需要设置中间折返站，可提高断面客流较小区段的列车满载率，但跨区段出行的乘客需要换乘，并且短交路列车在中间站双向折返，增加了折返作业的复杂性。

（2）**列车交路计划的制订** 列车交路计划制订以客流空间分布特征为依据，通常采用常规交路方案。只有在线路各区段断面客流分布不均衡程度较大时或大型活动、突发事件等导致客流分布异常时，才需要考虑是否采用特殊交路方案。

当断面客流分布为阶梯型时可选用混合交路或衔接交路方案；当断面客流分布为凸字型时可选用混合交路方案。

采用特殊交路能提高列车满载率，加快列车周转，减少运用车数。但特殊交路方案的运营组织要比常规交路方案复杂，列车需要在中间站进行折返，不同交路列车的折返作业可能会产生进路干扰，此时，线路折返能力，甚至最终通过能力均有可能降低。列车在中间站折返也需加强站台乘客的导向服务。

（3）**列车折返方式和折返时间** 列车运行到终端站或中间折返站（对短交路而言）时，要进行列车折返作业，列车折返方式根据折返线的布置可分站前折返、站后折返，以及综合式折返。不同的折返布置方式，列车折返所需的时间是不同的。折返时间受折返线的形式、车辆长度、车辆制动力、信号设备及驾驶员操作水平等多种因素的影响。

3. 列车停站方案

列车停站方案确定了列车停站方式和停站时间，列车停站方式与线路条件相关，在线路具备越行条件时，可以开行大站快车，但现代有轨电车线路很少具备越行条件，可参考对象不多，仅在部分线路上有相关规划，如重庆有轨电车有类似规划。

因此，现代有轨电车在一般情况下多采用站站停车的方式。但在重要节假日、庆典日、体育赛事、大规模展览等有大客流聚集和疏散的交通出行行为产生时，为了尽快疏散客流，可以采用跨站停车等非站站停方式。此外，在早、晚高峰小时内，如果客流集散比较集中，也可以突破站站停车的方式，不停车通过某些客流量较小的车站，以加快旅客送达速度和列车的回空。

（1）**列车停站方案的种类** 列车停站方案主要包括两种：站站停车、非站站停车。非站站停车又包括：区段停车、跨站停车、部分列车跨多站停车。

1）站站停车，列车在全线所有车站均停车。线路上开行列车种类简单，不存在列车越行，乘客无须换乘，也无须关注站台上的列车信息显示。

2）区段停车，在长短交路情况下采用，长交路列车在短交路区段外每站停车，但在短交路区段内不停车通过；而短交路列车则在短交路区段内每站停车，短交路列车的中间站同时又是乘客换乘站。采用区段停车方案有利于压缩长距离出行乘客的乘车时间和减少车辆运用，降低运营成本。

3）跨站停车，列车跨站停车在长交路的情况下采用。跨站停车列车运行方案减少了列车停站次数，能够压缩列车旅行时间和乘客乘车时间，提高旅行速度。

4）部分列车跨多站停车，部分列车跨多站停车是指线路上开行两类长交路列车，即普速、站站停列车和快速、跨多站停列车，快速列车只在线路上的主要客流集散站停车，而在其他站则不停站通过。该停车方案运用比较灵活，运营部门可根据客流特征，按不同比例确定快速列车开行对数。

（2）**列车停站时间** 列车停站时间长短服从于旅客乘降的需要，因而主要取决于车站的乘客集散量、车辆的车门数和座位布置以及车站的疏导和管理等措施。由于乘客发生量在时间上的不均衡性，以及乘客在列车车厢内分布的不均衡性，停站时间除了考虑旅客上、下车时间和开关车门反应时间以及动作时间外，还应有一定的富余量。

4. 全日行车计划

全日开行计划确定营业时间内各个小时开行的列车对数和列车行车间隔时间，依据营业时间内分时最大断面客流量、列车定员人数、车辆满载率以及希望达到的服务水平综合考虑编制。全日行车计划应满足客流要求和服务水平，并且尽量降低运营成本。

（1）**全日行车计划编制依据**

1）全日营业时间。全日营业时间的安排考虑两个因素：一是方便乘客，满足城市生活的需要，考虑城市居民出行活动的特点；二是满足各项设施设备检修养护的需要。大多数城市轨道交通的营业时间为 18 ~ 20h，个别城市甚至是 24h 运营，如纽约和芝加哥。我国已开通的现代有轨电车运营时间多为 18h，沈阳浑南现代有轨电车运营时间为 5∶00—23∶00。

2）分时最大断面客流量。有轨电车不同的运营阶段其客流预测结果不同，应分别得到初期、中期、远期不同运营时期的分时最大断面客流量。

3）最小行车间隔和最大行车间隔。一般来说，行车间隔时间的极小值取决于信号系统、车辆性能、折返能力、停站时间等诸多因素。行车间隔时间的极大值与期望服务水平有关。

（2）**全日行车计划编制流程**　在已知列车定员、分时最大断面客流量、最小行车间隔、最大行车间隔等基本参数的基础上，计算初期、中期、远期不同运营阶段全日行车计划，具体步骤如下：

1）根据不同运营阶段的分时断面客流量，计算各个小时的列车开行对数，计算公式如下：

$$n_i = \frac{p_{\max}^i}{p_{列}\beta} \tag{6-3}$$

式中　n_i——分时开行列车数（列或对）；

$p_{\max}^i$——分时最大断面客流量（人）；

$p_{列}$——列车定员数（人）；

β——线路断面满载率。

线路断面满载率是在单位时间内，特定断面上的车辆载客能力利用率，通常是指早高峰小时，单向最大客流断面的车辆载客能力利用率，计算公式为：

$$\beta = \frac{p_{\max}}{c_{\max}} \times 100\% \tag{6-4}$$

式中　β——线路断面满载率；

$p_{\max}$——单向最大断面客流量（人）；

$c_{\max}$——高峰小时线路输送能力（人）。

线路断面满载率既反映了高峰小时开行列车在最大客流断面的满载程度，也反映了乘客乘车的舒适程度。为提高车辆利用率，降低运输成本，高峰小时可适当超载。

2）根据不同运营阶段各小时开行列车对数，计算分时列车行车间隔，计算公式见式(6-5)。

$$h_i = \frac{3600}{n_i} \tag{6-5}$$

式中　h_i——行车间隔时间（s）。

3）确定全日行车间隔。在计算得出分时开行列车数和行车间隔的基础上，结合各小时应达到的服务水平，检查各时段列车行车间隔是否满足最小行车间隔和最大行车间隔等限制条件，避免某些时段内行车间隔时间过长，最终确定全日行车间隔时间。

为提高服务水平，行车间隔在高峰运营时间内，如9：00—21：00，一般不宜大于6min，在其他非高峰运营时间一般不宜大于15min。另外，对全日行车计划中的高峰小时行车间隔时间应检验是否符合列车在折返站的出发间隔时间。

（3）**信号优先模式对全日行车计划的影响**　有轨电车主要采用半独立路权或混合路权形式，在交叉口主要采用信号优先模式保证有轨电车的优先通行权，不同的模式会对线路的运输能力和行车间隔确定产生影响，主要表现为交叉口延误时间和区间运行时间的差异，从而进一步影响全日行车计划的确定。

1）交叉口信号优先模式。根据车站位置和平交道口的关系，可分为车站平交道口和区间平交道口。在平交道口设置车站，对区间运行时间的影响较小，但可能会增加部分停站时间。在区间平交道口，主要有绝对优先和有条件优先两种类型。绝对优先是指当电车到达交叉口时，信号即转换为绿灯，直接通行，适用于行车间隔比较长，交通流量不大的交叉口。有条件优先是指电车到达交叉口时，信号系统采取延长绿灯相位时间、缩短红灯相位时间、增加电车专用相位等主动优先控制方式，减少列车的延误时间。

2）交叉口延误时间。根据《城市道路设计规范》，有轨电车通过交叉口的速度有限制，交叉口内的计算行车速度应按照各级道路计算行车速度的50%～70%计算，直行车取最大值，转弯车取最小值。根据沈阳浑南新区的相关经验，有轨电车在各交叉口的平均延误时间约为20～30s。

6.3.2　车辆检修、运用和配置计划

车辆检修、运用和配置计划以列车交路计划、全日行车计划为依据，确定运用车数量、检修车数量、备用车数量以及检修的模式、检修修程修制等内容。

1. 车辆运用、配置与检修的影响因素

（1）**列车运行计划**　列车运行计划是确定车辆运用计划和配置数量的基础，不同的列车交路计划、编组方式和全日行车计划下，车辆配置的数量具有较大的差异。良好的列车运行计划能有效提高车辆运用效率，也能降低车辆配置数量。

（2）**车辆类型和购置、检修成本**　由于有轨电车车辆的购置成本较高，占整个系统成本的比例较高，为节约成本，在满足客流需求的基础上，应尽量减少车辆配置的数量。此外选用技术成熟，可靠性高的车辆，也能有效减少运营过程中的车辆维修维护成本。

（3）**车辆段的位置和规模**　车辆检修计划的编制需结合车辆段检修能力，车辆段的规模和人员配置等会影响车辆检修能力和车辆的检修时间。尤其是厂修、架修情况下，车辆检修时间较长，为减少车辆配置数量，应保证车辆段的检修规模和能力充足。

2. 车辆检修计划

（1）**车辆检修的模式**　车辆检修模式是确定车辆段建设规模、计算检修车数与配属车数的依据。合理的车辆检修模式对减少检修车等非运用车数、降低建设投资与运营成本具有重要意义。

车辆检修模式主要有状态修和计划修两种模式，根据国外有轨电车车辆维修的经验，其车辆检修的主要特点如下：

1）1.5万km以下修程以状态修为主，1.5万km以上修程以计划修为主。

2）受电弓、轮对等部件配备在线实时监测系统，实现状态修。

3）计划修基本以互换修为主，停修时间约为国内停修时间一半。

4）专职维修人员精简化配置，定员不到1人/车。

5）充分利用社会化资源，委外修比例高。

6）车辆段布置紧凑，线形灵活，任何一个道岔故障不会影响整个车辆段收发车。

7）预防性维修尽量不干扰运营。有影响的作业将在夜晚进行。矫正性维修，出于同样原因，由应急维修队更换其缺陷设备。

8）月度检修采用均衡修制度，将年检任务分解到月检。

总体上看，国外有轨电车检修模式车辆段占地小，定员少，检修车辆数少，运营成本低。但该检修模式的制定是基于以下两个前提，一是确保车辆的可靠性高，二是运营管理模式灵活，如出现车辆大范围检修，可以及时调整运营方式。

目前国内开通有轨电车的城市主要有长春、大连、沈阳、北京、上海等，检修的修程和修制与地铁的检修模式类似，基本上属于计划修。除厂架修以及定修的停修外，一般的月修和隔日检可在车辆停驶时间段内完成。其中月修可与备用车列备相结合，隔日检可在夜间或日间非高峰段停运时间进行。厂架修以及定修的停修时间较长，主要采用现车修为主，互换修为辅的模式，所以一般车辆段占地面积较国外有轨电车车辆段大，检修人员配置多，检修设备多，检修车辆数多，效率较低，运营成本高，但对于确保正常运营有利。而且目前几个城市的有轨电车检修一般以自修为主，委外修范围很小，没有充分利用社会化资源，进一步增加了日常运营成本。

随着有轨电车车辆技术的发展，可靠性提高，国内有轨电车的车辆检修模式也应借鉴国外经验，宜采用“状态修+计划修”的模式，有轨电车车辆检修的发展趋势为：优化车辆检修制度，延长车辆检修周期，利用非运营与非高峰时间进行较小修程的均衡修，采用直接更换车辆零部件的方式进行换件修。

（2）**车辆检修的修程修制** 车辆检修的修程修制应根据车辆厂商提供的修程和检修计划制定，与车辆本身的故障率和可靠性等参数有关。

车辆的定期检修分为月检、定修、架修和大修（厂修），有的线路还增设了双周检、双月检或半年检等。具体的车辆检修修程、检修周期根据车辆各部件使用寿命和车辆运用环境等因素综合考虑确定。以沈阳、长春为例，采用长春客车厂的车型，提供的检修制度见表6-7。

表6-7 国内检修制度表

序号	检修种类	定检周期/（万km）	停修时间/天	库修时间/天
1	厂修	90	45	38
2	架修	45	30	24
3	定修	15	18	14
4	月修	1.25	2	2
5	隔日检	—	2h	2h

3. 车辆运用计划和乘务计划

（1）**车辆运用计划** 车辆运用包括列车的出入段、正线运行和列检等作业。车辆运用应按计划进行，车辆运用计划根据列车运行计划和车辆检修计划进行编制，在安排车辆运用时，应注意使运用车的走行公里在一定时期内大体均衡。

车辆运用计划以车辆周转图的形式规定了全日对应各出入段顺序的运用车辆在正线上往返运行的列车交路，车辆在两端折返站的到、发时刻，以及运用车辆出入段时间和顺序。车辆段应根据列车运行计划的要求，排定车辆的出段顺序、时间和担当车次，回段顺序、时间和返回方向。

（2）**乘务计划** 乘务计划编制以车辆运用计划为基础。乘务制度通常有包乘制和轮乘制两种。有轨电车通常采用轮乘制，轮乘制的优点是可减少驾驶员定员人数，降低驾驶员劳动强度。

在编制车辆运用计划时，应对乘务员的出、退勤时间，地点和值乘列车车次以及工间休息和途中用餐等同步做出安排，注意乘务员的连续工作时间不要超劳。有轨电车在运行时，每列车应在车头驾驶员室设一名驾驶员。除配备驾驶员外，每辆车根据售票方式等合理安排售票员，负责沿线车站上下车乘客售检票工作的同时维护车上乘客的乘车秩序。

4. 车辆配备计划

有轨电车车辆配备计划是为了推算完成一定运输任务所需要的车辆数量，包括运用车辆数、检修车辆数和备用车辆数。根据不同运营阶段的全日行车计划，得到高峰小时列车开行对数，分别计算得到近期、中期和远期需要的车辆数量。

（1）**运用车** 运用车是指为完成日常客运任务而配备的技术状态良好的车辆，与高峰小时开行列车对数、列车的旅行速度及在折返站的停留时间有关，计算公式见式（6-6）。

$$N = \frac{n_{高峰}\theta_{列}m}{60} \tag{6-6}$$

式中 N——运用车辆数（辆）；

$n_{高峰}$——高峰小时开行列车数（对）；

$\theta_{列}$——列车周转时间（min）；

m——列车编组辆数（辆）。

列车周转时间是指列车在线路上往返一次所消耗的全部时间。它包括了列车在各区间的运行时间，在各中间站的停站时间，以及在两端折返站的折返停留时间。计算公式见式（6-7）。

$$\theta_{列} = \sum t_{运} + \sum t_{站} + \sum t_{折停} \tag{6-7}$$

式中 $\sum t_{运}$——列车在线路上往返一次各区间运行时间的和（min）；

$\sum t_{站}$——列车在线路上往返一次各中间站停站时间的和（min）；

$\sum t_{折停}$——列车在折返站停留时间的和（min）。

有轨电车的列车运行时间和停站时间需考虑不同信号优先模式下交叉口的延误时间。

（2）**检修车** 检修车是指处于定期检修状态的车辆。车辆经过一段时间的运用后，各部件会产生磨耗、变形或损坏，为保证车辆技术状态良好、确保车辆运行安全和延长车辆使用寿命，需要定期对车辆进行各种修程的检修。除按照车辆检修的修程修制进行检修外，还有日常检修，包括列检和临修等。

检修车的数量取决于运用车的配属数量、检修周期和检修停时。检修周期和检修停时对检修车数量的影响用检修系数来反映，见式（6-8）。

$$\alpha_{检修} = \frac{\sum T_{i,检修}}{D_{年}} \tag{6-8}$$

式中 $\alpha_{检修}$——检修系数（辆）；

$T_{i,检修}$——包括临修在内的各种检修修程年均检修停时（天）；

$D_{年}$——年检修工作日（天）。

已知检修系数和运用车辆数后，检修车的计算公式见式（6-9）。

$$N_{检修} = N_{运用}\alpha_{检修} \tag{6-9}$$

式中 $N_{检修}$——检修车数（辆）。

（3）**备用车** 备用车是指为完成临时紧急运输任务或为替换退出运营故障列车而储备的技术状态良好的车辆。备用车数一般控制在运用车数的 10% 左右。备用车原则上停放在线路两端终点站或车辆段内。

6.4 现代有轨电车交通系统人员组织架构及编制标准

组织架构设计是公司管理不可或缺的一部分，有效的组织架构设计对提高组织活动的绩效有重大作用：能为组织活动提供明确的指令，有助于组织内部各部门成员之间的合作，使组织活动更有秩序，有助于组织及总结经验教训，以便使组织架构形式更为合理，更加有助于组织内部分工与协作，提高组织工作效率，是增强公司竞争力，实现组织目标的必要条件。

6.4.1 组织架构设计原则

有轨电车公司组织架构的建立应遵循以下原则：

（1）**战略导向，突出重点原则** 组织目标是企业存在和发展的根本所在，组织设计的目的就在于确保其目标的实现。有轨电车运营单位的组织设计必须符合公司整体战略规划，公司及其下属的业务单位在体制设计和职能划分上要目标一致，共同服务于公司战略。

（2）**稳定性和弹性相结合原则** 组织的稳定性是开展正常活动的前提条件，但组织的外部环境和内部条件会经常发生变化，要求组织有良好的适应能力，克服僵化状态，能及时而方便地做出相应的改变，以适应内外环境变化的新情况、新要求。

（3）**管理层次和管理幅度均衡的原则** 管理层次是指直线行政系统中分级管理的层次数。管理幅度是指一名管理人员能有效地领导的下属人数。过多的管理层次和过宽的管理幅度都会引起管理效率的下降，因此应适当在这两者之间进行合理均衡，实现信息的灵活沟通。

（4）**精简高效原则** “精简高效”不能简单理解为通过精简机构设置、减少人员配备来实现有轨电车的高效运营，这种思想某种程度上可以说是传统计划经济思想的延伸。“精简高效”的组织架构首先是一种市场行为，是有轨电车运营管理适应市场经济的手段，从根本上说这是思想观念的变革，是利用市场经济思维经营轨道交通，管理轨道交通；其次，“精简高效”是技术上的创新，管理上的创新，先进的科学技术和管理思想是“精简高效”

的基础，利用信息技术达到轨道交通的集成化管理是实现资源优化的有效途径；再次，“精简高效”的精髓缘于系统工程思想，有轨电车组织架构作为一项复杂的系统工程，通过对系统要素的优化组合，不断创新才能实现其高效运营。在完成任务目标的前提下，应当力求做到机构最精干，人员配置最合理，管理效率最高。

（5）**专业分工与协作原则** 有分工，同时必须有协作。现代组织的管理工作量大，专业性强，分别设置不同的专业部门，有利于把管理工作搞得更细，提高各项专业管理效能。但伴随专业分工而来，各专业管理部门之间，会在管理目标、价值理念、工作导向等方面产生一系列的差异，必须在企业组织设计中十分重视部门间的协作配合，加强横向协调，才能提高管理效率。

6.4.2 组织架构设计目标

（1）**战略导向** 运营单位的组织架构设计一方面要分析企业发展战略，建立能够支撑企业发展战略的组织架构，另一方面要实现根据企业发展战略界定企业的核心能力、核心岗位和核心员工。

（2）**符合企业特点** 根据企业的行业与经营特点，对各项业务与职能进行合理的纵向和横向划分，设计科学、合理的组织架构，对公司部门的职位体系进行优化，并按照科学方法开展职位评估。

（3）**可操作性** 方案设计必须考虑企业的现实情况和变革能力，赞成理论指导实践，但反对照搬教条；赞成借鉴标杆，反对邯郸学步。方案设计注重沟通和尊重各方合理权益，确保方案可以操作、易于实施，降低改革风险。

（4）**体现企业文化** 企业在发展过程中积淀了独特的企业文化，在人力资源管理体系中应充分体现出企业自有的企业文化，通过对员工行为的奖惩和福利计划的设计，体现企业文化及其所倡导的行为。

6.4.3 组织架构的管理部门及岗位设置

1. 有轨电车运营业务和管理的工作内容

分析有轨电车运营的业务和管理工作内容及其特点，是科学、合理设计运营管理组织架构的前提。有轨电车的运营业务和管理工作内容，可以分为管理技术类、运营组织类、设备保障类和辅助类四大类。

（1）**管理技术类** 主要包括各项综合管理和专业管理工作。综合管理如财务管理、行政管理、人力资源管理、党群工作等；专业管理包括运输组织、风水电、通号、工建、机电等专业技术管理和采购管理、委外作业管理。管理性工作的工作量及管理难度主要取决于有轨电车运营的业务规模和人员规模。

（2）**运营组织类** 有轨电车运营组织是与运送乘客直接有关的运输业务，包括列车的运行调度指挥、运输系统监控、列车运营、乘务管理、站务管理、客流组织、票务管理等工作。

1）列车运行调度指挥：包括编制运行图和运行时刻表、行车组织与行车作业、监控客流并调集人力物力和备用车辆、疏导突发大客流等。

2）运输系统运行与监控：列车运行与监控，信号系统运行与监控，通信系统运行与监控，供电系统运行与监控，环控、通风系统运行与监控，防灾报警系统运行与监控，自动售检票系统的监控，给水排水系统运行与监控，车站设备监控系统运行与监控等。

3）列车运营：包括正常状态列车的运营、非正常状态列车的运营、紧急状态的运营等方面。

4）乘务管理：有轨电车驾驶员担负着行车安全的主要职责。乘务管理包括制定值乘方案、合理安排乘务员作息时间、乘务人员培训及安全监督等。

5）站务管理：工作内容包括各车站的行车施工、客运管理、乘客服务、事故处理、车站清洁、车站治安管理等。有轨电车作为一种中低运量公共交通系统，大部分有轨电车与常规公交的站台设置类似，除大型停车场、大型枢纽外，中间站基本不需要站务管理人员。

6）客流组织：包括车站导向系统的设置，以及对乘客进站、购票、进入付费区、上下车、换乘、验票出站等全过程提供服务。

7）票务管理：指从车票采购到车票回收及运营分析的一系列过程，包括车票的采购、初始化、车票销售、检票系统作业、车票回收以及票务数据分析。

上述运营组织工作量及管理难度主要取决于有轨电车线路的条数、通车里程、车站数、客流量及运输系统自动化、信息化程度。

（3）**设备保障类**　有轨电车运营的设备保障作业是为列车的运行提供技术设备保障的工作，包括列车、线路各项技术设备的日常维护、故障维修、设备大修等工作。

1）日常维护：指按照标准程序定期进行检查、清理、保养、组件更换及测试工作，以减少影响运营的故障。

2）故障临修：故障临修是修复临时故障的系统，检测、调整、更换备件或抽换模块组件，使设备恢复到可用状态。故障临修包括日常运营中发生的各种故障，也包括紧急情况下故障的抢修。

3）设备大修：设备大修是整理、维护由车站、车辆或轨道旁等拆卸的组件，在维护工厂进行。

4）车辆段管理：车辆段是车辆停放、运用、检查、整备、检修和管理的基地，是实施有轨电车各系统设施维修保养和运营管理，配件检验试验，材料器材管理和开展科研技改工作的重要基地。

5）停车场管理：停车场负责配属车辆的运用、停放、清洗、消毒等日常维修保养及运用技术交接等任务，是部分设施维护保养的辅助场所。

影响上述设备保障业务的工作量及管理难度的主要因素包括：线路的条数、各类技术设备的数量及技术相似性。

（4）**辅助类**　主要包括保洁、保安、园林绿化等辅助性业务。影响辅助业务的工作量及管理难度的主要因素包括：车站数和人员规模。

2. 人员配置标准

（1）**国内有轨电车相关经验**　根据国内部分城市有轨电车运营规划方案，平均每公里人员配置数量约为 18 人。沈阳浑南新区有轨电车，线路运营里程 64 公里，员工约 1350 人，平均每公里约 21 人。苏州有轨电车，线路运营里程 18.8 公里，员工约 300 人，平均每公里约 16 人。

（2）**人员配置计算标准**

1）管理部门人员配备。管理部门人员配备的原则是尽量精简。可以参考国内外各轨道交通公司的经验，并结合我国各轨道交通公司的实际予以确定。

2）运营部门人员配备。运营部门人员，包括调度指挥人员、驾驶员和列车员。其中驾驶员和列车员的数量可以根据工作时间和列车全天运行时间进行计算确定，按照下述方法计算。

乘务员包括驾驶员和列车员，其需要量可以按下述方法计算。

① 驾驶员的配备：

$$P_x = \frac{T_{jz}(1+\alpha)}{T_j \eta} \tag{6-10}$$

式中 P_x——驾驶员所需人数；

T_j——驾驶员1天中的实际驾驶时间；

α——储备系数。

$$T_{jz} = \sum C_{xl}/V_1 \tag{6-11}$$

式中 T_{jz}——1天的总列车运行时间；

C_{xl}——列车的日列车公里；

V_1——列车的旅行速度。

$$\eta = (365 - 休息天数)/365 \tag{6-12}$$

式中 η——出勤率。

② 列车员的配备与驾驶员类似。

③ 站务工作人员：站务工作人员所需人数可以参照国内外有关轨道交通公司的经验，确定平均每座车站所需的工作人员定额，然后根据车站总数确定站务工作人员的总需要人数。车上售检票的有轨电车站可以不配人员，车下售检票方式车站可设1~2名售检票人员。

3）设备部门人员配备

① 车辆设备维修养护人员工作配备。车辆设备维修养护工作人员的所需人数可以参照国内外有关轨道交通公司的经验，确定平均每节车辆所需的工作人员定额，然后根据车辆总数确定车辆设备维修养护工作人员的总需要人数。

② 电气及土木设施养护维修工作人员配备。电气及土木设施养护维修工作人员的所需人数可以参照国内外有关轨道交通公司的经验，确定平均每公里营业线路所需的工作人员定额，然后根据营业线路长度确定电气及土木设施维修养护工作人员的总需要人数。

4）辅助部门人员配备。辅助部门人员所需人数，目前还没有一个统一的模式，可以根据各轨道交通公司的实际情况加以确定。

6.4.4 现代有轨电车系统组织架构实例

1. 组织结构设置

现代有轨电车线路实际情况及运营需求，设立独立的管理结构。本着机构精简、管理层次少、分工明确和办事效率高的原则，一般设置二级管理体制即可。

图6-7为某城市有轨电车机构设置方案。

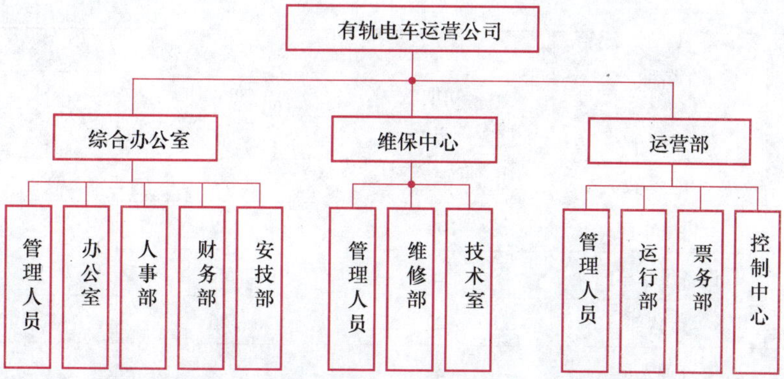

图 6-7　有轨电车公司组织结构示意图

2. 工作班制与定员

1）驾驶员按轮乘制，每列车配备驾驶员 1 人，四班三运转，与列车运行有关岗位按四班三运转班制。

2）采用车上售检票，每车配备售检票人员 1～2 人，实行四班三运转制。

3）牵引变电站、降压变电站按无人值班，仅设巡视人员。

4）控制中心定员含总调度、行车调度、电力调度、消防环控调度。

5）通信、信号设备维修采用相对集中，统一安排检查，充分发挥设备和仪器、仪表的潜力。

经计算，运营初期、近期和远期确定的人员配备数量见表 6-8。

表 6-8　有轨电车公司人员配置汇总表

序号	名称	人数		
		初期	近期	远期
	运用车	52	70	102
	配属车	63	86	125
一	综合办公室	30	30	30
1	管理人员	8	8	8
2	办公室	8	8	8
3	人事部	4	4	4
4	财务部	4	4	4
5	安技室	6	6	6
二	车辆段	147	220	351
1	管理人员	15	20	30
2	运用人员	24	38	51
3	检修人员	108	162	270
三	综合维修人员	215	274	302
1	管理人员	20	25	30
2	工务建筑车间	42	55	60

（续）

序号	名称	人数		
		初期	近期	远期
	运用车	52	70	102
	配属车	63	86	125
3	供电车间	108	138	150
4	设备维修车间	45	56	62
四	运营部	400	526	750
1	管理人员	2	2	2
2	运行部	208	280	408
3	票务部	156	210	306
4	控制中心	34	34	34
	合计	792	1050	1433

6.5 现代有轨电车交通系统运营收益和成本估算方法

6.5.1 运营收益

轨道交通系统的价值创造主要体现在两个方面（见图6-8）：一是显性收益，二是潜在收益。显性收益主要包括线路运营收益和广告收益；潜在收益则是由线路运营带来的沿线土地和物业的增值。

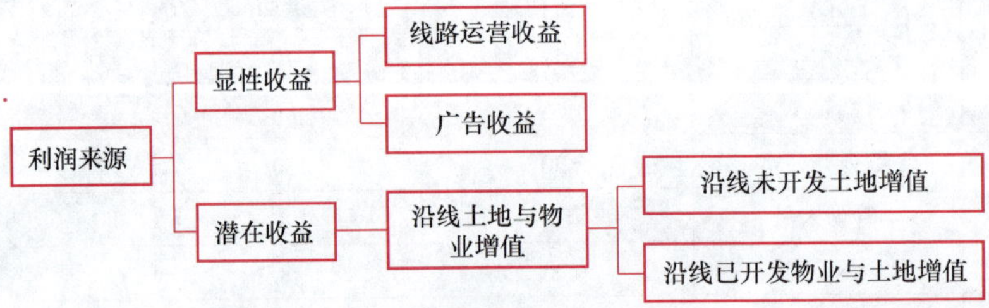

图6-8 轨道交通利润来源

有轨电车运营收益与其类似，但由于有轨电车的路权形式主要为半独立路权和混合路权，一般潜在收益较小，收益来源主要为线路运营收益和广告收益。

1. 运营收益

显性收益主要包括线路本身票价带来的收益和广告收益。运营收益主要是票务收入。

$$票务收入 = 轨道交通平均票价(f) \times 客流量(n) \times 运营时间(t) \quad (6\text{-}13)$$

票价的制定是其中非常重要的内容。有轨电车的票价构成通常包括两部分：固定价格，即纯粹运营成本；活动价格，即与乘坐距离有关的成本，或是与乘客的旅行千米数、经过的区域或计费区有关的成本。对于城市轨道交通线网，固定价格部分通常大大高于活动价格部分。

票价主要有以下几种结构：单一票价制、计程票价制、分区票价制。几类轨道交通的票价制比较见表 6-9。

表 6-9　不同票制对比表

票价结构	优　点	缺　点	应用国家和地区
单一票价	制作简便；设备投资成本低	缺乏公平感，出行费用不平衡；车票价格与运营成本的联系不够直接	多伦多、蒙特利尔
计时收费	操作较为简便；便于不同公交模式间的换乘；符合综合票价政策的需要	服务准点率对票价的影响较大；车票价格与运营成本的联系不够直接	温哥华
按乘距或分段收费	对乘客最公平；车票价格与运营成本的联系非常直接；保证运营公司收入的公平性	乘客较难理解计费规则；换乘其他公司线路时票价骤增；不利于不同公交模式间的换乘；无法满足综合票价政策需要	日本地区、新加坡地区以及我国的北京、香港、广州、上海、武汉等地
按计费区收费	操作简便；乘客容易掌握费率；便于不同公交模式之间换乘；满足综合票价政策的需要；车票价格与运营收入联系较直接	长乘距和短乘距出行费用不平衡；增加收入分配难度；跨分区时票价骤增；处于不同计费区边缘地带收费标准制定难度较大	巴黎、斯德哥尔摩、哥本哈根等

2. 广告收益

在已知各种不同形式广告的收入时，只要把各种形式的广告收入相加，就可以得到广告运营的总收入，在此基础上乘以资产经营公司（或广告经营公司）的分成比例，就可以得到资产经营公司（或广告经营公司）的广告收入。

（1）**传统媒体广告收入的测算**　传统媒体广告收入要根据线路各种传统媒体的价值来计算。线路各媒体的价值计算过程如下：

灯箱价值 = 灯箱单位价值 × 线路灯箱数量

车厢价值 = 车厢单位价值 × 线路列车数量

车身价值 = 车身单位价值 × 线路列车数量

柱贴价值 = 柱贴单位价值 × 线路柱贴面积

显示屏价值 = 显示屏单位价值 × 线路显示屏数量

其他传统媒体价值 = 其他传统媒体单位价值 × 其他传统媒体数量

在计算出线路各媒体的价值后，把各媒体价值相加就可以得出线路传统媒体价值。

（2）**电视媒体广告收入的测算**　电视媒体广告价值要根据电视媒体的价值来计算。即：

电视媒体价值 = 电视媒体资源单位价值 × 电视媒体资源数量

在测算出传统媒体广告收入、电视媒体广告收入、印刷媒体广告收入以及其他媒体广告收入后，把各类广告收入相加就可以得出广告运营的总收入，在总收入的基础上乘以资产经营公司（广告运营公司）的分成比例，就可以得到资产经营公司（广告运营公司）的广告收入。

（3）**当无法得知各媒体项目单位价值的广告收入时的测算**　可以根据各线路的客流量、

公里数以及车站数量大体测算其广告运营收入。在此需要注意的是在分别计算各种影响因素下的广告收入时，需要考虑各种影响因素在计算总收入中所占的比重。

1）按客流计算的广告收入。这部分收入要在按人均广告测算的广告总收入的基础上乘以客流系数。即：

按客流计算的广告收入 = 按人均广告测算的广告总收入 × 客流系数

其中：按人均广告测算的广告总收入 = 线路预计客流 × 人均广告收入

2）按营运长度计算的广告收入。该部分收入是在按有轨电车运营长度，一般是运行的公里数测算的广告总收入，乘以公里数系数。即：

按公里数计算的广告收入 = 按公里数测算的广告总收入 × 公里数系数

其中：按公里数测算的广告总收入 = 线路公里数 × 每公里广告价格

3）按车站数计算的广告收入。这部分收入要在按车站数测算的广告收入基础上，乘以车站数系数。即：

按车站数计算的广告收入 = 按车站数测算的广告收入 × 车站数系数

其中：按车站数测算的广告收入 = 线路车站数 × 不同站点广告收入

3. 政府补贴

显性收益的稳定性虽好，但盈利能力有限，从目前世界各地区的轨道交通运营财务状况看，除我国的香港地铁外，其他基本上都处于亏损或保本经营状态。这种情况形成的主要原因在于其政府将轨道交通项目定义为一种公益性项目，属公共支出性质。目前世界各地区轨道交通的盈利模式主要依靠政府补贴（见表 6-10）。根据地铁的相关经验，有轨电车系统收益也需考虑政府补贴。

表 6-10　世界各城市轨道交通运营情况

国家	城市	车票收入（%）	其他商业收入（%）	政府补贴（%）
墨西哥	墨西哥城	13.0	1.0	86.0
英国	格拉斯哥	33.5	1.0	63.5
瑞典	斯德哥尔摩	34.1	3.2	62.7
法国	巴黎	36.0	10.6	54.0
西班牙	巴塞罗那	44.0	4.0	52.0
西班牙	马德里	51.0	1.0	48.0
日本	札幌	43.0	9.5	47.5
日本	大阪	75.0	25.0	0
日本	东京	46.0	31.0	23.0
德国	汉堡	55.0	10.0	35.0
中国	香港	95.0	5.0	0

政府补贴的形式可以有后补方式和前补方式。

后补方式是利用财政资金对轨道交通因公益性而亏损进行的全额财政补助，可看作政府对产生正外部性的产品生产提供经营保证，以纠正市场机制失灵的行为。

后补方式的主要方法为菜单式补贴方法。是指在信息不对称时，政府无法快速科学合理的核定运营成本的前提下，通过激励相容的机制设计，引导企业提高管理水平，既由政府设计一个补贴菜单，企业根据自身的管理水平自己报告收入成本比，并从菜单上选择补贴计算参数。

补贴菜单设计原理是将补贴与企业生产经营效率挂钩，通过收入成本比来体现效率。这个比率由企业根据自身情况在政府给定的区间内申报，政府根据企业申报的比率，通过机制设计达到投入效果：如果企业申报的比率较高，说明企业经营效率较高，那么政府在考虑以后年度财政补贴时，补贴的增长可以保持在与物价指数相近的增幅水平，以示对其当前较高管理水平的肯定和奖励；如果企业申报比率较低，说明挖潜空间较大，以后年度财政补贴的增长应低于物价指数，以此激励企业提高管理效率。

第 n 年财政补贴金额 T_n 的计算方法见式（6-14）。

$$T_n = T_{n-1}(1 + RPI_n - X) \tag{6-14}$$

式中　T_n 和 T_{n-1}——第 n 年和第 $n-1$ 年政府应该给企业的补贴金额；

RPI_n——补贴当年的社会零售品物价指数；

X——影响因子，为技术进步或其他企业外部因素导致的效率提高。

初始年补贴金额 T_0 的确定：政府根据历史补贴额，设定补贴上下限后，由企业在该区间内，根据 X 效率机制报告第一年预计亏损额。X 因子的确定方法见式(6-15)。

$$X = X_{上限} - \frac{[(X_{上限} - X_{下限})(r - r_{下限})]}{r_{上限} - r_{下限}} \tag{6-15}$$

式中　$X_{上限}$ 和 $X_{下限}$——X 效率影响因子的最高值和最低值；

$r_{下限}$——政府要求企业应该达到的票款收入/总成本比率的下限；

$r_{上限}$——收入成本比率的最高值，理想状态为 100%，运营收支平衡。

前补方式在形式上可以有多种，其代表性观点是给予轨道交通企业沿线房地产开发权，以实现外部效益内部化。这种方式在香港地铁取得了成功。但由于有轨电车多建于经济繁荣地带，前补方式可操作性不强。

6.5.2　运营成本

有轨电车交通系统运营成本，也称为运输成本，是指有轨电车系统为完成乘客运输所消耗的以货币形式表现的一切费用支出，包括支付的职工工资及福利费、材料、电力、折旧费、资本成本及其他费用。一定期间的运营支出就是此期间的运营总成本；单位运输产品所分摊的运营支出即单位运营成本，是单位运营产品价值的主要组成部分。

1. 运营成本分类方式

（1）**按业务支出项的分类**　有轨电车交通系统运营成本由营运成本、管理费用、财务费用和营业外支出构成，营运成本、管理费用和财务费用构成营业支出，营业支出和营业外支出构成运输总支出。成本构成体系如图 6-9 所示。

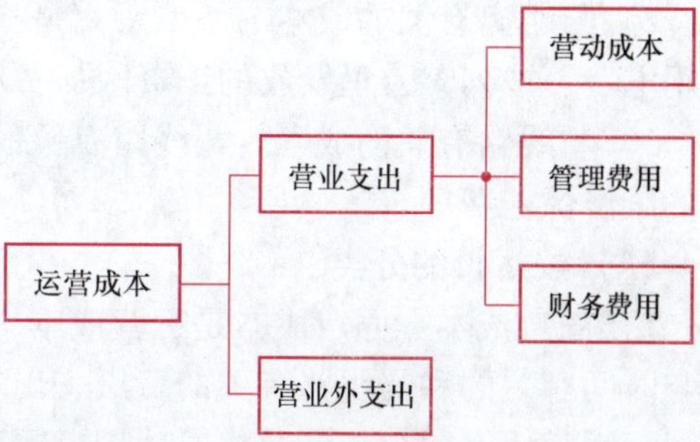

图 6-9　运营成本构成体系

在运营成本构成体系中，营运成本是营运生产过程中实际发生的与营运生产直接有关的各项支出，主要内容包括：

1）直接从事营运生产活动人员的工资、奖金、津贴、补贴和按批准的结算工资收入与实际工资支出的差额。

2）按规定提取的职工福利费。

3）生产营运过程中运营设备运用和修理养护所耗用的材料、燃料、动力和其他费用。

4）固定资产折旧费。

5）运营生产过程中发生的季节性、修理期间的停工损失，事故性损失。

6）按照国家有关规定可以在成本费用中列支的其他费用，如生产部门的办公差旅费、劳动保护支出等。

管理费用是运营企业行政管理部门为管理和组织运输所发生的各项费用及其他各种管理费用性质的支出。主要内容包括：

1）运营企业管理人员的工资、奖金、津贴和补贴。

2）机关办公差旅费、劳动保护费、职工制服补贴、折旧费、修理费、物资材料消耗、低值易耗品摊销及其他费用。

3）按规定计提的职工福利费、工会经费、职工教育经费、职工待业保险金、劳动保险费、印花税等相关税金、技术转让费、技术开发费、业务招待费、咨询费、聘请中介机构费、广告费、展览费、土地使用费、土地损失补偿费等。

4）无形资产及递延资产的摊销、各种坏账损失、存货盘亏（减去盘盈）、毁损和报废。

财务费用是指企业为筹集资金而发生的各项费用。主要包括运营企业营运期间发生的利息净支出（减利息收入）、汇兑净损失（减汇兑收益）、金融机构手续费以及筹集生产经营资金发生的其他费用。

营业外支出是指与有轨电车运输生产经营活动没有直接关系的各项支出。主要包括：

1）固定资产盘亏、报废、毁损和处置净损失。

2）非常损失，指由于客观原因造成的损失，在扣除保险公司赔偿后应计入营业外支出的净损失，包括自然灾害损失、非季节性和非修理期间发生的停工损失。

3）公益救济性捐赠、赔偿金、违约金等其他支出。

4）按照会计制度规定计提的固定资产、无形资产和在建工程的减值准备。

（2）**按相关影响因素的分类**　从运营成本的相关因素分析，运营成本主要由以下三部分组成：

1）与时间有关的成本。与时间有关的费用支出主要有计时工资及工资附加费、生产消耗费、企业管理费和流动资金贷款利息等。

2）与距离有关的成本。所谓距离是指列车运行距离，与距离有关的费用支出主要有牵引用电费、按列车公里发放的工资附加费和车辆维修材料费等。

3）与线路有关的成本。与线路有关的费用支出主要有线路、车站、信号和牵引供电设备的维修保养费等。

（3）**按运量的分类**

1）固定成本：固定成本是运营成本中短期内不随运量变化而相对固定的费用支出，包括与时间有关的和与线路有关的费用支出。但应指出，单位固定成本却是随着运量的增加而下降。固定成本包括工资及相关费用、运营能耗中动力及照明用电、管理费用、维修费、营运费中不随行车里程变动部分。

2）变动成本：变动成本是运营成本中直接随运量变化而变化的费用支出。主要是与列车运行距离有关的费用支出。可变成本包括牵引用电、车辆维修成本、车辆保洁费、驾驶员人工费等随行里程变动部分。

2. 运营成本影响因素分析

有轨电车的运营成本受多种因素的影响，主要是固定资产折旧、筹资方式和资本成本、运营工作量、运营组织模式及管理模式的影响。其中，固定资产折旧、筹资方式和资本成本直接影响着有轨电车的运营成本。

（1）**固定资产折旧** 固定资产折旧是指在固定资产使用寿命内，按照确定的方法对应计折旧额进行的系统分摊。固定资产折旧随着销售收入的实现来补偿逐渐消耗那一部分价值从而转化为货币资金。折旧在计提期间虽然没有付出实实在在的货币资金，但它本质上却是一种费用，因为固定资产在购买时已经发生了货币资金的支出，只不过这种支出的收益是在资产投入使用后才得以实现。为了真实地反映运营企业在特定时期的运营成本，根据权责发生制原则和配比原则，应当对有轨电车的固定资产在有效使用期内计提折旧。否则，不计提或不正确计提折旧都将会错误地计算有轨电车运营企业的运营成本。

固定资产折旧额的计算主要是由固定资产原值、折旧年限、计提折旧的方法预计净残值（率）决定的。有轨电车的固定资产折旧主要包括地面固定设施、车辆、牵引电力系统、通信信号系统、车站站舍的折旧。一般是按照年限平均法计算折旧，预计净残值率按其原值的4%计算。折旧年限根据《城市快速轨道交通工程项目建设标准》（建标 104—2008）的要求，结合有轨电车运营单位的具体情况，合理确定本单位固定资产的折旧年限（见表6-11）。

表 6-11 城市快速轨道交通工程项目折旧年限

序 号	折 旧 项 目	折旧年限/年
1	主体结构	100
2	房屋、桥涵、路基	50
3	车辆	30
4	预备费、物价上涨	25
5	供电、给水排水	20
6	环控、电梯、车辆段维修设备	18
7	轨道、通信、信号、监控	15
8	AFC、门禁	10
9	其他费用及前期工程	15

采用年限平均法计提的每期折旧额是相同的，其计算公式见式（6-16）和式（6-17）。

$$月折旧率=\frac{1-预计净残值率}{预计使用年限\times 12}\times 100\% \tag{6-16}$$

$$月折旧率=固定资产原价\times 月折旧率 \tag{6-17}$$

目前固定资产折旧一般是采用年限平均法计提的，这种计提方法没有考虑后期发生的大修理费用，这种大修理费用同样要计提折旧。在考虑后期发生的大修理费用的情况下，可以考虑采用加速折旧法来计提有轨电车固定资产的折旧。这样可以在固定资产使用的早期多提折旧，后期少提折旧，其递减的速度会逐年加快。综合考虑，在采用加速折旧法计提折旧的情况下，早期和后期的折旧额相差不大。

（2）**筹资方式和资本成本**　资本成本是企业为筹集和使用资金而付出的代价，体现为融资来源所报酬率，它与筹资方式的选择密切相关，资本成本是企业的投资者（包括债权人）对投入企业的资本所要求的收益率，同时也是投资项目的机会对于企业筹资来讲，它是选择资金来源和确定筹资方案的重要依据；对于企业来讲，它是评价投资项目和决定投资取舍的重要标准；同时还可用于衡量经营成果。在市场经济环境中，总体经济环境证券的市场流动性和价格企业内部的经营风险和财务风险以及项目的融资规模等的综合作用决定着成本的大小。如果企业需要通过多种方式筹集所需要的资金，在进行决策时要计算加权平均资本成本；在进行追加投资决策时则需要计算边际资本成本是追加筹资时所使用的加权平均成本。

资本成本的计算公式如下：

$$资本成本=筹资总额\times资本成本率$$

不同筹资方式下个别资本成本的计算公式如下：

1）国家贷款资本成本：

$$资本成本=国家贷款总额\times资本成本率$$

$$资本成本率=贷款利率\times(1-所得税率)/(1-筹资费用率)$$

2）企业从金融机构借入资金（银行贷款）的资本成本：

$$借入资金资本成本=借入资金成本\times资本成本率$$

$$资本成本率=借款利率\times(1-所得税率)/(1-筹资费用率)$$

3）企业债券的资本成本：

$$企业债券资本成本=债券筹资总额\times资本成本率$$

$$资本成本率=债券利率\times(1-所得税率)/(1-发行费用率)$$

4）股票的资本成本：

$$优先股资本成本=优先股股金总额\times资本成本率$$

$$资本成本率=股金年息/(1-发行费用率)\times100\%$$

$$普通股资本成本=普通股股金总额\times资本成本率$$

$$资本成本率=股金年息/(1-发行费用率)\times100\%$$

5）企业税后利润作为资金来源的资本成本：

$$资本成本=利润额\times资本成本率$$

$$资本成本率=当时的平均资金利润率$$

一般来说，税后利润再投资形成公司自身股，与普通股票性质一样，因此，其资本成本率就等于普通股资本成本率。资本成本的加权平均计算公式见式（6-18）。

$$k = \sum_{i=1}^{n} \omega_i k_i \tag{6-18}$$

式中　k——加权平均资本成本率；

k_i——第 i 种资金的资本成本率；

ω_i——第 i 种资金占全部资金总额的比例。

6.5.3　有轨电车系统运输收益和成本估算实例

以下为某城市有轨电车项目进行运输收益和成本估算范例，该项目计算期为 22 年，其中，建设期 2 年，运营期 20 年。

1. 营业收入估算

项目的营业收入主要为运营票价收入、沿线广告收入以及车站等其他商业收入。

（1）**运营票价收入**　运营票价收入受票价和客流量影响，是票价和客流量的乘积。参考目前国内城市的有轨电车、轨道交通票价，轨道交通通常按 0.5 元/km 人次测算，为了吸引乘客，单位运距票价按 0.3 元/km 人次测算。根据客流平均运距，平均票价按 3 元/人次估算。

结合客流预测数据，计算的年均运营票价收入可以达到 152906.4 万元。

（2）**其他商业收入**　其他商业收入包括沿线及车站广告收入等，可按运营票价收入的 10% 估算。

2. 成本费用估算

（1）**电费**　电价按 0.85 元/kW · h 计。运营期间年均牵引电力用电量为 1850 万 kW · h，则牵引电力费为 1572.5 万元。

（2）**工资薪酬费**　根据所在地区的年人均工资水平，并考虑收入增长水平，估算得到年人均工资薪酬费为 46000 元。

（3）**车辆保修材料费**　车辆保修材料费为每正线公里 10 万元/年。

（4）**其他运营材料消耗费**　参照目前国内有轨电车运营线生产消耗指标，并考虑物价增长因素，确定运营材料消耗费为每正线公里 6 万元/年。

（5）**日常检修维护费**　指线路、通信信号、车站、车辆和供电系统等日常检修维护管理费。日常检修维护费按固定资产原值提取，土建工程取 0.2%，设备及安装系统取 1.2%。

（6）**车辆大修费**　车辆大修费按车辆购置费的 2% 计算。

（7）**管理费用和其他费用**　管理费用和其他费用按（1）~（5）五项费用合计的 5% 计取。

（8）**折旧费**　折旧采用平均年限法，残值按固定资产原值的 4% 计算。根据《城市快速轨道交通工程项目建设标准》，固定资产折旧年限参照下列规定执行：土建工程 50 年，车辆 30 年，轨道 20 年，供电设备 20 年，车辆基地的维修设备 20 年，通信信号系统设备 20 年。

（9）**摊销费**　摊销年限均为 10 年。

（10）**利息支出**　人民币长期借款年利率为 7.05%。

（11）**经营成本** 运营期间年均经营成本为 5505.37 万元。

（12）**总成本费用** 运营期间年均总成本费用为 17410.78 万元。

3. 长期借款偿还

偿还借款的资金来源为折旧、摊销费、未分配利润及专项资金。

项目需长期借款 218330.7 万元，拟在 10 年内采用等额还本、利息照付的方式偿还项目借款，年均应还本金额为 27291.3 万元，还款期内共需支付借款利息 53873.2 万元。

为保证 10 年内采用等额还本、利息照付的方式偿还项目借款，项目计算期 3 ~ 10 年内还款资金缺口为 265455.1 万元，需政府平均每年提供 33181.89 万元专项资金。

4. 税金

有轨电车属于城市公共客运交通项目，运营票价收入的营业税按 3% 计算，其他收入的营业税按 5% 计算，并按规定缴纳 7% 的城市维护建设税和 4% 的教育费附加。

有轨电车运营期间净利润基本为负，计算期内企业所得税暂按享受免税优惠待遇处理。

第7章

车 辆

7.1 有轨电车系统分类

有轨电车系统分为三种形式：跨座式单轨系统、钢轮钢轨现代有轨电车系统、胶轮钢轨现代有轨电车系统。

7.1.1 跨座式单轨系统

跨座式单轨系统（见图7-1）的特征与应用：

1）系统——专用轨道梁、车辆跨坐在轨道梁上，胶轮行驶。

2）服务——运行平稳、安静，无交织，运营速度25～40km／h。

3）运能——受胶轮制约，车辆运能达200～400人，线路运能一般<1.5万人次/h。

4）实施——建设成本多在1.5亿～2.5亿元/km。

5）应用——美国“迪士尼世界”捷运系统，日本多个城市捷运系统，国内重庆。

6）制约——难以拓展为网络；高架建设成本高；建设与成功运营案例均较少；运营中应急疏散困难；产业市场较小。

图7-1 跨座式单轨系统

7.1.2 钢轮钢轨现代有轨电车系统

钢轮钢轨现代有轨电车系统（见图7-2）的特征与应用：

1）系统——路面传统钢轨，现代车辆，钢轮行驶。

2）服务——运行平稳、安静，运营速度25～40km/h。

3）运能——车辆运能达200～500人，线路运能一般<2.0万人次/h。

4）实施——建设成本多在1亿～2亿元/km。

5）应用——西欧多数文化名城，如马德里、巴塞罗那、波多尔，国内大连、沈阳、珠海等城市。

6）制约——车辆成本相对较高；产业市场预期较大，期望发展城市多，发展先机易丧失，时间急迫。

图7-2　钢轮钢轨有轨电车

7.1.3　胶轮钢轨现代有轨电车系统

胶轮钢轨现代有轨电车系统（见图7-3）的特征与应用：

1）系统——路面钢轮导轨，现代车辆，胶轮行驶。

2）服务——运行平稳，初期较安静，运营速度25～40km/h。

3）运能——受胶轮制约，车辆运能达200～400人，线路运能一般1.5万人次/h。

4）实施——建设成本多在1亿～2亿元/km。

5）应用——最新型有轨电车系统，国外法国南特，国内天津、上海张江。

6）制约——结构复杂、稳定性需提高；运营一年后，噪声开始变大；车辆成本可能较高；应用还不太普遍，有一定的产业市场需求，国内天津已有厂家。

图7-3　胶轮钢轨有轨电车

7.2 钢轮钢轨低地板有轨电车的车辆类型

目前低地板的车辆类型主要有三类，雅克比转向架技术、转向架中置技术、传统5模块技术。

7.2.1 雅克比转向架技术

雅克比转向架技术如图7-4和图7-5所示。

图7-4 雅克比转向架技术

图7-5 使用永磁轮毂电机的雅克比转向架

车辆特点：

1）前端使用刚性轴小轮径转向架。

2）中间模块使用雅克比式转向架。

3）客室地板面高度350mm，驾驶员室区域地板面高度450mm。

车辆应用方面目前Skoda为布拉格提供了250列车（见图7-6），为里加提供了20列车（见图7-7）。

图7-6 Skoda ForCity 布拉格

图7-7 Skoda ForCity 里加

此车型转向架区域（见图7-8）置于驾驶员室和铰接下方，客室区域空间利用大，铰接通过宽度较小，为700mm。

7.2.2 转向架中置技术

转向架中置技术如图7-9所示。

图 7-8　转向架区域

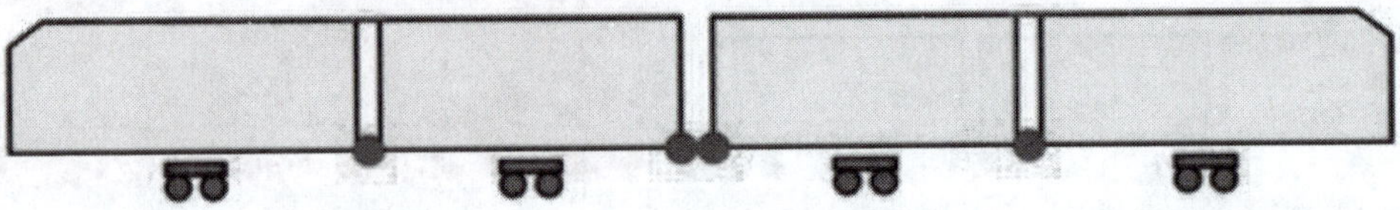

图 7-9　转向架中置

车辆特点：

1）每个模块设置一个转向架。

2）使用独立轮系统。

3）“单铰接”系统。

4）轴重小于 10.5t。

5）车辆扩编灵活。

6）转向架轮缘磨耗较低。

7）地板面高度在 350～430mm 之间（见图 7-10）。

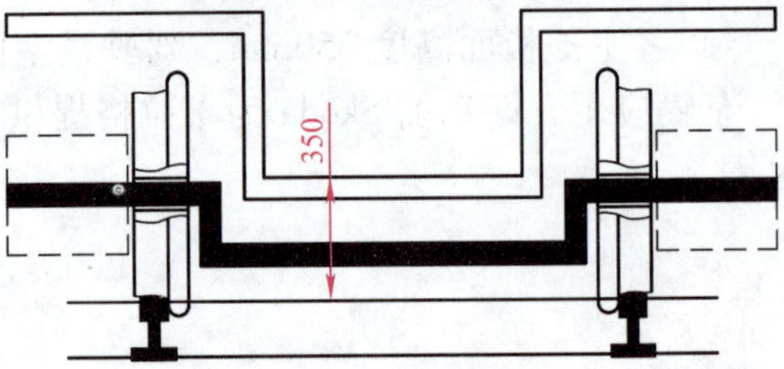

图 7-10　地板面高度

7.2.3　传统 5 模块技术

传统 5 模块技术如图 7-11 所示。

图 7-11　传统 5 模块技术

车辆特点：

1）“多铰接”系统，更大受力，更大磨耗。

2）使用刚性轴、独立轮系统。

3）轴重为 11～12.5t。

4）地板面高度在350～450mm之间。

7.3 车辆系统

7.3.1 有轨电车车辆车体结构和材料

1. 车体和车体结构的分类

车体结构按使用的主要材料可分为普通碳钢车（现已停产）、高耐候结构钢（耐候钢）车、车辆专用经济不锈钢（不锈钢）车和铝合金车。

按承载方式分类，有底架承载、侧壁承载、整体承载三种方式。

按结构形式分，有板梁组合结构、开口型材+大型中空型材组合结构和大型中空型材结构三种形式。这些结构又同时属于整体承载结构。

从板与梁（柱）、梁（柱）与梁（柱）之间的结合方式来分，有焊接、铆接、螺栓（钉）、粘接连接或混合连接结构。我国和日本大多采用全焊接结构。焊接-铆接或焊接-螺栓（钉）连接在欧洲应用较多。

整体承载结构，即所有车体承载构件和外板都参与承载，这样能充分发挥所有承载零部件的承载作用，可以有效地减轻车体重量。特别是板梁组合结构，原则上可按照有限元法的车体强度、刚度计算结果来分配材料，强度不足部位补强，刚度不足部位补刚，强度刚度富余的部位将材料去掉从而获得最佳的轻量效果。

2. 耐候钢车体

耐候钢车体采用板梁组合整体承载全焊接结构。

制造厂先将购进的冷轧定尺板材或将热轧卷料开卷、矫平、切断的板材经磷化预处理。车体的外板（一般厚为2mm）是将预处理后的板材用缝焊机接宽接长；梁柱则将预处理后的板材（一般厚2.5mm）剪切下料、轧压、冷弯或拉延成型。对于像底架边梁、车顶侧板那样大型板梁一般可采用冷弯型材（厚3～6mm）。板和梁（柱）间采用定位焊或塞焊，梁柱间采用弧焊（用焊条或二氧化碳气体保护焊）。

车体采用大部件组装方式：将底架、侧墙、车顶、端墙预先组成后再组成车体。经变形矫正（打平）后的车体送到油漆工序。底漆、面漆涂完后钢结构车体才算完成（也可在车辆总成后涂面漆）。

在车体设计开始，梁柱布置完成后用三维有限元法进行车体强度计算。在头一辆车体制造完工后，进行强度试验，车体的强度试验属于型式试验，即同种车只试验一台，在油漆前进行。钢结构强度试验通过后才能批量投产。

与铝合金、不锈钢车体相比，耐候钢车体有材料费用、制造费用低和工艺性好、造型容易的明显优势，但也存在重量较大，耐腐蚀性不大好，导致运用成本高的劣势。

3. 不锈钢车体

不锈钢车体结构与耐候钢车体一样也是采用板梁组合整体承载全焊结构。由于使用的板材更薄（车体外板厚0.4～1.2mm，梁柱厚0.8～3mm），须采用大量薄板（一般为0.8mm）轧压成补强（刚）型材与外板定位焊连接形成空腔，借以提高外板的刚度、强度。这是不锈钢车的结构特征之一。为了不降低板材强度和减小变形，应尽量采用定位焊。特别是强度级高的材料不允许任何形式的弧焊。梁柱之间采用平面或立体接头、定位焊。板的拼接采用搭接缝焊。采用电阻焊代替弧焊这是不锈钢车的又一特征和技术关键。

新型不锈钢车体采用超低碳（碳的质量分数小于 0.03%）的 SUS301L 车辆专用经济不锈钢。通过压延率的不同分成 LT、DLT、ST、MT、HT5 强度级。SUS301L 的改性压延状态力学性能代号 HT 的屈服强度在 961MPa 以上，抗拉强度在 1275MPa 以上，超过耐候钢 1 倍以上。但纵向弹性模量（E）却只有钢的 85%（钢 $E=2.06\times105\text{MPa}$，不锈钢 $E=1.76\times105\text{MPa}$），这意味着不锈钢车体比同样结构的耐候钢车刚度要小。刚度下降将导致舒适性下降。这就是不锈钢车体设计时尽量设法增大刚度的理由。

不锈钢车体制造过程中虽然不用进行防腐保护，完工后也不用涂漆，但为了提高装饰性，板材自带线条或梨皮点状装饰。车辆制造厂家也可自己进行线条修饰，也可用彩色胶膜装修。由于车体表面装饰大多是原材料带有的，因此在制造过程中要贴保护膜和小心操作。

为了降低制造成本或提高工艺性，在车体上没有腐蚀倾向的部位通常采用普通钢或耐候钢，如牵引梁、枕梁、缓冲梁、端梁等。因此即使轻量化不锈钢车体也大约有 30% 的普通钢或耐候钢。不锈钢车体比耐候钢车体大约可轻 30% ~40%，另外还不用涂漆（干膜油漆重量大约 200 ~300kg/车）。不锈钢车体的制造工艺性远不如钢车，不能采用弧焊，特别是不锈钢成型困难，因此不锈钢车体的前端造型复杂时，不得不采用钢材或玻璃钢制造（涂漆）。由于现在生产的不锈钢车体大量采用定位焊，密封性不如连续焊，因此不适用于频繁进出隧道等导致车内外压差大的高速车车体。

日本最新的不锈钢车体是 1993 年完成的 209 系电车采用的二种形式的结构。一种是侧墙外板为平板，内部仍然采用压型型材的骨架（含补强），但板厚进一步减小（侧墙外板厚 1.2mm，车顶、地板波纹板厚 0.6mm）；另一种形式是采用 SUS304 材料的内外双层板定位焊结构，内板上带有凸起代替骨架。东日本旅客铁道（株）、新日本制铁（株）、东急车辆制造（株）三家公司最近共同试制出了“不锈钢双层复合板车体”，其目的在于像铝合金中空型材车体那样减少零部件数量和焊接工作量以降低制造成本和提高外板平滑性，提高产品质量。预计 4 ~5 年后这种新车将会投入使用。

4. 铝合金车体

铝合金车体从结构形式上可分为：板梁、大型开口型材和大型中空闭口型材及其组合形式。板梁式铝合金车体在结构形式上类似于耐候钢车体。但为了提高断面系数防止板材由于剪力产生失稳现象而加大板厚（一般取钢板的 1.4 倍，最薄用到 2mm）。铝合金车体的薄板焊接非常困难，要求技术水平高，变形大而且矫正困难。因此必须采用电阻焊。

开口型材将板、梁合成一体，简化了车体制造工艺，提高了质量，但成本也相应增加。铝合金车体现在最时兴的结构是大型桁架式中空型材组焊式（一般采用自动弧焊）。大型中空型材组焊式车体制造时，只需将型材沿车体长度方向对接连续自动弧焊。由于车体零件数量少，焊接工作量少且容易实现自动化，大大降低了车体制造成本，提高了产品质量。但与此同时由于大型型材需要能力为 8000 ~10000t 的大型挤出设备和大型模具，制品成本昂贵，设计断面变化也受到制约。

另外，由于多余金属只能靠机械加工的办法去掉，工艺复杂，成本高，所以大型中空型材结构的车体要比板梁式、大型开口型材式车体略重一些。

铝合金车体的主要材料是 Al-Mg 系（5000 系）、Al-Mg-Si 系（6000 系）和 Al-Zn-Mg 系

（7000 系）合金。铝合金车体的特点是利用铝的比重约为普通钢的 1/3 这一点来减轻车体自重。铝合金车体的自重一般可达到普通钢车体的 1/2。

铝合金车体的弱点是铝的纵弹性模量小，约为普通钢的 1/3 而往往使车体刚度下降。一般铝合金车体比普通钢车体、不锈钢车体的刚度都要小。这是铝合金车体设计时加大板厚和尽量加大车体断面以提高车体抗弯刚度的重要原因。

铝合金车体的另一个不尽如人意的就是耐腐蚀性能，不能像不锈钢那样达到不用涂漆的程度。不涂漆的铝合金车体虽然也有，但用过一段时间后，由于大气中的腐蚀条件、水、洗涤剂的作用及运用环境中与金属粉尘接触，表面总会出现面蚀、点蚀、变色，影响美观，最近大部分车都涂漆。

铝合金车体设计中还应注意的就是由于铝的熔点低，在地板下面吊装的高压大电流，发热部件应加装隔热板，以防车辆火灾的发生。

铝合金车体的最新结构是车顶、侧墙无梁柱的桁架式中空型材结构，有的在面板、肋板上还贴防振吸音材料或填充（半填充）聚氨酯泡沫（型材挤压过程中发泡），大大提高了防振隔音效果。日本 700 系新干线电车就采用此项技术。

形状复杂的铝合金车体前端也有采用钢质或骨架用钢、蒙皮用玻璃钢的结构。车下设备吊装也有采用钢梁。铝型材之间采用摩擦搅拌焊接，是一项很有前途的工艺。日本 JR 九州 815 系近郊型交流电车已采用这种先进方法。

5. 车体合理选材

车体选材的一般作法，是在确保安全可靠的前提下，以经济特性为基础，结合城市线路条件和车辆条件进行经济技术论证，综合分析比较，从大局出发做出选择。

有轨电车与干线铁路交通在涉及的地域范围上大不相同，特别是在我国。对干线铁路车辆来说，以前除了地方铁路和用户特殊提出将在南方或北方使用，对防寒采暖设施上给予区别外，基本上是按全国通用来设计的。而有轨电车车辆则相反，是针对地方乃至于十几公里或几十公里设计的。车辆结构和材料也有可能做到在不违背国家相关法规、强制性标准的前提下充分体现地方性和本线路特色。

另一方面，每种材料都有各自的特点。车体选材若能在熟悉各种材料的基础上，将针对线路、车辆和针对材料特点结合起来并兼顾长远和近期效果的话，选材一定会合理。

（1）**各种材料车体的特点**　不锈钢车、铝合金车、碳钢车车体的特点见表 7-1。

表 7-1　各种材料车体的特点

碳钢车	铝合金车	不锈钢车
◎可以自由造型	○可以自由造型	●造型困难
◎塑性加工容易	○塑性加工容易	●要有塑性加工技术
○可做到车体气密结构	○可做到车体气密结构	●车体气密结构困难
●轻量化难	◎轻量化有效果	○可以轻量化
◎材料价格低	●材料价格特高	●材料价格高
○材料强度一般	○材料强度略低	◎材料强度高
●耐腐蚀性不好	○耐腐蚀性好	◎耐腐蚀性优越
○耐热性高	●耐热性低	○耐热性高

（续）

碳钢车	铝合金车	不锈钢车
○焊接性好	●要高水平熔接技术	○焊接性好
◎制造价格低	●制造价格高	○制造价格稍高
●维修难	○无维修	◎有无维修特点

注：同类特点中，“○”为好，“◎”为其次，“●”为差。

（2）**对车辆要求的条件及其车体材料的选择**　根据对车辆要求的条件来选择车体材料，请参见表7-2。

表7-2　对车辆要求的条件及其车体材料的选择（供参考）

序号	对车辆要求的条件	耐候钢	不锈钢	铝合金		选择理由（主要）
				涂漆	不涂漆	
1	重量轻	4	3	2	1	①
2	适应站间距离小	4	3	2	1	车体轻、能耗少
3	起动制动加速度大	4	3	2	1	车体轻、能耗少
4	旅行速度高	4	3	2	1	车体轻、能耗少
5	线路曲线多、半径小；坡度大、长	4	3	2	1	线路维修量小
6	进出隧道频繁（地上地下联运、山区）	1	2	1	1	车体密封性能
7	空气湿度大（沿海地区、盆地）	3	1	2	4	材料耐腐蚀性
8	工业污染严重（工业区）	3	1	2	4	材料耐腐蚀性
9	地面、高架运行	3 4	1 3	2 2	4 1	材料耐腐蚀性、车体轻、车外噪声小
10	室外存放	2	1	2	3	材料耐腐蚀性
11	风沙大	2	1	3	4	车体材料硬度
12	不涂漆、车辆段不设涂漆设备		1		2	材料耐腐蚀性
13	车下有热源（如电阻等）	1	1	2	2	材料熔点（安全）
14	线路维修量小	4	3	2	1	车体轻
15	车外噪声小	4	3	2	1	车体轻
16	车内噪声小	1	2	3	4	隔音材安装好
17	外观造型工艺性（景观）	1	4	2	3	材料工艺性
18	可维修性、事故后的可恢复性	1	2	3	4	材料工艺性
19	维修量小（事故除外）	4	1	3	2	材料耐腐蚀性
20	列车编组动拖比小、能耗少	4	3	2	1	车体轻

①表中1→4为推荐顺序。

7.3.2　牵引控制系统、辅助控制系统

1. 牵引系统设备配备

牵引系统采用变频变压调速、三相笼型异步电动机驱动的交流传动系统，逆变元件采用

IGBT。系统控制采用微机控制技术。

牵引系统主要包括：VVVF逆变器、三相异步牵引电动机、齿轮装置、速度传感器、受流器、高速断路器、滤波器等。

2. 牵引电动机

1）牵引电动机为三相笼型异步电动机，与直流牵引电动机相比，运行可靠性有较大的提高，维护和检修成本大大的减低，一般仅为直流电机的1/3，牵引电机采取全悬挂方式。

2）采用逆变器供电，变频变压调速。

3. 辅助电源系统设备配备

辅助电源系统主要包括：辅助逆变器、低压电源、蓄电池组。

1）辅助逆变器：额定输入电压为DC750V，额定输出电压为AC380V。辅助逆变器直接或间接驱动上的交流设备：空调压缩机、空气压缩机、设备通风机等。

2）低压电源：列车低压电源由DC750V/DC110V变换器提供，供列车低压直流设备使用，包括为蓄电池充电。

3）蓄电池：除满足基本的要求外，在列车无高压电源输入的情况下应能满足下列主要设备供电45min：全部紧急照明、前照灯、尾灯、与安全有关的控制系统、全部通信设备、50%的通风、所有客室侧门的一次性开关。

7.3.3 制动系统

1. 制动系统组成

一个完整的制动系统包括制动控制系统和制动执行系统。

1）制动控制系统：由制动信号的发生、传输装置，制动控制装置组成。

2）制动执行系统：通常称为基础制动，有闸瓦制动、盘型制动等。

2. 采用的制动方式

传统制动方式多采用以压缩空气为制动源，往往采用电磁空气制动机。电磁空气制动机在各车辆上均设有制动、缓解电磁阀，电磁阀通过设于驾驶员室的电空制动控制器进行励磁、消磁，从而控制列车的制动或缓解。

制动控制系统主要有空气制动系统和电气制动控制系统两大类，空气制动系统是以压缩空气传递制动信号并作为制动控制介质；而电气制动控制系统则是以电气信号来控制制动的。

模拟指令控制系统与数字指令控制系统相比，可以实现无级控制，驾驶员操纵更为方便，其技术也日益成熟，因此有轨电车大多采用模拟指令控制方式，即采用模拟制动机，以其很好地协调空气制动、电阻制动、再生制动。

7.3.4 转向架

100%低地板结构车辆采用模块化设计。为实现低地板化，技术上一是采用小直径车轮；二是采用独立车轮；三是将设置在转向架内的电动机和驱动装置布置在车辆的其他部位，或将牵引电动机与车轮做成一体。独立轮动力转向架技术是低地板结构有轨电车转向架的核心技术。常规转向架四个车轮横向布置，两个牵引电机分别驱动前后两排车轮；而低地板列车转向架，四个车轮纵向布置，两个电机分别驱动左右两组车轮，但要确保同步运行。国内厂家自行研制的转向架，用U形曲轴连接左右车轮，车厢底部的齿轮、电机等牵引动力装置都转移到车轮外侧的狭小空间紧凑布局，从而显著降低地板高度。除了整车设计、牵引控制系统和转向架系统外，车体电器布线、内装空调、制动、受电弓等项目可以完全自主生产和装配。

1. 构架

目前国内外地铁转向架构架普遍采用钢板压型焊接构架。这种构架重量轻，产品质量稳定，但要求焊接技术水平高。这种构架在我国已开始使用。

2. 悬挂装置

国内外地铁、有轨电车车辆的转向架悬挂装置均采用两系悬挂。为了小型化和简化转向架结构，目前国内外车辆转向架除个别采用钢圆簧加液压减振器外，多数采用橡胶钢板迭层弹簧定位，它具有以下优点：橡胶弹簧内部摩擦力大，可以顺利通过共振点而不使振动增大。如果振动越大、频率越高，则弹簧内部摩擦力也越大，这将使冲击振动得到很恰当的缓冲。橡胶钢板迭层弹簧既可用于缓冲减振，又可用于结构定位，从而大大简化转向架结构，减轻转向架重量，方便制造和维修，降低成本。另外，这种弹簧还具有良好的吸声性能，可降低噪声。因此一系悬挂以采用橡胶钢板迭层弹簧为宜。

二系悬挂为中央弹簧装置，国内地铁车辆广泛采用橡胶空气弹簧，其优点是：它可以通过空、重车调整装置保证空重车的地板面高度不变。采用空气弹簧可减轻弹性悬挂元件的重量，具有横向复原性能，所以可以取消笨重复杂的摇动装置，而且它还具有安装高度低、结构紧凑、重量轻、组装和维修方便、便于荷载检测等特点。

3. 转向架性能

1）在正常运用及维修情况下，转向架的使用寿命不低于车体寿命（30年），而转向架构架作为走行部分基本受力部件，其寿命大于30年。

2）转向架的性能满足最大载荷、最高速度、最恶劣线路条件等工况的要求，在任何情况下，转向架及装在其上的部件都满足限界标准要求。

3）轴重不平衡符合相关要求，轴重的平衡度要求不可通过压车铁配重来满足。

7.3.5 车门

城市轨道交通的车门按车门开启方式主要有内藏嵌入式侧移门、外侧移门、塞拉门等几种形式。现简述如下：

1）内藏嵌入式侧移门：该种形式的车门在开关车门时，门翼在车辆侧墙的外墙与内护板之间的夹层内移动，传动机构设于车门的顶部，装有导轮的门翼可以在轨道上移动，并与传动装置相连接，依靠电动或风动驱动装置使车门完成开关动作。北京地铁大部分车辆采用这种形式的车门。

2）外侧移门：国内已运营的地铁车辆中尚没有采用此种形式的车门，在法国等国家的早期车辆中应用较多。与内藏嵌入式侧移门相比，外侧移门在开关车门时，门翼始终处于侧墙的外侧，车门的驱动原理与内藏嵌入式侧移门相同。由于门翼始终处于侧墙的外侧，对于限界影响较大，且噪声较大，这种形式的车门现在很少采用。

3）塞拉门：车门开启状态时，门翼贴靠在侧墙的外侧，车门关闭时，门翼外表面与车体表面为同一平面。驱动装置设于门的上方，门两边设有可旋转的立柱，共同完成塞紧、外摆和直线平移运动，保证车门关闭后与车体表面齐平。由门控器对驱动装置进行控制。

外移门目前已很少采用，我国早期地铁为内藏式，但运用中存在一定缺点，而塞拉门以其外表美观、性能优良逐渐被广泛采用。

7.3.6 空调、通风系统

1. 系统功能及组成

针对运行地区湿热的气候环境，驾驶室和客室分别设置独立的空调系统。选用具有足够冷、暖能力的顶置式变频型空调机组，静压风道送风，为驾驶员和乘客提供舒适的工作及旅行环境。有轨电车空调系统功能如下：

1）提供新风。

2）客室和驾驶室的采暖和制冷。

3）风量的输送和发配。

4）对新风、客室回风进行过滤。

5）室内温度、湿度自动调节控制。

整车空调系统包括两台客室空调机组、客室送风系统（单铰贯通道处设风道）、回风过滤装置、两台驾驶室空调机组、驾驶室送回风装置以及驾驶室电加热器。

2. 工作原理

车外新风由空调机组新风口进入空调机组内部，在蒸发器前与来自客室的回风混合。混合空气与机组蒸发器进行热质交换，在通风机作用下，依次经空调机组出风口、车体开口进入车内送风道。送风道将空调处理后的气体沿车长方向输送，并由风道送风口、顶板格栅将空气均送到客室，达到调节车内空气参数的目的。通风空调工作原理如图7-12所示。

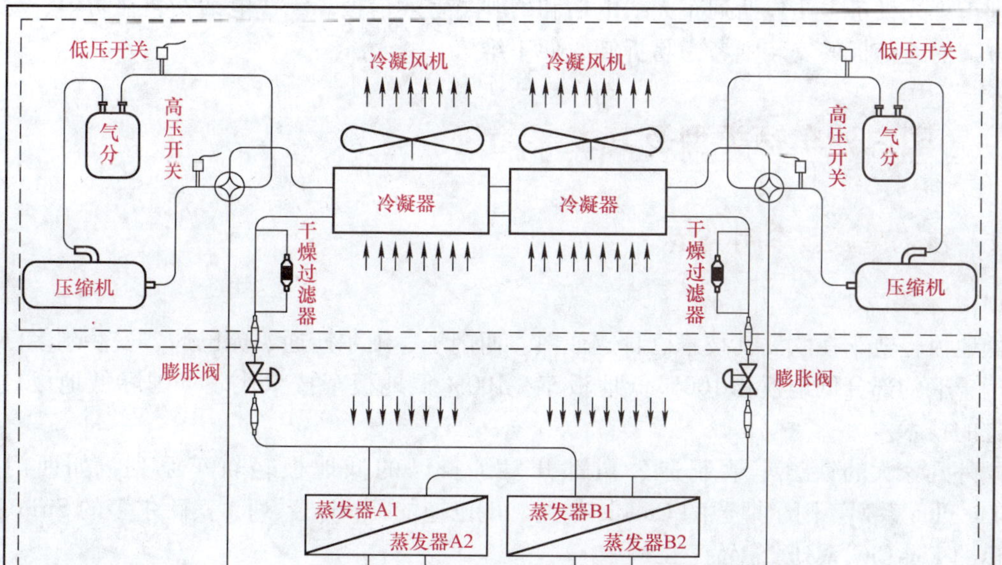

图7-12 制冷/制暖系统原理图

7.3.7 乘客信息系统及列车通信系统

列车广播、通信系统具有以下功能：列车上所有驾驶员室间的内部广播；驾驶员与控制中心间的无线通信接口；控制中心通过列车无线电到乘客、驾驶员室到乘客的内部广播以及列车的自动报站和车内信息显示功能；控制中心经列车驾驶员转发对乘客的广播；驾驶员对乘客的语音广播；驾驶员室与驾驶员室、客室的内部通信；能采用语音合成技术用普通话、方言及英语等多种语言广播固定和常规信息。

7.3.8 其他设施

1. 车钩

（1）**车钩类型** 有轨电车设有全自动车钩。

（2）**车钩的特性** 全自动车钩的特性包括：自动机械、气路、电器连接；可在驾驶员室操作，自动气动解钩；设有缓冲器及对中装置；设有可吸收能量的可压溃筒体。

2. 驾驶员室

驾驶员室应为全宽型，整个布局符合人机工程的要求，主要表现在：

1）驾驶员在座位上能方便清楚地瞭望到前方线路信号、接触网和站台。

2）驾驶员能清楚地观察到操纵台上的仪表、指示灯和故障显示等设备的显示。

3）各种操纵装置便于驾驶员操作，不易引起疲劳。

驾驶员室空调的供风由主风道单独引出，与客室的供风分开。

3. 无线设备

列车无线设备主要包括列车无线电话和驾驶员室通信板。无线电话安装在防尘、易接近的地方，而通信板的安装则考虑易拆卸、便于维修。

7.4 国内外车辆类型及其发展趋势

7.4.1 技术来源和车辆类型

1. 技术来源

低地板轻轨车在欧洲其技术已日趋成熟。西门子、阿尔斯通、庞巴迪、安萨尔多已经生产了近千辆的部分低地板和100%低地板车，100%低地板车技术代表了国际低地板轻轨车最先进的技术。

国外几家大的铁道车辆制造公司都开发了自己的低地板轻轨车系列，如西门子的Combino Plus系列、阿尔斯通的Citadis系列、庞巴迪的Flexity系列、安萨尔多的Sirio系列、斯柯达的For-City系列。

国内有轨电车市场刚刚起步，2013年以前，国内仅有唐车公司、长客股份具有70%低地板车车辆的设计经验。国内车辆制造商就车辆开发的方式——技术引进（TOT）、自主开发、联合设计三种方式上进行了讨论和比较。大连机车、四方股份、浦镇车辆、株机公司采用了技术引进的方式（见表7-3），而唐车公司、长客股份采用联合设计的方式开发了自己的100%低地板现代有轨电车（见表7-4）。

表 7-3　车辆技术来源对比表- TOT

序　　号	国内公司	国外公司	TOT 车辆类型
1	大连机车	安萨尔多	Sirio
2	四方股份	斯柯达	ForCity
3	浦镇车辆	庞巴迪	Flexity 2
4	株机公司	西门子	Combino Plus

表 7-4　车辆技术来源对比表-联合设计

序　　号	国内公司	国外设计公司	备　　注
1	唐车公司	Logomotive	联合设计
2	长客股份	Voith	全部设计技术

2. 车辆类型

本书将车辆分为三种类型，如图 7-13 所示，并对车辆类型Ⅱ和车辆类型Ⅲ进行了详细的技术比较。按照目前国内 6 家已经提供车辆的车辆制造商来看，车辆类型分类见表 7-5。

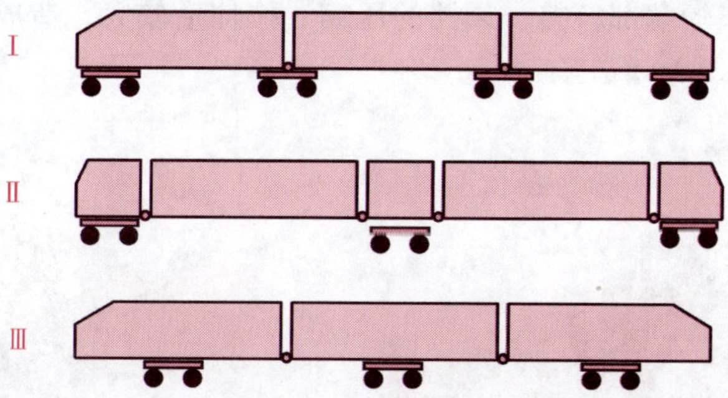

图 7-13　车辆类型

表 7-5　车辆类型分类

车辆＼类型	类型Ⅰ	类型Ⅱ	类型Ⅲ
四方股份	•		
大连机车		•	
浦镇车辆		•	
长客股份		•	
唐车公司			•
株机公司			•

7.4.2 车辆介绍

1. 类型Ⅰ车辆

类型Ⅰ车辆模块之间使用雅克比转向架，转向架设置转盘轴承式回转机构。雅克比转向架的运用，无悬浮车体的设计，车体均有两端转向架支撑，车辆的稳定性更高；等长编组车辆运用，车辆扩编更容易。

此类型车辆目前仅有 Skoda 生产。由于转向架结构限制，车辆端部通过台较窄，很难做到完全低地板，一般设置有台阶。Skoda 通过开发永磁轮毂电机铰接转向架，实现了类型Ⅰ车辆 100% 低地板。Skoda 将 ForCity 15T 通过技术转让的方式，将该车辆技术转让给四方股份（见图 7-14）。

类型Ⅰ车辆的技术特点如下：

（1）**雅克比转向架** 雅克比转向架带来优势在车辆类型特点中已经介绍。此转向架通过“电机空心轴”的万向节技术，将电机重量置于簧上，簧下重量较小，车辆运行冲角更小。转向架左右车轮通过横轴进行横向耦合导向（见图 7-15）。由于模块旋转中间置于模块中间，车端通过宽度较窄，只有 700mm。

有轨电车一般要求在两个模块端部之间设置铰接，端部间距通常小于 1000mm（单绞），车辆通过小曲线时，车辆端部铰接、风挡的压缩、拉伸量较大，造成车辆端部通过宽度较小，一般通过宽度为 1200mm 左右。

图 7-14 Skoda ForCity 系列 15T

图 7-15 ForCity 系列动力转向架

（2）**轮控技术** 轮控驱动技术运用以及专有的牵引控制算法，车辆通过曲线时，可达到径向位置，车辆横向作用力较小，噪声低。

（3）**永磁同步直接驱动电机** 永磁同步直接驱动技术是目前世界上最先进的驱动技术，具有效率高、功率因素高、体积小、重量轻、噪声低的特点。直驱电机技术，无须齿轮传动装置，可有效降低车辆噪声，减少传递损耗，便于维修保养。

2. 类型Ⅱ车辆

类型Ⅱ车辆即为传统的 5 模块结构车辆，车辆标准模块为 5 个模块，设置三个转向架，端部模块为动力转向架，中间转向架为非动力转向架，转向架之间的模块为悬浮模块。

此类车辆转向架上方通过宽度大，可达 750mm；曲线通过能力为 25m，车辆通过曲线时，车辆横向受力较大，舒适度较低，通过曲线时，为了避免脱轨，需降低通过速度；车辆重心不易控制，座椅布置方便随意，车辆扩编能力最差（三种车辆比较）。

此类型车辆在世界范围内车辆供货商较多，市场占有率较高。

目前，国内5模块车辆主要有长客股份、大连机车、浦镇车辆三家公司。

（1）**长客股份** 长客股份的100%低地板车由Voith设计完成，如图7-16所示，首批100%低地板车辆在沈阳浑南已经运行近2年，车辆使用模块化设计技术，全欧标设计，刚性轴小轮径转向架、复合车体结构，为通过间断无接触网区域，设置有超级电容。

长客股份机车的车辆特点：

1）复合车体技术。传统不锈钢车体存在焊点多，生产效率低，工艺通用性差，焊接变形控制难的问题。焊点过多，降低车辆整体外观水平，车体密封性差。长客股份的车辆使用轻量化不锈钢骨架承载结构，车体外表面为轻量化复合材料板材，通过粘结的方式，将复合材料粘结到不锈钢骨架上，减少了焊接工作量，提高了外表面的平滑性。粘结密封技术能够达到减轻重量、降低能耗、简化组装工序、提高产品质量和优化产品结构等其他连接方法所不能实现的效果。

但是，目前车辆使用的复合车体材料均为进口产品，成本、周期问题还需要着力处理。

2）基于传统轮对的100%低地板转向架技术。车辆使用了基于传统轮对的低地板转向技术（见图7-17），采用横向耦合自导向技术，提高车辆安全性、可靠性、平稳性，降低轮缘磨耗，维修便捷的特点。由于使用传统轮对技术，牵引电机的驱动控制技术更为成熟简单，有利于实施国产化。转向架结构简单，易于维护，技术壁垒较低，维护成本较低。

由于使用刚性轴转向架，侵占车内空间，车辆地板面坡度较多。

图7-16 长客股份100%低地板现代有轨电车

图7-17 长客股份100%低地板现代有轨电车动力转向架

（2）**大连机车** 大连机车的车辆源自安萨尔多Sirio系列，通过技术转让（TOT）方式获得。土耳其Samsun、希腊雅典（见图7-18）之前选用的车辆就是安萨尔多的Sirio系列。

大连机车车辆的技术特点：

1）碳钢车体。由于使用碳钢车体，车体耐腐蚀性差，自重大，但制造和修复工艺简单，维护成本相对较低。

2）独立轮刚性轴驱动方式。转向架使用ZF特有的齿轮箱结构，实现独立轮的刚性驱动连接（见图7-19）。车辆运行时，独立轮自动对中，驱动较为简单。由于使用独立轮驱动，车内地板面没有坡度。从土耳其 Samsun 和希腊雅典城市运营的实际情况来看，该车辆的轮缘磨耗较大，通过曲线时噪声较大，槽轨轨头护轨磨损严重。

图 7-18　运行于希腊的 Sirio 系列 100% 低地板现代有轨电车

图 7-19　Sirio 系列 100% 低地板现代有轨电车动力转向架

3）该车辆可运用安萨尔多独有的 TRAMWAVE 技术，采用自然磁力相吸技术，而非开关触点分段技术（阿尔斯通 APS），全生命周期成本低，系统安全成熟可靠。利用该分段第三轨供电技术，实现全线无接触网运行。该系统目前在珠海建有专业化的生产基地，国产化程度逐步提高。

（3）**浦镇车辆**　浦镇车辆的车辆源自庞巴迪的 Flexity2 系列（见图 7-20），通过技术转让（TOT）方式获得。

浦镇车辆的技术特点如下：

1）碳钢车体，车辆自重较大，由于车顶空间和轴重限制，目前，该车型利用全线无接触网运用较难。

2）刚性轴转向架，该转向架驱动形式与长客股份开发的转向架相似，但是轴向定位方式采用转臂定位形式（见图 7-21）。

图 7-20　Flexity2 系列 100% 低地板现代有轨电车

图 7-21　Flexity2 系列 100% 低地板现代有轨电车动力转向架

客室内有坡度，最大坡度为6.1%，客室地板最高为498mm。

3）该公司目前正在开发基于钛酸铁锂电池和超级电容的储能装置。

3. 类型Ⅲ车辆

类型Ⅲ车辆即为各模块等长布置，每模块都设有转向架的车辆。此种类型车辆具有线路适应能力强（曲线通过能力、爬坡能力、加减速度）、轮轨横向力小、舒适度高、铰接载荷较小、车辆轴重小、车辆扩编能力强以及车辆模块化的特点。此类车辆由于比类型Ⅱ车辆多一个转向架，成本比类型Ⅱ车辆高。

目前国内的两家车辆制造公司均采用独立轮单侧驱动转向架。独立轮结构可以有效降低车辆底板面高度，单侧成组驱动技术，单侧车轮纵向耦合，可以解决独立轮动力转向架的自动对中问题，车辆轮缘磨耗较小，整列车的轮缘磨耗较均匀。由于使用单侧驱动方式，当某动力转向架某部件（如牵引电机）出现故障时，需将此动力转向架切除，牵引系统冗余度较类型Ⅱ车辆低。

此类车辆，由于车辆本身轴重设计较小（10.5t），车顶预留空间较大，有足够的空间安装储能装置。可通过设置合理的储能装置实现全线无接触网运行。

优势虽然明显，但是由于此类型车辆保有量很小，在既有车辆增购项目上，用户一般要求车辆需和现有的基础设施相匹配，给此类型车辆的推广造成很大的困难。

（1）**株机公司**　株机公司的车辆源自西门子的Combino Plus系列，通过技术转让（TOT）方式获得（见图7-22）。Combino Plus为西门子公司上一代的产品，目前西门子公司最新的产品为Avenio。

图7-22　Combino Plus系列100%低地板现代有轨电车

株机公司车辆的技术特点：

1）车体：车体使用钢结构材料，底架为耐候钢，侧墙、端墙、车顶为不锈钢结构。

2）转向架：使用西门子Combino转向架（见图7-23），该转向架使用传统的“沙漏弹簧”，需要占用客室空间，转向架上方设置12个座椅，客室内没有坡道。国内对此转向架研究颇丰，并仿制了该型转向架。

3）无接触网解决方案：株机公司的无接触网方案基于超级电容技术。该超级电容储能系统为自主开发产品，在该公司储能式现代有轨电车上已经成功运用，使用超级电容技术实现全线无接触网运行。

（2）**唐车公司**　唐车公司100%低地板车由唐车公司与德国Logomotive公司联合设计完

图 7-23　Combino Plus 系列 100% 低地板现代有轨电车动力转向架

成，唐车公司具有完全自主知识产权。车辆基于模块化、全欧洲标准设计，该型车已经出口土耳其（见图 7-24），单车最大运行公里数已达 4.6 万 km，成为国内首个 100% 低地板现代有轨电车订单。

图 7-24　出口土耳其的 100% 低地板现代有轨电车

唐车公司车辆的技术特点如下：

1）车体：使用铝合金车体，车体强度符合 EN 12663—PIV 设计。铝合金车体具有自重轻，制造工艺简单的特点。但是，铝合金车体损伤后，修补困难，一般需要直接更换。

2）转向架：全新开发的新一代独立轮单侧驱动转向架（见图 7-25），全新设计的二系弹簧，更优的二系簧布置方式以及抗侧滚扭杆的运用，降低车辆侧滚运动，减少倾入车内空间。转向架区域可设置 16 个座椅。

图 7-25　唐车公司 100% 低地板现代有轨电车动力转向架

3）储能装置：全新的国内首次运用于轨道车辆的储能系统，该储能装置基于超级电容和锂电池技术，可提供全线无接触网方案。

7.4.3 车辆技术对比

表7-6对国内6个车辆供货商的技术参数进行了对比。

表7-6 车辆参数汇总表

序号	内 容	四方	长客	大连	浦镇	唐车	株洲
1	低地板类型	Ⅰ		Ⅱ		Ⅲ	
2	模块数量	3	5	5	5	4	4
3	列车长度/m	35.29	34.8	32	32.2	37.35	36.6
4	车高/m	3.58	3.5	3.44	3.42	3.5	3.46
5	车宽/m	2.65	2.65	2.65	2.65	2.65	2.65
6	地板面高度/mm	350	350	350	350	350	350
8	每侧双开门数量	6	4	3	2	5	4
9	双开门宽度/mm	1300	1300	1350	1300	1300	1300
10	每侧单开门数量	—	2	2	2	—	—
11	单开门宽度/mm	—	900	900	800	—	—
12	轮径/mm	670	580/500	660/610	600/540	600/540	600/520
13	车重（自重）/t	—	42	42	48	52	54
14	最大轴重/t	—	12	12	12.5	10	10
15	供电电压/V	750	750	750	750	750	750
16	牵引电机类型	永磁同步直驱	三相交流异步	三相交流异步	三相交流异步	三相交流异步	三相交流异步
17	牵引电机功率/kW	46	120	106	120	50	100
18	牵引电机数量（个/动转向架）	4	2	2	2	4	2
19	电机冷却方式	水冷	自通风	自通风	水冷	自通风	自通风
20	动力转向架数量/套	2	2	2	2	3	3
21	非动力转向架数量/套	1	1	1	1	1	1
22	一系悬挂类型	—	橡胶簧	橡胶簧	橡胶簧	橡胶簧	橡胶簧
23	二系悬挂类型	螺旋钢簧	螺旋钢簧	螺旋钢簧	橡胶簧	橡胶簧	橡胶簧
24	最高车速/(km/h)	70	70	70	70	70	70
25	最大加速度/(m/s^2)（0~40km/h）	—	0.95	1.16	1	1.3	1.2
26	常用制动减速度/(m/s^2)	—	1.1	1.5	1.2	1.2	1.2
27	紧急制动减速度/(m/s^2)	—	2.5	2.8	2.8	2.8	2.73
28	安全制动减速度/(m/s^2)	—	1.2	1.5	1.5	1.2	1.2
29	座席数量	54	64	64	56	88	74
30	定员载客（6人/m^2）/人	221	292	215	300	315	311
31	超员载客（8人/m^2）/人	388	368	286	382	394	384
32	最小水平曲线/m	19	25	25	50	19	25
33	最小竖曲线/m	850	1000	300	400	500	300
34	最大坡度	50‰	50‰	50‰	50‰	70‰	70‰

7.4.4 发展趋势

结合国内外有轨电车的发展经验，考虑用户的需求，并结合各专业领域科学技术的发展趋势，有轨电车的发展趋势如下：

1. 关键技术

（1）**轻量化** 轻量化一直是轨道车辆行业永远的主题，减重降耗一直是其追求的目标，体现在通过新材料、新工艺的运用减重，通过车辆集成设计减重等方面。

1）复合车体技术。不锈钢、铝合金、碳钢和复合材料的大面积运用，在保证车辆性能的前提下，运用粘结技术，使用骨架、蒙皮模块化结构减少车体自重。

2）复合新型材料车辆设备件的运用。车辆设计过程中，各种安装支架、骨架、扶手现在通常采用不锈钢材料和铝合金材料，新型材料的运用，如碳纤维、7 系铝合金等材料的运用，将有效减少车辆设备件的重量。

3）车辆设备的集成设计。车辆设计过程中，通过模块化设计、集成设计，减少单独使用的设备件。

4）车辆其他设备优化减重。车辆设计过程中，除车体、转向架等关键部件外，从大部件开始，通过车辆部件的有限元分析（FEA），优化结构，减少设计重量。

（2）**无接触网技术** 国内用户对无接触网供电技术的喜好程度，远远超出了国外用户的预期。以 Alstom 的 APS 技术，Ansaldo 的 TRAMWAVE 技术为代表的第三轨供电技术，技术水平高，造价高，技术壁垒较大；以 Bombardier 为首的 PRIMOVE 技术，一直未能正线运用，且旅客对此类技术的效率问题、电磁辐射问题一直难以接受；基于超级电容和蓄电池技术的储能技术，难度较低，更适合于国内用户，但是储能装置的生命周期成本问题一直是用户关注的焦点。适时开展一些新技术如燃料电池技术的研究和运用，类似这样的新技术，国外几乎与国内同步，与国外用户开发难度相当。

与技术引进相比，自主开发的产品还处于起步阶段，需通过不断试验、优化设计和改进设计，对储能装置的控制策略和能量利用策略进行优化，对储能装置的 LCC 成本进行评估。开发基于信号控制的全自动化无接触网解决方案必然需要提上日程。

（3）**永磁同步直驱电机技术** 永磁电机具有效率高、起动转矩大、起动电流小、体积小、重量轻的特点，随着新材料的开发，尤其是永磁技术的突破性发展，直流电机无刷化这一前沿技术得到应用。直流电动机采用永磁励磁后，既保留了电励磁直流电动机良好的调速特性和机械特性，还避免了励磁绕组和励磁损耗的问题。Skoda 已率先开始了小功率的永磁电机在有轨电车上的运用，国内永磁电机在公交车上运用也逐步展开，但是永磁电机技术在轨道车辆上的运用目前速度还较慢，但这是一个趋势。

结合基于超级电容和蓄电池的无接触网技术运用，永磁同步直驱电机具有无可比拟的优势，开发基于此电机的牵引控制技术以及转向架技术势在必行。

（4）**交叉学科技术运用** 国内汽车设计技术随着中国制造的崛起，正在逐步展开开发设计工作，汽车设计的专用技术，相对于轨道车辆行业，成本更低，技术更成熟如 NVH（噪声、振动和不平顺）技术等一类专用技术，随着用户对舒适度的关注，必然会逐步渗透到轨道车辆设计行业，交叉学科的运用也必将成为一个大趋势。

（5）**自主化** 不管是采用何种方式开发的有轨电车，现有的 100% 低地板车辆关键部件一般均为进口部件，自主化部件的设计、装车试验和验收工作应一并展开，当然这也需要车辆制造公司、国家的政策支持和用户的支持。

2. 70%低地板现代有轨电车研发

虽然100%低地板现代有轨电车最近比较火热，但是70%低地板车辆以其自身优势，它的运用环境并未消失，随着用户对车辆认识的提高，70%低地板车辆的发展也将逐年增长。随着高铁技术的引进，车辆厂、用户对车辆认识的提高，新一代的70%低地板车辆的开发和运用需求势必增长。

第8章

城市现代有轨电车项目投融资模式

8.1 BT 模式研究与实践

8.1.1 BT 模式概念

BT（build-transfer）模式，即建设–移交模式，是指由 BT 项目发起人（一般为政府或政府授权机构）通过法定程序选择拟建的基础设施或公用事业项目的 BT 项目主办人，并由该 BT 项目主办人在项目建设期内组建 BT 项目公司进行投资、融资和建设，项目建成竣工验收合格后由 BT 项目发起人回购，并向 BT 项目主办人支付回购价款的一种项目投融资建设模式。一般，BT 项目主办人也称为 BT 项目投资方，其为了融资、建设和管理承建的 BT 项目而在 BT 项目所在地成立的公司就是 BT 项目公司。

8.1.2 BT 模式主要类型

1. 施工二次招标型 BT 模式

如图 8-1 所示，在施工二次招标型 BT 模式中，BT 项目发起人通过招投标或竞争性谈判方式选定 BT 项目投资方，而后由 BT 项目投资方组建具有法人资格的 BT 项目公司。在该种模式下，BT 项目投资方仅承担投资职能，BT 项目公司履行建设单位的职责，负责项目的融资、建设管理以及完工项目的移交等工作，另外，对施工承包商、监理单位以及供货商的选

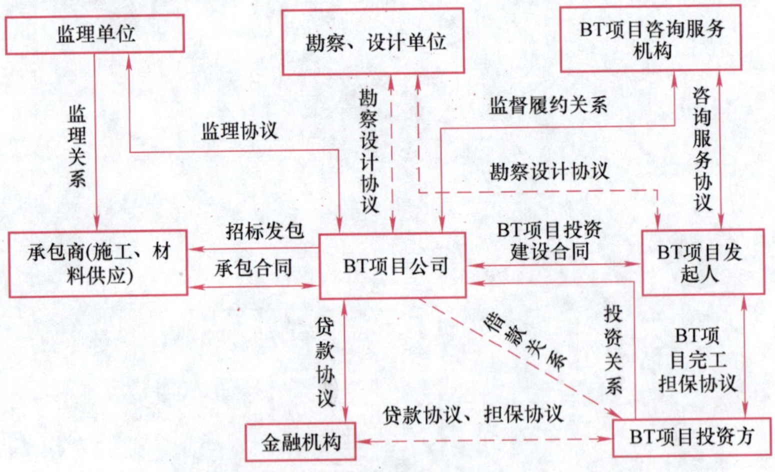

图 8-1 施工二次招标型 BT 模式

择和管理也有 BT 项目公司负责。施工二次招标型 BT 模式的最大特点是 BT 项目发起人选择 BT 项目投资方时没有确定施工承包商，BT 项目公司另外再通过公开的招投标程序选定 BT 项目的施工承包商。

2. 直接施工型 BT 模式

如图 8-2 所示，在直接施工型 BT 模式中，BT 项目发起人通过招投标或竞争性谈判方式选定的 BT 项目投资方不仅承担投资职能，还要承担主体工程的施工，因此在确定 BT 项目投资方时，也会明确承担项目主要施工任务的施工承包商，一般是 BT 项目投资方之一或其下属单位，并且 BT 项目投资方也要设立具有法人资格的 BT 项目公司作为建设单位对 BT 项目进行融资、建设管理以及完工项目的移交等工作。直接施工型 BT 模式的最大特点是 BT 项目公司不再通过招投标选定施工承包商，而是直接按 BT 项目投资建设合同的约定，与此前明确的施工承包商签订施工合同，因此，施工承包商与 BT 项目公司之间存在一定的利益关系。在这种模式中，监理单位一般由 BT 项目发起人和 BT 项目公司共同委托。

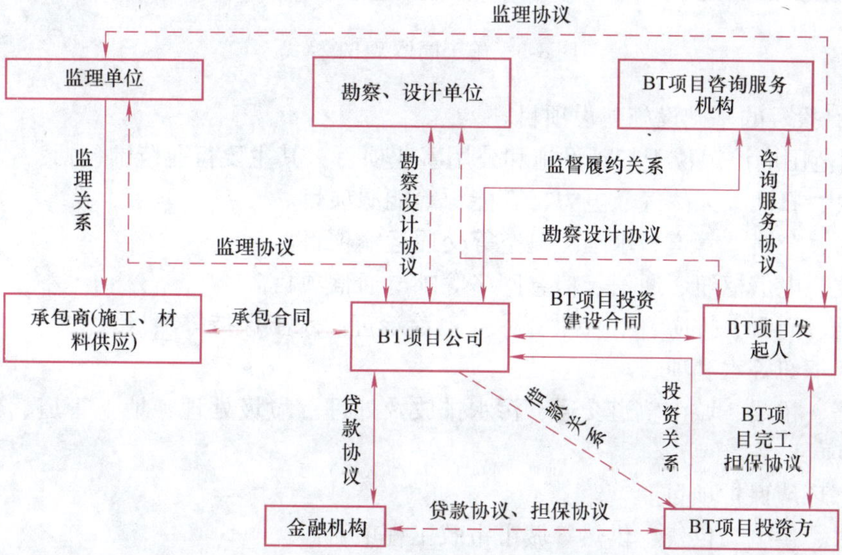

图 8-2　直接施工型 BT 模式

3. 施工同体型 BT 模式

如图 8-3 所示，在施工同体型 BT 模式中，BT 项目发起人通过招投标和竞争性谈判方式选定 BT 项目投资方同时承担投资、融资、建设以及完工项目的移交任务，BT 项目投资方不成立法人资格的 BT 项目公司，而是设立不具有法人资格的项目管理机构来负责 BT 项目的建设管理工作，因其不具有法人资格，所以无法办理相关的审批手续，也无法与工程建设的有关单位签订合同。施工同体型 BT 模式的最大特点是 BT 项目投资方与施工承包商直接同体。在这种模式中，勘察单位、设计单位、监理单位一般由 BT 项目发起人委托。

8.1.3　BT 模式适用范围

BT 的内涵及特征决定其不可能大范围地应用于各种项目，特别是由于 BT 项目运作周期长、投资大，要求 BT 项目发起人及 BT 项目主办人都具有较高的信用和投资能力，因此 BT

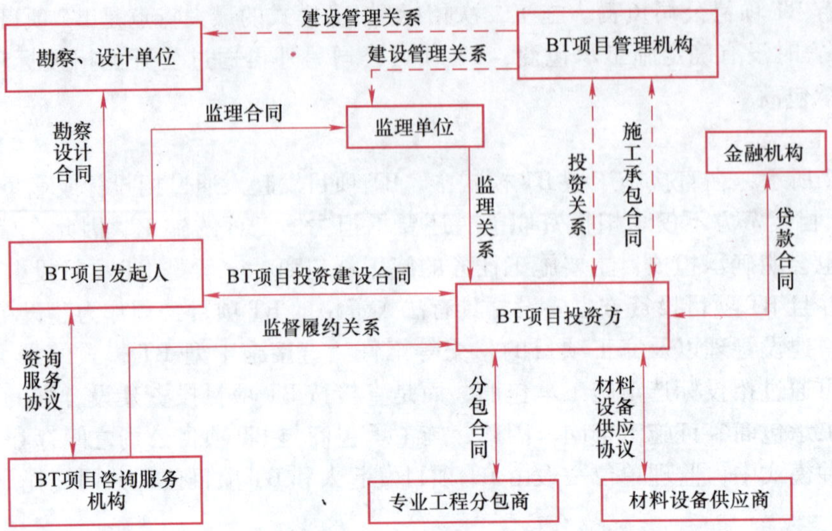

图 8-3　施工同体型 BT 模式

更适用于政府投资的基础设施建设项目。

BT 适用范围应该定位于基础设施和公用事业项目，其主要行业范围包括：

1）煤炭、石油、天然气、电力、新能源等能源项目。

2）铁路、公路、管道、水运、航空等交通运输项目。

3）邮政、电信枢纽、通信、信息网络等邮电通信项目。

4）防洪、灌溉、排涝、引（供）水、滩涂治理、水土保持等项目。

5）水利枢纽等水利项目。

6）道路、桥梁、城市轨道交通、污水排放及处理、垃圾处理、地下管道、公共停车场等城市设施项目。

7）生态环境保护项目。

8）供水、供电、供气、供热等城市市政工程项目。

9）科技、教育、文化等项目。

10）体育、旅游等项目。

11）卫生、社会福利等项目。

8.1.4　BT 项目的运作与实施

1. 项目前期准备

在项目前期准备阶段，一般由 BT 项目发起人（一般为当地政府主管部门或其授权的轨道交通公司等）确定 BT 项目的实施方案，并且完成 BT 项目的方案报批。

此阶段的主要目标是论证 BT 项目实施的必要性、可行性，确定 BT 项目实施方案，完成工程勘察、设计等前期工作。必要时，应完成工程的初步设计批复，由项目发起人完成工程开工前的各项准备工作。

BT 实施方案主要包括 BT 项目概况、招标、BT 项目公司组建、融资、建设、回购安排、移交及建设协调监管等内容。

2. BT 招投标

BT 项目实施方案确定后，BT 项目发起人一般要聘请财务、法律、技术等专业服务机构，着手 BT 的招标准备工作，通常需要准备投标人须知、BT 投资建设合同、项目建设标准等全套招标文件，并落实回购担保等。

招标文件准备就绪后，BT 项目发起人应按照招投标的有关规定，通过招投标方式确定 BT 项目主办人。与一般的施工招投标主要关注投标人的施工管理能力不同，BT 方式下还要看投标人是否具有良好的融资能力和建设管理能力。同时，由于 BT 项目非常复杂，涉及土地提供、融资、建设规模、施工组织、回购价格、质量监督和验收、项目移交等一系列条件，招标完成后，BT 项目发起人通常与 BT 项目主办人往往需要就 BT 投资建设合同进行谈判。

3. BT 项目公司的组建

BT 项目主办人在中标后，要根据 BT 投资建设协议设立具有独立法人资格的 BT 项目公司，并由成立的 BT 项目公司作为建设单位负责项目前期、融资、建设管理以及验收移交等工作。

BT 项目公司虽然并非投资建设合同的一方当事人，但需在 BT 投资建设合同中约定，项目公司成立后，项目公司和 BT 项目主办人需向 BT 项目发起人出具书面承诺书，将 BT 项目主办人在 BT 投资建设合同中的投资建设部分权力义务转移到 BT 项目公司。尽管如此，BT 项目主办人仍需协助 BT 项目公司融资并承担履行 BT 合同的不可撤销的连带责任。

4. BT 项目融资建设

BT 项目公司作为 BT 项目的建设单位，将履行业主职责，按 BT 合同约定，组织完成 BT 工程的建设管理工作，包括：

1）与勘查、设计、监理等相关单位签订勘查、设计以及监理合同。BT 项目公司作为建设单位应以自己的名义进行立项（变更立项），并且聘请勘查、设计及监理单位。实践中，不排除项目立项不从 BT 项目发起人变更到 BT 项目公司名下，也不排除 BT 项目发起人对项目深度介入，勘查和设计工作由 BT 项目发起人组织完成以及 BT 项目发起人聘请监理单位进行监理等情形。

2）筹集项目建设资金，签订银行贷款协议等。项目建设资金除了 BT 项目公司的股东（包括 BT 项目主办人）投入以外，其余资金还需要 BT 项目公司以银行贷款、信托计划等方式筹措解决。在 BT 项目公司申请银行贷款时，可能要求其股东（包括 BT 项目主办人）提供担保，部分项目甚至存在 BT 项目发起人提供担保的情况。

3）BT 项目公司需要确定施工单位和材料供应商，但选择的方式会有所差异。如前所述，在施工二次招标型 BT 模式下，施工单位与材料供应商应通过招投标方式确定，但在直接施工型 BT 模式下，施工单位与材料供应商往往是 BT 项目公司的股东，主要是 BT 项目主办人或其关联企业，往往不再进行招投标。

5. 项目移交及回购

BT 项目公司在组织工程竣工验收后，按 BT 合同约定需向 BT 项目发起人或其指定的运营管理机构移交，由 BT 项目发起人向 BT 项目主办人或项目公司支付合同价款回购该 BT 项目。支付的方式可以是一次性支付，也可以分期支付，具体支付安排由双方在 BT 合同中约定。

6. 建设协调监管

在工程建设阶段，为确保BT项目公司履行BT投资建设合同，一般情况下，发起人需对BT项目公司的管理行为进行监管。具体监管行为及相关建设协调机制，在BT投资建设合同中应有详细约定。

8.1.5 BT项目投资分析

1. BT项目的尽职调查

（1）BT项目尽职调查步骤

1）准备调研清单。在得到项目信息后，投资者必须制定尽职调查的详细计划和调查清单，并确定调查的核心问题。调研清单分为资料调查清单和访谈调查清单，清单的内容一般可从回购方基本情况、项目批复情况、项目工程情况、项目进展计划等方面逐一准备。清单中必须包括调研时必须重点调查、注意的问题等事项。

2）查阅资料。在收集和查阅与项目相关的资料时，BT项目一般主要对以下资料进行认真研究和审核。

① 政府批文：包括各级政府关于该项目的规划、会议纪要、可行性批复、环境保护、土地、拆迁、建设许可等各方面的文件。这类资料中关于该项目的BT模式是否已经取得政府相关部门或主要领导的同意是非常重要的资料。可行性批复是项目实施的必要条件，土地和环境批复也是投资者进行判断的关键资料。

② 可行性报告：包括项目的工程可行性分析、经济评价、环境评价等。

③ 相关各方的基本资料：包括政府的经济发展情况、城市规划、财政预算报告，以及回购方（企业）的营业执照、税务登记、财务报表、预算、计划等。

④ 工程资料：包括工程设计图样、施工地质条件等。

3）展开调研。按照上述清单，投资者需要组织人员开展各种方式的调研，必要时可委托中介机构，如律师事务所、会计师事务所，以及咨询公司等负责或协助调研。

4）资料汇总。对于上述调研所获得的各种形式的资料，如文件、语音、会议纪要、图样、谈话记录等都必须由专人负责汇总，并进行文档编制，以便查阅。

此外，实施尽职调查的方式主要包括查阅资料、电话调研、访谈、现场踏勘等方法。一般情况下，这些方式在每个项目中都可能用到，必须根据项目的进展和需要进行统筹安排。

（2）调研的内容

1）工程前期的准备工作：工程前期已经进行了哪些准备工作，是BT项目需要调研的主要内容之一，其中包括该项目的可研报告、立项等，以及项目的推进已经进行到何种程度等。对于此类问题进行调研时，涉及的具体调研内容如下：

① 本项目是否纳入了政府年度建设计划。能列入政府年度建设计划的，大多是当地重大项目，地方政府主管部门往往也会采用多种方式对项目进行推动，在立项批复、土地、环评等方面也较易得到政府的支持，这也就基本锁定了项目的政策性风险。

② 本项目的相关批文和报告。具体来讲包括项目的立项批文、用地批文、建设许可证、开工报告、竣工验收报告、审计报告，以及各种有关项目审批的文件、会议纪要等。这些文件都是项目正常开展的必需法律材料，任何文件的缺失或者不完整都是项目的法律瑕疵。

③ 工可报告的估算投资。工可报告的估算投资一般是BT项目暂定回购基数的确定依

据，在没有最终确定回购基数之前作为回购方支付回购款的本金。

④ 项目前期费用的安排。工程前期的准备工作还包括项目前期费用的安排是如何考虑的，政府是否可以对项目征地拆迁实行“包干”，即按初步设计概算中的“征地拆迁费用额”为上限，由政府负责实施。前期费用在一般建设项目中都有较大的不确定性，浮动很大，其安排对项目有几个关键作用：一是关系到 BT 项目的投资总额，如果是政府承担，则投资者只需承担工程建设费用；二是政府是否包干前期费用对投资者控制整个投资总额至关重要，如果不包干则可能造成前期费用的巨大不确定性。

2）工程情况：项目的工程情况主要包括工程技术、工程地质、工程预算、概算等内容。具体调研内容如下：

① 本项目属于何种性质，是否为地方重点建设项目。地方重点建设项目往往会因为得到政府的高度重视，因而能获得较多当地政府特殊的支持政策，容易取得工程所经地的乡镇、街道，以及交通、建设、财政、税务、水利、市容管理等多方支持，为项目发展提供了较好的推动环境。

② 项目的工程地质条件以及施工难度。一般基础实施项目的工程环境主要有软土、岩石、平原、微丘、山区等，关系到项目的施工难度，以及项目实施过程中的风险，在评估项目时也要加以考虑。

③ 项目工期的安排以及前期动拆迁进度的控制。目前，政府基建项目一般要求建设周期较短，前期动迁也要求时间紧张，所以，选择项目时，也必须对项目的实施进度进行分析，判断其合理性和可行性。

④ 项目工程概算、预算的计算标准。根据以往的建设经验，通过初步设计阶段的设计优化达到降低工程造价的潜力有多大等。项目进行优化设计方案和施工方案的潜力关系到项目盈利空间的大小，因为 BT 项目的利润很大部分来自工程建设成本的节省，因此对工程概算、预算的核实和评价非常重要，必须由具有专业资格的人士来进行重新评估。

3）商务条件：BT 项目的商务条件包括回购方式、回购期限、回购进度、回报率、担保方式、合作方式等。这些都是商务条件部分需要重点调研的内容。具体调研内容如下：

① 本项目是否实行项目法人制并采用 BT 的建设模式。基建项目实行项目法人制是建设部的规定，明确由一个独立的法人主体来承担项目的投资、建设，项目法人制往往也是区别一般施工企业带资承包的主要特点。

② 本项目的回购期以及投资收益率。回购期、收益率是 BT 项目的关键要素，对项目的投资决策至关重要。一般情况下，BT 项目的回购期为 3 ~ 8 年，并且呈现项目越小，期限越短的趋势。投资收益率主要是指政府给投资者支付的资金占用成本，一般参考同期贷款利率来决定。

③ 回购方基本概况。如果回购方是企业，须了解公司概况说明、办公地址、财务状况等；如果回购方是政府，须了解政府连续三年年度财政预算、决算报告（或资金平衡表）、政府工作报告等。回购方的基本资料对于判断项目的回购风险至关重要，所以应尽可能多获取相关信息。其中，尤其是政府的财政预算和决算报告，以及政府年度工作报告更为有价值，可以看出政府的财政增长趋势，并且可以得到政府每年列入基础设施建设的资金计划，为评估政府的回购能力起重要作用。

④ 回购资金的担保方式。项目的回购资金往往需要进行担保，因而采用什么形式的担

保往往是投资人最为关注的内容，也是降低投资者回购风险的最重要因素。一般情况下，投资者希望政府或相关机构能对回购资金进行担保，采用的方式主要有列入财政预算、出具银行保函、企业担保、土地质押等，这些都是降低回购风险的有效方式。

⑤ 项目竞争态势。若能知悉其他竞争者情况，将有利于投资者更好地调整商务条件、投资策略，更充分判断项目成功的可能性。因而，其他投资商就本项目的接洽情况如何，是投资者进行谈判所应该了解和研究的背景资料之一。

⑥ 地方政府对项目融资的支持。很多地方政府都和当地的银行保持较好的合作关系，所以，投资者若想在当地进行项目融资，可能必须面对与当地银行等金融机构接洽的问题，如果地方政府能协调金融机构在了解项目、了解投资者方面出面，会对投资者实施项目融资带来方便，因此当地政府是否能对投资商在项目的贷款融资方面提供必要的支持，并积极引荐贷款行，也是投资者关心的问题之一。

4）工程财税政策：财税政策方面包括该地区该项目的税种、税率等。具体调研内容如下：

① 项目公司税收优惠。营业税和所得税在 BT 项目中占比较大的比重，但诸如所得税减免、缓征施工营业税等税收的优惠政策各地都不同，因而项目公司能享受哪些方面的税收优惠政策，能够寻求怎样的税收政策支持是投资者比较关心的问题，同时也将直接影响项目的盈利能力。

② 招商引资政策优惠。地方政府对基础设施的招商引资有哪些优惠政策。如有，必须提供相关的政策文件。比如，是否可将项目公司注册在开发区，并享受开发区的相关优惠政策等。

此外，尽职调查还必须对当地的地方性法规和特殊规定等进行关注，基础设施虽然属于国家发改委鼓励类项目，但由于各地的经济发展状况不同，对基础设施的建设标准、规划等都存在差异，所以，尽职调查时需要对当地有关的政策和规定摸底，以减少日后出现的各种政策障碍。

2. BT 项目投资可行性评估

通常情况下，投资者必须最终通过科学的可行性分析得到投资项目的可行性或者要进行投资所需要达到的项目各类边界条件，从而为投资决策提供重要的依据。其中的关键在于如何对 BT 项目进行可行性评估，要评估哪些方面，如何才能充分揭示项目的风险以及如何采取措施降低和回避风险等。

通常情况下，投资者对 BT 项目进行可行性评估的内容包括以下几个方面：

1）项目概况：项目概况包括整个项目的建设背景、建设的目的、政府的整体规划，以及项目建设内容及标准、工程的性质、项目的估算及概算、项目的运作模式、盈利模式，以及详细的运作结构设计等。

一般的 BT 项目模式运作结构主要是由多个投资者合资成立项目公司，项目公司负责投资并建设项目，政府负责监督、验收并接收项目，政府与项目公司签订回购协议，政府按照协议向项目公司支付回购款。

2）项目投资对于地方政府的意义：BT 项目主要是政府的公共设施，最终都应是政府出资，所以，建设 BT 项目对政府的意义是政府建设该项目的动力，也是 BT 项目需要评估的主要关注点之一。

3）项目投融资方案：这主要是描述项目的整体资金需求、资金计划安排、资本金安排、融资方案，以及引进其他合作投资者的方案等。

4）项目工程建设管理方案：BT 项目在建设实施过程中，区别于一般的基础设施项目，必须采用合适的管理方式，才能满足业主、投资方、建设方的共同利益诉求。目前，对于 BT 项目的管理模式主要有以下三种：

① 投资方自行管理：由投资方组建的项目公司直接履行建设管理职责，并负责招投标、材料采购、管理施工单位等，这种模式主要适合较小规模的 BT 项目。

② 联合管理：由投资方（项目公司）与业主（当地行业主管部门）组成联合工程建设指挥部，由指挥部负责项目的设计、监理，施工总承包商的招标、管理。这种方式适合较大规模和业主对项目进度、质量有更加特殊要求的重大工程。

③ 代建制：由投资方（项目公司）通过合同的形式与具有基础设施项目代理建设管理资质的企业法人，由其负责项目各种报批，组织实施勘察、设计、施工、监理、材料采购等招投标，负责对项目投资、质量、进度的控制，协调参建方、业主等之间的关系，负责工程竣工验收、资料归档等。这种方案适合超大规模，具有重要意义，并且投资方很难独立管理的 BT 项目。

5）财务分析：财务分析对于投资方而言是非常关键的，客观、全面、正确的财务评价是对项目做出合理判断的重要依据，对于处于盈利目的的投资者而言尤其如此。

BT 项目的财务分析首先必须确定各种控制性要素：回购基数、实际总投资额、投资收益率、工期、回购期、回购款支付形式、资本金比例、贷款利率、各种税率、工程款支付进度，以及管理费等各种费用的假定（合理假定）。

其次是建立合理的财务模型，根据建设项目的经济评价模型，结合 BT 项目的特点，目前国内一般以总投资、资本金内部收益率作为评价指标，以现金流量表进行计算，表 8-1 的分析模型被广泛采用。

表 8-1 BT 项目资本金内部收益率计算表

序号	项目名称	建设期/年		回购期/年					
		1	2	3	4	5	6	7	8
1	现金流入								
1.1	回购本金								
1.2	回购收益								
	贷款本金								
	贷款本金余额								
2	现金流出								
2.1	投资								
2.2	支付工程尾款（以回购款支付）								
2.3	还贷本金								
2.4	财务费用								
2.5	管理费用								
2.6	营业税金及附加								

（续）

序号	项目名称	建设期/ 年		回购期/ 年					
		1	2	3	4	5	6	7	8
2.7	所得税								
3	税后净现金流量								
资本金内部收益率									

注：1. 表中建设期财务费用资本化，计入建设成本。
2. 回购款本金和回购收益须根据支付方式确定。
3. 资本金投资额一般不低于总投资的35%。
4. 管理费用包括项目公司的日常运营费用。
5. 营业税和所得税须根据当地政策而定，一般营业税采用差额营业税制。
6. 按照一般的评价标准，BT项目的资本金内部收益率一般要比同期贷款利率高出10%以上才被认为项目可行。

6）实施方案：方案的实施主要是明确如何组建项目公司，采用何种项目管理方式，工程进度如何安排，如何控制项目工程质量，如何组织投融资方案，以及如何进行工程竣工验收等事项。

7）风险评估及防范：对于投资者而言，BT项目的回购方能否按时履约支付回购款是最大的风险，此外还有建设风险、政策风险、利率风险等。

8）投资可行性综合评价：在前述各种分析完成之后，对项目的投资可行性必须做出明确的判断，但同时也必须揭示项目的最主要风险，以及提出相应的处理措施。

9）评估方法及关注要点：对BT项目的可行性评估，一般采取定性分析和定量分析两种方式。定性分析主要在项目的概况及风险分析中体现，要点在于项目本身的战略意义和对政府的重要性。定量分析在项目的财务分析中占主导地位，并在风险评估中起辅助作用。要点是关注财务模型的建立、基础数据的假定、边界条件的选择，以及计算过程的正确性。风险评估中的评分必须客观，注意各个因素的权重。

3. BT项目的投资风险及评估

与大多数项目一样，BT项目虽属基础设施一类，风险可能相对较小，但还是会面临诸如市场风险、建设风险、利率风险、政府信用风险、政策风险等。投资者必须通过分析、评估等方式全面了解这些风险，并提前准备规避和解决这些风险的措施。

（1）**市场风险**　BT项目面临的市场风险主要是指取得BT项目过程的风险。因为大多数项目都必须经历一个漫长的谈判或者招标的程序，所以，如何把握项目、如何战胜竞争对手非常重要。在处理这个问题的时候，投资者一般必须保持良好的合作意愿，与政府（业主）进行充分的沟通，宣讲自身的优势，了解政府的意图，并且通过增值服务来赢得政府的信任，最终获取项目。

在控制市场风险的过程中，必须特别关注政府的诉求，明确政府想要达到或实现的目标，这样对顺利承接该项目，以及获得政府的长期支持都很关键。由于目前我国城市普遍处于基础设施需求膨胀的时期，若能在项目介入初期与当地政府建立一种长期合作共赢的战略伙伴关系，从而搭建了相互信任的平台，将会更有利于后续其他基础设施建设项目的跟进。

（2）**建设风险**　根据一般BT项目的合同，只有投资者完成项目的竣工验收，协议中业主履行的支付回购款的义务才生效。因此，在项目的建设期内，出现的任何质量、安全、进度的错误、延误、事故等不确定因素都将导致项目不能按时、及时验收，这样对项目的回购也将影响深远。

为解决这一问题，务必将项目的这些风险控制在事前，并选择合适的项目管理模式，制定详细的管理制度，并在以下三个方面进行有效控制：

1）投资控制：设计质量，概算、预算把关，设计变更签证等。

2）施工控制：施工单位的标后管理，工、料、机的管理，质量、安全、进度、文明施工等管理。

3）竣工管理：竣工时间控制、备案归档等。

针对 BT 项目的建设风险，一般应从设置双方互相制约的管理模式开始，并引入外部的项目管理咨询机构、代理机构，进而在回购协议中补充有关因外部不可预见因素及业主方原因造成的工程进度、方案变更等损失弥补措施，这样才能将项目的建设风险尽可能降低。

（3）**利率风险**　对于 BT 项目而言，利率风险主要存在于项目的回购期。回购期内，中国人民银行公布同期的贷款基准利率发生变化，可能导致融资成本上升，并影响到回购方支付的回购款的金额，进而影响到 BT 项目的投资收益，形成 BT 项目的利率风险。因此，在项目 BT 模式设计之初，就应充分考虑到利率风险，将回购方须支付的项目投资收益率设定为浮动利率，即在一定范围（一般指央行贷款基准利率上下浮动 0 ~ 100 个 BP）内，利率可不做调整，但超出这一范围，双方就必须按照新的基准利率调整投资收益率，并相应修改每年的回购金额，这样基本上可有效避免投资者和回购方的重大利率波动风险。

（4）**回购风险**　在回购期，投资人面临的主要风险是政府信用风险，政府能否按时支付回购款是 BT 项目的最大风险。因此，投资者一般在评价这方面的风险时都比较谨慎，参考很多商业银行和政策性银行的评估方法，现列出政府信用风险的典型定量评估模型（见表 8-2）。

表 8-2　地方政府财力评价模型

指　标	满　分	各 层 级	分配分值	得　分
行政级别	10	省级、省会、直辖市	10	
		地区（国家级开发区）	7.5	
		县级（省级开发区）	5	
		县级以下	2.5	
GDP/亿元	10	>2000	10	
		1000 ~ 2000	9	
		500 ~ 1000	8	
		200 ~ 500	7	
		100 ~ 200	6	
		50 ~ 100	5	
		20 ~ 50	4	
		10 ~ 20	3	
		<10	2	

（续）

指　标	满　分	各 层 级	分配分值	得　分
GDP 增长率	6	年均增长 10% 及以上	6	
		年均增长 8% ~10%	5	
		年均增长 6% ~8%	4	
		年均增长 4% ~6%	3	
		年均增长 2% ~4%	2	
		年均增长不大于 2%	1	
人均 GDP/元	10	>15000	10	
		10000	7.5	
		5000	5	
		<2000	2.5	
区位	8	长三角、环渤海直辖市	8	
		其他省会市	6	
		省内有竞争优势区域	4	
		其他	2	
本级财政一般预算总收入/亿元	10	50	10	
		15	7.5	
		8	5	
		2	2.5	
本级财政可支配收入/亿元	10	>30	10	
		>10	7.5	
		>5	5	
		>1	2.5	
一般预算本年收入/一般预算本年支出	6	>80%	6	
		>65%	5	
		>50%	4	
		>30%	3	
		<30%	2	
一般预算本年收入/一般预算总收入	4	>70%	4	
		>60%	3	
		>50%	2	
		>40%	1	
本级一般预算收入增长率	4	>20%	4	
		>15%	3	
		>10%	2	
		<10%	1	

（续）

指　标	满　分	各 层 级	分配分值	得　分
专项转移收入比例	4	>40%	4	
		>30%	3	
		>20%	2	
		<20%	1	
建设性支出比例	8	40	8	
		30	6	
		25	4	
		20	2	
本级财政负债率	10	<30%	10	
		30% ~50%	7.5	
		50% ~70%	5	
		>70%	2.5	
综合得分				

根据表 8-2 模型评估，政府信用评估的各项得分若累计总分超过 60 分，即可认为政府财力较好，回购风险相对较小。该模型评估得出的分数越高，说明政府的信用越好。

经上述模型评估后，针对政府信用较低的项目，必须要求政府方以担保的方式进行弥补，如设置第三方独立担保、履约保函、土地质押、将回购款的支付列入当地政府财政预算（或资金平衡计划）等补充措施，来降低因政府无法按时履约造成的回购风险。

（5）**总体评价**　在实际操作中，很多投资者都希望有一个能全面体现对 BT 项目风险进行评估的体系，以实现 BT 项目较具可操作性的风险评估。经过一些企业长期实践，目前已形成一套相对较为成熟的 BT 项目风险评估体系，并建立了全面评估的模型，模型中设置了各项指标的不同权重，可以最终根据总分的高低来评价各个项目的风险度。BT 项目的风险评估需要关注的内容包括回购主体的信用级别、项目担保的担保方式、地方土地政策、工程条件等，典型风险评估模型见表 8-3。

根据表 8-3 风险评估模型来对 BT 项目进行评分，分数高的项目风险低，分数低的项目风险则高，一般情况下，往往将分数低于 60 分的项目归类为投资风险较大类项目。

表 8-3　BT 项目风险评价模型

得分	回购主体	担保方式	基数确定	回购期限	土地政策	工程条件	自主管理	融资方式	协议文本
10	省级政府	列入财政预算	工可概算	3 年，浮动利率	施工期有土地权证	平地，拆迁完成	交钥匙工程	完全项目融资	充分考虑风险
8	地市级政府及省级单位、企业	列入单位资金计划	施工图预算，单价开口	5 年，浮动利率，加息次日开始计算	无土地证，政府开工前已办好手续	平原，拆迁未完成，干扰小	投资者选择代建，但受当地行业管理	项目融资与公司融资共存	风险基本考虑，未封口，可以补充

（续）

得分	回购主体	担保方式	基数确定	回购期限	土地政策	工程条件	自主管理	融资方式	协议文本
5	县、区级政府及地级单位、企业	财政承诺、联合国有投资性企业担保	施工图预算下浮，单价开口	6年，加息次年元旦开始计算	政府开工前未办好手续，但有承诺	地质条件差，拆迁完成，有干扰	总包自主管理	母公司担保融资	风险考虑有欠缺，但未封口
3	经济欠发达地区相应降一级	国有企业担保	施工图预算，单价闭口	8年及以上，加息次年元旦开始计算	无土地证，无政府承诺	地质条件差，拆迁未完，干扰大	指定代建，总包受限	其他商业性担保融资	风险考虑有欠缺，已封口，无法弥补
权重	1.5	1.5	1	1	1.5	0.5	0.5	1	0.5
加权分									
总分									

注：1. 另外，10分机动，针对项目谈判主体的态度，及回购方实施项目的意愿酌情打分。
2. 结论：上述分值可以作为评价项目风险的重要参数。

在国内BT项目的实际操作中，投资的可行性分析主要集中在对当地政府的信用评价上，并应结合项目的担保形式、工程地质环境等方面进行综合评估，在财务（资本金）内部收益率超过同期贷款利率的前提下，再得出较为合理的结论。与此同时，结合项目可能遇到的重要风险点，设计包括列入财政预算、加强违约责任、第三方担保、工程保险、引入工程建设代理机构等风险处置措施，避免项目执行过程中投资者承担过多的风险，保障项目的顺利实施。

8.1.6 案例分析

案例一：北京地铁奥运支线

地铁奥运支线由北京地铁十号线投资有限责任公司（以下简称“十号线公司”）作为项目业主单位，在建设期内，10号线公司委托北京轨道交通建设管理公司（以下简称“建设管理公司”）负责奥运支线的建设管理工作，工程设计由北京城建院设计研究总院承担。在运营期内，十号线公司委托市地铁运营有限公司负责运营管理工作。

该项目初步概算24.8亿元，划分为BT工程（14.3亿元）和非BT工程两部分（10.5亿元）。

对于项目的投资者、建设者以及项目的贷款银行，BT投资建设合同构成了BT融资的关键核心，主要内容有以下方面：

1）项目公司负责该项目4.893km工程的投融资、建设和施工，在合同期内是项目的拥有者。

2）项目公司负责筹措该项目建设所需要的资金10.95亿元人民币。

3）为便于项目公司融资，京投公司承诺为项目公司的银行贷款提供回购担保函。

4）合同为期3年，合同到期时，项目公司将4.398km奥运支线项目的所有权移交给地铁十号线公司。BT投资建设合同构成了BT项目融资的核心，也构成了该项目向银行贷款的信用保证结构核心。

项目公司作为投资者和建设者，除了股本金投入之外，还要负责项目建设的组织、与贷款银行谈判安排项目融资，并在为期 3 年的时间内建设好这个项目。

中国建设银行作为项目的融资银行，为项目组织了为期 3 年，总资金 10.95 亿元人民币的有限追索项目贷款，资本金投入占总投资的 35%，项目贷款占总投资的 65%。

从政府的角度，采用 BT 模式的好处：第一，可以缓解政府在建设期间的资金压力；第二，可提高投资建设效率，有效提高资金使用效率，分散投资风险；第三，采用固定价格合同，通过锁定工程成本和工期，可以有效减低工程造价，转移政府投资建设风险。

从项目投资者和建设者的角度，采用 BT 模式的好处是：第一，作为项目业主，组织项目物资材料、机电设备的招投标工作，可以获得相应的利润；第二，根据财务评价预测，在 3 年的投资建设期间，项目可以获得投资回报的预测利润；第三，作为工程总承包商，在 3 年的建设期内可获得较大的施工利润。

案例二：沈阳市浑南新区有轨电车一期工程

1. 项目概况

沈阳现代有轨电车项目为第十二届全运会配套工程，一期工程共设 4 条线路、67 座车站，车辆段、停车场、综合交通枢纽各 1 个，线路总长约 60km，工程总投资额约 50 亿元（不含扩路等配套工程约 10 亿元）。该项目由原中国北车以 BT 方式承建，工程于 2012 年 4 月 28 日动工，2013 年 8 月 15 日载客正式运营。

工程地点：沈阳市浑南新区。

建设单位：沈阳浑南现代交通有限公司。

BT 出资方：北车建设工程有限责任公司。

BT 项目公司：沈阳北车建设工程有限公司（北车建设工程有限责任公司独资）。

2. BT 合同要点

1）BT 合同甲方：沈阳浑南现代交通有限公司。

2）BT 合同乙方：BT 合同签署乙方为“北车建工联合体”，北车建工为 BT 项目承办人的牵头人，中冶交通、中铁股份、中铁电气化局作为 BT 项目承办人的成员单位，共同连带承担 BT 项目的投资建设义务、BT 项目工程施工的总承包施工义务、项目工程建设施工管理义务、项目工程移送义务及合同约定的其他义务。

3）BT 项目的自有资金不得低于 BT 项目合同总价的 35%。

4）预计建设期为 16 个月。

5）自项目移交证书签发之日起进入回购期，合同价款分三年分别按 40%、30%、30% 支付，分别于进入回购期后每 12 个月内付款一次。

6）BT 合同总价包括前期费、建安费预算总额、设备费、工程建设其他费用、车辆购置费、配套工程费、融资利息、融资费用。

融资费用：按“建安费预算总额 + 设备费 + 工程建设其他费用 + 车辆购置费 + 配套工程费之和”的 3.2% 一次性计取。

融资利息：建安费预算总额 + 设备费 + 工程建设其他费用 + 车辆购置费 + 配套工程费之和为基数，按照 2012 年 4 月 28 日中国人民银行公布的同期贷款基准利率计息（含建设期及回购期）。固定利率，不计复息。建设期融资利息在回购期与回购价同期同比例支付，计息基数随回款递减。

7）北车建工联合体为沈阳建工自有资金以外部分提供融资担保。

8）征地、拆迁、排迁、扩路、奥体中心地下停车场工程等相关费用由北车建工联合体现行垫资。

9）无担保条款。

沈阳市浑南新区有轨电车一期工程 BT 项目合同关系图如图 8-4 所示。

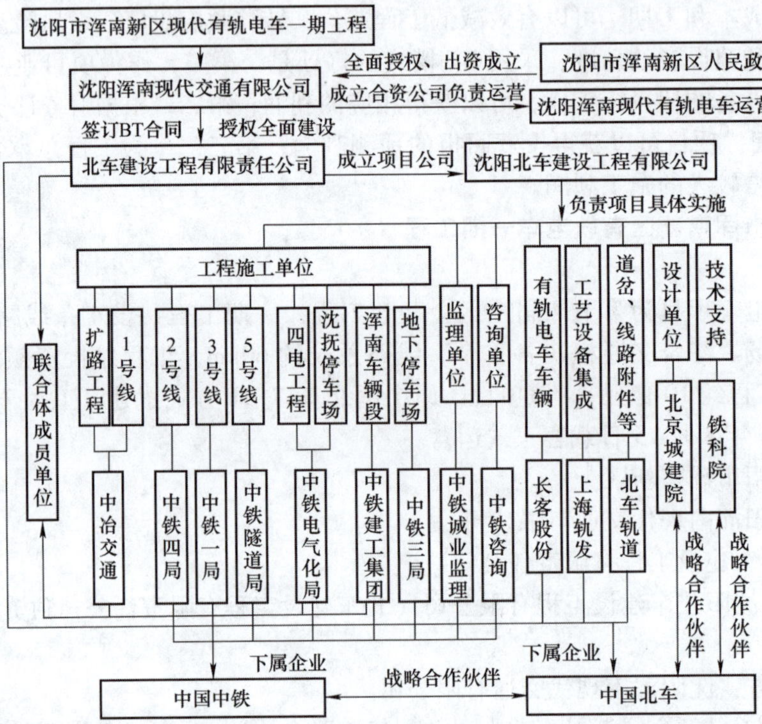

图 8-4　沈阳市浑南新区有轨电车一期工程 BT 项目合同关系图

8.2　PPP 模式研究与实践

8.2.1　PPP 模式定义

PPP 模式，是指政府和社会资本在基础设施及公共服务领域建立一种长期合作关系，旨在利用市场机制分配风险，提高公共产品和服务的供给数量、质量和效率。通常模式是由社会资本承担设计、建设、运营、维护基础设施的大部分工作，并通过“使用者付费”及必要的“政府补贴”获得合理投资回报。政府或委托部门负责基础设施及公共服务价格和质量监管，以保证公共利益最大化。

参照财政部《关于规范政府和社会资本合作合同管理工作的通知》（财金〔2014〕156 号）的有关要求，政府、社会资本开展城市轨道交通建设项目的通用 PPP 架构示意图（见图 8-5）。《PPP 项目合同指南（试行）》明确 PPP 项目公司可以由社会资本（可以是一家企业，也可以是多家企业组成的联合体）出资设立，也可以由政府和社会资本共同出资设立。政府在项目公司中的持股比例应当低于 50% 且不具有实际控制力及管理权。

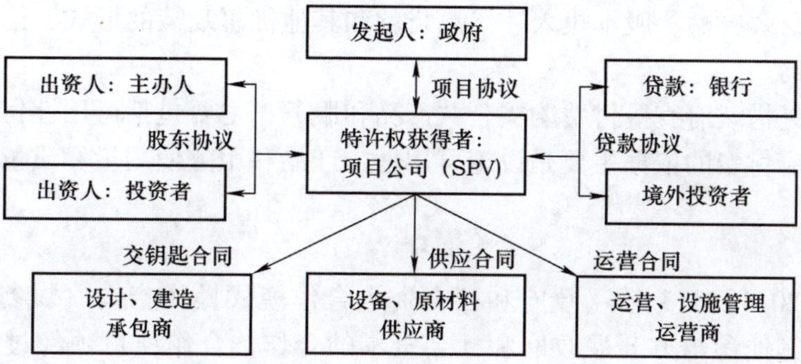

图 8-5 PPP 模式架构图

8.2.2 PPP 模式种类

依据财政部《关于印发政府和社会资本合作模式操作指南（试行）的通知》（财金〔2014〕113 号），PPP 项目运作方式主要包括委托运营（Operations & Maintenance，简称 O&M）、管理合同（Management Contract，简称 MC）、建设–运营–移交（Build-Operate-Transfer，简称 BOT）、建设–拥有–运营（Build-Own-Operate，简称 BOO）、转让–运营–移交（Transfer-Operate-Transfer，简称 TOT）和改建–运营–移交（Rehabilitate-Operate-Transfer，简称 ROT）等。

委托运营，是指政府将存量公共资产的运营维护职责委托给社会资本或项目公司，社会资本或项目公司不负责用户服务的政府和社会资本合作项目运作方式。政府保留资产所有权，只向社会资本或项目公司支付委托运营费。合同期限一般不超过 8 年。

管理合同，是指政府将存量公共资产的运营、维护及用户服务职责授权给社会资本或项目公司的项目运作方式。政府保留资产所有权，只向社会资本或项目公司支付管理费。管理合同通常作为转让–运营–移交的过渡方式，合同期限一般不超过 3 年。

建设–运营–移交，是指由社会资本或项目公司承担新建项目设计、融资、建造、运营、维护和用户服务职责，合同期满后项目资产及相关权利等移交给政府的项目运作方式。合同期限一般为 20～30 年。

建设–拥有–运营，由 BOT 方式演变而来，二者区别主要是 BOO 方式下社会资本或项目公司拥有项目所有权，但必须在合同中注明保证公益性的约束条款，一般不涉及项目期满移交。

转让–运营–移交，是指政府将存量资产所有权有偿转让给社会资本或项目公司，并由其负责运营、维护和用户服务，合同期满后资产及其所有权等移交给政府的项目运作方式。合同期限一般为 20～30 年。

改建–运营–移交，是指政府在 TOT 模式的基础上，增加改扩建内容的项目运作方式。合同期限一般为 20～30 年。

PPP 项目分为经营性、非经营性、准经营性项目。经营性项目由使用者付费；非经营性项目由政府付费；准经营性项目在使用者付费不足以覆盖项目公司的建设投资和运营成本时，由政府进行可行性缺口补助。

使用者付费，是指由最终消费用户直接付费购买公共产品和服务。

可行性缺口补助，是指使用者付费不足以满足社会资本或项目公司成本回收和合理回报，而由政府以财政补贴、股本投入、优惠贷款和其他优惠政策的形式，给予社会资本或项目公司的经济补助。

政府付费，是指政府直接付费购买公共产品和服务，主要包括可用性付费、使用量付费和绩效付费。政府付费的依据主要是设施可用性、产品和服务使用量和质量等要素。

8.2.3 PPP 项目操作流程

根据财金〔2014〕113号《政府和社会资本合作模式操作指南（试行）》的规定，政府、社会资本和其他参与方开展政府和社会资本的合作，合作项目须经过识别、准备、采购、执行和移交等活动，其流程示意图如图8-6所示。

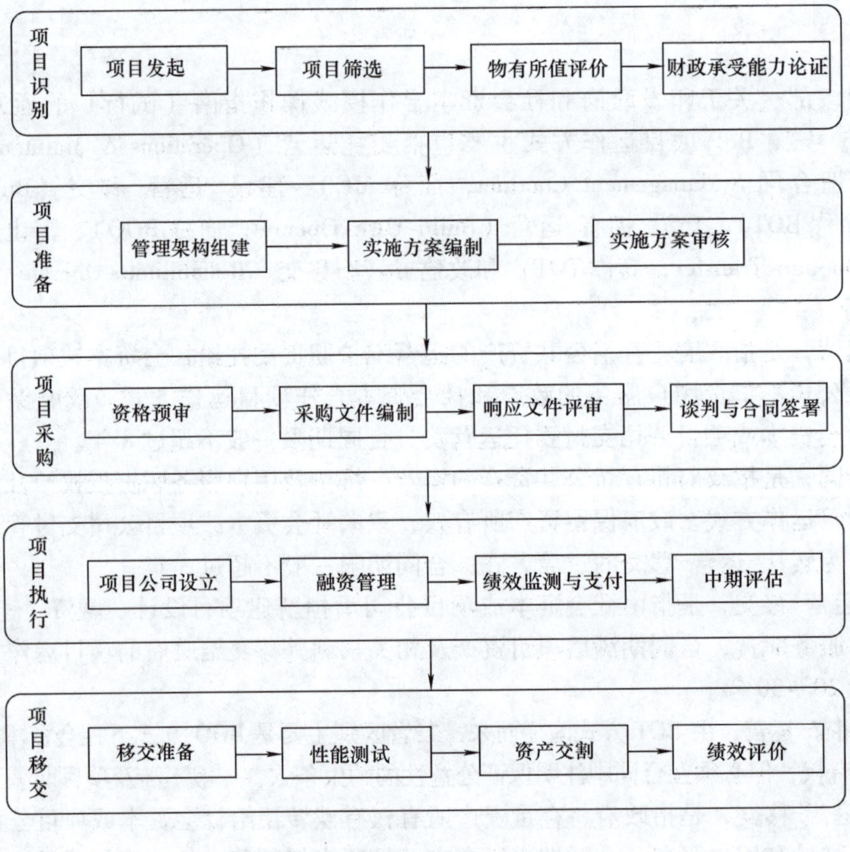

图8-6 PPP模式流程示意图

8.2.4 PPP 项目采购流程

PPP项目采购流程示意图如图8-7所示。

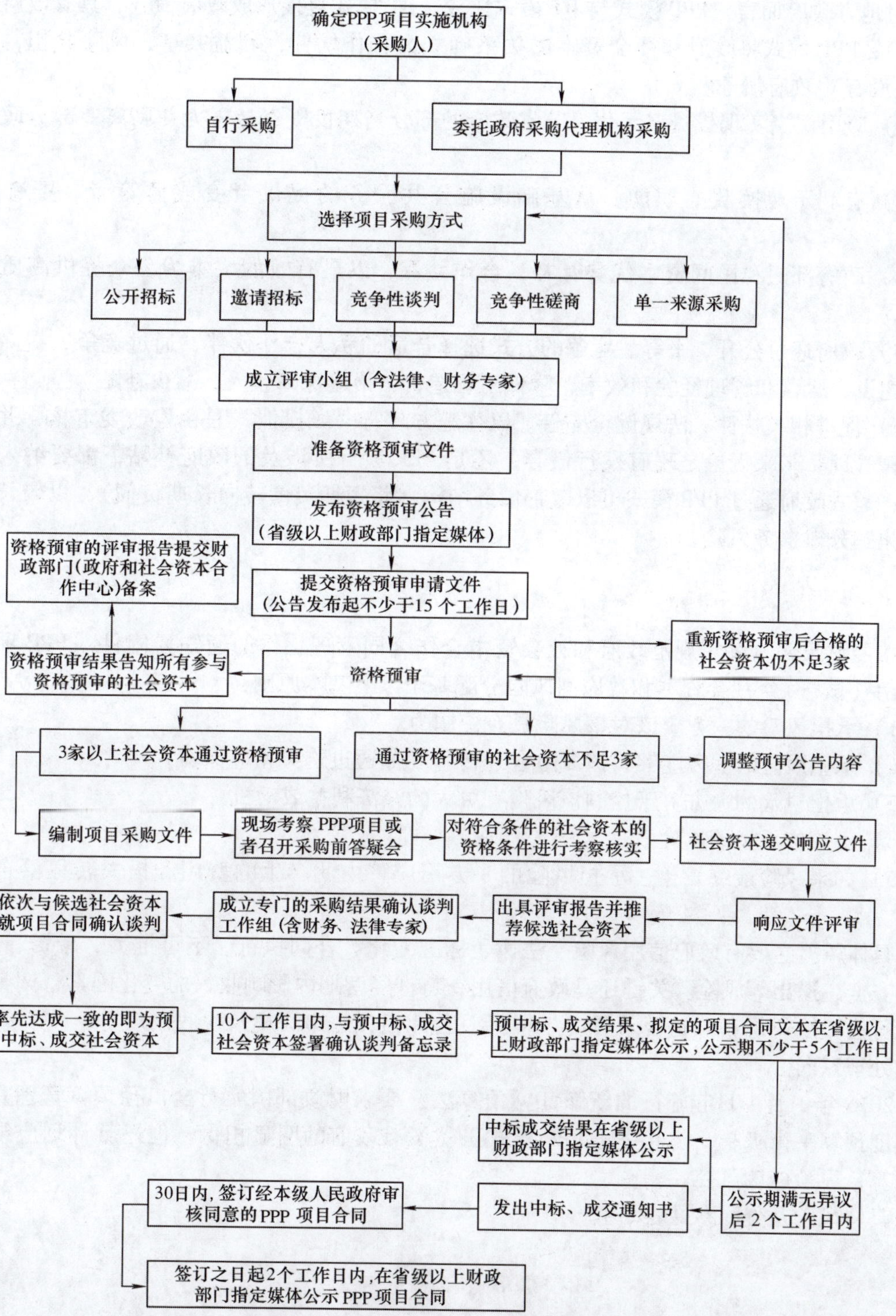

图 8-7　PPP 项目采购流程示意图

8.2.5 政府推进 PPP 模式的好处

对地方政府而言，PPP 模式与 BT 模式比较，BT 模式直接形成政府债务，具有政府兜底的风险；PPP 模式将政府和社会资本的关系确立为合作伙伴，利益共享、风险共担，减少（甚至没有）政府债务。

1）吸引民资实现投资多元化，节省政府的部分当期投资资金压力并剥离一部分政府性债务。

2）有利于转换政府职能，从基础设施公共服务的提供者变成监管者，更有质量保证。

3）政府部门和民间资本优势互补，合作共赢，以最有效的成本为公众提供高质量的服务。

4）政府通过公开、平等、竞争的方式选择合适的私人合作伙伴，通过竞争，提高轨道交通建设、运营和管理经验和效率，降低工程造价，最终保障收入，减少补贴。

5）促进相关法律、法规健全完善。以往地方政府“城投债”是由发改委审核，并未纳入预算管理；未来无论是政府发行债券，还是 PPP 项目所涉及的政府补贴，都要纳入预算管理；地方政府通过 PPP 模式可以改善债务结构（将短期负债转向长期负债），以较长的周期来化解分摊债务风险。

8.2.6 PPP 项目风险控制

按照财政部《关于规范政府和社会资本合作合同管理工作的通知》附件《PPP 项目合同指南（试行）》社会资本和政府间风险分配基于以下基本原则：

1）承担风险的一方应该对该风险具有控制力。

2）承担风险的一方能够将该风险合理转移（如通过购买相应保险）。

3）承担风险的一方对于控制该风险有更大的经济利益或动机。

4）由该方承担该风险最有效率。

5）如果风险最终发生，承担风险的一方不应将由此产生的费用和损失转移给合同相对方。

具体风险主要有政府信用风险、法律、标准变化、合同执行、不可抗力、融资、建设、运营安全、退出等风险。关键还是政府信用，特许经营期内影响收入的变化因素，调整机制及现行法律法规与 PPP 是否矛盾（如招标、会计相关法律法规及税收制度等）等，须双方达成处理意向。

2015 年 1 月 1 日起施行的新修订《预算法》要求财政部门实行全口径预算管理并建立跨年度预算平衡机制。轨道交通 PPP 模式虽然没有政府的明显担保，但还款计划应纳入政府预算，风险应该可控。

具体风险及分配参见表 8-4。

表 8-4　PPP 项目风险表

序号	风险因素	风险后果	影响对象	承担方	合同组织建议
1	政府干预	项目效率降低	私营投资者	政府	在协议中明确政府监管内容和方法，除规定内容外，不得干预 PPP 公司事务
2	政府信用	支付延误甚至终止	私营投资者	政府	协议中要求政府进行相应声明和承诺
3	公众反对	工期延误，可能需要重新谈判修改具体合同条款，严重时导致项目终止	私营投资者	共担	当风险事件出现时，项目公司负责解释，政府方负责协调。如果因项目公司运营不当引起，项目公司应尽快纠正；如因项目规划原因，项目公司可申请赔偿；如因不可抗力原因，双方共同承担损失
4	税收调整	改变项目税收条件	私营投资者/地方政府	政府	私营部门可要求政府部门尽量提供法律许可内的税收优惠。如因税收政策调整，可申请相应补偿
5	决策、审批延误	项目周期过长，增加项目前期成本	私营投资者	共担	尽量列明审批事项和公私各方应尽的职责
6	环保风险	设计变更，投资或运营费增加	私营投资者	共担	协议中要求项目建设、运营中应遵守环保法规规定；因环保问题所产生的损失、费用等，根据归责原则，由过错方承担
7	法律变更	可能引起项目投资或成本增加	私营投资者/地方政府	政府	因法律变更导致对项目的建设或运营要求增加，从而增加项目投资或运营费用，私营投资者可申请补偿
8	利率风险	融资成本增加	私营投资者	共担	
9	外汇风险	货币兑换成本增加或者禁止兑换	私营投资者	共担	可约定一定范围内的变动由私营部门承担，超出一定范围后，申请政府补偿
10	通货膨胀	成本增加	私营投资者	共担	
11	融资风险	融资成本增加，甚至融资失败	私营投资者	私营	明确政府部门需提供的融资协助事项，对私营部门的融资进度做细化要求
12	项目唯一性	市场竞争激烈，导致项目收入减少	私营投资者	政府	约定在特许经营期内，一定区域范围内禁止新建类似项目，或者明确新建议项目的条件
13	市场需求变化	项目收入减少或增加	私营投资者	共担	可设定私营部门承担市场需求变化的范围，超出范围后申请补偿
14	第三方延误/违约	工期延误，也可能引起成本增加	私营投资者	共担	约定双方在第三方延误的申明和追偿责任

（续）

序号	风险因素	风险后果	影响对象	承担方	合同组织建议
15	土地获取风险	前期成本增加、开工延误	私营投资者	政府	可在协议中约定将土地交付作为特许经营期的起始时间
16	完工风险	建设成本增加、工期延误	私营投资者	私营	对项目完工时点作明确约定，并规定具体违约责任
17	供应风险	工期延误，或影响项目运行	私营投资者	共担	合同约定各方对各类供应的责任
18	技术风险	技术改进成本增加、运营中断	私营投资者	私营	明确项目技术标准和要求
19	运营成本超支	运营成本增加	私营投资者	私营	协议可约定客观因素导致成本上涨，可按一定方法和程序调整销售价格
20	工程变更	建设成本增加，有可能导致工期延误	私营投资者	共担	因政府方导致的变更，项目公司可申请补偿
21	收费变更	对项目收费增加，项目成本增加	私营投资者	共担	
22	费用支付风险	政府或用户不按时全额支付费用	私营投资者	共担	如费用由政府方支付，明确支付延误的违约责任。如由用户方支付，风险主要由私营部门承担，政府方承担协调责任
23	项目移交风险	项目设施维护不周，移交后影响使用	地方政府	私营	协议明确对项目设施的维护要求和移交前的大修标准等事宜
24	私营投资者变动	影响项目稳定性	私营投资者/地方政府	私营	约定私营投资者的变更条件，并且需经政府部门同意
25	招标竞争不充分	中标价格不合理	私营投资者/地方政府	政府	合理设置招标条件
26	项目测算不当	项目收入低于预期，严重影响项目公司生存	私营投资者	共担	政府方对其提供的项目条件负责，由私营投资者自行判断的条件由其承担
27	经营者能力不足	运营建设、运营达不到预期效果	私营投资者/地方政府	政府	约定退出机制
28	财务监管不力	项目财务状况恶化	私营投资者/地方政府	共担	约定政府方对项目财务进行监管的内容
29	配套基础设施风险	工期延误，影响项目运营	私营投资者	政府	明确政府方为项目提供的配套条件
30	合同文本不完善	合同改造出现纠纷	私营投资者/地方政府	共担	明确争议协商机制

8.2.7　国内城市轨道交通 PPP 模式案例分析

PPP 模式在国内城市轨道交通等基础设施建设领域早已开始应用，北京地铁 4 号线是国内首次采用 PPP 模式进行建设的城市轨道交通项目，目前比较成功的 PPP 模式为北京地铁 4 号线（分部分）和深圳 4 号线二期（完全）两种主要形式。新建的北京地铁 16 号线 PPP 模式进一步拓展了北京 4 号线模式，在 A 部分融资方式上进行了新的尝试。拟建的深圳地铁 6 号线 PPP 模式对“轨道 + 物业”模式进行了尝试。

1. 北京地铁 4 号线 PPP 模式

北京地铁 4 号线长 28.6 公里，2003 年 12 月开工，2009 年 9 月 28 日试运营，设计概算 153 亿元，建设期 4 年，运营期 30 年。北京地铁 4 号线全部建设内容划分为 A、B 两部分：A 部分主要为土建工程部分，投资额约为 107 亿元，占 4 号线项目总投资的 70%，建设责任主体由北京地铁四号线投资有限责任公司负责投资建设；B 部分主要包括车辆、信号、自动售检票系统等机电设备，投资额约为 46 亿元，占 4 号线总投资的 30%，由港铁、首创、京投联合成立北京京港地铁有限公司（PPP 项目公司）负责投资建设。

项目公司设立 5 名董事，其中京投公司委派 1 名，首创委派 2 名，港铁委派 2 名，京投公司委派的董事担任董事长。这样设置保障在港铁和首创发生意见分歧需要投票决定时，京投公司可以从中协调，且京投的一票至关重要。北京地铁 4 号线 PPP 模式示意图如图 8-8 所示。

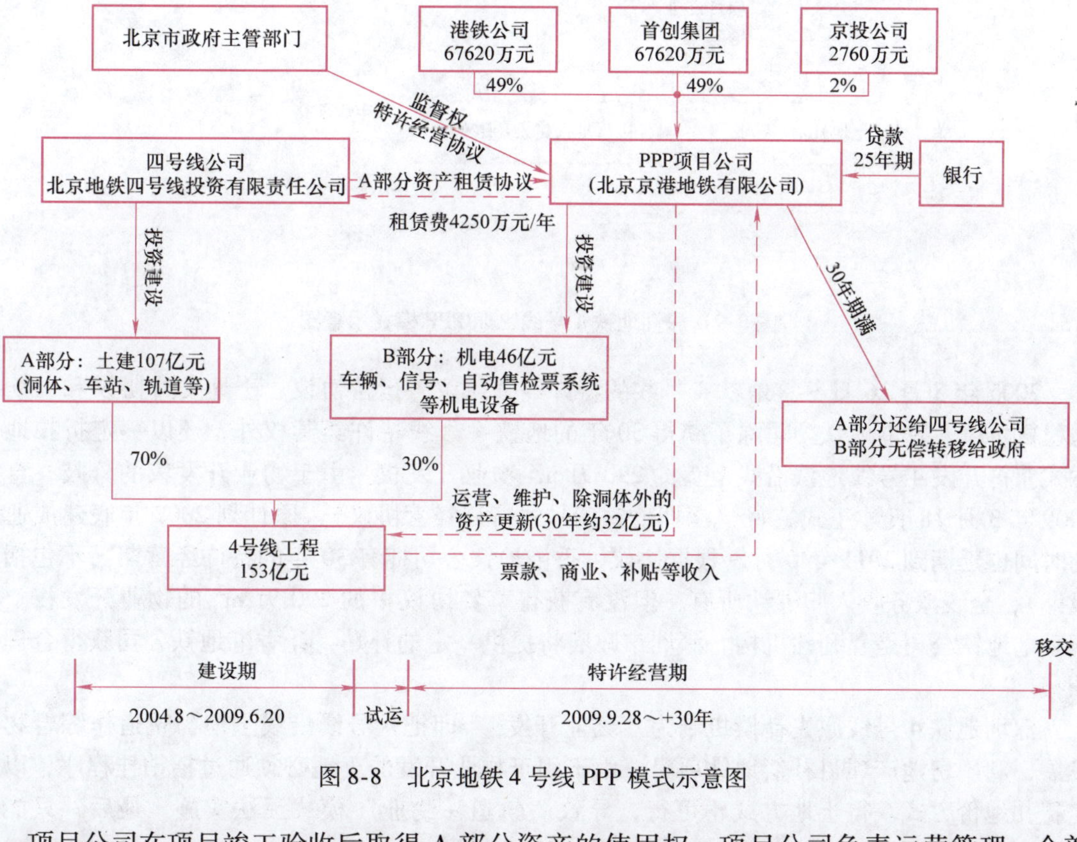

图 8-8　北京地铁 4 号线 PPP 模式示意图

项目公司在项目竣工验收后取得 A 部分资产的使用权。项目公司负责运营管理、全部设施（包括A和B两部分）的维护和除洞体外的资产更新，以及站内的商业经营，通过地铁票款收入及站内商业经营收入回收投资。特许经营期结束后，特许公司将B部分项目设施完好、无偿地移交给市政府指定部门，将A部分项目设施归还给四号线公司。

相关机构曾经初步按日均50万客流测算4号线收益，4号线每年票款收入约为4亿元，商业经营收入近1亿元，政府每年的财政补贴达到6亿~7亿元。

2. 深圳地铁4号线二期

深圳4号线二期长15.8km，共设车站9座，总投资约60亿元，2005年11月—2010年9月由香港地铁公司投资建设。香港地铁公司在深圳设立项目公司，以BOT方式投资建设4号线二期工程，同时深圳市政府将4号线一期工程在二期工程通车前租赁给项目公司，自二期通车之日起4号线全线将由项目公司统一运营，并授予其30年的特许经营权及沿线290万m^2物业的开发权。在整个建设和经营期内，项目公司由香港地铁公司绝对控股。深圳地铁4号线二期PPP模式示意图如图8-9所示。

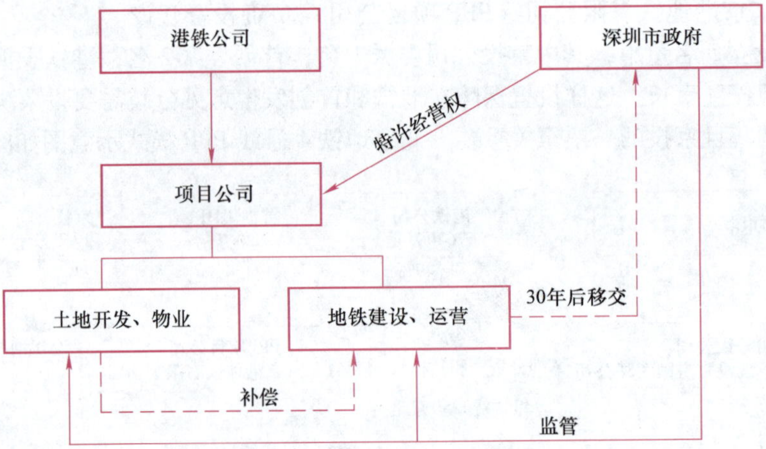

图8-9　深圳地铁4号线二期PPP模式示意图

2005年5月26日草签地铁4号线的特许经营协议、运营协议、土地安排协议和一期设施租赁协议，香港地铁公司除了获得30年的地铁4号线特许经营权外，还以一定折扣地价方式获得开发4号线地铁沿线上盖的290万m^2物业开发权。由于物业开发权的分歧，直到2009年3月18日才正式签署《深圳地铁四号线特许经营协议》，原计划2008年底建成通车的时间也延期到2011年6月。根据协议，香港地铁公司拥有30年的特许经营期（不包括建设期），全线票务收入归港铁所有，但没有获得草签协议中的290万m^2的物业开发权。鉴于香港地铁公司是赢利性机构，深圳市政府将提供一定的补贴，让香港地铁公司获得合理的回报。

深圳地铁4号线原先补偿机制为“物业开发”，即把4号线沿线土地与轨道作综合物业发展，利用房地产项目补偿地铁项目。由于用于物业开发的土地必须通过招拍挂程序，以一定折扣地价方式获得土地方式不可行，导致“轨道+物业”模式无法实施。最后，只能采取现金补偿机制。

3. 北京地铁 16 号线

地铁 16 号线全长约 50km，设车站 30 座，项目总投资 495 亿元，由京投公司承担项目规划和建设，计划 2017 年 12 月底全线通车试运营。

京投公司将 16 号线的总投资按一定的原则和比例，分为投资建设（A 部分）和运营管理（B 部分）。A 部分通过“股权融资”方式引入财务投资人投资 120 亿元，财务投资人将其所持有的十六号线公司股权全部委托京投公司管理，不参与十六号线公司的经营管理。股权投资采取“10 年 +10 年”的投资模式，分为两期，分别投资为 70 亿元、50 亿元，预计年化收益率约 7%，前十年只付息。

B 部分引入京港地铁作为特许经营权的合作方，通过“特许经营”方式引入社会资本 150 亿元外。将引入客流上下限的指标，以弥补 4 号线客流量预估的损失。市政府与京港地铁于 2015 年 2 月 8 日草签了 16 号线项目《特许协议》。

4. 深圳地铁 6 号线

深圳地铁 6 号线采用“轨道 + 物业”模式，即将轨道建设的外部效益内部化，实现 6 号线项目自身财务平衡和可持续发展。通过轨道交通提升物业价值，物业开发反哺地铁建设的互动作用，促进轨道、物业的共同发展。深圳地铁 6 号线 PPP 模式运作示意图如图 8-10 所示。

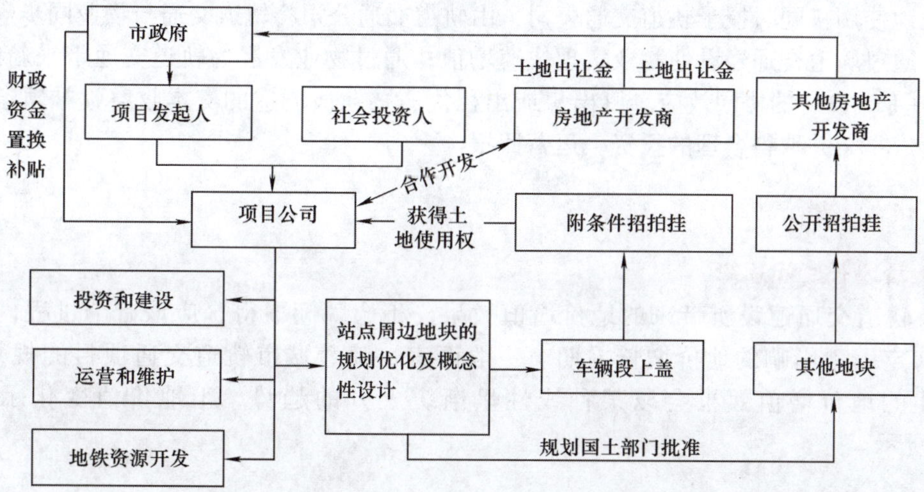

图 8-10　深圳地铁 6 号线 PPP 模式运作示意图

（1）**PPP 项目公司的职责**

1）传统轨道交通建设、运营、维护。

2）地铁沿线板块定位梳理，重点站点周边土地优化，使得土地出让价值增值。

3）通过附条件的招拍挂获得车辆段土地的使用权，并与房地产开发商合作开发车辆段上盖物业，按照比例分成开发收益。

（2）**政府职责**

1）授予 PPP 项目公司特许经营权。

2）政府将部分沿线土地的增值收益以现金的方式补偿给项目公司，补偿轨道交通建设资金缺口，实现其财务平衡。

3）设计合理的附条件招拍挂条件，以确保 PPP 项目公司获得车辆段土地使用权。

（3）**投融资方案**

深圳地铁三号线投资有限公司作为项目发起人成立深圳六号线项目公司，其中地铁三号线公司占51%的股份，社会资本占股49%（潜在投资方为港铁及另外一家国企）。六号线项目公司资本金和债务资金比例为40%∶60%。

代表政府的三号线投资有限公司的资本金来自地铁4号线龙华车辆段土地出让收益（土地出让金定向反哺）；社会资本（如港铁）的资本金自己筹钱。

纳入 PPP 范围的项目建设成本（约157亿元）的回收通过市政府的现金补偿额（部分沿线土地的增值收益）、车辆基地所在地块物业综合开发所得的开发收益以及运营收益解决。

8.3 “轨道+物业”综合开发模式研究与实践

8.3.1 “轨道+物业”综合开发模式概念

“轨道+物业”综合开发模式指政府将拟建轨道交通项目的建设权、运营权与轨道交通周边的土地使用权同时授予轨道交通公司，由轨道交通公司将轨道交通与物业同步规划，同步建设。通过轨道交通建设使物业实现快速增值；通过物业发展为轨道交通带来新的客流，实现“1+1 ＞2”的协同效应。以出售或出租优质物业所创造的资本收益弥补轨道交通建设和运营成本，并取得合理的投资、运营回报。

8.3.2 地价增长规律

1. 地价增长时间规律

城市轨道交通建设所带来的地价增值效果，不会瞬间取得，应该有个过程，这个过程即为特定因素影响的地价增长周期。一般而言，随着城市轨道交通项目的规划建设，由此产生的地价增值效果会以某种线性呈渐缓上升的趋势。土地价值变化示意图如图8-11所示。

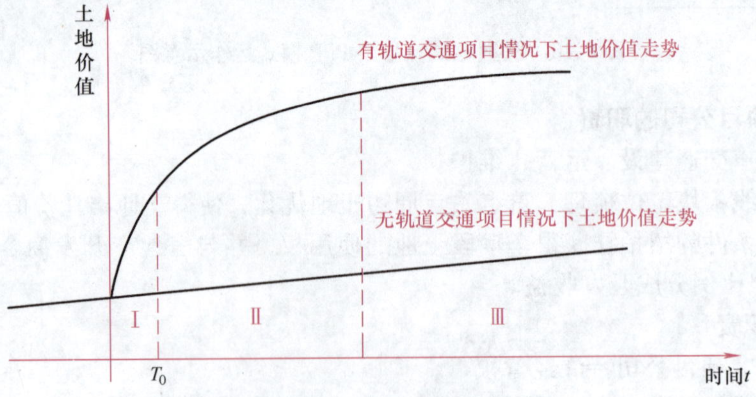

图8-11　土地价值变化示意图

由图 8-11 可见，土地在没有轨道交通项目的情况下即土地保持原来区域条件状况不变时，由于土地的稀缺性和市场供需的影响，土地的价值仍然呈上升的趋势。城市轨道交通项目一旦规划实施，土地区位环境条件和土地用途等发生了变化，土地价值的变化会呈现出另一种状况，即突变期（Ⅰ）、高速增长期（Ⅱ）、稳定增长期（Ⅲ）。

2. 商业用地的地价增长空间规律

商业用地的地价增长空间的地域分布以 600m 为标准深度，当地价增长平均水平为 P 时，根据国内实际项目经验得出商业用地地价增长规律，如图 8-12 和图 8-13 所示。

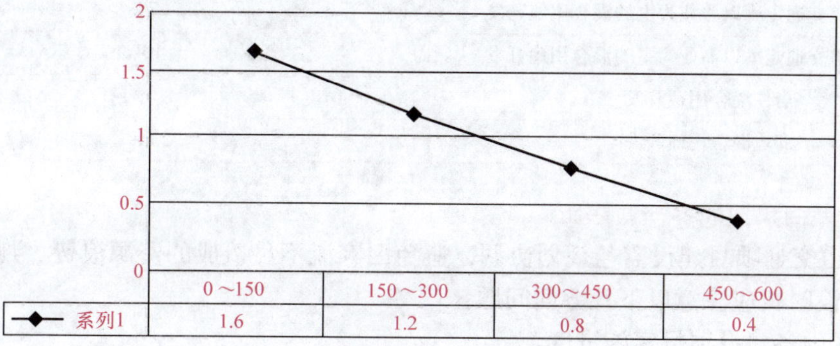

图 8-12　商业用地地价增长规律（600m 以内）

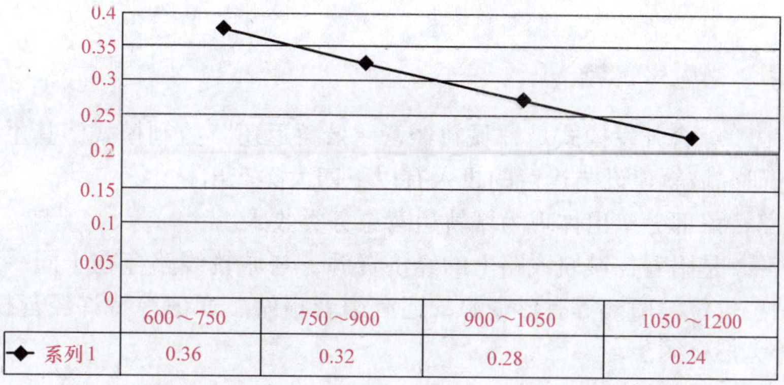

图 8-13　商业用地地价增长规律（600m 以外）

8.3.3　“轨道 + 物业”综合开发模式的综合开发条件

1. 公交导向型规划的优点

据统计，公共交通导向开发区可能降低单独驾驶小汽车方式的工作通勤 22.5%，增加公共交通非机动化方式出行 27%，减少道路交通拥堵 18%，减少小汽车出行方式 20% ~ 25%。表 8-5 是一个地区的土地利用方式对降低人均小汽车出行率的影响。

表 8-5 土地利用方式对降低人均小汽车出行率的影响

土地利用方式	汽车出行的降低率
围绕城市轨道交通车站中心的居住区开发	10%
围绕城市轨道交通车站中心的商业设施开发	15%
沿城市轨道交通走廊的居住区开发	5%
沿城市轨道交通走廊的商业设施开发	7%
围绕城市轨道交通车站以居住为主的混合用地开发	15%
围绕城市轨道交通车站以商业为主的混合用地开发	20%
沿城市轨道交通走廊以居住为主的混合用地开发	7%
沿城市轨道交通走廊以商业为主的混合用地开发	10%
居住混合用地开发	5%
商业混合用地开发	7%

2. 公交导向规划的条件和局限

城市轨道交通项目建设需与规划协调，避免因客流不足造成的资源浪费。判断轨道交通TOD线路建设时机应注意以下几方面问题：

1）新区内各建设项目实施进度。

2）城市综合环境影响下，新区的土地价值变化速度以及吸引力变化规律。

3）城市轨道交通沿线道路建设情况和交通服务水平变化规律。

4）城市轨道交通运营体制，以及在一定时间内企业的财务盈亏和城市财力的承受能力。

8.3.4 “轨道+物业”综合开发模式的经济内涵

“轨道+土地”综合开发模式是“城轨经营+效益返还”盈利模式，其主要内涵是：从投入产出角度，研究城轨建设与运营的投入有以下四大类产出：

1）城轨线路，该部分产出体现为城轨运营票务类收入。

2）附属资源，是附着在城轨线路上的经济资源，与城轨线路存在于同一空间和同一时间，主要有车站广告位、商铺等有形资源，还有语音报站、通信等特许经营权和车站冠名、出站标识冠名等无形资源。

3）沿线未出让土地的增值。

4）沿线已出让土地和物业的增值。

城轨经营的对象是指1）、2）两类，效益返还的来源是指3）、4）两类。城轨沿线未出让土地、已出让土地和物业的增值，是城轨建设与运营带来的，是城轨建设与运营产出的主要组成部分，并且数倍于前两类产出，但被外部化了，这是城轨行业普遍存在亏损的基本原因。因此，构建城轨企业的盈利模式，除经营好城轨线路和附属资源外，必须制定相应的政策和法规，将被外部化的效益3）、4）两部分返还城轨公司。

“城轨经营+效益返还”模式中被外部化的两类产出效益，理论上可以通过政府制定相关政策予以返还。由于第4）类即沿线已出让土地和物业增值的外部化效益直接涉及私人利益，通过政策返还的操作难度较大。在实际操作中，主要是通过城轨公司向已开发物业的业主收取城轨通道接驳费，或城轨公司与已开发物业的业主合作，提升已开发物业的商业价值等途径，实现城轨建设和运营对这部分物业增值贡献的收益。因此，本文将这类收益归于附属资源开发部分。效益返还部分主要是指第3）类，即未出让土地增值的返还，这必须通过沿线物业发展来实现。城轨物业发展包括城轨物业开发和城轨商业物业经营。相应地，盈利的主要来源包括两方面：一是房地产开发收益（含土地增值效益及其再投资产生的物业开发利润），二是物业再经营产生的物业租金和物业升值。因此，从现实操作角度，“城轨经营+效益返还”的理论模式在实践中的具体应用可归纳为“城轨经营+物业发展”盈利模式。

“城轨经营”主要是指：城轨规划设计、建设施工、运营管理、客流引导和培育、成本控制、资金筹措和融资策划、附属资源的开发和经营，努力做到城轨线路和附属资源开发效益最大化。

“物业发展”主要是指：通过城轨与物业的统一规划和优化设计，产出较优的车站物业开发资源；通过房地产开发，实现土地增值收益和物业开发投资收益；通过对开发出的城轨商业物业再经营，产生物业升值收益和物业出租租金收益；通过沿线商业物业经营的整体规划，产生资源配置效益和规模效益。

城轨经营是基础，无论有没有物业发展业务，城轨经营都是必需的，也是相对稳定的内容。关于城轨经营的内涵和操作思路，业内同行和社会各界已基本取得共识。而城轨物业发展业务，各方面还存在较多不同的认识，在国内尤其还存在一定的政策障碍。

8.3.5 “轨道+物业”综合开发模式的操作流程

1. 城轨公司负责总体规划

规划设计是城轨建设和运营的龙头，更是物业开发的龙头。首先是因为城轨及城轨物业都是百年大计工程，不允许“推倒重来”，不仅要严把质量关，还必须从源头上严把规划设计关。而且，规划设计环节相对于其他环节，最能充分反映业主的意愿，进入工程建设阶段后，再追加业主意愿，可能因技术问题而不具可行性。特别是相对于运营来说，物业开发的商业性更强，事先的商业策划和市场定位等是否成功反映在规划设计中，直接决定物业开发的成败。因此，城轨公司应高度重视在城轨物业规划设计方面（包括人力、财力和时间）的投入，项目设计最好是请国际顶尖的设计大师担纲。

城轨公司负责规划蓝图和确保得到政府的批准。因物业发展计划一般都很庞大而复杂，城轨公司主动与政府部门及其他顾问机构合作研究，形成适宜的和谐创新的概念设计方案，并力争使方案对周边区域乃至整个城市的规划起到优化和提升作用。

2. 城轨公司负责城轨沿线土地的一级开发

为减少城市建设中的重复开挖、多次围挡，降低城市建设引起的负外部效应，也为后续城轨公司与房地产商合作开发沿线土地打下基础，城轨公司在进行城轨建设的同时，对沿线土地进行一级开发。

3. 城轨公司向政府申请获得土地

（1）**确保以合理地价获得土地** 以合理地价获得土地使用权是实施“城轨经营+物业发展”模式的前提。合理地价应是“招拍挂”形成的市场地价减去城轨公司投入的土地一级开发成本和城轨开通预期带来的土地增值。

按照现行的土地政策法规，城轨公司获得沿线土地使用权的方式是“招拍挂”。在以“招拍挂”方式竞得土地的制度安排下，城轨公司应争取缴纳合理地价的政策支持。如果地价不作相应处理，使其变为合理地价，则城轨公司只是简单地新增了一块房地产业务，以承担房地产的行业风险获得一个行业性投资回报，并没有达到“城轨经营+物业发展”模式中的“效益返还”的效果。

（2）**确保以合理地价获得土地的可行性** 只要承认城轨建设和开通运营对沿线土地增值的贡献，同时考虑城轨建设与沿线物业开发在工程方面的密切联系或不可分性，考虑城轨运营和城轨物业管理在质量安全方面的统一性，土地竞买者必须满足一定的经济指标和技术指标要求，那么，城轨公司通过“招拍挂”方式获得沿线土地使用权的竞争优势是比较明显的。

在实际操作中，最可行的途径是争取城轨沿线土地使用权。因为，城轨沿线土地开发和城轨建设及运营的关系是完全密不可分的，对潜在土地竞买者设置一些有关城轨建设和运营的技术指标是完全可行的，城轨公司凭此竞得城轨沿线土地使用权的优势无可比拟。另外，因城轨沿线土地其实是属于土地的二次开发利用。城轨建设是对土地的一次开发，征地拆迁、土地平整、三通一平、软基处理、桩基工程等，所有这些投资及其投资收益，都可计入城轨沿线土地价值中。这部分城轨公司的投入及其产出的价值，政府可从“招拍挂”地价中提取一定比例补偿给城轨公司，则城轨公司竞买土地的优势更强。因此，在现有的土地法规框架内，城轨公司获取城轨沿线土地是完全可行的。

4. 城轨公司招标确定合作开发商

（1）**招标环节的主要工作内容** 城轨公司以既定的总体规划和分期发展策略，明确界定主要衔接工程和重点设计控制，并以此作为招标合作开发商的前提。在招标文件中规定，由合作开发商承担地价、开发成本费用和负责项目建设、营销，以及利润分配方式。合作开发商在投标文件中明确具体开发方案（包括功能定位、外观等），承诺分给城轨公司的利润分成比例，最终以合作开发合同确定。

在此环节中，关键是要制订科学合理的招标程序和严格执行招标程序。因标的金额较大、工程方案庞大、商务指标复杂，如果将这些内容全部寄予一次性的评标环节，时效性、有效性和风险控制都将难以保证。因此，应设定时限较长的招标前置程序，将需要论证的方案、需要调查的信息等放在招标前置程序，而评标环节主要是考量比较确切的、直观的经济指标。

（2）**通过招标确定合作开发商的可行性** 此环节的可行性也是“城轨经营+物业发展”模式的前提，其可行性主要在于两方面：一是房地产商投标的积极性，二是非法人型合作方式的可行性。

1）房地产商的投标积极性。在房地产行业中，土地是硬道理；城轨沿线物业往往是区域中心物业，且因城轨、区域中心的寿命很长。房地产商只有与城轨公司合作，才能在获取自身投资正常收益的同时，与城轨公司分享城轨物业超额利润，包括城轨概念土地的稀缺性、规划前景、投资风险等所含的经济效益。因此，城轨沿线物业项目对房地产商具有很大的吸引力。

2）非法人型合作方式的可行性。

① 可选择的具体合作形式。合作开发方式的具体合作形式有3种：一是成立项目公司

的法人型合作形式；二是不成立项目公司，以合同规范的非法人型合作形式；三是其他形式，如民间集资建房形式、民间非规范融资手段下的参建形式等。

上述第三种形式显然不适合城轨物业开发，不是考虑对象。第一种成立项目公司的法人型合作形式，是目前较为流行的形式。但是，针对城轨上盖物业的特点，这种形式存在天然的缺陷。

因项目公司的有限责任，原本想通过招标方式选取卓越的、有实力的合作商来规避风险的初衷失去保障。比如，不是因为物业发展方案本身的原因，而是市场原因，预期项目将出现较大亏损，合作商经过核算后很可能借项目公司的有限责任，放弃项目止亏。而城轨物业是不允许“烂尾”的，相对于百年大计，市场原因也是可以“挺”过去的，也就是说，城轨公司是不能借助项目公司的有限责任“抽身”的，结果是相关风险实质上全由城轨公司承担，这不符合风险控制原则。虽然也可以通过合同约定合作商对项目公司的无限责任担保，但是，一旦项目出现问题，受产权变更手续的约束，城轨公司应变方案的及时性将受到很大限制。

因此，为了规避设立项目公司的法人型合作形式的风险，原则上应选取不设立项目公司的非法人型合作形式，城轨公司与合作商订立合作开发合同，而并不组建新的法人实体，沿线土地使用权全部由城轨公司享有，合作商仅是依据合作开发合同承担投资义务和享有收益权。虽然在非法人型合作形式下，对合作合同起草水平的要求很高，对税务策划水平和法律事务水平的要求也很高，各种报批手续也相对繁琐，但毕竟是可以解决的。

至于项目公司独立核算的优势，招标合作开发方式下的非法人型合作形式也能实现。如双方都各自设立项目部，建立共管账户，制订相应的操作制度作为合同附件等，实际上完全是项目公司的运作程序，只是没有项目公司这个法人壳体。通过招标程序，项目的“产品质素”和“产品成本”基本已事先确定，非法人型合作形式下的财务核算和审计并不比项目公司形式下的复杂。

② 可行性分析。非法人型合作方式，从风险关系上讲，城轨公司是天生的“百年老店”，因此房地产商完全可以接受这种与城轨公司合作的方式。

从法律关系上讲，现行法规完全认可非法人型合作方式的合法性：《中华人民共和国城市房地产管理法》规定，“依法取得的土地使用权，可以依照本法和有关法律、行政法规的规定，作价入股，合资、合作开发经营房地产”；在最高人民法院的司法解释中，只是对合作合同中保底利润条款的有效性不予承认，同时也不因保底条款而否定合作合同的有效性，即对合作合同的有效性是保护的。

在实际操作中，国土规划部门对一方出地另一方出资合作开发中联名办理工程建设许可证和预售许可证都是受理的；税务部门对法人型和非法人型合作开发方式的纳税都有针对性的规定，如国家税务总局〔1995〕156 号文对非法人型合作开发方式的纳税进行规定，出地方按转让或出租土地使用权缴纳营业税，出现金方按转让不动产缴纳营业税。因此，非法人型合作方式是可操作的。

5. 合作开发

合作双方严格按照合同进行合作物业项目开发，主要依靠合作开发商组织建设、营销。合作开发商不同于承建商，是真正投入现金的投资商，因此，从机制上讲，合作开发商作为投资人，会积极、主动、认真地负责项目建设和营销工作。

在此环节中，城轨公司的重要工作是处理物业开发与城轨工程之间的衔接关系。在工程建设上，物业是服从于城轨的，只有城轨公司能有效地统一城轨和物业两部分工程建设；而且，城轨工程和工期一般要求“一线贯通”，物业开发则多是分期开发，只有城轨公司能同时面对多个和多阶段的物业开发工程，实现工程的有效衔接。

6. 利润分配

（1）**利润分配方式**

1）以商业物业实物利润分配方式为主。城轨公司应自留商业物业用于经营，以实现城轨运营和商业物业经营的规模效益和资源配置效益。

2）根据具体项目的实际情况，灵活采用物业分配方式，或先采取现金分红方式，然后再选择性地回购商业物业。

3）现金利润和物业利润的比例关系，根据城轨公司年度现金流的需求情况，具体规划配置。

（2）**利润的用途**

1）总体上用于支持城轨建设和运营，基本策略是：在弥补运营亏损的前提下，构建盈利模式，通过进行资本运作，融入十几倍于利润额的资金，支持城轨新线的可持续建设。

2）部分利润以商业物业的形式实现。利用持续增长的运营客流带来的巨大商业价值，实现持续增长的商业物业经营利润，支持城轨可持续经营和可持续发展。

7. 物业经营与物业管理

城轨物业开发面积总是有限的，但物业经营可持续受益于城轨客流带来的商机。城轨公司应通过经营城轨商业物业，充分利用城轨客流带来的商机，以支持城轨的可持续发展。

城轨公司对全网全线城轨商业物业进行统一规划和统一经营，但直接面对消费者的终端经营环节则在统一经营方案下由承租商负责。

基于城轨运营在质量安全方面的严格要求，由城轨公司统一管理城轨物业，包括自留的商业物业和已销售的住宅物业。

8.3.6 香港轨道交通项目 PPP 经验

世界各地轨道交通建设普遍面临建设资金短缺和运营亏损两大难题。而我国香港地区实行“以地养铁”，当中轨道项目 PPP 模式结合物业发展的经验让香港地铁成为世界上少有能获得盈利的轨道交通机构，通过车站与车辆段上盖物业及地下空间发展的收益，成功解决轨道交通发展的资金问题，并充分将正外部性内部化，提高了城市公共基础建设的效益。

纵观港铁“轨道 + 物业”发展模式的演变历程，可以主要分为三个阶段：

（1）**初期发展**（20 世纪 80 年代）：**利用所拥有空间发展补贴开支**　香港地铁于 1979 年通车，初期主要覆盖市区的线路仍需要政府通过贷款注资建设，物业发展仍难以作为支持建设还本付息和运营收入补贴主要来源。但由于香港土地资源匮乏，港铁充分利用轨道建设范围所占有的土地，进行车辆段（如九龙湾德福花园、荃湾绿杨新村）和站点上盖发展（如湾仔修顿花园、中环环球大厦），其物业销售与租金收益作为轨道交通建设运营资金补贴的同时，亦通过上盖发展强化沿线的客流量，保障运营收益。

另一方面，虽然港铁直至 2001 年都是 100% 由政府拥有的企业，但由于奉行商业原则经营，政府谨慎地按照港铁的财务状况分析对初期线网规划进行修订，在落实建设时取消了部分预期效益较低的原有规划路段（如港岛线西段、东九龙线），从而强化轨道交通在初期建设效益。

（2）**快速发展期**(20 世纪 90 年代）**：利用新线与新发展区的融合创造价值**　随着香港机场核心计划带动城市的跨越式扩展，需要大量的建设资金，政府将填海土地协议出让于港铁，并让港铁参与新发展区（如东涌、西九龙填海区）的前期规划，积极采取新线站点与土地融合发展模式，包括土地与车站融合发展，以及车站与周边社区的人行无缝连接网络设计，强化地铁人流带动所创造的土地价值，再通过土地增值的收益，支持机场快线和东涌线的建设。这种模式同样用于将军澳和马鞍山新市镇的沿线轨道发展。

（3）**成熟期**(21 世纪初）**：长远持续的分期发展让土地价值最大化**　经过轨道线网的快速发展期，客流量的使用需求、沿线城市及市场发展逐渐成熟，港铁逐步开始对之前轨道线网所预留土地，进行长达 10 ~20 年的分期开发。务求通过人流和商机的培育，让土地价值最大化，以创造更高盈利目标。例如：在 1998 年通车的机场铁路九龙站上盖综合发展，先在初期开发了住宅，孵化市场潜力和人气，待发展较为成熟、商业地产需求较高时，才于 2005 年开始建设酒店、圆方购物商场等商业设施，而 2012 年楼高 110 层的环球贸易中心 ICC 也是九龙站最后一期发展项目。包括甲级写字楼、6 星级酒店、天际观景台等高端功能，其甲级办公租金尺价为九龙之最。

经过十余年的发展，港铁轨道运营和物业发展利润比重已由 70∶30 倒挂为 36∶64，物业发展成为港铁主要的利润收入来源。

从 20 世纪 90 年代起，港铁保持稳定增长的盈利，同时带动了城市发展与轨道运营使用的效益，这归功于其“物业 + 轨道”发展模式让港铁承担了介于政府与市场之间的角色，包含了以下若干特点：

1）港铁承担了部分政府在城市发展建设的职能，通过城市发展与轨道建设两个不同的主体整合考虑，总体提高了社会与土地经济效益，这体现在：

① 港铁有机会前期参与规划阶段，并通过规划轨道与物业地块融合设计，最大化地利用车站的人流培育商业价值，创造日后更有利的土地增值条件。同时由于与车站对接的居民和就业人口有一定的保证，这也为将来的载客量及票务收入持续上升提供了稳定的支持。

② 在新发展区，“轨道 + 物业”意味着地铁不仅承担轨道建设的角色，同时也承担新城建设的角色（如东涌新市镇一、二期，除了公共房屋外，其余所有用地均为港铁旗下的物业发展）。

③ 轨道的建设与城市发展“同步进行”，但并不代表一次性建成，而是从工程技术上预留日后发展持续的空间（包括九龙站、南昌站、东涌新市镇），但不影响轨道的运作，化解了城市建设与轨道建设各自为政所引起的冲突。

④ 地铁的物业范围不会受到站点范围的局限。港铁物业同时会出现在轨道路线穿过地块的空间，在地基土建进行时已考虑如何融合物业发展，这些物业必须是轨道建设时已对轨道上的物业发展设计充分考虑。

2）港铁作为一个有效的平台，引入市场的力量改善轨道交通项目风险管理和资产管理，并通过市场资金满足轨道和其他社会公共利益的需求。

一般而言，港铁并不直接作为开发主体发展有关物业，而是把手上的站点、轨道和相关设施与土地融合（包含规划融合、工程融合、法规许可），在这一融合领域上达到资产效益最大化，成为一个具有极大吸引力和盈利能力的资产后，再通过招标方式让社会上有实力的发展商竞投物业发展权，港铁从中分成。此举可以把庞大的物业发展风险与地产开发商共同分担。

例如：将军澳车辆段上盖发展的日出康城，政府赋予港铁把车辆段的用地连同周边白地进行综合开发，港铁在整个规划中强调把车辆段隐藏于大型的阶梯式平台园林设计，排除了车辆段在噪声、振动，以及视觉景观和心理因素对物业环境与潜在价值的负面影响，提升物业发展的吸引力。

整个 $32hm^2$ 发展用地分为 14 期，预计 2020 年全部完成。就以四期招标为例，由新鸿基地产附属公司投得，预计总投资额约 90 亿元。根据协议，中标的新地须首先支付入场费 2.9 亿元，以及全数 27.1 亿元向政府支付补地价费用，而物业出售所得的售楼收益，则由发展商自行在投标文件中提出给予港铁的分红比例。

另外，政府会把公共空间和设施纳入港铁招标方案的设计要求中，让发展商承担，并详细说明有关公共设施和空间日后的建设与运营管理责任。以东涌市中心的东荟城为例，就是政府从用地规划上综合一个跨越高速公路的购物中心作为地铁物业发展的部分，并附带有关公共开放性、管理维护（如 24h 开放）等要求，为东涌地铁站和东涌北地区提供一个便捷、舒适和具有活力的连接空间。

3）港铁亦十分重视物业分期发展计划，目前港铁所持有的土地，以及有关物业功能配比方面，均已对未来 10～20 年的发展进行计划，确保轨道建设的全生命周期（包括运营、资产更新等）能获得稳健的财务支持，形成轨道与城市发展之间的正向循环。港铁的角色如图 8-14 所示。

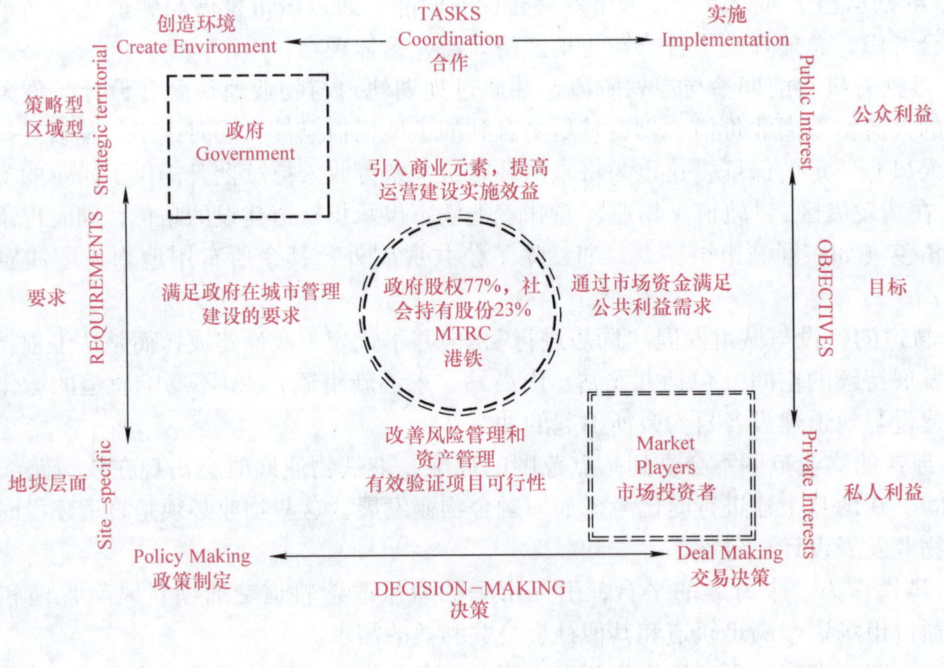

图 8-14　港铁角色示意图

8.3.7 “轨道 + 物业”模式案例分析

表 8-6 “轨道 + 物业”模式案例分析

项目	香港地铁	广州地铁 1 号线	武汉轨道交通 1 号线一期	南京地铁 1 号线	上海地铁 11 号线	北京轨道交通大兴线
主要参数	约 211.6 km	约 18.497km	约 10.6km	主线约 21.72km	约 120km	约 21.76km
项目公司	香港地铁公司	广州市地下铁道总公司	武汉轨道交通有限公司	南京地铁总公司	上海地铁第二运营有限公司	京港地铁有限公司
投资		约 122.616 亿元	约 21.99 亿元	约 85 亿元		63 亿元（后由于设计变更导致总投资有了较大增加）
开工时间	1975 年	1993 年	2000 年	2001 年	2007 年	2007 年
主要做法	地铁建设前，由政府与地铁公司充分协商，在规划地铁沿线时选择一定数量的土地，并通过协议方式出让给地铁公司，地铁公司再按照市场评估价的一定折扣比例缴纳地价。之后地铁公司统一负责这些土地的开发经营及地铁工程的建设运营，政府不再承担地铁建设投资和运营亏损补贴的责任	由地铁总公司向市政府取得沿线物业发展地块的开发权，然后与地产开发商签订合同，成立项目合作公司进行共同开发。物业开发所得收益按照商议的方式进行分享，地铁公司所得收益用于部分地铁建设费用。地铁总公司将地铁沿线地块的土地使用权出让给地产开发商，收取土地出让金，由开发商进行独立开发，开发所得收益由开发商获得	武汉轨道交通有限公司负责了武汉市轨道交通 1 号线的开发，该公司下设运营和资源开发两个事业总部，其中资源开发总部设立了综合部、房地产部、资源部和物业 4 个部门，轻轨沿线的土地开发工作由房地产部负责，其资源开发收益成为弥补轨道交通建设和运营成本的重要来源	项目前期由规划部门负责沿线土地的属性调整、布局优化等，由地铁建设指挥部和相关单位在实施地铁线路的征地拆迁时，同步完成开发用地的一级开发工作。之后由土地部门根据工程的进展，将沿线约 $21hm^2$ 的土地分批分期上市公开交易。南京地铁公司参与土地竞标，若中标则由其开发，所得开发收益全部用于地铁建设；若未中标，拍卖所获的土地收益则作为政府资本金用于地铁建设	项目前期由政府采用国际招标的方式，对沿线 5 大站点的周围区域进行综合规划优化；然后将部分站点周围的土地以“综合交通枢纽专项用地”的名义进行规划和立项，其用地属性既不完全是市政用地，也不单纯是开发用地；竞得土地的开发商除了开发其中的住宅和商业用地以外，还必须负责建设地铁车站以及其他综合交通配套设施，以此实现项目后期各环节的捆绑运作	1. 市规划部门根据大兴新城总体规划，结合线路，确定沿线土地控制性规划条件 2. 将选定的 $120hm^2$ 土地在土地市场上整体挂牌（或协议出让）。出让条件是谁取得土地的二级开发权，谁就负责大兴线 38 亿元（约占总投资的 60%）的资金筹措、线路建设与运营管理工作，在运营期间政府不予补贴。投资者按照投标当年的市场行情对挂牌土地进行估价，扣除其承担的 38 亿元投资后，报出向政府上缴的地价，报价最高者将获得土地的开发权

（续）

项目	香港地铁	广州地铁1号线	武汉轨道交通1号线一期	南京地铁1号线	上海地铁11号线	北京轨道交通大兴线
主要做法						3. 投资者在5年内分批次办理土地出让手续，出让价由市国土资源局根据出让时点的市场价格评估确定。其中出让价高于投资者投标估价的部分，由投资者补交 4. 京投公司与区属投资公司共同出资成立大兴线项目公司，由其负责25亿元（约占总投资的40%）的投资，并同步完成大兴线的征地拆迁及上述土地的一级开发 5. 由投资者组建的特许公司负责地铁建设、30年的特许运营及捆绑土地开发、物业管理等工作 6. 在30年特许经营期结束后，投资者将大兴线的全部资产无偿移交给大兴线项目公司
存在问题		土地出让方面，政府以协议出让的方式低价出让了土地，且物业出租收益政府无法分享，政府收益流失严重。另一方面，部分地产开发商获得土地使用权后囤积土地，不仅影响了房地产业的发展，也影响了地铁的客流量。其三，交通规划受到土地利用	1. 工程早已完成并运营，但周边地块开发却迟迟未进行，这说明在联合开发时序上存在计划性失误，导致轨道交通对周边土地增值的影响没有及时发挥，由此也损失了部分收益			1. 潜在投标人较少 2. 捆绑土地按供地时点的市场评估价进行出让，对国土部门及投资人双方的地价评估技术要求较高，容易引起争议，需要建立第三方仲裁机制，从而确保地价评估的公平合理性

（续）

项目	香港地铁	广州地铁1号线	武汉轨道交通1号线一期	南京地铁1号线	上海地铁11号线	北京轨道交通大兴线
存在问题		规划的影响，规划线路不科学。其四，由于地铁线路、站点设计与上盖物业设计分开进行，缺乏联合考虑，给乘客和商业项目带来不便，影响了人流衔接	2. 由于先有城市后有轨道交通，武汉轨道交通1号线一期工程穿过市区中心，受先前规划的影响，不可能对沿线区域进行大规模的重新开发。而车站设置也仅仅是从间距和公交系统对接方面来考虑，车站周边很少有闲置土地可以进行物业开发或拆建，这影响了地铁站点作为城市集聚点功能的发挥			
优点	发挥地铁资源（周边土地、票款收入等）在项目建设、经营过程中的作用，并对其实行集约化管理，通过资源整合，实现建设目标和经营目标		1. 在轨道交通建设规划研究过程中，充分考虑了轨道交通与城市总体规划的关系 2. 确定1号线线路走向时，在既有轨道交通网规划基础上，充分考虑了预留地块的开发需要，为联合开发的实施提供了可行条件			大兴线的“轨道＋土地”模式通过公开招标方式确定投资方，符合现行的土地招拍挂政策 大兴线“轨道＋土地”模式中的捆绑土地通过招标一次性确定投资商，再分期分批按评估时价供应这些土地，既能确保轨道与土地由同一个投资主体统筹运作，又可避免土地自然增值收益的流失

（续）

项目	香港地铁	广州地铁 1 号线	武汉轨道交通 1 号线一期	南京地铁 1 号线	上海地铁 11 号线	北京轨道交通大兴线
运作效果	根据港铁 2013 年年报，公司利润来源包括五类，其中因土地资源配给带来的一系列收入（包括卖房、商场租金等）占其收入的 43%，车站非票务收入占比 30%，票务占比仅为 15%。具体如下： 1）土地溢价和地产开发利润：港铁拿地时的价格是按照铁路未通车计算的，港铁就可以得到铁路通车后带来的土地溢价。港铁以土地入股，地产商负责建设（建设风险由地产商承担），港铁占所开发房产的一半利润。2013 年这部分利润占港铁全年利润的 13% 2）物业租赁及管理：开发的商场租金、广告收入、物业管理。开发房产里面的一些自持的商场租金收入（如青衣站的商场），港铁还会受其他商场业主委托，代为经营商业地产，这部分利润占 30% 3）车站租务：包括广告、车站商铺出租、电信资源租赁、其他四个部分。合计占 36% 4）票务收入：占利润的 15% 5）大陆和国际业务：代为运营地铁等，占 6%	地铁沿线物业发展用地共 35 万 m^2，规划总建筑面积 200 余万 m^2。其中，居住楼房面积 78 万 m^2，商场 45 万 m^2，办公设施53 万 m^2，酒店宾馆 10 万 m^2。此外，还配套建设了交通、教育和休闲等公共设施 据测算，全部物业建成推出后，收益 40 亿元左右，约占地铁建设总费用的 25%	受历史遗留因素影响，联合开发的规划并未很好地展开，从市区轨道沿线地块的分布状况来看，只进行了一些零星的开发，对于地产开发的带动作用不显著	开通第一年，票务收入 1.1 亿元，广告收益 4132 万元，地铁商铺 720 多万元，地铁车站银行 472 万元，通信收费 670 万元，移动电视视讯广告收入 836 万元，各项资源收益 7200 万元，总收益 1.82 亿元。而同期运营成本 1.6 亿元，不计还本付息和折旧费，开通试运营一周年盈余 2000 万元，实现收支平衡，这在全国地铁尚属首家		由于工期紧张等原因，地铁大兴线的“轨道 + 土地”模式最终未按捆绑招商的方式运作，而是改为采用非捆绑的运作方式

第9章

案例分析

9.1 沈阳浑南有轨电车一期工程项目

9.1.1 项目背景

沈阳是辽宁省省会，浑南新区位于沈阳的南部，规划总用地面积600km^2，定位为沈阳经济区核心及沈阳市南部主城区，是沈阳城市空间和功能完善拓展区、高新技术（航空产业）和新型产业聚集区、城乡统筹首善区和科学发展示范区，是集行政中心、文化中心、科技中心为一体的沈阳新的城市中心。它由浑南新城、沈抚新城、浑南国际新兴产业园、浑南现代商贸区、浑南现代农业示范区、浑南生态观光区、三好街高科技园区七大功能片区组成。

2013 年 8 月，沈阳举行了第十二届全运会，而浑南新区是全运会的主赛区，开闭幕式及大量比赛项目都在浑南新区奥体中心举行。浑南新区作为沈阳新的城市中心，其交通方式十分重要。因此，在此之前，为了服务全运，优化城市综合交通体系布局，沈阳确定把现代有轨电车交通系统作为大浑南地区未来公共交通的主要运行方式，从而进行了有轨电车线网规划设计和一期工程的建设。浑南新区现代有轨电车的建成将极大地完善了浑南新区的城市服务功能，拉动了区域经济发展，全面提升了区域品牌的影响力和竞争力。

9.1.2 工程概况

沈阳大浑南地区共规划了 9 条 138km 的有轨电车线网，一期工程设 1 号线、2 号线、3 号线、5 号线共 4 条线路，长 60km，设立车站 67 座，投资约 50 亿元；二期共设 6 号线 1 条线路，长 3. 3km，设立车站 4 个，投资 4. 7 亿元；远期将打造“现代有轨电车 + 自行车 + 步行”生态出行模式。沈阳大浑南地区有轨电车线网规划如图 9-1 所示。

沈阳浑南新区有轨电车一期工程设 1 座车辆段（含控制中心在内）、1 个综合交通枢纽、1 个停车场、65 个车站。其中，1 号线从会展中心东侧设起点站，沿航天路、白塔大街、全运北路至桃仙大街，与 2 号线相连，线路长 12km，设车站 19 座；2 号线从机场 T3 航站楼前设起点站，沿机场路北侧绿化带、桃仙大街、天坛南街、浑南五路至地铁奥体中心，线路长 14. 8km，设车站 16 座；3 号线起点位于 1 号线大学科技城站东侧，沿航天路、沈中大街、新隆街、世纪路至 21 世纪大厦，线路长 11. 3km，设车站 15 座；有轨电车 5 号线从浑南四路设起点站，沿天坛南街、浑南三路、民街、浑南大道至沈抚新城，线路长 21. 4km，设车站 23 座。浑南新区有轨电车一期工程线路走向如图 9-2 所示。

沈阳浑南新区有轨电车一期工程整个线网将沈阳会展中心、奥体中心、高铁新南站、桃仙机场、航高基地、浑南新城、沈抚新城等城市功能区、生活区、城市组团、机场等连接在一起，并与地铁、公交线路实现无缝对接，接驳沈阳母城，并预留至抚顺市服务业沈抚同城化的接口。

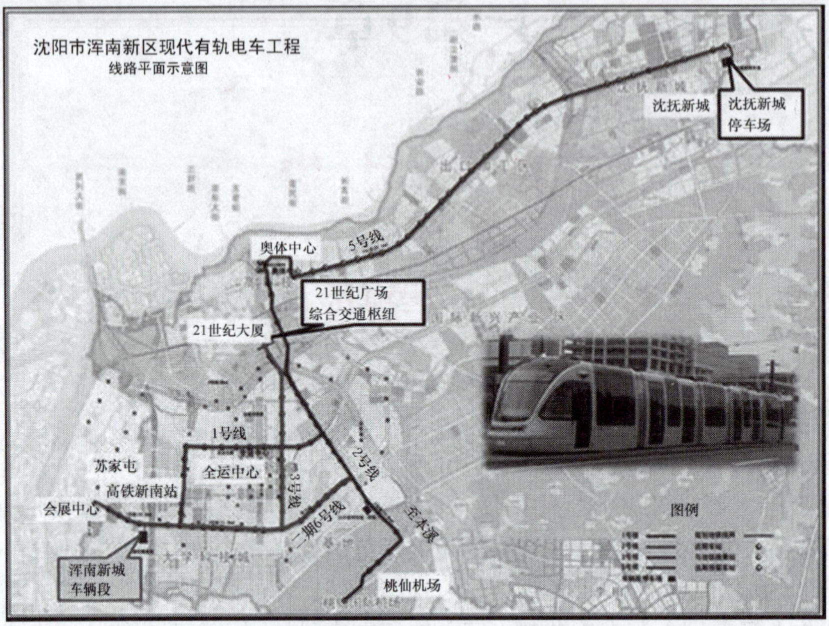

图 9-1　沈阳大浑南地区有轨电车线网规划图

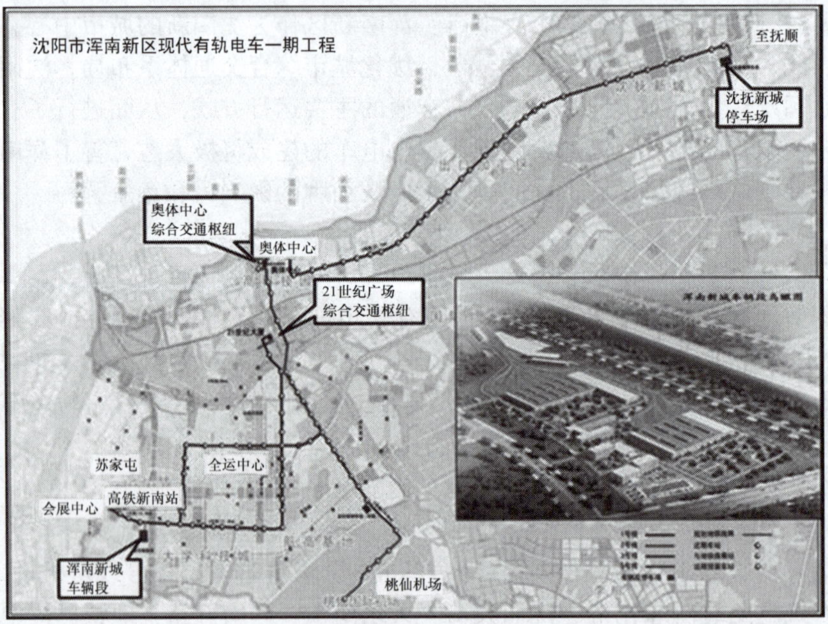

图 9-2　浑南新区有轨电车一期工程线路走向

沈阳浑南一期工程项目总投资额约 50 亿元，由原中国北车以 BT 方式承建，北京城建设计研究总院有限责任公司设计。

该项目于2011 年10 月初启动，2011 年12 月底批复了可行性研究报告，2012 年1 月初完成初步设计，2012 年4 月28 日正式动工，2012 年12 月底线路全面贯通，2013 年4 月1 日全面开始联调联试，2013年5月10日100%低地板现代有轨电车下线，2013年8月15日通车运营。

9.1.3 系统构成

1. 车辆

沈阳浑南新区现代有轨电车一期工程需要的车辆由长春轨道客车股份有限公司提供，包括100%低地板和70%低地板现代有轨电车，近期共提供了30列（100%低地板10列，70%低地板20列）。两种列车均采用了模块化设计，70%低地板现代有轨电车近期为“动车+拖车+动车”3模块，100%低地板现代有轨电车采用5模块设计，远期可根据客流需求采用5模块、7模块等。车辆技术参数见表9-1。

表9-1 100%低地板和70%低地板有轨电车车辆技术参数

参数项目	100%低地板	70%低地板
编组型式	=Mc1+F1+Tp+F2+Mc2=	=Mc1+Tp+Mc2=
车辆尺寸（长×宽×高）	34.8m×2.65m×3.56m	28.8m×2.65m×3.61m
地板面高度	350mm	380mm/门口350mm
运营速度	70km/h	70km/h
定员（8人/m^2）	368人/64座	301人/65座
最小曲线通过能力	$R=19$m	$R=25$m
最大坡道	5%	5%
紧急制动减速度	≥2.5m/s^2	≥2.5m/s^2
轴重	12t	Mc：10.5t，Tp：11.5t

与70%低地板有轨电车相比，100%低地板有轨电车的车窗更大，乘客视野更好，座椅乘坐更舒服。有轨电车两侧均可开门，每侧有四个车门，前后两个门为上车门，中间两个门为下车门。整个车厢地板面都是平齐的，更便于乘客在车厢内行走。

浑南新区有轨电车采用不锈钢车体，疲劳强度高；车体外观有蓝色和白色两种，内部装修风格以简洁明快为主，其中座椅颜色有黄色、白色、蓝色等多种色调，座椅有横向和纵向两种排布方式（见图9-3）。每组车客室内都设置了轮椅区，区域内有专门的残疾人扶手和轮椅固定器，以保障乘客安全。

图9-3 浑南新区有轨电车外观

有轨电车每一辆车厢内有自己独立的多媒体播放器，设置 4 个 LED 显示屏，能够实时播报车辆运行信息，也可以将影片、视频提前存储在服务器上，通过下载给乘客播放。

在安全性方面，车上的无线通信设备能够让驾驶员、售票员和车站、调度中心、车辆段之间畅通对话，同时还安置了乘客紧急报警装置。

2. 路权

浑南有轨电车系统采用专有路权和混行路权两种形式。道路中间有绿化带、路面较宽处，采用专有路权形式，专有路权 49km，与绿化带有机结合，全部在绿化带上行驶（见图 9-4）；道路中间无绿化带、车道较窄处，为避免形成交通瓶颈，采用和社会车辆混行的交通方式，混行路权 10 余 km，主要设在平交路口、下穿通道、桥梁等地段。线路纵断面设计标高在专有路权地段保持比道路略高，在混行地段保持和既有路面一致高度。

图 9-4　浑南有轨电车布设图

3. 轨道和路基

沈阳浑南新区现代有轨电车一期工程正线主要采用全绿色整体道床和槽型钢轨形式，出入段线采用碎石道床和 U71Mn、60kg/m 钢轨。有轨电车采用槽型钢轨，可满足绿化和铺面的需求，取得良好景观效果。尤其在平交道口采用现浇沥青混凝土整体道床和槽型钢轨，使轨道与行车路面易于衔接，改善机动车的行车条件，提高轨道工程强度及稳定性。

4. 通信和信号

浑南有轨电车信号系统主要包含正线道岔控制系统、运营调度指挥系统、车辆段和停车场计算机联锁系统和交叉路口控制系统。

（1）**正线道岔控制系统**　列车驾驶员通过车载设备遥控道岔的控制方式实现正线部分信号系统功能，系统不具备进路控制、列车追踪、车载设备防护等功能，驾驶员遵照运营规定驾驶的前提下按照基本的地面进路表示器显示命令驾驶列车安全通过道岔。

（2）**运营调度指挥系统**　控制中心系统通过正线道岔控制系统、车载定位跟踪系统、测速装置及车载智能终端实现有轨电车运营调度管理。主要作用是编制时刻表、车辆管理、配车计划、行车调度、监督及报警管理、运营统计，实现对全线列车的自动监视等功能。

控制中心调度员通过 GPS 设备对于列车在区间的行进状态进行监控，无线调度保证行车间隔的均匀。

（3）**车辆段和停车场计算机联锁系统** 车辆段内设置全网控制中心人工调度，在终点站奥体中心综合交通枢纽、21世纪大厦综合交通枢纽、会展中心站、机场站、沈抚新城、停车场设站调度。按照运行时刻表控制列车的出发时间及出退勤作业。

车辆段停车场也是列车运行的第二级管理单位。其道岔信号不纳入中央集中监控系统，由车辆段停车场信号楼集中监控。在车辆段停车场信号楼，设有终端机和车辆段停车场联锁控制台。

列车在场内运行和调车作业，由信号楼行车值班员监控。列车进入转换区间后，由控制中心行车调度员监控。转换区间可设在出段信号机前。由此可缩短列车出段运行时间，提高正线的通过能力。

（4）**交叉路口控制系统** 浑南有轨电车线路上有多处与公共交通的平交路口，也存在有轨电车自身的交叉。根据交管部门意见，车流量、公路等级具体选择十字交叉路口控制方案。采用有轨电车信号与道路交通信号连锁的方式，近期有轨电车服从既有道路交通信号，远期有轨电车通行方向信号优先。

5. 车站

车站结合路口形式因地制宜确定车站的位置和形式，和路口的信号灯控制相适应，既方便乘客使用，又有利于提高运营效率。本工程车站大多数分布在路口，左右线站台相对于路口交叉点呈中心对称布置。

6. 站场

（1）**浑南新城车辆段** 用地面积约21.6万m^2，一期建筑面积约6.5万m^2。主要包括控制中心、综合办公楼、运用库、联合列检库、维修中心、特种车库、洗车库等，近期可停3个模块的有轨电车50列，远期全部建成后可停泊有轨电车100列，同时还负责全部4条线车辆的运行调度及厂修、架修、定修，以及1号线、2号线、3号线车辆的日常保养、月检等任务。

（2）**沈抚新城停车场** 占地面积9万m^2，一期建筑面积约3万m^2。主要承担配属车辆的停放、日常保养和月检任务，场区包括联合车库、洗车库、特种车库等单体建筑。近期可停3个模块的有轨电车26列，远期可停泊72列。

（3）**控制中心** 位于浑南新城车辆段综合楼内，是对4条有轨电车车辆运行、电力供应、信号监控等实行统一调度指挥的中心，是全线信息的集散地和交换枢纽。

（4）**21世纪交通枢纽** 位于地铁3号线世纪广场站西南侧，主要承担本场配属车辆的停放和管理，共设6列位停车，可停放12辆车。

9.1.4 运营组织

沈阳浑南有轨电车一期工程建成后交由威立雅交通巴黎地铁中国公司运营管理，目的是把有轨电车运营方面的经验和专有技术带入沈城，培养更多优秀的技术和管理人才，提升沈城现代有轨电车的服务水准。

沈阳浑南有轨电车建设的其中一个目的是为2013年的全运会服务，因此，赛事期间有大量客流集散，运营公司也制定了赛事期间特殊运营组织模式。日常出行客流主要以通勤上班、学生上学、日常购物等客流为主，此种类型的客流通常采用在满足一定服务水平的条件下，采用站站停的运营模式，来满足人们的正常出行。沈阳浑南有轨电车一期工程初期高峰期发车间隔5min，近、远期高峰期发车间隔3min；采用人工驾驶模式，由控制中心人工调度指挥。

道路信号和道路信号系统由交警部门控制。

采用单一票价制，车上售检票进行检票收费。票价将会参考地铁的定价方式，根据乘客乘坐距离的长短分段来定。但其价格不会高过地铁，已确定单条线路最高4元/人次封顶。目前，有轨电车的平均运行速度为1号线19km/h，2号线20km/h，5号线23km/h。而车辆设计的最高运行速度是60km/h，有轨电车的运行速度还有提升的空间。有轨电车运营组织机构如图9-5所示。

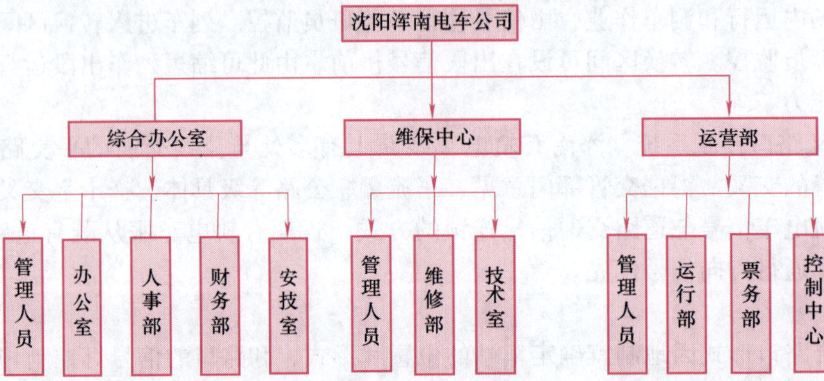

图9-5　有轨电车运营组织图

9.1.5　功能定位和应用模式

浑南新区现代有轨电车项目作为沈阳新行政中心——浑南新城的主干公共交通，其规划建设、线路敷设、线网布局等充分结合并促进了整个大浑南地区的整体规划、城市布局和同步开发建设，对地铁、公交接驳，有效连接新区各个组团、功能区、居民区，实现老百姓的便捷出行，充分发挥TOD效应，促进沿线的房地产、商业开发起到了积极的推动作用。

沈阳浑南现代有轨电车既是沈阳中心城区内地铁2号线在外围新城的延伸，加强了市区外围新城与主城区的联系，又在新城内部中起骨干公交作用，为我国大城市与外围新城（卫星城）之间、大城市主城外围新城（卫星城）内部的轨道交通发展奠定了基础。

9.2　上海张江有轨电车一期工程项目

9.2.1　项目背景

为了促进浦东新区的经济发展，解决区内居民出行问题，根据《浦东公共交通“十一五”发展规划》和《浦东新区有轨交通规划》，2005年9月，浦东新区政府委托同济大学和上海现代交通建设发展有限公司，就建设新区有轨电车线网进行了规划研究。2007年3月，浦东新区有轨电车运营线网规划方案编制完成；2007年4月，该规划方案通过了专家评审。

9.2.2　工程概况

浦东新区有轨电车线网规划有5条线路，总长63km，车站82座。浦东新区有轨电车线网规划如图 9-6 所示。

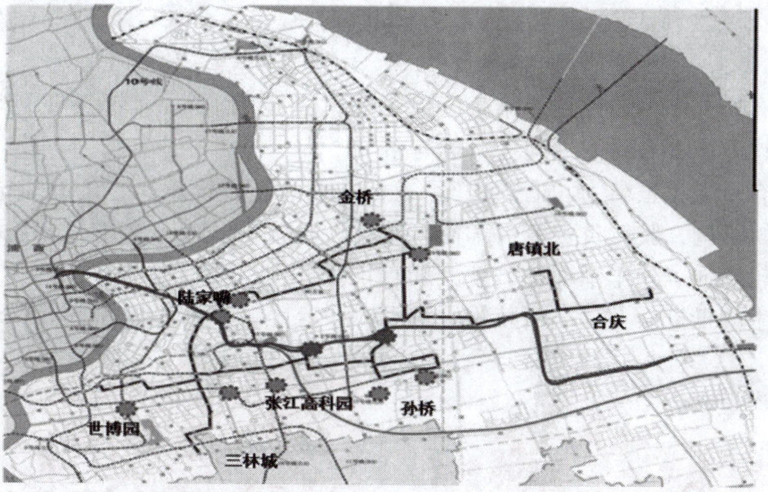

图 9-6 浦东新区有轨电车线网规划

浦东新区有轨电车一期工程线路位于张江功能区域。张江功能区域地处浦东新区中心地带，区域范围包括“两园三镇”，区划总面积 119. 3km²。张江功能区域的大部分交通需求都集中在张江高科技园区范围内，因此，该工程被称为张江新区有轨电车一期工程。该线路由轨道交通在 2 号线张江高科站开始至张江集电港止，沿途串起张江高科技园区内主要产业、科研、大学和生活区域，共 8. 96km，进出场线长度 0. 76km，线路走向如图 9-7 所示。全线设车站 15 个，车辆段 1 个，牵引变电所 5 座，全线设置电力监控系统。该项目于 2007 年12 月23 日开工，于 2009 年 12 月 31 日建成通车，2010 年 1 月 1 日正式载客运营，工程总投资约 7. 3 亿元。

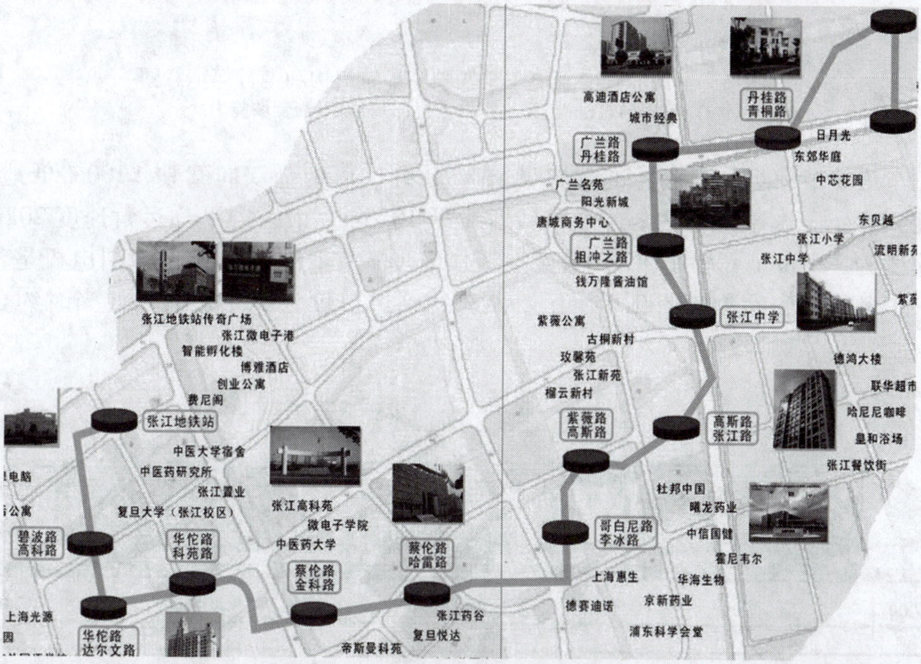

图 9-7 浦东新区有轨电车一期工程线路走向示意图

9.2.3 系统构成

1. 车辆

上海张江有轨电车一期工程使用法国劳尔公司的 LOHR Translohr STE3 型导轨电车，与天津开发区导轨电车 1 号线使用同种车辆与系统。

上海张江有轨电车虽名为“有轨电车”，但并非真正传统意义上的有轨电车。该型车采用的是胶轮导轨机构，胶轮负责牵引车辆，导轨负责引导车辆行驶方向，使用传统的架空接触网供电。胶轮增强了列车牵引力，使其爬坡能力达到 13%，但需要更多的能量花费在胶轮运行时所产生的抵抗力上。车辆胶轮导轨机构、走行部和爬坡能力如图 9-8 所示。

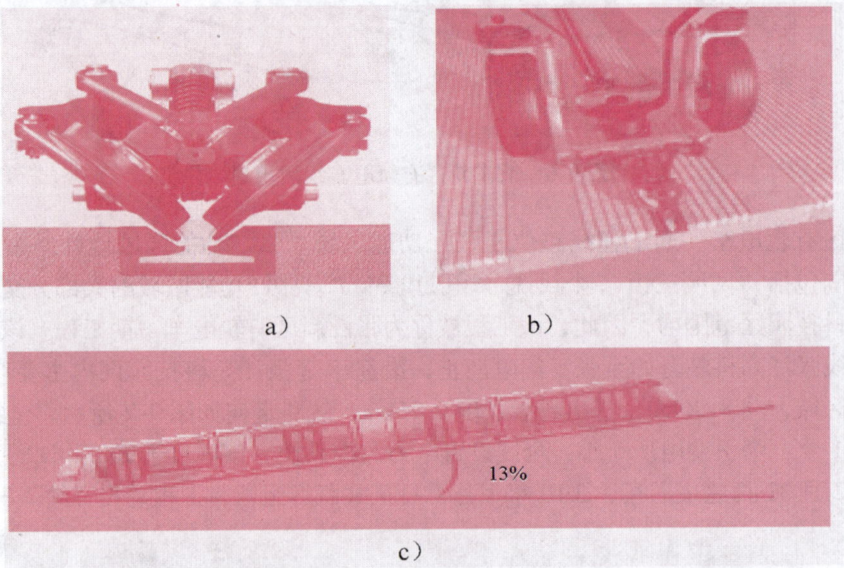

图 9-8　上海张江有轨电车车辆胶轮导轨机构和走行部示意图
a）胶轮导轨机构　b）车辆走行部　c）车辆爬坡能力

该型车为 3 节编组，车辆标准载客量 167 人/列，可两头双向驾驶，100% 低地板结构，地板离地 250mm，车辆全长 25m，最小转弯半径 10.5m，市区内平均运营速度 20km/h，最高设计速度为 70km/h。采用 DC750V 架空线供电形式，2 台 220kW 的牵引电机是整车的动力来源。车辆编组和参数如图 9-9 所示。该车每列进口价为 220 万欧元（当时约合人民币 3300 万元）。

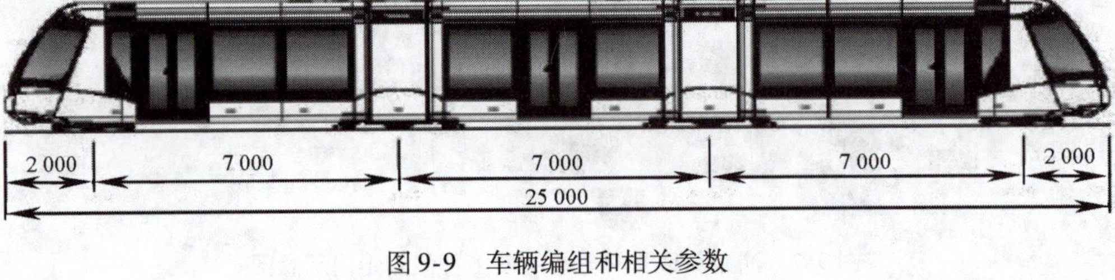

图 9-9　车辆编组和相关参数

尽管胶轮路轨系统对线路基建要求相对较低，具有噪声小、投资少的特点，但由于中央导轨是劳尔自己的标准，受专利保护，当运营方要求更新或增加订单的时候（如延长网络），这样的保护系统等于关闭了市场上其他竞争对手参与投标的大门，选择劳尔也就是选择了非竞争机制。所以，鉴于以上原因以及财务、社会舆论等多方面的综合压力，张江有轨电车二期工程还处于搁浅的状态。

2. 路权

张江有轨电车一期工程大部分运行路径都在既有道路中央，其车站除利用原张江高科地铁站南侧便道设置的终点站外，均设置于道路中央，与汽车共用一条道路，为混合路权形式，影响了有轨电车高速性能优势的体现。

3. 轨道和路基

上海张江有轨电车一期工程道路交通采取机、非混行交通组织措施，翻挖改造现状的人行道，使车行道宽度达到6.0m左右的标准（见图9-10）。轨道安装是在已建成的混凝土路面上预留凹形混凝土槽，在槽中用树脂来固定导向轨，从而实现对车辆的导向。有轨电车轨道安装施工中，采用树脂浇注法对固定钢轨的有轨电车安装。在导向轨焊接、预处理、导向轨安装、树脂浇注等按照施工技术标准和质量控制方法进行施工。

图9-10 上海张江有轨电车行车道改造

现代有轨电车要求对轨道的道路沉降进行严格控制，所以地基处理在现代有轨电车的设计施工中非常重要。张江地区土质较差，多为淤泥质黏土，场内明浜的河床底难以压实；即使浜中已填较厚的砾石砂层且压实到规定压实度后，周边还是较易出现弹簧土现象。张江有轨电车一期工程采用的处理方案是在开挖的河床底部先铺散一层生石灰粉，使其形成硬壳层，再铺一层土工布（质量不小于400g/m²，土工布搭接宽度为50cm，河浜上部边上各留1m的包裹压边宽度），然后再回填砾石砂至设计规定标高，并压实。

4. 通信和信号

上海张江有轨电车一期工程线路通信和信号方案主要沿用的是BRT模式，通过GPS、GPRS（Wlan）、TETRA和千兆光纤等设施、设备实现对运营车辆进行定位功能，并控制车站旅客信息系统，调节时刻表，通过车辆自动发送控制道岔以及交通信号灯；动态更新信息显示系统，通知旅客到发车时间；满足乘车刷卡或购票、票务信息统计功能等。上海张江有轨电车通信信号传输如图9-11所示。

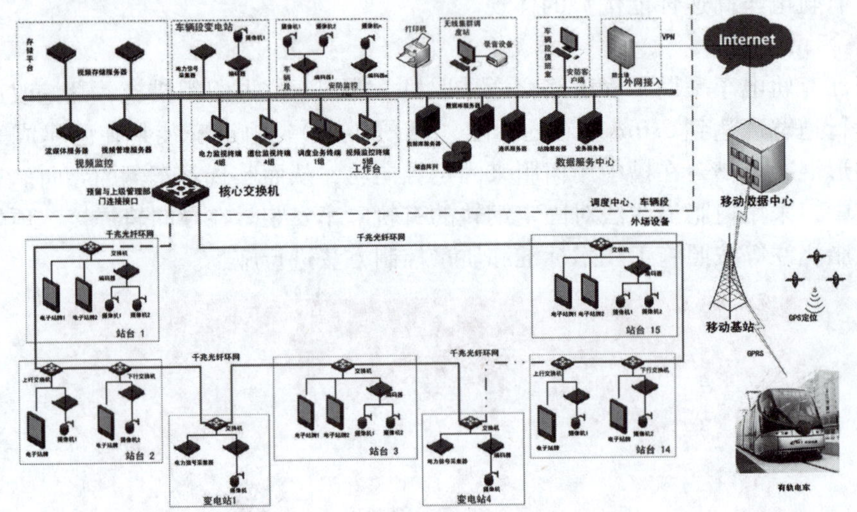

图9-11　上海张江有轨电车通信信号传输示意图

上海张江有轨电车一期工程线路在交叉路口享有信号优先通行的权利。为配合有轨电车行驶，张江功能区内的交通信号灯也进行了调整：当有轨电车行至十字路口时，信号灯将转为绿灯保证通行；而当有轨电车停下后，与有轨电车行驶路线同向的十字路口信号灯将转为红灯，乘客可通过人行道离站。

5. 供电

上海张江有轨电车一期工程全线共设5座变电所，采用分散供电方式。每座牵引变电所内设2套整流机组。为减少对电力系统的谐波影响，整流机组采用等效24脉波整流方式。整流机组容量满足GB10411-89和IEC-146Ⅵ级负荷的要求。牵引变电所高压侧额定电压为AC10kV，直流侧标称电压值为DC750V。牵引网系统的供电制式为DC750V接触网馈电方式，接触网最高电压900V、最低电压500V。牵引网供电效率正常运行方式下高于85%，牵引变电所供电效率不低于96%。接触网电压为DC750V，电压变化范围为－33%至＋20%；接触网系统设计最大速度为：直线段70km/h、曲线段30km/h、试车线70km/h、车辆段20km/h；接触网设计高度为5300mm±100mm。

6. 车站

张江有轨电车一期工程共设有15座车站，平均站间距597m，其中5座车站为双向岛式站台，包括高科路站、科苑路站、金科路站、张江路站和广兰路站；华佗路站、哈雷路站、李冰路站、高斯路站、张江中学站、丹桂路站、青桐路站和集电港站等 8 座车站为分设在路口两侧的单向侧式站台，而两端终点站张江高科站和金秋路站为双向侧式站台。车站规模小，站型简单，没有站务用房，与公交车站规模相似。所有站台长度为 20.0m，其中岛式站台宽 3.0m，侧式站台宽 2.5m。车站布设如图 9-12 所示。

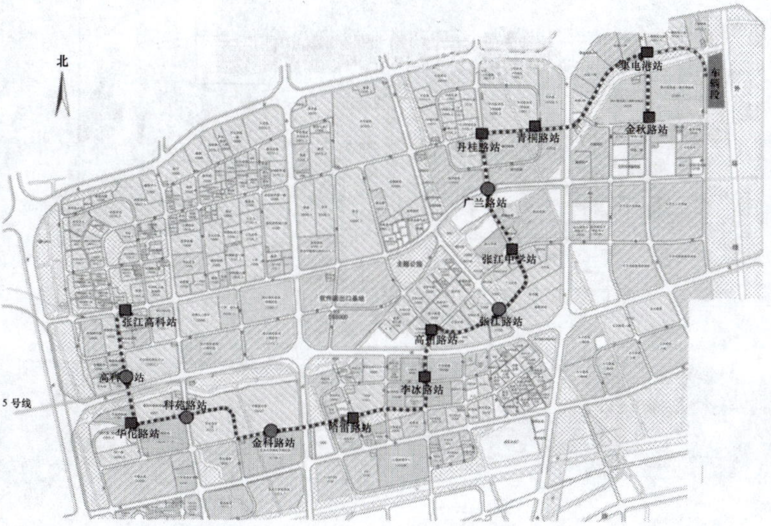

图 9-12　上海张江有轨电车一期工程车站布设图

7. 站场

（1）**车辆段**　张江现代有轨电车车辆段接轨于集电港站，出入段线路长 0.704km。车辆段共设 3 处出入口：主出入口设于停车场西侧中部，临芳春路；次出入口设于停车场南侧中部；另一有轨电车专用出入口设于主出入口南侧，临近芳春路，以便于车辆段的运作与管理。东侧近外环运河处设试车线一股，以渡线与基地内环线相接，作业相当便捷。

车辆段内设车辆运用整备、检修设施，配备必要的办公、生活房屋；一期工程占地 44.7 亩，预留承担现代有轨电车路网中其他线路的检修作业条件；远期规划占地约 100 亩。上海张江有轨电车一期工程车辆段承担该线路的月检和年修以下修程的检修任务。根据 Translohr 提供的车辆预防性维修计划，维修级别共分为 10 级。其中年修对应的年走行公里为 6 万 km，厂修周期为 15 年或 90 万 km。目前国内尚无相关的检修规范，故经过对车辆相应走行里程和检修年限分析，并结合国内城市轨道交通的检修习惯，将检修标准简化为日检（列检）、双月检、年修、五年修和厂修等 5 个修程（见表 9-2）。

表 9-2　车辆检修周期表

项目	厂修	五年修	年修	双月检	日检
车辆走行公里数/万 km	90	30	6	1	—
检修周期/年	15	5	1	1/6	—
停修时间/d	20	6	3	1	—

张江现代有轨电车车辆段停车库目前设 6 股道，每股道 3 列位，共 18 列位；检修库

5 列位，2 股道；洗车线 1 股道，2 列位。入库前端为检查，后端为洗车。车辆段设置了供电、通信信号、工务维修工区，以及辅助用房和变电所。车辆段布局如图 9-13 所示。

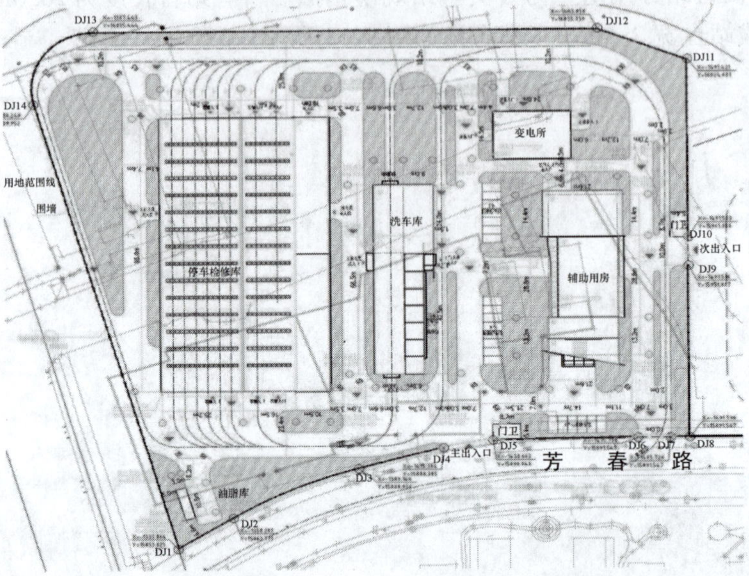

图 9-13　上海张江有轨电车一期工程车辆段平面布局图

（2）**控制中心**　上海张江有轨电车一期工程控制中心（OCC）位于车辆段综合楼内，主要子系统构成包括 SCADA 中央电力监控系统、段内进路管理系统、辅助运营管理系统和信号优先监测系统，布局如图 9-14 所示。

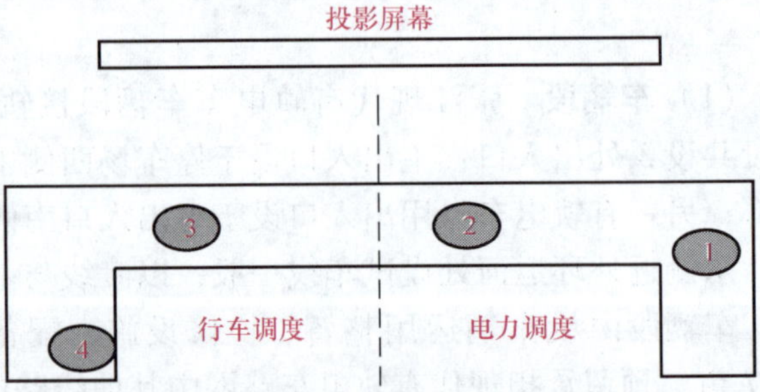

图 9-14　上海张江有轨电车 OCC 布局示意图

9.2.4　运营组织管理

张江现代有轨电车一期工程初期配车 9 列，日常上线开行 7 列，节假日客流高峰期开行 8 列。双车道独立运营，右侧行车，最高行车速度 50km/h，平均行车速度为 20km/h。目前，张江现代有轨电车由上海浦东现代有轨交通有限公司运营管理，运营管理组织机构如图 9-15所示。

张江有轨电车一期工程采用计程票价制，车票主要采用单程票和储值票两种，乘客可刷公交“一卡通”，并且有乘务员售票。年计划运营 40 万 km，每日运营时间 17h15min。高峰发车间隔为 10 ~ 15min 一趟，低谷发车间隔为 20min 一趟。由于张江地区本身已有一些公交线路运营，且张江属于高科技园区，人口密度相对较低，再加上一期工程具有先期试验线的定位，在线路走向的选择上尽量绕开了人口密集的地区，所以该线沿途客流具有“潮汐”的特点，主要是以早晚上下班客流为主，而生活客流较少，所以张江有轨电车目前的运营处于亏损状态。

从目前的运营状况来看，张江有轨电车的财务压力要远远大于来自运营组织本身的压力。据上海浦东现代有轨交通有限公司内部一位负责运营的专家介绍，张江有轨电车的固定成本占比较高，可变成本占比相对较低。2011 年，张江有轨电车累计运行 40 万 km，全年客流约 225 万人次（日均发送旅客 6 千人次），票务应收 430 万元人民币（全程单一票价2 元，但纳入上海城市公交网络后需要向结算中心支付管理费用），剔除车辆折旧后的完全成本大概在 2300 万元，年运营亏损人民币 2000 万元左右。

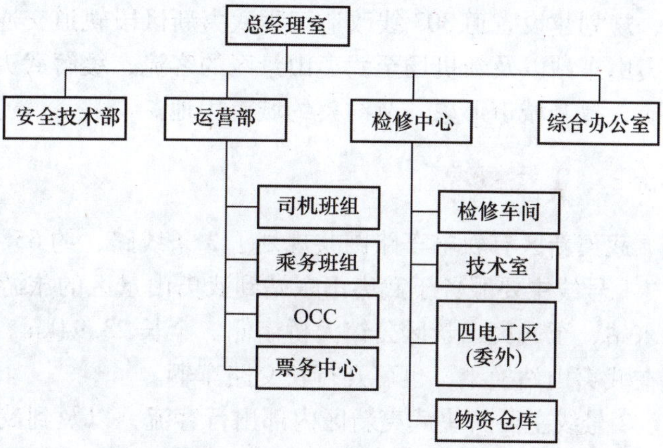

图 9-15　上海张江有轨电车一期工程运营管理公司组织机构

9.2.5　功能定位和应用模式

张江有轨电车一期工程是地铁 2 号线的接驳和延伸，作为新区内部公交运输的主要形式，其建设极大地满足了园区内日益增长的公共交通需求，进一步改善和提升了园区的投资环境，它不仅在张江地区率先实施区域有轨电车网络规划的先期试验，是公交优先发展政策在浦东新区的具体表现，也是响应市政府节能减排要求、发展绿色环保公交理念的重要举措，对进一步完善浦东和张江地区规划发展，提升该地区公交服务水平具有重要的探索和示范意义。

9.3　武夷新区有轨电车一期工程系统项目

9.3.1　项目背景

武夷新区包括武夷山市全境、建阳市的部分区域及武夷山自然保护区及邵武市、光泽县的部分乡镇，土地面积 4132km²。战略定位为闽浙赣交界区域的闽北新型中心城市、文化与自然旅游中心、重要的区域交通枢纽和闽北新兴产业基地。

武夷山是全国唯一集国家级风景名胜区、国家级旅游度假区、国家级自然保护区于一体的著名旅游胜地。目前大部分游客采用自驾车和大巴的交通方式进入景区，特别是在旅游旺季，车流较大，使景区内停车压力逐年加大，不利于提升旅游品质。同时，S303 省道作为武夷山旅游唯一的集散通道，存在客车与货车、过境车流和旅游车流的多重混合，使 S303 省道行车量异常饱和，通行能力也受到了很大限制。随着旅游客流的快速增长，道路交通运力将无法满足游客的交通需求，这不仅对武夷山游客的快速集散造成较大影响，也会引起较严重的行车安全问题。

2012 年，福建省发改委提出省道 303 线改造工程，武夷新区段起于建阳市童游镇新岭村，终点位于武夷新区武夷街道公馆村的省道 303 公馆大桥桥头，改建路线全长 36. 5km。

根据 S303 省道改造方案，福建省提出在省道 303 线隔离带预留轨道交通系统方案，并由武夷新区进行可行性研究。武夷新区结合区内和武夷山、建阳等地的旅游情况和交通需求，规划建设省道303线改造工程武夷新区段轨道交通旅游专线，采取有轨电车制式，疏散武夷山东站以及新机场至武夷山景区的客流，缓解武夷新区交通压力，改善武夷山景区旅游品质，提升城市形象，节约集约城市用地。

9.3.2 工程概况

武夷新区有轨电车路网共规划了3条线路，约65.6km。线网规划情况如下：

1号线主要服务于武夷山东站到武夷山景区的旅游客流，兼顾沿线居民出行。起自武夷山东站，至武夷山景区公馆大桥南侧。全长23.94km。与2号线在武夷山东站换乘，与3号线在武夷山站换乘，也可开行长交路车辆。

2号线主要解决武夷新区内部出行客流，以及到武夷山东站的外出客流。起自武夷山东站，连接芹口、将口、九湖林、南林片区、西区生态城。全长17.2km。与1号线在武夷山东站换乘，也可开行长交路车辆。

3号线连接武夷山景区至武夷山市区，主要解决武夷山市区以及武夷山北站和武夷山机场至武夷山度假区和武夷山景区的客流，以及武夷山度假区内部客流。起自武夷山景区站，近期连接三姑度假区，远期延伸至武夷山高铁北站，全长22.9km。与1号线在武夷山站换乘，也可开行长交路车辆至武夷山东站。武夷新区有轨电车一期工程为1号线，总投资约25.5亿元。

9.3.3 系统构成

1. 车辆

武夷新区有轨电车一期工程拟采用由唐车公司生产的100%低地板现代有轨电车，近期需要配置12列（4模块编组），全线架设接触网，受电弓受电，电压为DC750V。

唐车公司生产的具有完全自主知识产权的100%低地板现代有轨电车已成功出口土耳其（见图9-16）。唐车公司为武夷新区有轨电车一期工程供应的车辆是在出口样车的基础上，结合武夷新区环境、人文特色和运量的需求，进行外观造型和内饰功能客户化设计而成。

图9-16 唐车公司有轨电车示意图

该型车为4模块编组（－Mc＋M*Tp＋Mc－），座席为88个（其中8个为折叠座席），额定载客人数约为315人（6人/m^2），超员载客人数约为394人（8人/m^2），具体技术参数见表9-3。

表9-3 武夷新区有轨电车1号线采用的车辆技术参数

序号	基本技术参数	参数值
1	车辆编组	3M1T
2	最大坡道	70‰
3	供电额定电压	DC 750V
4	列车车体长度	37540mm
5	车辆高度	3500mm
6	车体宽度	2650mm
7	地板面高度（距轨面）	350mm
8	每侧车门数量	5套
9	最高运行速度	70km/h
10	使用寿命	30年
11	固定轴距	1850mm
12	最小曲线半径	19m
13	最大轴重	10t

该型车可根据近、远期客流需求灵活编组，实现2~8模块载客编组，可实现额定载客人数200~800人的需求。每模块均设置有1至2扇车门，四模块编组列车单侧设5个双开塞拉门，具有宽敞的上车区和载客区，专为乘客上下车高峰、紧急疏散而设计。

全列车地板高度在一个平面且只有350mm，与站台台面平齐，方便旅客快速安全乘车，关爱老人、儿童和特殊群体。

车辆转向架中置，车体重心始终置于转向架正上方，具有优异的曲线通过能力和爬坡能力，最小可通过曲线半径为19m，最大通过坡道可达70‰。

车辆采用轻型高强度铝合金材料，依照欧洲标准设计，设计寿命不少于30年。

每列车两端设有一个救援用折叠车钩，车头区域设有功能先进的防爬吸能装置，有效吸收车辆正向、侧向撞击的能量，保证驾驶员和乘客安全。紧急情况下，即使与行人发生碰撞，独特的头型结构，可有效避免被卷入车底。车内设置了紧急预警器、逃生窗、安全锤等必备设施，给驾驶员、乘客提供安全保障。

2. 路权

武夷新区有轨电车1号线线路沿S303省道改造线位，在中央分隔带布置；线路全长为23.94km，与沿线道路均为立交，不设平交道口，采用独立路权形式。考虑到有轨电车和公路车辆的行驶安全以及兼顾景观需要，全线设置分隔护栏，初步考虑区间采用加强型波形梁护栏，车站范围采用混凝土护栏。

3. 车站

武夷新区有轨电车1号线全线设车站9座，依次为武夷山高铁东站→固县站→生态博物院站→城市展示馆站→兴田站→黄土站→仙店站→麦场站→武夷山站。其中城市展示馆站和武夷山站为高架站，其余车站均为路中地面岛式站（车站地面一层为站台层，地下一层为进站通道层）。武夷山站为对称侧式站台，车站外包总长50.0m，站台宽度5.0m；其他为岛式站台，车站外包总长设计不同，站台宽度为5.55m。9座车站有效站台长38m。

4. 轨道和路基

从降低成本、满足系统基本功能需求出发考虑，武夷新区有轨电车1号线设计在地面线段采用U71Mn、50kg/m钢轨和碎石道床形式，高架线段采用U71Mn、50kg/m钢轨和整体道床形成。线路两侧种植灌木带，起到绿化美观作用。

武夷新区有轨电车1号线路基面形状设计为三角形路拱，由路基面中心向两侧设4%的人字横向排水坡。路基面加宽时，仍保持三角形形状。

区间路基线间距为4.2m，直线段路基面宽度7.8m；车站内线间距为8.4m，路基面宽度为12m；车站和区间路基过渡地段的路基面宽度随线间距的变化等相应调整。

路基基床由基床表层和基床底层组成，基床表层厚度0.5m，基床底层厚度为1.0m，总厚度1.5m。

5. 通信和信号

由于武夷新区有轨电车1号线为旅游观光线路，采用独立路权形式，其通信和信号系统结构相对简单，这种简化的配置一方面可减少沿线信号设备布置和对设备房屋的要求，使工程与环境更加协调，简化维护管理工作，降低工程造价；另一方面，该方案可增加运营组织的灵活性，如需要临时疏散大批旅客时，站间可安排多列车追踪运行。因此，仅考虑在各车站站台为乘客提供列车到发时刻和时间显示等简单信息显示服务，该信息显示服务由信号系统提供，不考虑设置乘客信息系统。

6. 供电

武夷新区有轨电车1号线全线采用10kV接入电压等级的分散式供电，共设4座电源开闭所，分别位于武夷山东站、黄土站、仙店站和麦场站。

根据车辆选型，牵引网采用DC750V架空接触网。正线及正线上的辅助配线、出入段线、试车线及车场内部分重要线路采用全补偿链形悬挂（接触线和承力索均为单导线），一般车场线路采用有补偿的弹性简单悬挂。接触线最大横向偏移量：直线区段280mm；曲线区段250mm。正线接触网持续载流量1050A，满足远期最大负载需求。

全线设一套电力监控系统，由仙店控制中心的电力调度系统、各变电所内的综合自动化系统以及联系二者的通信通道构成，对全线的开闭所、牵引降压混合变电所、降压变电所、接触网等主要设备的运行状态进行实时控制、监视和数据采集，实现供变电设备的自动化调度管理，并与信号等系统有交换信息的接口。

7. 站场

武夷新区有轨电车1号线设有一个仙店车辆段与综合基地（含控制中心），位于仙店工业生态园区内。占地面积约300亩，功能用地面积约195亩。

仙店车辆段功能定位为线网厂架修级车辆段，承担线网车辆的厂架修、1号线车辆定修及以下修程的检修、运用和保养任务。车辆段含综合维修、物资总库、培训中心、控制中心等。一期工程设计厂架修按预留进行设计。

仙店车辆段与综合基地总平面沿东西方向呈贯通横列式布置，如图9-17所示。月检库、停车库、列检库合设为运用库，吹扫库、静调库、定临修库、厂架修库（预留）合设为联合车库。运用库为贯通式，联合车库为尽端式。

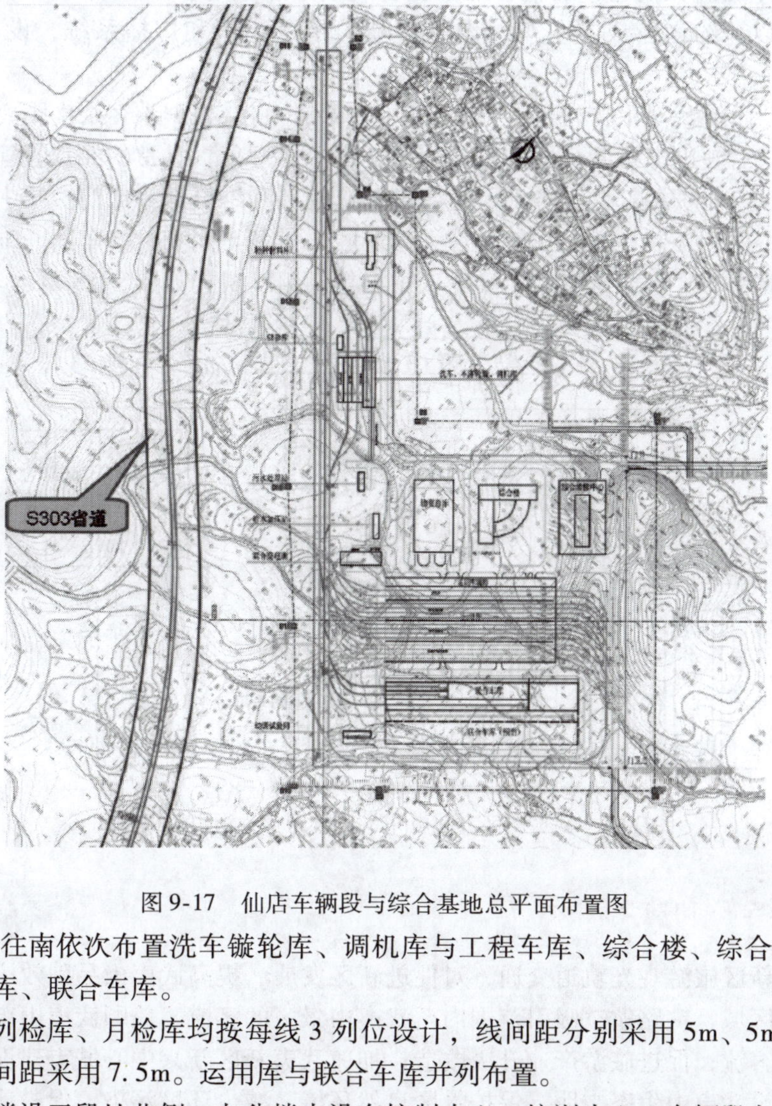

图9-17 仙店车辆段与综合基地总平面布置图

段内由北往南依次布置洗车镟轮库、调机库与工程车库、综合楼、综合维修中心、物资总库、运用库、联合车库。

停车库、列检库、月检库均按每线3列位设计，线间距分别采用5m、5m和6m；联合车库内检修线间距采用7.5m。运用库与联合车库并列布置。

综合办公楼设于段址北侧，办公楼内设有控制中心、培训中心、车辆段办公、公寓、食堂、浴室等设施。

段内设试车线一条，根据段址地形条件和车辆段与综合基地总体布局，试车线布置于车辆段西侧，有效长度为750m，可满足高速试车要求。试车线通过联络线与出入段线相连。动调试验间设于给水加压站附近。

车辆段的出入口设有2处，分别设于车辆段北端及西侧。段内道路呈环状布置，主要生产办公房屋周围均有道路，能满足生产、生活和消防的要求。

9.3.4 运营组织管理

武夷新区有轨电车承载客流以旅客为主、沿线居民出行为辅。1号线设计旅行速度初期为45km/h，近、远期为48.4km/h；初期高峰期发车间隔10min，近、远期高峰期发车间隔分别为 4min 和 3. 2min；采用人工驾驶模式，由控制中心人工调度指挥。

借鉴国内外现代有轨电车运营管理经验，一期工程车站参照快速公交系统车站配置必要设备设施，以节约运营成本。车站设置清晰的指示标识和广播系统，设置雨棚等候车设施。

采用计程票价制，车上售检票进行检票收费。票价将会根据乘客乘坐距离的长短分段来定。武夷山现代有轨电车运营公司实行公司制，由总经理负责日常的经营管理，运营公司下设综合办公室、人力资源部、财务部、运营部、车辆部和维修部等部门。其中运营部下设客运中心、票务中心和控制中心。车辆部设大修车间、设备车间和检修车间。维修部下设机电中心、工务维修中心、通号维修中心和物资中心等。组织机构如图 9-18 所示。

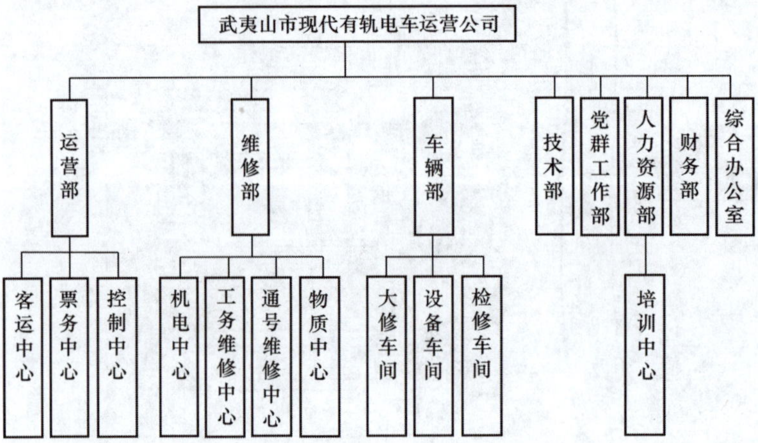

图 9-18　武夷新区有轨电车 1 号线运营公司组织机构图

9.3.5　功能定位和应用模式

建设武夷新区旅游观光轨道交通，对促进新区发展、提高武夷山品牌效应，疏解武夷山市及武夷新区区域，铁路航空吸引范围内至武夷山景区的客流，兼顾武夷山市及武夷新区居民出行和通勤客流；促进旅游产业升级改造；加速武夷新区新兴中心城市建设，打造武夷山东站形象；建设武夷山生态文明，保护景区自然环境，减少环境污染，促进武夷山旅游持续快速发展等具有十分重要的意义。

武夷新区有轨电车作为旅游观光性质的交通方式，在我国尚属首例，对于开创我国有轨电车旅游专线新局面具有极其重要的作用。

参考文献

[1] 丁晓欣，聂风德．建设项目规范高效操作规程［M］．北京：中国时代经济出版社，2004.
[2] 孙立波．工程项目全寿命期过程集成管理研究［D］．天津：天津大学，2006.
[3] 毛保华．城市轨道交通规划与设计［M］．北京：人民交通出版社，2006.
[4] 李凌雁，等．全国二级建造师考试精编（建筑实务）［M］．昆明：云南科技出版社，2014.
[5] 胡世会．论项目经理部［J］．商品与质量：学术观察，2012（4）：308.
[6] 李凌雁，等．全国二级建造师考试精编（建设工程施工管理）［M］．昆明：云南科技出版社，2014.
[7] 余胜．浅谈施工安全控制［J］．城市建设理论研究，2013（18）.
[8] 孙高磊．甲方代表一本通［M］．北京：中国建材工业出版社，2012.
[9] 郑玉海．土建施工现场管理的有效措施［J］．城市建设理论研究，2013（20）.
[10] 房博坤．对建筑施工中环境保护技术措施的探析［J］．城市建设理论研究，2012（16）.
[11] 李叶．城市轨道交通通信系统设计方案探究［J］．科技与生活，2012.
[12] 李红君，等．基于无线的列车控制系统［J］．铁道通信信号，2002，38（1）：37.
[13] 林海香．基于通信的列车控制技术（CBTC）的研究与应用［D］．兰州：兰州交通大学，2007.
[14] 李伟章，等．城市轨道交通通信［M］．北京：中国铁道出版社，2008.
[15] 张天白，等．现代有轨电车车辆与信号一体化研究［J］．城市轨道交通，2013.
[16] 姚幸，等．现代有轨电车一期工程车辆基地设计特点［J］．城市轨道交通研究，2009.
[17] 刘新平．新型有轨电车信号系统方案研究［J］．城市轨道交通，2012.
[18] 王力．新型有轨电车的信号系统［J］．铁道通信信号，2009.
[19] 卫超，等．欧洲现代有轨电车的发展及其启示［J］．城市轨道交通研究，2008.
[20] 罗丽云，等．城市轨道交通移动闭塞列车安全间隔时间分析［J］．中国铁道科学，2005.
[21] 陶艳，等．列车网络控制技术原理与应用［M］．北京：中国电力出版社，2010.
[22] 于松伟，等．城市轨道交通供电系统设计原理与应用［M］．成都：西南交通大学出版社，2008．6.
[23] 薛美根，等．现代有轨电车主要特征与国内外发展研究［J］．城市交通，2008，6（6）：88-96.
[24] 史春华．上海嘉定新城有轨电车系统建设可行性分析［J］．城市轨道交通研究，2010（8）：17-19.
[25] 李虎，崔磊，黄德敏．基于100%低地板现代有轨电车的城市轨道交通供电系统设计［J］．中国高新技术企业，2014（1）：123-124.
[26] 刘海东，毛保华，等．城市轨道交通列车节能问题及方案研究［J］．交通运输系统工程与信息，2007，10（5）：68-76.
[27] 杨颖．城市轨道交通低碳技术应用研究［J］．机车电传动，2010，11（6）：1-6.
[28] 张海波．城市轨道交通供电系统中压网络的选择［J］．城市轨道交通研究，2005，8（5）.
[29] 桂兵．地铁车站设备接地线路设计探讨［J］．城市轨道交通研究，2009（10）.
[30] 芮学宝．轨道交通地面车站综合接地及防雷设计［J］．城市建设理论研究，2013（21）.
[31] 吴金洪．城市轨道交通运营管理［M］．北京：国防工业出版社，2012.
[32] 秦国栋，苗彦英，张素燕．有轨电车的发展历程与思考［J］．城市交通，2013，11（4）：6-12.
[33] 何跃齐，等．现代有轨电车运营控制系统整合构想［J］．都市快轨交通，2013，26（6）：123-127.
[34] 刘海军．现代有轨电车信号系统设计分析［J］．都市快轨交通，2013，26（6）：156-159.
[35] 李明阳，等．现代有轨电车项目投融资模式研究［J］．都市快轨交通，2013，26（6）：131-135.
[36] 何宇峰，李金龙，等．现代有轨电车控制中心方案研究［J］．都市快轨交通，2013，26（6）：163-174.

[37] 叶妮娜．适合周期性运行图编制需要的列车开行方案研究［D］．北京：北京交通大学，2006.

[38] 张国宝．城市轨道交通运营组织［M］．上海：上海科学技术出版社，2006.

[39] 徐成永．现代有轨电车的适应性研究［J］．都市快轨交通，2013，26（6）：131-135.

[40] 毛保华．城市轨道交通系统运营管理［M］．北京：人民交通出版社，2006.

[41] 靳能法．城市轨道交通运营组织相关问题研究［D］．成都：西南交通大学，2010.

[42] 程雯．关于城市轨道交通列车编组形式的探讨［J］．都市快轨交通，2006，19（4）：29-32.

[43] 吴非，张岩．关于城市轨道交通列车编组合理性的探讨［J］．都市快轨交通，2010，23（4）：46-48.

[44] 吴梦芹．新型轨道交通方式之现代有轨电车系统发展对策研究［D］．天津：天津大学．2013.

[45] 王宏伟，等．沈阳市浑南新区现代有轨电车工程特点［J］．都市快轨交通，2013，26（5）：10-14.

[46] 叶芹禄．有轨电车的现状与未来［J］．都市快轨交通，2013．26（5）：1-5.

[47] 杜银龙．无碴轨道与有碴轨道优劣分析［J］．硅谷 2006（20）.

[48] 邵旭东．桥梁工程（土木工程、交通工程专业用）［M］．北京：人民交通出版社，2003.

[49] 范立础．桥梁工程（上册）［M］．2 版．北京：人民交通出版社，1986.

[50] 周先雁，等．桥梁工程［M］．北京：北京大学出版社，2008.

[51] 周爱国，等．隧道工程现场施工技术［M］．北京：人民交通出版社，2004.

[52] 高少强，隋修志，等．隧道工程［M］．北京：中国铁道出版社，2003.

[53] 朱永全．隧道工程［M］．北京：中国铁道出版社，2005.

[54]《建筑施工手册》（第四版）编写组．建筑施工手册［M］．4 版．北京：中国建筑工业出版社，2003.

[55] 朱丹．城市轨道交通工程概论［M］．北京：人民交通出版社，2012.

[56] 刘介才．工厂供电［M］．北京：机械工业出版社，1998.

[57] 胡孔忠．供配电实用技术［M］．合肥：合肥工业大学出版社，2012.

[58] 刘介才．实用配电技术手册［M］．北京：中国水利水电出版社，2012.

[59] 王灏，田振清，等．现代有轨电车系统研究与实践［M］．北京：中国建筑工业出版社，2011.

[60] 陆化普，余卫平．绿色智能人文一体化交通［M］．北京：中国建筑工业出版社，2014.